Anna Kaminsky

Frauen in der DDR

Anna Kaminsky

FRAUEN in der DDR

Ch.Links VERLAG

Die Deutsche Nationalbibliothek verzeichnet diese Publikation
in der Deutschen Nationalbibliografie;
detaillierte bibliografische Daten sind im Internet über
www.dnb.de abrufbar.

Die Erstausgabe erschien 2016 im Christoph Links Verlag GmbH.
www.christoph-links-verlag.de
Prinzenstraße 85, 10969 Berlin
Umschlaggestaltung: Stephanie Raubach, Berlin, unter Verwendung
eines Fotos von 1984 von Sibylle Bergemann/OSTKREUZ (940000sb33),
auf dem Birgit Karbjinski zu sehen ist
Satz: Agentur Marina Siegemund, Berlin
Druck und Bindung: CPI books GmbH, Leck
Gedruckt auf säurefreiem, alterungsbeständigem Papier

ISBN 978-3-86153-978-0

Inhalt

Vorwort zur 3. Auflage

Seitdem die erste Auflage des Buches »Frauen in der DDR« 2016 erschienen ist, habe ich viele interessante Diskussionen mit Frauen und Männern aus Ost und West erlebt. Besonders für die Frauen aus der DDR standen zwei Themen im Vordergrund: Wie erinnern sie ihr Leben in der DDR, und was hat sich für sie nach 1990 im vereinten Deutschland verändert? Dabei hat sich immer wieder gezeigt, dass die Erfahrungen nach 1990 die Sichtweise auf die DDR bedingen. Frauen, die nach 1990 ihre Arbeit verloren haben, deren Berufsabschlüsse oder Qualifikationen nicht anerkannt wurden, erinnerten sich vor allem an das Gefühl, in der DDR gebraucht worden zu sein und eine sinnvolle Arbeit getan zu haben. Diese Erfahrung vermissen viele besonders ältere Frauen bis heute, und der Verlust von individueller und gesellschaftlicher Wertschätzung und beruflicher Erfüllung prägt viele Erinnerungen.

Gleichzeitig zog sich Mitleid mit den jungen Frauen von heute wie ein roter Faden durch viele Gespräche, der sowohl von älteren als auch von jüngeren Frauen (und Männern) aufgegriffen wurde: Ja, die Frauen damals in der DDR hatten es gut, die konnten Beruf und Familie unter einen Hut bringen. Oft mit dem Nachsatz: Heute ist auch nicht alles gut! Immer wieder habe ich auch von Frauen aus Westdeutschland gehört: Wie sehr haben wir uns vor 1989 die Bedingungen gewünscht, die die DDR-Frauen hatten. Mich haben diese Argumentationen oft ratlos gemacht: Steht es um die heutige Frauenpolitik wirklich so schlecht, dass man sich nach der DDR zurücksehnt?

Zeitgleich zur ersten Auflage des Buches bekam das Thema Frauen und Gleichberechtigung eine neue Relevanz. Die Diskussionen drehten sich um die Arbeitskraft von Frauen und die Frage, unter welchen Bedingungen diese sich am besten nutzen lässt. Eine geringere Rolle spielte, was Frauen und Männer brauchen, um Beruf und Familie zu vereinbaren. Vielmehr schien es darum zu gehen, dass Frauen unter allen Umständen arbeiten gehen sollten. Gestritten wurde darüber, ob Frauen, die länger als die vom Staat gewährten Elternmonate bei ihren Kindern bleiben, rückständig sind. Ihnen wurden und werden gravierende Karrierenachteile prophezeit. Warum soll eine Frau, die drei Jahre mit ihren Kindern zu Hause bleibt, nicht genauso emanzipiert und gleichberechtigt sein wie eine Frau, die nach der Geburt nur sechs Wochen zu Hause bleibt? Während Männer dafür gefeiert werden, wenn sie sich mehr Zeit für ihre Kinder nehmen und als »Hausmann« den Haushalt schmeißen und dafür sogar als »Spitzenvater« ausgezeichnet werden, wird dies bei Frauen als rückständig angesehen.

Da bei den Diskussionen immer wieder der Vergleich mit dem Westen Deutschlands eine große Rolle spielte, ist in dieser Auflage ein Kapitel aufgenommen worden, das die Entwicklungen in der Bundesrepublik nachzeichnet.

Egal wie modern unsere Gesellschaft und unser Leben sind, Familien werden immer wieder vor ähnlichen Problemen stehen. Es geht darum, dass moderne Lösungen gefunden werden, damit Familien sich für das ihnen genehme Lebensmodell entscheiden können. Dazu gehört, Familien, Männer und Frauen darin zu bestärken, dass sie den für sie besten Weg wählen – ohne zu suggerieren, alles wäre zum Nulltarif und ohne Anstrengungen und Einschränkungen zu haben. Das heißt, dass ausreichend und gut ausgestattete Betreuungsmöglichkeiten für alle Kinder zur Verfügung stehen müssen, damit Eltern und vor allem Frauen sich wirklich frei entscheiden können, wie sie leben wollen. Für mich gehört dazu, dass Frauen oder Männern für die Zeit, die sie mit der Betreuung und Erziehung von Kindern zubringen, und die deshalb im Beruf zurückstecken, ein angemessener Ausgleich ihrer Rentenansprüche gewährt wird. Es geht letztlich um Anerkennung und Respekt. Denn nach wie vor gilt: Kinder sind die Zukunft, und diese Zukunft braucht Investitionen in materieller und emotionaler Hinsicht.

Selbstbewusst und lebensfroh?

Frauen in der DDR

Als das Leben in der DDR nach 1990 bewertet und häufig kritisch hinterfragt wurde, hatte kaum noch etwas Bestand. In einem war man sich in Ost wie West jedoch einig: Auch wenn vieles nicht gut gewesen war – immerhin waren die Frauen gleichberechtigt gewesen. So mancher kam sogar zu dem Schluss, dass das »Beste an der DDR« die Frauen gewesen seien.[1]

In der Tat hatten Frauen in der DDR dieselben Rechte wie die Männer. Diese Gleichberechtigung wurde 1946/47 in die Verfassungen der damals noch bestehenden Länder bzw. Provinzen in der Sowjetischen

Im März 1981 warben zwei Plakate in der Innenstadt von Stralsund für den sozialistischen Aufbau durch die Frauen und Männer der DDR. »Das schaffen wir«, verhieß das erste, »Das packen wir« das zweite (© Harald Schmitt).

Besatzungszone ebenso aufgenommen wie 1949 in die erste Verfassung der DDR.[2] Frauen in der DDR verdienten ihr eigenes Geld und waren wirtschaftlich unabhängig. Sie konnten selbst entscheiden, ob und wo sie arbeiteten. Dass sie »Männerberufe« ergriffen, war erwünscht und wurde gefördert. Bereits seit 1947 galt das Prinzip »Gleicher Lohn für gleiche Arbeit«. Um Frauen die Berufstätigkeit zu ermöglichen, gab es ab den 1980er Jahren für fast alle Kinder ab dem zweiten Lebensjahr Betreuungsplätze. Zahlreiche Verordnungen und Gesetze vom Arbeitsgesetzbuch bis zum Familiengesetzbuch der DDR zielten darauf ab, Frauen Beruf und Familie gleichzeitig zu ermöglichen. Regelungen zum Arbeitsschutz, zur Freistellung bei Krankheit der Kinder, die Verkürzung der wöchentlichen Arbeitszeit und den monatlichen Haushaltstag empfanden viele Frauen als Erleichterungen beim schwierigen Spagat zwischen allen Anforderungen. Die Regelungen zeigen aber auch deutlich: Die Vereinbarkeit von Erwerbstätigkeit, Haushalt und Familie wurde als Problem von Frauen, nicht von Männern und Frauen gemeinsam angesehen.

Die moderne Frau in der DDR sollte nicht nur voll berufstätig sein. Sie sollte sich auch ständig weiterbilden und in gesellschaftlichen Organisationen aktiv sein. Sie sollte den Haushalt meistern und eine gute Köchin sein. Ihren Kindern sollte sie eine liebevolle Mutter und ihrem Mann eine zwar beruflich gleichberechtigte, aber dennoch fürsorgliche Ehefrau sein. Frauen standen viele Wege offen – und all das, so die offizielle Lesart, weil der Staat DDR vorbildlich für »seine Frauen« sorgte. »Selbstbewußt, klug und umsichtig vollbringen Frauen hervorragende Leistungen im Beruf, bei der Erziehung ihrer Kinder und der Lenkung und Leitung unseres Staates. Ihnen voran gehen die Arbeiterinnen als die fortschrittlichste Kraft unter den Frauen.«[3] So beschrieb die Parteipropaganda 1961 die Rolle der Frau in der Gesellschaft der DDR. In seinen Lebenserinnerungen vermerkte Erich Honecker 1980: »Hätte unsere Partei nur die Kräfte der Frauen geweckt, ihnen in der Gesellschaft den Platz eingeräumt, der ihnen gebührt, so wären allein schon damit die Menschlichkeit und der fortschrittliche Charakter des Sozialismus bewiesen.«[4]

Aber hält dieses Bild des vorbildlich für seine Frauen sorgenden Staates DDR einer kritischen Prüfung stand?

Frauen in der DDR konnten volle Berufstätigkeit, Mutterschaft und Emanzipation nicht so spielend leicht unter einen Hut bringen, wie es zu DDR-Zeiten behauptet und nach dem Ende der DDR als Mythos gepflegt wurde. Sie waren wie die zwischen all ihren Rollen zerrissenen Heldinnen aus den Erzählungen von Brigitte Reimann, Irmtraud Morgner oder Maxie Wander: Frauen, die sich gegen die ihnen vorgegebenen Rollen und Grenzen auflehnten – und oftmals scheiterten. Frauen, die wie Franziska Linkerhand in Brigitte Reimanns gleichnamigem Roman für sich in Anspruch nahmen, gegen gesellschaftliche und politische Erwartungen zu verstoßen. Frauen, die als typisch für sie angesehene Eigenschaften wie »Geduld, Selbstlosigkeit, die altmodischen Tugenden, die man den Frauen wie Handschellen anlegt«,[5] nicht annehmen wollten. Frauen, die sich wie bei Maxie Wander »wie ein lahmer Frosch fühlen«, weil sie den Eindruck hatten, »dauernd gehindert [zu] werden, vom vorgeschriebenen Weg abzuweichen, im Elternhaus, in der Schule, im Beruf, in der Politik, sogar in der Liebe [...]«.[6]

Was hieß es, als Frau in der DDR zu leben? Die Lebensrealitäten von Frauen unterschieden sich nicht nur zwischen den verschiedenen Generationen. Frauen, die in der Landwirtschaft oder in der Industrie arbeiteten, mussten andere Herausforderungen meistern als jene, die zur sozialen Schicht der »Intelligenz« gerechnet wurden. Verheiratete Frauen oder Mütter standen vor anderen Problemen als unverheiratete. Und nicht zuletzt spielte eine entscheidende Rolle, wo die Frauen lebten, auf dem Land, in einer Kleinstadt oder im »Schaufenster des Sozialismus«, in Ost-Berlin.

Frauen lebten in den 1940er und 1950er Jahren unter anderen Rahmenbedingungen und mit anderen Rollenbildern als jene, die seit den 1960ern in den verfestigten Strukturen der DDR aufwuchsen. Die nach dem Mauerbau Geborenen hatten viele der Hoffnungen, die die sogenannte »Aufbaugeneration« in die DDR gesetzt hatte, nicht mehr: »Wir wurden in einem geschlossenen System erzogen und auf eine Zukunft vorbereitet, die nicht eintrat. Unsere Generation war zu jung, um verantwortlich zu sein, und zu alt, um nicht nachhaltig beeinflusst und geprägt worden zu sein«, wie es eine junge Frau im Film »Zonenmädchen« ausdrückte.[7] Für viele von ihnen war ein Leben, wie es ihre Mütter und Großmütter geführt hatten, nicht mehr vorstellbar: mit Berufstätigkeit und einem kräftezehrenden Alltag voller Versorgungsprobleme und Einschränkungen, die wenig Zeit und Energie für die Kinder, für die Familie oder gar für Hobbys und Selbstverwirklichung ließen. Sie suchten nach anderen, neuen Wegen, um ihre Vorstellungen von einem erfüllten Leben mit den Anforderungen, die Staat und Gesellschaft an sie stellten, in Einklang zu bringen. Dazu gehörte auch, sich staatlichen Erwartungen zu entziehen, sei es, indem der Rückzug in private Nischen forciert wurde oder indem die Forderungen nach voller Berufstätigkeit und gleichzeitiger Familiengründung mit einem Geburtenrückgang beantwortet wurden. Für eine große Mehrheit der jungen Frauen gehörte Berufstätigkeit selbstverständlich zu einem erfüllten Leben, auch wenn sich immer mehr Frauen flexible Arbeitsmöglichkeiten mit einem späteren Arbeitsbeginn und verkürzten Arbeitszeiten wünschten, um allen Anforderungen gerecht zu werden. In der Realität arbeiteten Frauen in der DDR jedoch mehrheitlich Vollzeit, teilweise im Dreischichtsystem und nur in einer Minderheit der Fälle in Teilzeit.[8]

Gleichberechtigung hieß in der DDR vor allem: Arbeiten wie die Männer. Während es für viele Frauen nach dem Krieg ein Gebot der Not war, arbeiten zu gehen und die fehlenden Männer in der Produktion zu ersetzen, wurde die Arbeit für ihre Töchter und Enkelinnen zum Teil ihres Selbstverständnisses als moderne Frauen, die aus ihrer Erwerbstätigkeit und finanziellen Eigenständigkeit Selbstbewusstsein bezogen. Während die Frauen der Kriegsgeneration in einer Gesellschaft aufgewachsen waren, in der die Berufstätigkeit verheirateter Frauen bekämpft wurde und die klassische Arbeitsteilung hieß »Der Mann bringt das Geld nach Hause, und die Frau kümmert sich um Haushalt und Kinder«, war vielen Frauen mit dem Krieg – wie Edith Baumann 1946 auf der ersten Delegiertenkonferenz der Frauenausschüsse feststellte – »nicht nur die wirtschaftliche Basis entzogen [worden], sondern, und das scheint mir das Entscheidende zu sein, ihnen ist eine seit Jahrhunderten überlieferte

Welt der persönlichen Lebensgestaltung zerbrochen. Hunderttausende unserer deutschen Mädchen werden ihr Lebensziel nicht in der umsorgten Häuslichkeit der Familie suchen dürfen; sie werden einen langen Lebensweg allein gehen müssen.«[9] Welche gravierenden Auswirkungen dies für Frauen und ihre Lebensgestaltung letztlich hatte, konnte sich 1946 wohl kaum jemand vorstellen.

Die politischen und gesellschaftlichen Leitbilder beruhten darauf, dass sich alle Lebensbereiche der Arbeit unterzuordnen hatten. Nur durch volle Berufstätigkeit würden Frauen ein erfülltes Leben führen können, hieß es. Frauen, die einen anderen Lebensweg einschlugen, wurden insbesondere in den 1950er und 1960er Jahren an den propagandistischen Pranger gestellt und als »Heimchen am Herd« und »Schmarotzerinnen« lächerlich gemacht. In der DDR der 1950er Jahre ging es vor allem darum, Hausfrauen für die Berufstätigkeit und den Aufbau der industriellen Basis zu gewinnen, da durch die Massenflucht in den Westen qualifizierte Arbeitskräfte fehlten. Nicht umsonst lautete der Slogan für Frauenarbeit, dass »Frauen ihren Mann in der Produktion stehen« sollten. Während Ende der 1950er Jahre 56 Prozent der Frauen arbeiten gingen, waren es Ende der 1960er Jahre bereits 80 Prozent und Ende der 1980er Jahre über 90 Prozent, was auch im internationalen Vergleich eine der höchsten Erwerbstätigenquoten darstellte.[10]

Nachdem viele Frauen in den 1950er Jahren in die Erwerbstätigkeit gebracht worden waren, stand in den 1960er Jahren vor allem die Qualifizierung von Frauen – auch für Männerberufe – im Vordergrund. Mit dem Mauerbau am 13. August 1961 war zwar die Massenflucht aus der DDR und damit die Abwanderung von qualifizierten Arbeitskräften gestoppt worden, dennoch blieb eine der größten Herausforderungen, den Bedarf an Arbeitskräften zu decken. Aber auch mit der massenhaften Erwerbstätigkeit von Frauen waren Probleme verbunden, die nicht nur die oder den Einzelne(n), sondern auch Staat und Gesellschaft überforderten. Um Frauen dauerhaft in Arbeit zu bringen, mussten dringend bei Kinderbetreuung und Hausarbeit Erleichterungen geschaffen werden. Bis zum Ende der DDR wurde hierfür jedoch keine zufriedenstellende Lösung gefunden.

Bei allen ideologischen Kampagnen kam man nicht umhin zu erklären, wie die Menschen persönlich davon profitieren würden, wenn ein Großteil der Frauen arbeiten ginge. In den 1950er Jahren hätte man mit dem später oft verwendeten Argument, dass zur Gleichberechtigung der Frau unbedingt materielle und finanzielle Unabhängigkeit gehöre, viele Männer eher abgeschreckt. So betonte man andere Vorteile, die die Berufstätigkeit von Frauen mit sich bringen würde. Die Mitarbeit der Frau helfe dabei, die allgemeinen Lebensbedingungen zu verbessern und das Konsumgüterangebot zu vergrößern. Das zweite Einkommen erhöhe außerdem die finanziellen Spielräume in den Familien. In Zeitungsberichten und Romanen wurde immer wieder darauf verwiesen, was sich Familien alles zusätzlich leisten konnten, wenn die Frau arbeiten ging. Bei »Regine Haberkorn« war es im Roman von Elfriede Brüning das neue Schlafzimmer, das sich die Nachbarin leistete, und die Möglichkeit, nicht nur am Wochenende Fleisch auf den Tisch zu bringen.[11]

In den 1960er Jahren konnte man die Menschen in der DDR nicht mehr mit dem Versprechen auf eine bessere Zukunft vertrösten. »So wie wir heute arbeiten, werden wir morgen leben« mochte in den 1950er Jahren noch motivierend geklungen haben. Für die DDR-Bevölkerung der 1960er Jahre war dies 20 Jahre nach dem Krieg nicht mehr überzeugend, zumal sich bei ihnen längst die Gewissheit durchgesetzt hatte, dass es sich im Westen besser lebte. Mit dem Machtwechsel an der SED-Spitze von Walter Ulbricht – der die DDR seit Juni 1950 beherrscht hatte – zu Erich Honecker 1971 verbanden sich daher viele Hoffnungen: Ein jüngerer Staatschef würde die seit Jahren gegebenen Versprechen auf eine Erleichterung der Lebensbedingungen und eine bessere Versorgung nun endlich erfüllen. Von dem Generationenwechsel erhofften sich viele auch eine Liberalisierung der Verhältnisse oder gar eine Annäherung an die Bundesrepublik. In der Tat wurde nach dem Machtantritt Honeckers die politische Funkstille zwischen der Bundesrepublik und der DDR offiziell beendet. Beide Staaten unterzeichneten im Dezember 1972 den Grundlagenvertrag und richteten jeweils Ständige Vertretungen in der Hauptstadt des anderen Teilstaates ein. Während sich die Hoffnungen vieler DDR-Bürger auf innenpolitische Entspannung

Werbeplakat von 1981 anlässlich des X. Parteitages der SED mit dem Slogan: »Ich leiste was, ich leiste mir was«, das die auf Verzicht gegründete Propaganda der vorherigen Jahrzehnte ablöste

und die Lockerung des Reiseverbots in den Westen nicht erfüllten, setzte Honecker auf die Befriedung der Bevölkerung durch soziale Wohltaten. Kern seiner sozialen Versprechen war das Wohnungsbauprogramm, mit dem bis 1990 die Wohnungsnot in der DDR beseitigt werden sollte. Nun hieß es »Ich leiste was, ich leiste *mir* was«.[12]

Und tatsächlich verbesserte sich die Lage. Tausende neue Wohnungen mit Zentralheizung und Warmwasserversorgung wurden gebaut, die bevorzugt an Familien mit Kindern vergeben wurden. Hier musste nach einem langen Arbeitstag nicht erst geheizt werden, um es warm zu haben, und die Toiletten lagen in der Wohnung und nicht im Hof oder im Treppenhaus. Auch den Frauen wurde abermals Erleichterung versprochen. In den neu entstehenden Wohnvierteln sollten die Familien alle sozialen Einrichtungen in unmittelbarer Nähe vorfinden: Kindergärten und Schulen, Kaufhallen und Dienstleistungseinrichtungen. Die seit Jahren angekündigte bessere Vereinbarkeit von Familie und Beruf sollte in greifbare Nähe rücken. So gut die Pläne gedacht waren, so schlecht war es um die materiellen Ressourcen für ihre Realisierung bestellt. Oftmals dauerte es Jahre, bis die Kindergärten und Kaufhallen fertiggestellt waren. Auch die verkehrstechnische Anbindung der »Schlafstädte« an die Innenstädte oder Industriebetriebe ließ zu wünschen übrig, sodass der Umzug in eine Neubauwohnung zwar tatsächlich mehr Komfort bedeutete, aber die sonstigen Schwierigkeiten wie das unberechenbare Angebot an Waren oder die unzureichende Versorgung mit Dienstleistungen aller Art, die den Alltag so beschwerlich und kräftezehrend machten, ungelöst blieben.

Das Konzept von Gleichberechtigung in der Sowjetischen Besatzungszone und der DDR war ein ökonomisches. Dabei stützte sich die SED auf Überlegungen von Friedrich Engels, Clara Zetkin und August Bebel. Die Frauenfrage müsse als Teil der sozialen Frage gelöst werden, und dies sei dann der Fall, wenn die Arbeiter insgesamt aus der ökonomischen Abhängigkeit des Kapitals erlöst würden. Mit der ökonomischen Befreiung der Frau und ihrer gleichberechtigten Integration in den Arbeitsprozess würde automatisch auch die soziale und individuelle Unabhängigkeit eintreten.[13] Bereits die »Teilnahme am Arbeitsprozeß«, so die Annahme, würde die Frau dem Mann gleichstellen und bisher bestehende Unterschiede aufheben.[14] Damit wurde die Frage der Gleichberechtigung von Frauen vor allem auf die Aspekte der Frauenarbeit reduziert. In diesen Vorstellungen spiegelten sich zeittypische Erfahrungen, die europaweit geteilt wurden. Frauen aus der vollkommenen – vor allem finanziellen – Abhängigkeit von Männern zu befreien, schien der richtige Ansatz für die Gleichberechtigung der Geschlechter. Darüber hinausgehende Vorstellungen im Hinblick auf Selbstverwirklichung oder gleichberechtigte Teilhabe an Politik und Gesellschaft waren in diesem Konzept nicht vorgesehen. Wie *Der Spiegel* 1969 in einem Bericht über die Situation der Frauen in der DDR schrieb, war »das Leitbild der politischen Partizipation der Frau in der DDR [...], daß durch ihre Erwerbstätigkeit nicht nur ihre Gleichberechtigung gesichert sei, die Frau helfe dadurch auch, die Wirtschaft des Landes zu stärken und damit die DDR aufzubauen und zu stabilisieren«.[15] Noch bestehende Probleme würden sich demzufolge gesetzmäßig in der weiteren Entwicklung der sozialistischen Gesellschaft lösen.

Die Anforderungen, die eine Frau in der DDR zu erfüllen hatte, um als gleichberechtigt und modern anerkannt zu werden, legte die SED fest. Ihr Leitbild war die voll arbeitende Mutter, die mehrere Kinder aufzog. Frauen sollten – so wie Engels es beschrieben hatte – durch Hausarbeit nur noch »in unbedeutendem Maße« in Anspruch genommen werden, da diese vergemeinschaftet würde.[16] Der diesen Vorstellungen zugrunde liegende Erfahrungshintergrund vieler führender SED-Genossen speiste sich aus ihrer proletarischen Herkunft und den dort erlebten Aufgabenbereichen ihrer Frauen und Mütter: Frauen arbeiteten in der Regel und erledigten nach der Arbeit den (überschaubaren) Haushalt. Die Betreuung der Kinder war zumeist eine sich selbst regelnde Angelegenheit, bei der die größeren Geschwister auf die kleineren aufpassten. Das später in der DDR erreichte flächendeckende Angebot an Kinderbetreuung stellte vor diesem Erfahrungshintergrund in der Tat einen enormen Fortschritt dar. Zudem erhielten in den 1970er Jahren alle berufstätigen Frauen einen monatlichen Haushaltstag, was vorher nur verheirateten Frauen oder Müttern zugestanden worden war. Die Regelungen für die Pflege kranker Kinder und den Mutterschutz wurden weiter verbessert. Die SED tat vieles, um Frauen zu motivieren, an die zweite Schicht mit Hausarbeit und Familie noch eine dritte Schicht – zur Weiterbildung und Qualifizierung – anzuhängen.

Auf den ersten Blick hatten Frauen in der DDR also gute Voraussetzungen für eine selbstbestimmte Lebensgestaltung: Sie waren in die Arbeitswelt integriert. Ihnen standen viele Berufe offen. Die Hälfte der Studierenden an den Universitäten waren ab den 1970er Jahren Frauen.[17] Sie heirateten früh und konnten sich ohne Probleme scheiden lassen, denn durch die hohe Erwerbsquote waren die meisten Frauen wirtschaftlich unabhängig. Kinder, die Frauen in der DDR in der Regel bereits mit Anfang 20 bekamen,[18] waren aufgrund der umfassenden Kinderbetreuung selten ein Grund, Ausbildung oder Studium abzubrechen. Viele Frauen schätzten die Möglichkeiten für Bildung und Berufsleben und die damit verbundene Selbständigkeit und Unabhängigkeit.

Obwohl der Staat immer wieder die Vereinbarkeit von Familie und Beruf beschwor und versuchte, entsprechende Angebote und Strukturen zu bieten, erlebten viele Frauen täglich die große Kluft zwischen

Das Wandbild »Dresden grüßt seine Gäste« am Restaurant »Bastei« in der Prager Straße 1969

Anspruch und Wirklichkeit. Der Spagat zwischen Familie und Arbeitsleben brachte eine immense Mehrfachbelastung mit sich. Vor allem die Organisation des Alltags, die langen Arbeits- und Wegezeiten und die Bewältigung der Hausarbeit lasteten insbesondere auf den Frauen. Für den Haushalt wurden bereits in den 1950er Jahren Erleichterungen versprochen, mit denen Frauen für die Erwerbstätigkeit geworben und auch in diese gedrängt wurden. Doch diese Erleichterungen ließen bis zuletzt auf sich warten. Durch die rigiden Arbeitszeiten waren Kinder und Familien großem Stress ausgesetzt. In Eingaben und Leserbriefen beschrieben Frauen immer wieder, wie sehr es sie belastete, schon die kleinen Kinder vor sechs Uhr aus den Betten holen zu müssen, um sie rechtzeitig vor Arbeitsbeginn in der Krippe oder dem Kindergarten abgeben zu können.

Die Gleichberechtigung scheiterte aber nicht nur an den Mühen des Alltags. Auch in den höchsten Partei- und Regierungsämtern sowie in Spitzenpositionen an Universitäten und in der DDR-Planwirtschaft war davon kaum etwas zu sehen. Nur wenige Frauen schafften es in höhere Funktionen in Politik, Wirtschaft oder Wissenschaft: »Frauen haben hier nichts zu suchen, sie sind höchstens Statisten [...], Opfer von Unterdrückung [...] oder Verkörperung einer glücklichen kommunistischen Zukunft. [...] Der [...] intellektuell angespannt bzw. hochqualifiziert Tätige in den Zukunftstechnologien der 50er und 60er Jahre des Ostblocks – konnten nur Männer sein, keine Frauen.«[19] Frauen verdienten durchschnittlich ein Drittel weniger als Männer, was insbesondere beim Eintritt ins Rentenalter spürbare Folgen hatte.[20] Hinzu kam, dass von den offiziellen Vorstellungen abweichende Pläne für die Lebensgestaltung im sozialistischen Gesellschaftsmodell nicht vorgesehen waren und bekämpft, diskreditiert und kriminalisiert wurden.

Trotz aller Verbesserungen, die Frauen in der DDR erlebten – etwa bei der Gleichstellung in Ehe und Familie, bei der Förderung ihrer Berufstätigkeit oder der Wahlfreiheit beim Kinderkriegen –, war und blieb das Konzept der SED ein paternalistisches. Männer entschieden für Frauen, was gut für sie war. Frauen sollten Männern – insbesondere denen in der Parteiführung – vertrauen, dass diese schon wüssten, was gut für sie sei, und ihre Entscheidungen akzeptieren.

Die deutsche Einheit 1990 brachte für alle Menschen in der DDR – unabhängig davon, wie sie vorher zum DDR-Staat gestanden hatten – riesige Probleme und Herausforderungen mit sich. Für fast alle hieß es, sich neu zu orientieren und neu anzufangen. Die größte Anpassungsleistung erbrachten dabei die Frauen. Sie waren weit mehr als die Männer von den veränderten Lebensumständen betroffen. Vieles unterschied sich grundlegend von ihren bisherigen Erfahrungen und Gestaltungsmöglichkeiten. Während sich Männer wie in den Jahrzehnten zuvor auf den Beruf konzentrierten, mussten Frauen ganz neue Rollenbilder ausloten. Sie mussten nicht nur die für sie ungewohnt begrenzten beruflichen Perspektiven verkraften, sondern trugen auch weitgehend die Verantwortung für das Wohl der Familie und der Kinder. Frauen wurden lange als die größten Opfer der »Wende« betrachtet. Sie verloren nicht nur als Erste ihre Arbeitsplätze, sondern wurden wegen ihrer Einstellungen zu Familie und Beruf auch viel stärker als Männer angefeindet. Ihnen wurde eine »übersteigerte Erwerbsneigung« vorgehalten.

Zudem entbrannte im vereinten Deutschland sowohl in den Medien als auch in Frauenverbänden eine heftige Diskussion darüber, welche Rolle Frauen in der DDR gespielt hatten und wie emanzipiert sie im Vergleich zu ihren westdeutschen »Schwestern« tatsächlich seien. Ihnen wurde vorgeworfen, zu »unpolitisch« zu sein, weil sie mit den Forderungen der westdeutschen Frauenbewegung wenig anfangen konnten: »Für ostdeutsche Frauen ist politische Partizipation gegenwärtig Luxus. Individuell stellt – unter den derzeitigen gesellschaftlichen und Arbeitsmarktbedingungen – Existenzsicherung das Hauptproblem in ihrem Lebenszusammenhang dar.«[21] Selbst bei westdeutschen Frauen fehlte es oft an Verständnis dafür, welchen Belastungen ostdeutsche Frauen vor und nach 1990 ausgesetzt waren.

Wegen des sehr hohen Anteils an berufstätigen Frauen, deren Kinder in der Regel bereits mit einem Jahr oder jünger die staatlichen Betreuungseinrichtungen besuchten, konzentrierte sich die öffentliche Debatte auf die angeblichen ostdeutschen »Rabenmütter«. Wie die Frauenzeitschrift *Emma* 20 Jahre später konstatiert, prallten »mit dem Fall des Eisernen Vorhangs [...] zwei (Frauen)Welten aufeinander [...], und mit ihnen ein Pulverfass aus Missverständnissen, Propaganda und Ignoranz. Auch 20 Jahre nach der Wiedervereinigung bedeutet ein Land und ein Geschlecht noch längst keine innere Einheit. Noch immer hält sich im Osten das Klischee der dekadenten West-Frau, die sich trotz Frauenbewegung mit dem Titel ihres Mannes anreden lässt, ihre Kinder als Lebenselixier betrachtet und am liebsten in Teilzeit oder gar nicht arbeitet. Genauso kursiert im Westen das Bild des grauen Mäuschens aus dem Osten, der Rabenmutter, die ihr Neugeborenes nicht schnell genug in die Krippe verfrachten kann, zur Arbeit geht und meint, damit wäre für die Gleichberechtigung doch alles getan.«[22] Die Diskussionen der

1990er Jahre spiegeln vor allem die Westsicht wider. Hier herrschte ein anderes Gesellschaftsbild, nach dem Frauen ihren Platz immer noch mehrheitlich als Hausfrau und Mutter auszufüllen hatten und »konservative Bundesländer mit Stolz darauf verwiesen, keine Kindertagesstätten zu brauchen«, weil Mütter mehrheitlich zu Hause blieben.[23] Während in der DDR 1989 über 92 Prozent aller Frauen einer Arbeit nachgingen, taten dies in der Bundesrepublik kaum 50 Prozent.[24]

Zugleich setzten die mit der deutschen Vereinigung aufeinandertreffenden Vorstellungen in Ost und West einen neuen Selbstverständigungsprozess in Gang, der auch das Frauenbild in den westlichen Bundesländern modernisierte. Was die DDR-Frauen nach 1990 an Rechten einbüßten, die in der DDR als selbstverständlich gegolten hatten, holten sich Frauen (und Männer) in Ost wie West im vereinigten Deutschland gemeinsam schrittweise zurück. Mittlerweile gehört die Vereinbarkeit von Familie und Beruf zum modernen Familienbild in der Bundesrepublik. Die Erwerbstätigkeit unter Frauen in Deutschland stieg zwischen 1990 und 2015 auf 73 Prozent.[25] Damit liegen sie im europäischen Durchschnitt mit an der Spitze. Frauen, die ihre Kinder schon vor dem dritten Lebensjahr in eine öffentliche Einrichtung geben, werden nicht mehr als »Rabenmütter« gebrandmarkt. Eltern haben mittlerweile ein gesetzlich verbrieftes Anrecht auf Kinderbetreuung.

Angesichts der Folgewirkungen, die die Familien- und Frauenpolitik der DDR auch nach 1989 noch hat, ist es an der Zeit, jene Prägungen genauer vorzustellen, die ostdeutsche Frauen in die deutsche Einheit mitbrachten. Welche Sorgen plagten und welche Sehnsüchte hegten Frauen in der DDR? Welche Auswirkungen hatte ihre Gleichberechtigung auf die Männer? Genossen sie die Gleichberechtigung oder litten sie unter einem Staat, der ihnen nicht nur vorschrieb, was und wie sie zu arbeiten hatten, sondern sich auch in allen anderen »Frauenfragen« für zuständig erklärte? Kurz: Wer war sie, »die« ostdeutsche Frau?

Arbeite mit – plane mit – regiere mit!
Frauen in Politik und Öffentlichkeit

Die Mehrzahl der Frauen, die nach 1945 in der Sowjetischen Besatzungszone lebten, waren in der Weimarer Republik und Nazideutschland sozialisiert worden. Sie hatten den Machtantritt der Nazis 1933 miterlebt, viele hatten Hitler zugejubelt. In der Folge hatten sie erlebt, wie schnell in den 1920er Jahren erfahrene Liberalisierungen wieder rückgängig gemacht wurden. Für sie änderte sich binnen 15 Jahren zweimal das ihnen vermittelte Frauenbild grundlegend. Die Rahmenbedingungen der ersten Demokratie in Deutschland, ihr Scheitern und die Negierung vieler frauenpolitischer Errungenschaften während der NS-Zeit prägten ihr Rollenverständnis als (Ehe-)Frauen und Mütter. Diese Erfahrungen brachten sie nach 1949 in den neuen Staat ein. In einem aber blieben die an sie gestellten Erwartungen gleich: Frauen sollten die jeweilige »neue Ordnung« bedingungslos unterstützen und die ihnen zugedachten Rollen widerspruchslos übernehmen. Von ihnen wurde nach 1945 erwartet, dass sie sich an der »demokratischen Entwicklung« und der Gestaltung der »wirtschaftlichen, politischen und sozialen Verhältnisse« mit ihrer ganzen Kraft beteiligten.[1] Taten sie dies, wurden sie zu den »fortschrittlichen Kräften« gerechnet, die die richtigen Lehren gezogen hätten aus der »katastrophalen Lage, in die Faschismus, Imperialismus und Krieg sie wie das ganze Volk gestürzt hatten«.[2]

Obwohl Frauen nach Kriegsende die größte Bevölkerungsgruppe in der Sowjetischen Besatzungszone darstellten, spielten sie in den politischen Überlegungen der Besatzungsmacht und der Ende April 1945 aus dem Moskauer Exil zurückgekehrten KPD-Führung unter Walter Ulbricht zunächst keine große Rolle. Es gab drängendere Probleme zu lösen. Es ging darum, die neue Ordnung aufzubauen, Nazi- und Kriegsverbrecher aufzuspüren, die Verwaltungen zu »säubern« und neu zu besetzen, grundlegende Reformen in allen Bereichen durchzuführen, die zerstörten Städte und die Industrie wieder aufzubauen, die Wirtschaft in Gang zu bringen, den Hunger zu besiegen, die Millionen Heimat- und Obdachlosen unterzubringen. Hierfür mussten alle Kräfte in den Aufbau des zerstörten Landes einbezogen werden. Frauen spielten in diesem Zusammenhang vor allem als Arbeitskräftereserve eine Rolle. Die mehrheitlich von Männern bestimmten Parteien taten sich schwer damit, ihre aus der Vorkriegszeit stammende Rhetorik der neuen Situation anzupassen. Die Aufrufe der KPD richteten sich an das »schaffende Volk in Stadt und Land. Männer und Frauen! Deutsche Jugend!«,[3] bei der SPD waren es die »Arbeiter, Bauern, Bürger!«.[4] Eigens an Frauen gerichtete Aufrufe forderten diese vor allem dazu auf, sich dem Aufruf »Nie wieder Krieg!« anzuschließen und sich für die Friedenspläne der KPD einzusetzen – ein Appell, dem sich viele nach den furchtbaren Kriegsjahren anschließen konnten. Es ging um den Erhalt des Friedens und den Aufbau eines »antifaschistisch-demokratischen Deutschlands«, wie Elli Schmidt, die Frauensekretärin beim Zentralkomitee (ZK) der KPD, auf der Frauenfunktionärskonferenz am 10. August 1945 erklärte.[5]

Erwartet wurde von Frauen zweierlei: Sie sollten den demokratischen Aufbau dadurch unterstützen, dass sie sich nicht nur an den nach dem Krieg erforderlichen Aufbauarbeiten beteiligten, sondern auch darüber hinaus berufstätig blieben. Gleichzeitig sollten sie die Politik bei der Umgestaltung von Staat und Gesellschaft im Sinne der sowjetischen Besatzungsmacht, der KPD und später der SED unterstützen. Der dazugehörige Slogan lautete später »Arbeite mit – plane mit – regiere mit!« und wurde 1968 in Artikel 21 der DDR-Verfassung aufgenommen.

»Männer und Frauen haben grundsätzlich dieselben staatsbürgerlichen Rechte und Pflichten«

Viele Frauen, die nach 1945 den Aufbau auf dem späteren Gebiet der DDR mitgestalteten, waren zu Beginn des Jahrhunderts geboren worden und in der Weimarer Republik erwachsen geworden. Sie hatten als junge Frauen weitreichende Liberalisierungen erlebt. Sie waren mit Artikel 109 und 119 der Weimarer Verfassung als Bürgerinnen und in der Ehe dem Mann »grundsätzlich« gleichgestellt worden.[6] Bereits 1918 hatten sie das allgemeine aktive und passive Wahlrecht erhalten. Sie konnten Posten einnehmen, die zuvor ausschließlich Männern vorbehalten waren, beispielsweise konnten sie Beamtinnen und ab 1922 auch Richterinnen werden. Zudem wurden soziale Verbesserungen wie der Wöchnerinnen- und Mutterschutz sowie der Arbeits- und Kündigungsschutz für Schwangere und Stillende eingeführt. Vor allem Frauen in Angestelltenberufen in den Großstädten profitierten von den neuen Möglichkeiten. 1925 arbeitete bereits ein Drittel aller Frauen – etwa zehn Millionen.[7] Sie waren vor allem als Hilfsarbeiterinnen in der Industrie tätig, als Hausangestellte, Verkäuferinnen oder in Büros als Sekretärinnen, Stenotypistinnen oder Telefonistinnen. Das neue Leitbild der unabhängigen und selbstbewussten Frau schlug sich auch in Äußerlichkeiten nieder: Die Röcke wurden kürzer, die Korsette, vormals ein unabdingbares Kleidungsstück jeder »anständigen« Frau, verschwanden. »Die gleichberechtigte, selbständige Frau, die sich bildete und arbeitete, benötigte auch Bewegungsfreiheit in der Kleidung. Die Frau trat in die Öffentlichkeit, die Mode folgte ihr«, bescheinigte etwa »Sibylles Modelexikon« Ende der 1960er Jahre den Frauen in der Weimarer Republik.[8]

Trotz vieler Verbesserungen blieben Frauen in der Weimarer Republik in entscheidenden Punkten benachteiligt: Sie waren Männern nur »grundsätzlich« gleichgestellt, was Einschränkungen und Ausnahmen zuließ. So wurden Frauen bei der Aufstellung von Wahllisten trotz des ihnen garantierten Wahlrechts von allen Parteien kaum berücksichtigt. Und trotz der in der Verfassung verankerten Gleichberechtigung durften sie nur mit Genehmigung des Ehemannes berufstätig sein.[9]

Weimarer Verfassung von 1919
»Artikel 109: Alle Deutschen sind vor dem Gesetze gleich. Männer und Frauen haben grundsätzlich dieselben staatsbürgerlichen Rechte und Pflichten. [...] Artikel 119: Die Ehe steht als Grundlage des Familienlebens und der Erhaltung und Vermehrung der Nation unter dem besonderen Schutz der Verfassung. Diese beruht auf der Gleichberechtigung der beiden Geschlechter.«

Von der »Volksgenossin« zur Trümmerfrau

Mit dem Machtantritt der Nationalsozialisten 1933 erlebten viele Frauen, wie schnell ein neues Frauenbild Einzug hielt. Der Begriff Emanzipation wurde zu einem Schimpfwort. »Emanzipation« sei eine jüdische Erfindung, »um die vorbestimmte Geschlechterordnung zu zerstören«, hieß es in der NS-Propaganda.[10] Die Frau wurde vor allem als Gehilfin des Mannes betrachtet, die ihn bei seinen Unternehmungen unterstützen und für den Nachwuchs sorgen sollte. Sie war als Hüterin des gemeinsamen Heims und Mutter möglichst vieler Kinder gedacht, um die »arische Rasse« zu stärken: »Die Frau hat die Aufgabe, schön zu sein und Kinder zur Welt zu bringen. Dafür sorgt der Mann für die Nahrung und wehrt den Feind ab.«[11] Denn »wenn die deutsche Frau erst wieder ihren Wert und ihre Kraft erkannt hat, wird auch der deutsche Familiengedanke wieder groß und heilig werden«.[12]

Bereits am 26. Mai 1933 wurde Werbung für schwangerschaftsverhütende Mittel unter Strafe gestellt und die Möglichkeit, sich solche Mittel zu beschaffen, erschwert. Das zum 1. Juni 1933 verabschiedete Gesetz zur Verminderung der Arbeitslosigkeit bedeutete für Frauen, dass sie spätestens mit ihrer Heirat die Berufstätigkeit aufgeben und sich auf den Nachwuchs konzentrieren sollten.[13] Da man kein generelles Frauenarbeitsverbot verhängen wollte, mussten Anreize geschaffen werden, um verheiratete Frauen nach der Hochzeit vom Erwerbsleben fernzuhalten. So wurde das ebenfalls am 1. Juni 1933 eingeführte »Ehestandsdarlehen« nur bewilligt, wenn die Frau mit der Eheschließung ihre Arbeit aufgab.[14]

Propagandistisch begleitet wurde die Figur der neuen Frau durch einen überbordenden Mutterkult: Die Mutter wurde zur »wichtigsten Staatsbürgerin« erhoben, der die Verantwortung für die Erhaltung des deutschen Volkes oblag.[15] Sie sollte hingebungsvoll sein und alle Leiden geduldig ertragen. Mädchen wurde bereits in der Schule vermittelt, dass es ihre Bestimmung sei, eine »deutsche Mutter« zu werden. Gewünscht waren entsprechend den »Zehn Geboten für die Gattenwahl« des Reichsausschusses für Volksgesundheit drei oder vier Kinder. Das zehnte Gebot hieß: »Du sollst dir möglichst viele Kinder wünschen«, denn »erst bei drei bis vier Kindern bleibt der Bestand des Volkes sichergestellt«.[16] Um das Mutterbild auch in der Öffentlichkeit weiter aufzuwerten, wurde 1934 der Muttertag, der seit Anfang der 1920er Jahre in Deutschland begangen wurde, zum offiziellen Feiertag und »Gedenk- und Ehrentag der deutschen Mütter« erhoben. 1939 wurde das »Ehrenkreuz der deutschen Mutter« zum ersten Mal an Mütter mit mindestens vier Kindern verliehen.

Die Reduzierung ihrer Bestimmung auf das Mutterdasein sollte Frauen weitgehend aus dem öffentlichen Leben und der Arbeitswelt verdrängen. Entsprechende Vorschriften wurden erlassen, die in der Weimarer Republik errungene Verbesserungen zunichte machten: Frauen verloren das passive Wahlrecht, durften keine Justizberufe mehr ergreifen und keine eigenen Arztpraxen eröffnen. An den Universitäten sollte der Anteil von Frauen unter den Studierenden nicht mehr als zehn Prozent betragen.[17] Trotz aller Pläne, verheiratete Frauen und Mütter aus dem Berufsleben zu verdrängen, sank die Frauenerwerbstätigkeit nicht, sondern stieg sogar an. 1933 waren 34 von 100 Berufstätigen Frauen. 1939 arbeiteten bereits 14,6 Millionen Frauen, damit lag ihre Zahl um zweieinhalb Millionen höher als in der Weimarer Republik.[18] Diese scheinbar paradoxe Entwicklung hatte damit zu tun, dass Frauen, die gar nicht arbeiteten, auch nicht im Sinne der Nationalsozialisten waren. Ihnen ging es vor allem darum, dass sich verheiratete Frauen auf das Kinderkriegen konzentrierten; bis dahin aber sollten Frauen sehr wohl ihren Beitrag für das »Volkswohl« leisten. Anfang 1938 war ein verpflichtendes Hauswirtschaftsjahr für alle unverheirateten Frauen unter

Das Bild der Mutter wurde in der NS-Propaganda überhöht (Mutter mit zwei Mädchen und einem Jungen in HJ-Uniform, ca. 1943).

25 Jahren eingeführt worden. Auch die NS-Mütterpolitik war nicht so erfolgreich, wie es die NS-Führung geplant hatte: Kinderreiche Familie blieben die Ausnahme; der sich schon in der Weimarer Republik abzeichnende Trend zur Kleinfamilie mit einem oder zwei Kindern setzte sich auch während des »Dritten Reichs« fort.

War der Ausschluss von Frauen aus dem Arbeitsleben schon in den sechs Jahren zwischen dem Machtantritt der Nationalsozialisten 1933 und dem Beginn des Zweiten Weltkriegs 1939 nicht gelungen, brachte der Kriegsausbruch das in den Vorjahren propagierte Frauenbild weiter ins Wanken. Millionen Männer wurden zur Wehrmacht eingezogen, damit standen sie für die heimische Wirtschaft nicht mehr zur Verfügung. Ihre Plätze sollten nun Frauen und Zwangsarbeiter einnehmen, die aus den von Deutschen besetzten Gebieten verschleppt worden waren.

War die Frauenpropaganda in der Vorkriegszeit vor allem auf die Verherrlichung der Mutterrolle ausgerichtet, wurde während des Krieges Arbeit als patriotische Pflicht angepriesen. Trotz der verstärkten Appelle ging die Zahl erwerbstätiger Frauen bis 1941 zurück. Dies hing damit zusammen, dass verheiratete Frauen Unterhaltszahlungen erhielten, wenn ihre Männer an der Front waren. Diese Zahlungen lagen teilweise höher als der potenzielle Lohn - Frauen wurden trotz des Arbeitskräftemangels schlechter als Männer bezahlt –, sodass eine Arbeitsaufnahme nicht gerade verlockend war. Dies wurde damit begründet, dass die meisten Frauen ungelernt und körperlich gar nicht in der Lage seien, die Männer vollständig zu ersetzen.

Als der Krieg, den das nationalsozialistische Deutschland sechs Jahre zuvor mit dem Überfall auf Polen begonnen hatte, 1945 auf deutschen Boden zurückkehrte, war die verbliebene Bevölkerung nicht mehr nur den Luftangriffen der alliierten Bomberverbände ausgesetzt. Die Kämpfe gegen das Naziregime fanden nun direkt in den Städten und Dörfern statt. Betroffen waren vor allem Frauen, Kinder und Alte, da jeder, der noch irgendwie eine Waffe tragen konnte, zur Wehrmacht oder dem letzten Aufgebot, dem sogenannten »Volkssturm«, eingezogen wurde. Die deutsche Bevölkerung bezahlte nun für das, was während der zwölf Jahre nationalsozialistischer Herrschaft durch Deutsche und im Namen des deutschen Volkes anderen an Verbrechen und Leid zugefügt worden war.

Überlebenskünstlerinnen in Ruinen

Für viele Frauen mischte sich in die Erleichterung über das Kriegsende die Furcht vor der Zukunft. Sie hatten ihre Familien während des Krieges zusammengehalten, selbst zutiefst verängstigt die Kinder im Bombenterror getröstet und beschützt und die Alten und Kranken versorgt –

und waren jetzt am Ende ihrer Kräfte. Zur ständigen Angst um sich selbst, die Kinder und die Männer kam die Sorge, wie der nächste Tag bewältigt werden sollte. Für Frauen im Osten Deutschlands beherrschte zudem die Angst vor Vergewaltigungen durch die sowjetischen Besatzer den Alltag. Etwa zwei Millionen deutsche Frauen wurden Schätzungen zufolge während der letzten Kriegs- und ersten Nachkriegswochen Opfer von Vergewaltigungen, Tausende wurden schwanger oder infizierten sich mit Geschlechtskrankheiten.[19]

Die Organisation des Alltags glich oft genug einem Kampf ums Überleben und ergab ein tagesfüllendes Programm. An allem herrschte Mangel. Nahrungsmittel waren streng rationiert. Kleidung und Hausrat gab es – wenn überhaupt – nur mit Bezugsscheinen. Meist konnten diese nicht geliefert werden, da es kaum mehr produzierendes Gewerbe gab. In vielen Städten waren Strom- und Wasserversorgung zusammengebrochen. Die Gasversorgung – zum Kochen unerlässlich – war wegen der Explosionsgefahr eingestellt. Nahezu sämtliche öffentliche Transportmittel wie Bus, Bahn oder Straßenbahn verkehrten nicht mehr. Für die wenigen in Privatbesitz befindlichen Autos gab es kein Benzin. Zudem waren viele Straßen durch Bombentrichter oder herumliegende Trümmer unpassierbar und mussten erst geräumt werden. Die Hauptstadt Berlin wurde von Bertolt Brecht »der große Trümmerhaufen neben Potsdam« genannt. Seuchen und Epidemien breiteten sich unter der von Hunger und Krieg geschwächten Bevölkerung aus. Längst verschwunden geglaubte Krankheiten wie Skorbut, Tuberkulose, Typhus und Ruhr begannen zu grassieren. Zudem mussten etwa acht Millionen Flüchtlinge aus dem Osten versorgt werden, die zu Kriegsende in die ohnehin zerstörten und völlig überlasteten Städte drängten und hofften, dort eine neue Bleibe, Schutz und Nahrung zu finden. Allein in das Gebiet der späteren DDR kamen bis Ende 1946 4,4 Millionen Vertriebene aus den deutschen Ostgebieten, darunter 2,6 Millionen Frauen. Insgesamt mussten schließlich über zwölf Millionen Vertriebene aufgenommen, versorgt und integriert werden.[20]

Auch zwei Jahre nach Kriegsende war keine deutliche Verbesserung der Lebensverhältnisse eingetreten. Die Nahrungsmittelversorgung erreichte in allen Besatzungszonen bis 1947 lediglich 50 bis 70 Prozent des vom Völkerbund angegebenen Existenzminimums.[21] Otto Normalverbraucher, so trefflich von Gert Fröbe im gleichnamigen Film von 1948 dargestellt, brachte in der Regel noch 45 Kilogramm auf die Waage. Erst im Februar 1947 konnten die »Hungerrationen« angehoben werden und erreichten nun laut amtlichen Angaben zwischen 1500 und 2200 Kilokalorien täglich. Allerdings kamen die auf den Karten ausgewiesenen Rationen noch immer nicht regelmäßig bei den Menschen an. Der Slogan »Wir wollen keine Kalorien, wir wollen Brot« machte die Runde. In allen Besatzungszonen versuchten die Menschen bei sogenannten »Hamsterfahrten« das Überlebensnotwendige zu tauschen oder auf den abgeernteten Feldern doch noch ein paar übrig gebliebene Halme oder Kartoffeln zu finden. Auf ihrem II. Parteitag im September 1947 räumte die SED ein, dass sich trotz aller Bemühungen wenig an der katastrophalen Lage geändert hatte: »Millionen deutscher Kinder, Frauen und Männer leiden schwer unter dem Mangel an Nahrung, Kleidung, Wohnung und Heizung.« Die »Verbesserung der Lebensbedingungen« wurde als Hauptaufgabe ausgerufen.[22]

Zu den Alltagssorgen und -nöten kam die Ungewissheit über das Schicksal der Männer und Söhne. Vor allem bei den in sowjetischer Gefangenschaft befindlichen Soldaten war oftmals unklar, ob sie noch lebten oder in einem der sibirischen Lager umgekommen waren. Aber auch als die überlebenden Männer aus der sowjetischen Gefangenschaft in die SBZ zurückkehrten, änderte sich erst einmal wenig für die Frauen. Viele dieser Männer waren nur deshalb entlassen worden, weil sie schwer krank waren. 80 Prozent galten als unterernährt und litten an Krankheiten wie Tbc, an Ödemen und Phlegmonen. Lediglich 16 Prozent waren überhaupt arbeitsfähig.[23] Viele Männer galten als traumatisiert. Erst Ende der 1940er Jahre änderte sich die Situation in den sowjetischen Gefangenenlagern merklich. Zum einen war die Versorgung in der zerstörten Sowjetunion besser geworden. Die Offiziere der Sowjetischen Militäradministration (SMAD) hatten den Deutschen immer wieder erklärt, dass »durch die kolossalen Verwüstungen durch den Krieg in Rußland sich die russische Regierung vor allen Dingen verpflichtet sehe, erst einmal ihre eigenen Einrichtungen wieder zusammenzufinden bzw. wieder Ordnung im eigenen Land zu schaffen, ehe sie sich um die in Kriegsgefangenschaft befindlichen Deutschen bemühen könne«.[24] Zum anderen hatte man erkannt, dass eine positivere Einstellung der Bevölkerung gegenüber einer sozialistischen Entwicklung im östlichen Teil Deutschlands nur über verbesserte Lebensbedingungen gelingen würde. Um das Bild eines guten Lebens im Sozialismus zu vermitteln, kam es auch darauf an, dass keine beinahe verhungerten Elendsgestalten mehr aus der sowjetischen Gefangenschaft zurückkehrten.

»Wir helfen«

Viele Frauen taten nach Kriegsende das, was sie bereits während des Krieges getan hatten: Sie ersetzten die Männer in der Wirtschaft, im öffentlichen Leben und in den Familien. Unter der Losung »Wir helfen« betreuten sie wie schon zu Kriegszeiten Alte, Kranke, Flüchtlinge und elternlose Kinder, waren in der Seuchenbekämpfung und bei der Einrichtung von Nähstuben und Wärmehallen aktiv, enttrümmerten die Städte und versuchten, die zerstörten Fabriken wieder in Gang zu setzen. Für einen Großteil der Frauen bot körperlich schwere Arbeit zudem die einzige Möglichkeit, an die dringend für das Überleben erforderlichen Lebensmittelkarten heranzukommen. Vor allem aber unterstützten Frauen sich gegenseitig. Sie schlossen sich zusammen und organisierten die gemeinsame Kinderversorgung. In den Häusern wurde oft nur ein Zimmer geheizt, wo die Kinder betreut wurden, während die Mütter arbeiten gingen oder versuchten, Nahrungsmittel aufzutreiben.

Die Not alleinstehender Mütter

»Mütter, die alleinstehend für ihre Kinder zu sorgen haben, waren im Winter in ganz besonderem Maße in körperlicher wie seelischer Hinsicht Überbelastungen ausgesetzt. Innerhalb der Häuslichkeit führten sie den Kampf gegen die Kälte; die Fenster waren oft nur verpappt, Wasserleitungen wie Toiletten waren auf Monate unbrauchbar. Das Waschen der Wäsche aus

Es waren vor allem Frauen, die nach dem Krieg die zerstörten Städte enttrümmerten und die Wirtschaft wieder in Gang brachten (ca. 1945/46).

Feuerungsmangel, das Trocknen derselben in der Kälte oft ein nicht zu lösendes Problem. Mütter gaben zu, daß sie es an der nötigen Sauberkeit bei den Kindern aus diesen Gründen fehlen lassen mußten. Krätze trat häufiger auf. Vor der Kälte wurden die Kinder oft dadurch geschützt, daß sie im Bett gelassen wurden. Sonst zog man, was an verfügbaren Kleidungsstücken vorhanden war, übereinander an, was einen erhöhten Verschleiß zur Folge hatte. Eine seelische Entspannung gab es nach diesen winterlichen Monaten nicht. Verschiedentlich machten sich bei den Frauen im Frühjahr schwere Erschöpfungszustände bemerkbar. Doch schon kamen neue Sorgen: unregelmäßige Belieferung der Lebensmittelkarten, die Sorge um den Anschluß an die neue Ernte und als Schreckgespenst steht jetzt schon vor ihnen wieder die Angst vor dem kommenden Winter. – Viele gaben zu, an Werten aus ihrem Haushalt schon mehr als das Entbehrliche gegen Lebensmittel eingetauscht zu haben. Sie fürchten, nicht mehr durchzukommen.«

Hilde Thurnwald: Gegenwartsprobleme Berliner Familien. Eine soziologische Untersuchung an 498 Familien. Berlin 1948, S. 61f.

Wahlplakat der KPD von April 1946

Um die größte Not zu lindern, hatten sich in vielen Städten und Gemeinden, bei den Stadtverwaltungen, aber auch unter dem Dach der Kirchen wie etwa bei der evangelischen Frauenhilfe oder der katholischen Caritas Frauengruppen und Frauenausschüsse zusammengefunden. Diese boten tatkräftige und lebenspraktische Hilfe von und für Frauen an. Da sich alle diese Einrichtungen auf die Lösung der täglichen Probleme konzentrierten, hatten sie ein hohes Ansehen und großen Einfluss nicht nur unter Frauen. Sie kümmerten sich ebenso um die soziale Betreuung der heimkehrenden Kriegsgefangenen wie um die Belange von Not leidenden Frauen. Sie unterhielten Kinder- und Altenheime und boten medizinische Beratung und psychologische Hilfe für vergewaltigte Frauen an. Diesen Aufgaben widmeten sowohl Besatzungsmacht als auch die KPD, die mit dem Aufbau der neuen politischen Strukturen und der Wirtschaft beschäftigt waren, in den ersten Nachkriegsmonaten kaum Aufmerksamkeit. Erst im Spätsommer 1945 änderte sich dies. Zum einen fürchteten SMAD und KPD den starken

Einfluss, den die Kirchen über ihre sozialen Angebote auf die Bevölkerung entfalten konnten. Zum anderen plante man ohnehin, die kirchlichen Angebote zu ersetzen, sobald ausreichend Ressourcen zur Verfügung standen. So wurden die kirchlichen Aktivitäten geduldet, um sie bei passender Gelegenheit einzudämmen.

Damals zeichnete sich bereits etwas ab, was in der DDR später allerorten zu beobachten war: Den kirchlichen Einrichtungen wie der Diakonie oder der Seelsorge wurden jene Bereiche überlassen, die arbeitsaufwendig oder politisch wenig ergiebig erschienen – wie beispielsweise die Pflege von Schwerkranken, nicht mehr Arbeitsfähigen oder geistig Kranken.

»Gesellschaftlich nützliche Arbeit«

Während Frauen als einzige verfügbare Arbeitskräftereserve seit Kriegsende zwangsläufig im ökonomischen Fokus standen und in die Produktion eingebunden waren, rückten sie erst im Herbst 1945 in den politischen Fokus der sowjetischen Besatzungsmacht und der KPD. Beide versuchten, an die Erfahrungen mit der Mobilisierung von Frauen im Nationalsozialismus anzuknüpfen. Von den etwa 30 Millionen Frauen im Erwachsenenalter waren immerhin über 20 Millionen in den verschiedenen NS-Organisationen aktiv gewesen: Etwa ein Drittel, also zehn Millionen, waren allein im Nationalsozialistischen Frauenbund Mitglied, zwei Millionen im Deutschen Frauenwerk organisiert. Zwischen 15 und 18 Millionen der insgesamt 22 Millionen Mitglieder im Reichsluftschutzbund waren Frauen.[25] Man hoffte daher, dass sich Frauen, die sich einmal für eine Ideologie hatten vereinnahmen lassen, auch in den kommunistisch dominierten Nachkriegsorganisationen engagieren und darüber politisch beeinflussen lassen würden. Um sie für die neue Macht zu gewinnen, ging die offizielle Propaganda davon aus, dass Frauen während des Nationalsozialismus vor allem passive Leidtragende und Opfer der nationalsozialistischen Politik gewesen waren. Offiziell hieß es, dass die Frauen – so wie alle in der SBZ und in der späteren DDR lebenden Menschen – mit den Verbrechen des NS-Regimes nichts zu tun hatten. Sie seien in die politischen Entscheidungsprozesse nicht einbezogen gewesen. Zudem seien die meisten Nationalsozialisten nach 1945 in den Westen geflohen. Interne Einschätzungen der sowjetischen Besatzungsmacht zeigen jedoch eine andere Sichtweise auf die deutschen Frauen. So berichtete Oberst Tjulpanow – von 1945 bis 1949 Leiter der Abteilung Propaganda und Information bei der SMAD – 1946 nach Moskau, dass »die Naziideologie [...] bis heute in der weiblichen Bevölkerung stark verankert [ist]«.[26]

Fünf Monate nach Kriegsende setzte die SMAD bei den auf verschiedenen Ebenen der kommunalen Selbstverwaltung tätigen Frauengruppen an. Im Befehl Nr. 80 des Obersten Chefs der SMAD vom 30. Oktober 1945 ging es darum, wie man die bestehenden Frauengruppen und Frauenkomitees in den nun offiziell zugelassenen antifaschistischen Frauenausschüssen unter Kontrolle der KPD zusammenführen könnte.[27] Diese Eingliederung hatte Wilhelm Pieck bereits auf einer Kundgebung der KPD zur Bodenreform am 19. September 1945 in Berlin gefordert.[28] In Abgrenzung zur bisherigen vor allem karitativen Ausrichtung der Frauenhilfsvereinigungen legte der Befehl fest, dass Frauen über die Komitees in das politische Leben integriert und zu »gesellschaftlich nützlicher Arbeit« gebracht werden sollten.[29] Gleichzeitig wurde den anderen Parteien die Gründung von eigenen Frauenorganisationen untersagt.[30]

Unter »gesellschaftlich nützlicher Arbeit« wurde dabei zweierlei verstanden. Zum einen ging es darum, dass Frauen sich in großer Zahl in den Aufbau des zerstörten Landes einbrachten, zum anderen sollten sie für die politischen Pläne zur Umgestaltung der Sowjetischen Besatzungszone und der späteren DDR gewonnen werden. Frauen wurde bescheinigt, dass sie »zur demokratischen Umbildung Deutschlands von großer Wichtigkeit« seien.[31] Da die Aufgaben der antifaschistischen Frauenausschüsse ziemlich allgemein beschrieben waren, folgte am 3. November 1945 eine Bekanntmachung über die »Organisation der Frauenausschüsse bei den Stadtmagistraten«. Hauptaufgabe der Ausschüsse sollte die »politisch-erzieherische und künstlerische Aufklä-

Plakat der KPD von 1945

rungsarbeit unter den Frauen auf antifaschistisch-demokratischer Grundlage« sein. Dafür sollten »die Mütter bei der Erziehung der Kinder im demokratischen Geist« unterstützt werden und, wie die KPD-Funktionärin Elli Schmidt später schrieb, »gute Mütter *unserer* Kinder« werden.[32] Frauen wurde dabei die Rolle von Vermittlerinnen der SED-Politik zugedacht und die junge Generation als »unsere Kinder« vereinnahmt.

Eine Woche nach dieser Bekanntmachung veröffentlichte der Zentrale Frauenausschuss beim Magistrat von Groß-Berlin am 9. November 1945 einen »Aufruf an die Frauen und Mütter Berlins«, in dem die wichtigsten Aufgaben der Ausschüsse erläutert wurden.[33] Diese sollten dazu beitragen, den »Nazismus und Militarismus restlos auszurotten«, und Frauen dabei unterstützen, sich aktiv in die Neugestaltung des öffentlichen Lebens, die Erziehung der Kinder, das Wirtschaftsleben und die Produktion einzubringen, einen Beruf zu lernen und auch Männerberufe zu ergreifen.[34] Zur Vorsitzenden der antifaschistischen Frauenausschüsse wurde die Leiterin der Frauenabteilung der KPD Elli Schmidt bestimmt.

Elli Schmidt (1908–1980) trat nach ihrer Ausbildung zur Schneiderin 1927 dem Kommunistischen Jugendverband und der KPD bei und leitete 1931/32 die Frauenabteilung der Berliner KPD-Bezirksleitung. 1932 wurde sie zur Funktionärsausbildung an die Internationale Leninschule in Moskau geschickt. Nach ihrer Rückkehr nach Deutschland arbeitete sie ab 1934 in verschiedenen Parteiämtern der illegalen KPD und floh 1940 in die Sowjetunion. 1945 kehrte sie nach Deutschland zurück und war ab Juli 1945 Mitglied des Sekretariats des ZK der KPD. Sie leitete dort die Abteilung Frauen sowie den Zentralen Frauenausschuss beim Magistrat von Groß-Berlin. Zwischen 1946 und 1950 leitete sie zusammen mit Käthe Kern das Frauensekretariat der SED. Nach verschiedenen Ämtern im Demokratischen Frauenbund (DFD) wurde sie im Mai 1949 zur Vorsitzenden gewählt. 1950 war sie die Leiterin der Kommission zur Ausarbeitung des Gesetzes über den Mütter- und Kinderschutz und die Rechte der Frau. Im Juni 1953 verlor sie wegen ihrer Unterstützung von Wilhelm Zaisser (Minister für Staatssicherheit) ihre Ämter – auch den Vorsitz des DFD. Ein Jahr später erhielt sie eine Parteirüge und wurde aus dem ZK der SED ausgeschlossen. 1956 wurde sie rehabilitiert. Bis zu ihrem Eintritt in die Rente 1966 arbeitete sie als Direktorin des Instituts für Bekleidungskultur (später Deutsches Modeinstitut).

Obwohl die Propagandaorgane der KPD nicht müde wurden zu betonen, dass es um ein breites Bündnis aller friedliebenden Frauen unabhängig von sozialem Status, Religions- oder Parteizugehörigkeit gehe, standen die Kirchen den Frauenausschüssen skeptisch gegenüber. Sie riefen die Frauen dazu auf, sich nicht »gegen Gott [zu] wenden« und nicht in den Ausschüssen mitzuarbeiten.[35] Dass diese Skepsis berechtigt war, zeigte sich sehr schnell. Zum einen waren die Frauenausschüsse bereits mit dem Einsetzungsbefehl im Sinne der KPD und der sowjetischen Besatzungsmacht politisiert. Zum anderen legten sowohl SMAD als auch KPD bzw. SED großen Wert darauf, dass sie die Kontrolle über alle Organisationen ausübten. Rückblickend resümiert die offizielle Geschichte des DFD, dass »die Mitglieder der Frauenausschüsse [in aufopferungsvollem Einsatz] Versammlungen, Schulungsabende, Agitationseinsätze, Lichtbildervorträge, Filmvorführungen« organisierten und »zahllose Gespräche [führten], um die Frauen von Hoffnungslosigkeit und Apathie zu befreien [und] sie für den antifaschistisch-demokratischen Neuaufbau zu gewinnen«.[36]

Zwar war in den SMAD-Beschlüssen nicht von der sozialen Arbeit die Rede, auf die sich vor allem die kirchlichen Gruppen konzentriert hatten. Praktisch verfolgten die nun unter offizieller Kontrolle stehenden Frauenausschüsse vor Ort aber genau diese und traten damit in direkte Konkurrenz zu den bestehenden Einrichtungen. Sie boten Frauen ebenso wie die kirchlichen Organisationen Unterstützung bei der Kinderversorgung und -erziehung, bei medizinisch-hygienischen Problemen sowie bei Arbeitsrechtsfragen an – und hatten dafür als offizielle Vertreterorganisationen der Besatzungsmacht bessere Ausgangsbedingungen als die von den Kirchen betriebenen Einrichtungen. Die damit verbundene Hoffnung war, dass Besatzungsmacht und KPD (sowie ab April 1946 die SED) als »Kümmerer« in sozialer Not wahrgenommen würden. Im Winter 1947 gab es solche Ausschüsse bereits in 12249 Gemeinden. Sie betrieben 3500 Nähstuben, 4000 medizinische Beratungsstellen, 3398 Kindergärten und 149 Volksküchen. Hinzu kamen 252 Wärmehallen, 48 Altenheime und 70 Frauenheime.[37] Die Zahl der für die Ausschüsse und in deren Einrichtungen tätigen Frauen blieb jedoch niedrig. Trotz der Ausrichtung auf die Verbesserung der Lebensbedingungen insbesondere für Frauen hatte man nur 250000 von ihnen als Mitarbeiterinnen gewinnen können.[38]

Nachdem sich die Kommunistische Partei mit der Sozialdemokrati-

Wahlplakat der CDU zwischen 1946 und 1949

schen Partei Deutschlands im April 1946 zur Sozialistischen Einheitspartei Deutschlands (SED) in der SBZ vereinigt hatte, übernahm diese die Kontrolle über die antifaschistischen Frauenausschüsse. Obwohl die Frauen als politischer Faktor nicht wirklich ernst genommen wurden, blieb es für die Sowjetische Militäradministration wichtig, dass sie auch die Frauenarbeit unter Kontrolle hatte. So meldete Oberst Tjulpanow 1948 der Moskauer Parteiführung: »Die gesamte Arbeit der Frauenausschüsse steht unter unmittelbarer Beobachtung und Kontrolle durch die Informationsorgane der SMAD.«[39]

»Die SED ist die Partei der Frauen«

Obwohl Kommunistische Partei und Besatzungsmacht nicht müde wurden, die herausragende Rolle von Frauen für den Aufbau der »antifaschistisch-demokratischen Ordnung« zu betonen, spielten sie auch auf dem Vereinigungsparteitag von SPD und KPD nur eine untergeordnete Rolle. Zwar widmete Wilhelm Pieck auf dem 15. Parteitag der KPD am 19./20. April 1946, der dem Vereinigungsparteitag vorausging, ein »besonderes Wort den Frauen«. Darin appellierte er an diese, arbeiten zu gehen – was viele von ihnen ohnehin bereits notgedrungen taten – und sich in der Partei zu engagieren. Denn nur so könnte ihnen der Weg zur »aktiven gesellschaftlichen Mitarbeit an einem antifaschistisch-demokratischen Deutschland« gewiesen werden.[40] Ziel war es, wie Franz Dahlem, Leiter der Abteilung Kader und Organisation des ZK der KPD, erklärte, Frauen stärker in das politische Leben einzubeziehen und die politisch-ideologische Überzeugungsarbeit zu verstärken.

Um die bereits mit der Gründung der antifaschistischen Frauenausschüsse und dem Verbot von Frauenorganisationen anderer Parteien vorgegebene Ausrichtung der Frauenarbeit zu bekräftigen, erklärte sich die SED auf dem Vereinigungsparteitag zur einzig legitimen Vertreterin von Fraueninteressen. Obwohl sich die SED als »Partei der Frauen« bezeichnete, tauchten Frauen in den vom Parteitag beschlossenen »Grundsätzen und Zielen« erst unter Punkt 8 auf. Dort wurden die »Gleichheit der Bürger vor dem Gesetz ohne Unterschied von Rasse und Geschlecht« sowie die »Gleichberechtigung der Frau im öffentlichen Leben und im Beruf« postuliert. Ob sich die Gleichberechtigung von Mann und Frau auch auf Ehe und Familie erstreckte, wurde nicht erwähnt.

Manifest des Gründungsparteitags der SED 1946

»Frauen und Mütter! Es gibt keine andere Partei, die ein so klares und entschiedenes Friedensprogramm vertritt wie die Sozialistische Einheitspartei Deutschlands. [...] Der Sozialismus, für den wir kämpfen, bringt den Frauen gleiches Recht und volle Entfaltungsmöglichkeiten. Frauen und Mütter! Die SED ist daher auch eure *Partei.«*

Protokoll des Vereinigungsparteitages der SPD und KPD. Berlin 1946, S. 204.

Bei der Gründung der SED hatte man – quasi als Zugeständnis an den sozialdemokratischen Teil der SED – eine Verpflichtung zur Mindestvertretung von Frauen im Parteivorstand und den Sekretariaten der SED festgelegt. Diese Verpflichtung wurde 1950 gestrichen. Sie war ohnehin eine eher folgenlose Absichtserklärung, denn die Kaderpolitik der SED war auf Männer konzentriert und beruhte zudem auf der politischen und ideologischen Zuverlässigkeit ihrer Mitglieder, die nicht durch eine »Frauenquote« ausgehebelt werden sollte. Um keine Zweifel daran zu lassen, dass die Frauenpolitik von der SED bestimmt wurde, galten die von der SED 1948 beschlossenen »Richtlinien für die Verbesserung der Arbeit der Frauenabteilungen der Partei« auch für die Massenorga-

Wahlplakat der SPD von 1946

nisationen wie den Demokratischen Frauenbund Deutschlands (DFD) und den Freien Deutschen Gewerkschaftsbund (FDGB), die als Unterabteilungen der Einheitspartei angesehen wurden. Hauptaufgabe der SED-Frauenabteilungen war es, »die Massenorganisationen bei der Verwirklichung der marxistisch-leninistischen Frauenpolitik zu unterstützen« und die »Massenarbeit unter den Frauen« zu verbessern.[41] Auch die 1949 in den Parteileitungen eingeführten SED-Frauenbeauftragten sollten ebenso wie ihre Vorläufer, die Frauenabteilungen der KPD, vor allem die Parteiarbeit unter den Frauen organisieren. Ihre Aufgabe war es, Frauen als Unterstützerinnen der SED-Politik zu gewinnen und sie in die sozialistische Gesellschaft und ihre Organisationen zu integrieren.

In den Folgejahren besetzte die SED weitere Schaltstellen der Frauenarbeit. So schuf sie 1952 Frauenausschüsse in den Betrieben, die für die Frauenförderung – also die Gewinnung von Frauen für die Berufswelt und ihre Qualifizierung – zuständig waren. Diese Frauenausschüsse bestanden bis 1965 parallel zu den Frauenkommissionen des FDGB und wurden dann aufgelöst. Zur weiteren Zentralisierung und Organisation der Frauenarbeit wurde 1960 beim ZK der SED eine »Frauenkommission« eingerichtet, die »die Arbeit mit den Frauen auf den verschie-

Auch die SED wandte sich bei ihrer Wahlwerbung im September 1946 in der SBZ an Frauen und Mütter.

densten Gebieten koordinieren und der Parteiführung herangereifte Probleme der weiteren Verwirklichung der Gleichberechtigung der Frau unterbreiten« sollte.[42] Der Hintergrund dafür, dass sich nun sogar das zweithöchste Parteigremium für Frauenfragen zuständig fühlte, war, dass man zwar den Anteil von berufstätigen Frauen hatte erhöhen können, allerdings war das zweite Ziel, Frauen für technische Berufe zu gewinnen und vor allem, sie zu qualifizieren, nicht erreicht worden. Zudem wurde immer deutlicher, dass die Vereinbarkeit von Berufstätigkeit und Familienleben noch immer problematisch war. Am 16. Dezember 1961 veröffentlichte das Politbüro des ZK der SED sein Kommuniqué »Die Frauen – der Frieden und der Sozialismus«, in dem programmatisch die Frauenpolitik der SED beschrieben wurde. Gleichberechtigung sei ein »unabdingbares Prinzip des Marxismus-Leninismus und eine Angelegenheit der gesamten Gesellschaft«, hieß es dort. Hervorgehoben wurde »der Kampf um die Sicherung des Friedens und der umfassende Aufbau des Sozialismus«, die beide die Mitarbeit und Qualifizierung der Frauen erforderten.[43] Der Veröffentlichung des Kommuniqués folgte

Anfang 1962 eine Frauenkonferenz. Auch die Vorträge dort drehten sich weniger um die realen Probleme, denen Frauen im Alltag gegenüberstanden, als vielmehr um theoretische Fragen wie die »Aufgaben der Frauenausschüsse im Kampf für den Sieg des Sozialismus in der DDR«.[44]

Kommuniqué »Die Frauen – der Frieden und der Sozialismus« vom 16. Dezember 1961

»Die Gleichberechtigung der Frau, ihre Förderung im beruflichen und gesellschaftlichen Leben heißt die Republik stärken, dem Frieden und dem Sozialismus neue große Kräfte zuzuführen und eine glückliche, helle Zukunft der Frauen und Mütter sichern.«

Die Frauen – der Frieden und der Sozialismus. Kommuniqué des Politbüros des ZK der SED. Berlin 1961. Abgedruckt in: Neues Deutschland, 23. Dezember 1961, S. 1.

Die SED sah ihre Aufgabe mit der Schaffung der rechtlichen Voraussetzungen für die Gleichberechtigung der Frau als erfüllt an, da unter Gleichberechtigung vor allem die Berufstätigkeit von Frauen verstanden wurde. Bereits 1962 meldete das ZK der SED in dieser Frage Vollzug. In der Grußadresse zum Internationalen Frauentag hieß es: »Die Forderung der Frauen nach Frieden und sozialer Sicherheit und Gleichberechtigung, wofür die Arbeiterklasse mehr als ein Jahrhundert kämpfte [...], wurde in unserer Deutschen Demokratischen Republik Wirklichkeit. [...] Jetzt gilt es, die schöpferischen Kräfte, alle Fähigkeiten und Talente der Frauen im Beruf, als Erzieherinnen und Mütter immer stärker zu entwickeln und zu fördern.«[45]

Bezeichnend für die patriarchale Haltung der SED und ihrer Führung zu Frauenfragen war zum Beispiel auch, dass den Vorsitz der Kommission zur »Vorbereitung und Durchführung des Internationalen Jahrs der Frau in der DDR« 1975 ein Mann innehatte. Alfred Neumann, seines Zeichens Mitglied des Politbüros des ZK der SED, vertrat die Aktivitäten der DDR im In- und Ausland wie die Teilnahme an internationalen Kongressen und die Organisation des Weltkongresses der Internationalen Demokratischen Frauenföderation (IDFF) in Berlin. Wie auch bei den

Jährlich am 8. März wurde in der gesamten DDR der Frauentag festlich begangen, wie hier 1950.

internen Verlautbarungen wurde der Kampf für Frieden, politische Entspannung, soziale Sicherheit und allgemeine Gleichberechtigung hervorgehoben, die in der DDR durch die »grundlegenden Veränderungen der gesellschaftlichen Stellung der Frau« durch den Sozialismus und sozialpolitische Programme bereits verwirklicht seien.[46]

Während die SED sich als Partei der Frauen bezeichnete und die Frauenarbeit bestimmte, weisen die Mitgliedszahlen in der »führenden Partei« aus, dass Frauen unterrepräsentiert waren. Sie stellten Ende der 1940er Jahre nur etwa ein Viertel der 1,3 Millionen Mitglieder. Bis Mitte der 1980er Jahre wuchs die Zahl der Parteimitglieder auf 2,3 Millionen an, wovon etwa ein Drittel Frauen waren.[47] Über die Gründe hierfür kann nur spekuliert werden: Sei es, weil die SED-Führung wenig Wert darauf legte, Männer und Frauen zu gleichen Teilen in ihrer Partei zu haben; sei es, weil sie Frauen vor allem und lieber in den für sie bestimmten Organisationen haben wollte, oder weil nicht genug Frauen an einer Mitgliedschaft in der SED interessiert waren. Dass man in den Führungsgremien der Partei – Politbüro und Zentralkomitee, den eigentlichen Machtzirkeln nicht nur der SED, sondern der DDR – lieber unter sich blieb, hatte man bereits 1950 mit der Rücknahme der an die SPD gemachten Zugeständnisse zur Beteiligung von Frauen in den Parteigremien deutlich gemacht. Frauen stellten hier eine verschwindend kleine Minderheit dar, die nicht einmal ansatzweise dem prozentualen Anteil von Frauen in der SED entsprach.

Trotz der immer wieder beschworenen Qualitäten von Frauen für den Aufbau des Sozialismus verwehrten die Männer in der SED den Frauen den Zugang zu ihren Kreisen. 1967 beispielsweise befanden sich unter den 131 Mitgliedern des ZK der SED 16 und unter den 50 nicht stimmberechtigten Kandidaten gerade einmal sechs Frauen. 15 Jahre später hatte sich daran nichts geändert: Unter den 1981 auf dem X. Parteitag der SED gewählten 156 Mitgliedern des ZK waren lediglich 19, unter den 57 Kandidaten fünf Frauen.[48] Bis 1989 schaffte es keine einzige Frau in den innersten Kreis der Macht, das Politbüro. Immerhin gab es ab 1971 zwei Kandidatinnen für das oberste Gremium der herrschenden Partei. Frauen wurden aber nicht nur von den obersten Führungsgremien der SED ferngehalten. Auch in den 15 SED-Bezirksleitungen waren die Führungspositionen fast frauenfrei. Bis 1988 waren diese Posten mit einer Ausnahme von Männern besetzt: Christa Zellmer, die in Frankfurt (Oder) zur ersten Frau an der Spitze einer Bezirksleitung gewählt wurde. Margarete Langner schaffte es 1952 immerhin bis zur 2. Sekretärin der SED-Bezirksleitung Potsdam. Während es um die Vertretung von Frauen in der führenden Partei also nicht besonders gut bestellt war, versuchte die SED-Spitze Frauen massenhaft in jene Organisation zu bringen, die man eigens für sie gegründet hatte: den Demokratischen Frauenbund Deutschlands.

Der Demokratische Frauenbund Deutschlands (DFD)

Als letzte große Massenorganisation in der DDR wurde 1947 der Demokratische Frauenbund Deutschlands (DFD) gegründet. Angeblich war der Wunsch dazu von den Frauen selbst »durch die erfolgreiche Zusammenarbeit in den antifaschistischen Frauenausschüssen« entwickelt worden.[49] In Wirklichkeit hatte das Zentralsekretariat der SED sowohl über die Gründung als auch die Aufgaben und die Besetzung der Posten im DFD entschieden. Zufrieden konnte Oberst Tjulpanow nach Moskau berichten, dass »die Sozialistische Einheitspartei Deutschlands [...] seit der Gründung des DFD die führende Rolle im Bund [spielt]. Die Grundsatzfragen der Tätigkeit des DFD [...], die [Auswahl] der Führungskader wurden vom Zentralsekretariat der SED entschieden.«[50] Zur Begründung, warum man neben den bestehenden, kaum 18 Monate zuvor gegründeten Frauenausschüssen nun noch eine neue Frauenorganisation benötigte, hieß es, dass eine solche zentrale Organisation »künftig noch besser für die Gleichberechtigung der Frau und für die Ziele und Wünsche aller fortschrittlichen Frauen« wirken könne.[51] Auf dem Gründungskongress des DFD, der vom 7. bis zum 9. März 1947 als »Deutscher Frauenkongress für den Frieden« in Berlin stattfand, wurde der Anspruch formuliert, die Frauenvertretung für alle Frauen »aller Weltanschauungen und Glaubensrichtungen in den vier Besatzungszonen auf allen Gebieten des öffentlichen und sozialen Lebens« zu sein.[52] In dem vom Kongress beschlossenen Gründungsaufruf hieß es, dass die Mitglieder des DFD helfen sollten, »Militarismus und Faschismus völlig auszumerzen und das Sehnen der Menschen nach dauerhaftem Frieden zu verwirklichen«.[53]

Schwur der Mitglieder des DFD

»Wir geloben, die Bestrebungen des Demokratischen Frauenbundes zu ehren, zu fördern und ihnen mit allen Kräften zu dienen. Wir geloben, in schwesterlicher Verbundenheit über Weltanschauung, Konfession und Beruf hinweg zu helfen, Militarismus und Faschismus völlig auszumerzen und das Sehnen der Menschheit nach dauerndem Frieden zu verwirklichen.

Wir geloben, bei der Schaffung der politischen und wirtschaftlichen Einheit eines demokratischen Deutschlands mitzuwirken und mitzubestimmen, unsere Jugend zu bewußten Demokraten zu erziehen, damit sich die kommenden Generationen in geistiger Freiheit zu glücklichem Leben entwickeln. Und wir geloben, nicht zu ermüden in unserem Streben, das Vertrauen der Völker wiederzugewinnen, damit wir den verlorenen Platz in der Völkergemeinschaft bald einnehmen.«

Elli Schmidt: Gute Mütter unserer Kinder. Berlin 1952, S. 9.

Der DFD hatte zwei vordringliche Aufgaben: Er sollte Frauen für die Politik der SED gewinnen und sie von einer Berufstätigkeit überzeugen. Der Frauenbund sollte vor allem jene Frauen ansprechen, die, weil sie Hausfrauen waren, nicht über andere Organisationen erreicht werden konnten oder als unpolitisch galten. 1948 stellten Hausfrauen mit 55 Prozent tatsächlich die Mehrzahl der Mitglieder. 20 Prozent der Mitglieder wurden der Intelligenz zugerechnet, lediglich 15 Prozent waren Arbeiterinnen und zehn Prozent Bäuerinnen. Allerdings konnte der DFD zu dieser Zeit gerade einmal 289 112 Mitglieder vorweisen, kaum mehr als drei Prozent der erwachsenen Frauen in der SBZ.[54] Die folgerichtige Einschätzung lautete dann auch, dass der DFD keine Massenorganisation und »der Einfluss auf die deutschen Frauen nicht zufriedenstellend sei«.[55] 1950 wurde das Ziel ausgegeben, den DFD noch im selben Jahr zu einer »Millionenorganisation« zu machen.

Die möglichst hohen Mitgliederzahlen in allen Massenorganisationen sollten einerseits nach außen einen hohen Grad an Zustimmung zur Politik der SED signalisieren. Andererseits bot die Integration in möglichst viele dieser Organisationen die Möglichkeit, Kontrolle über die Mitglieder auszuüben. Die zentrale Frauenvertretung in der Sowjetischen Besatzungszone sollte ebenso wie alle anderen Organisationen die Verbundenheit mit der SED festigen und den Frauen ihre Verantwortung für »Frieden und Sozialismus« deutlich machen. In diesem Sinne wurde auch der 8. März umgedeutet. Er war nun vor allem als »Kampftag der Frauen gegen Militarismus, Imperialismus und Krieg« gedacht.[56]

Käthe Kern (1900–1985): Nach der Ausbildung zur kaufmännischen Angestellten wurde sie 1920 Mitglied der SPD, wo sie zwischen 1928 und 1933 das Frauensekretariat leitete. 1933 wurde sie inhaftiert. Nach ihrer Haftentlassung arbeitete sie als Sekretärin in Berlin. Im Juni 1945 wurde sie Mitglied des Zentralausschusses der wieder zugelassenen SPD und war dort für die Frauenarbeit zuständig. Sie wurde mit der Zwangsvereinigung von KPD und SPD SED-Mitglied. 1947 gehörte sie zu den Gründungsmitgliedern des DFD und war bis 1951 stellvertretende Vorsitzende. Bis 1985 blieb sie Mitglied des Präsidiums des Bundesvorstands. Von 1949 bis 1985 war sie für den DFD Abgeordnete in der Volkskammer. Zudem leitete sie zwischen 1949 und 1970 die Hauptabteilung Mutter und Kind bzw. Sozialwesen im Ministerium für Arbeit und Gesundheitswesen der DDR.

Nach außen gab sich der DFD bei seiner Gründung als politisch neutrale Organisation, die dem Frieden verpflichtet war und Fraueninteressen vertrat. Der Einfluss der SED wurde jedoch dadurch sichergestellt, dass die Mehrheit der Gründungsmitglieder des DFD in der SED war und Leitungsfunktionen mit ehemaligen KPD-Kadern besetzt wurden. Erste Vorsitzende des DFD wurde Anne-Marie Durand-Wever (parteilos). Helene Beer von der Blockpartei Liberal-Demokratische Partei Deutschlands (LDPD) wurde ebenso wie Else Lüders von der CDU sowie Käthe Kern und Emmy Damerius-Koenen (beide SED) zur Stellvertreterin ernannt. Den Posten der Generalsekretärin hatte wiederum eine Vertreterin der SED, Maria Weiterer, inne.[57] Auch als sich später der prozentuale Anteil der SED-Mitglieder verringerte, blieb der bestimmende Einfluss der SED gesichert. Inhaltliche Ausrichtung und Struk-

Else Lüders (1872–1948) engagierte sich früh für Frauenfragen. Mit 16 Jahren trat sie dem Verein Frauenwohl bei. 1899 schloss sie sich dem Verband fortschrittlicher Frauenvereine an und 1907 dem Bund Deutscher Frauenvereine. Beruflich brachte sie es 1928 bis zum Oberregierungsrat in der Reichsarbeitsverwaltung. 1945 wurde sie Mitglied der neu gegründeten CDU. Sie gehörte 1947 zu den Mitbegründerinnen des DFD und war bis 1948 eine der stellvertretenden Vorsitzenden.

turfragen wurden nicht von den Frauen in der DFD-Führung entschieden, sondern im Zentralsekretariat der SED, dem späteren Zentralkomitee, und in dessen Frauenabteilung vorformuliert und von der Frauenorganisation lediglich umgesetzt. Die anfänglich noch parallel zum DFD bestehenden antifaschistischen Frauenausschüsse wurden entsprechend dem SMAD-Befehl Nr. 254 vom 11. November 1947 im Januar 1948 in den DFD integriert und die bis dahin von ihnen betriebenen sozialen Einrichtungen dem DFD übergeben.[58] Als Ziel dieser Zusammenführung wurde angegeben, die »Vorschläge der Sowjetregierung über Deutschland [zu] befürworten und [zu] unterstützen«.[59]

Während die antifaschistischen Frauenausschüsse von den anderen Trägern karitativer bzw. sozialer Arbeit als Ergänzung bei der Bewältigung der schier unendlichen Nachkriegsprobleme noch akzeptiert worden waren, formierte sich mit der Gründung des DFD offener Widerstand gegen die Politisierung und Instrumentalisierung der Frauenarbeit. Die LDPD sprach sich vergebens gegen die Zusammenlegung der antifaschistischen Frauenausschüsse mit dem DFD aus und verweigerte die Zusammenarbeit. Marschall Sokolowski, der von 1946 bis April 1949 der Oberste Chef der SMAD war, musste die LDPD-Führung schließlich anweisen, mit dem DFD zusammenzuarbeiten. Die CDU unter Jakob Kaiser wiederum fasste 1947 einen Parteitagsbeschluss gegen die Zusammen-

Maria Weiterer (1899–1976) besuchte eine kaufmännische Schule und arbeitete ab 1915 in verschiedenen Betrieben. 1921 trat sie der KPD bei. 1928 wurde sie Mitarbeiterin der Abteilung Gewerkschaften des ZK der KPD. Nach dem Machtantritt der Nationalsozialisten leistete sie illegale politische Arbeit und wurde im September 1933 verhaftet. 1934 floh sie nach Prag, anschließend in die Sowjetunion, in die Schweiz und nach Frankreich. Im August 1945 kehrte sie nach Deutschland zurück und arbeitete als Gewerkschaftssekretärin in Heidelberg. Nach ihrem Umzug nach Berlin 1946 war sie im Frauensekretariat der SED zuständig für die Frauenarbeit in den Westzonen. Von 1947 bis 1949 leitete sie als Nachfolgerin von Elli Schmidt und Käthe Kern mit Marie Hartung die Frauenabteilung des Parteivorstands der SED. Sie gehörte zu den Mitbegründerinnen des DFD und war dessen erste Generalsekretärin. 1950 wurde sie wegen ihrer Kontakte zu Noel Field, einem US-amerikanischen Diplomaten, der während des Zweiten Weltkriegs Hilfsorganisationen für von den Nazis Verfolgte geleitet hatte und 1949 als angeblicher US-Spion verhaftet und bis 1955 gefangen gehalten wurde, aus der SED ausgeschlossen. 1956 wurde sie rehabilitiert. Bis zu ihrer Rente 1965 arbeitete sie in verschiedenen Partei- und Gewerkschaftsfunktionen.

arbeit mit dem DFD: »Die CDU kann keine politische Einheitsorganisation der Frauen akzeptieren.«[60] Die Ende 1947 neu gewählte CDU-Führung milderte ihre Ablehnung schließlich ab und war in den Gremien wie dem Vorstand des DFD vertreten. Getreu Walter Ulbrichts Motto »Es muss demokratisch aussehen, aber wir müssen alles in der Hand haben«

legte man großen Wert darauf, dass die im Demokratischen Block vertretenen bürgerlichen Parteien im DFD waren. Dass sie eigene Akzente in der Frauenarbeit setzten oder ihren Einfluss auf die Frauen ausweiteten, war aber nicht vorgesehen und wurde unterbunden.

Die Zurückhaltung bei der Mitarbeit im DFD durch die CDU hielt bis Ende 1960 an. Erst dann beschloss die Konferenz des Hauptvorstands, christliche Frauen zur Mitarbeit im DFD zu ermuntern. In der Folge vermeldete dieser stolz, dass 1000 CDU-Mitglieder eingetreten seien. Diese Politik wurde mit dem »Wort an die christlichen Frauen: Es geht um unser aller Zukunft« vom 31. Januar 1962 fortgesetzt. Darin wurden diese aufgefordert, sich für das sozialistische System zu engagieren. Es gab nun sogar Sitzungen des Präsidiums des Hauptvorstands der CDU mit der Vorsitzenden des DFD, um über die stärkere Einbeziehung von christlichen Frauen »in das gesellschaftliche Leben« zu beraten.[61]

Frauen, die sich den SED-Massenorganisationen in den 1950er Jahren nicht anschlossen und die – wie es hieß – dem »bürgerlichen Lager« angehörten, wurden als Reaktionärinnen beschimpft und bezichtigt, die »Kräfte der Demokratie und des Friedens« zu verraten.[62] Ihnen wurde vorgeworfen, »an der Seite der amerikanischen Kriegstreiber in Westdeutschland und Westberlin den Weg zu einem neuen Krieg [vorzuberei-

Parteien im DFD 1948

Partei	Ortsgruppe	Kreis- und Stadtleitungen	Erste Vorsitzende der Kreisleitung	Landesleitung DFD
SED	47,0 %	56,2 %	61,0 %	61,0 %
CDU	3,4 %	8,1 %	3,7 %	3,7 %
LDP	5,5 %	12,4 %	7,3 %	7,3 %
Parteilose	44,1 %	23,3 %	28,0 %	28,0 %

Quelle: Gerhard Wettig (Hg.): Der Tjulpanov-Bericht. Sowjetische Besatzungspolitik in Deutschland nach dem Zweiten Weltkrieg. Göttingen 2012, S. 280.

ten]«.[63] Als »fortschrittlich« und »demokratisch« wurden nur jene Frauen angesehen, die einer der von der SED gegründeten Frauengruppen angehörten und sich die jeweiligen politischen Losungen zu eigen machten.

Die SED-Führung definierte, welche Aufgaben der DFD zu erfüllen hatte. Er sollte den »Frauen die Probleme des Kampfes für den Frieden, die Rolle der UdSSR als Friedensfaktor sowie die wirtschaftspolitischen Fragen erläutern und zur Bewußtseinsentwicklung der Frauen beitragen«.[64] Elli Schmidt, seit 1949 Vorsitzende des DFD, bescheinigte der SED-Führung, dass die Partei erfolgreich unter den Frauen arbeite, um ihnen »den Weg zur aktiven gesellschaftlichen Mitarbeit an einem antifaschistisch-demokratischen Deutschland« zu weisen.[65] Der DFD sah seine Hauptaufgabe darin, »in Treue zu unserer Deutschen Demokratischen Republik alle Kräfte einzusetzen, damit alle Frauen ihre schöpferischen Kräfte und Talente nutzen für den Sieg des Sozialismus in der DDR«.[66] So unterstützte der DFD Ende der 1950er Jahre selbstverständlich die Kollektivierung der Landwirtschaft und warb unter den Landfrauen mit der Losung, sie könnten den Frauentag 1961 als »besonderen Festtag« feiern, denn sie würden ihn »zum ersten Mal in der großen Gemeinschaft des volksgenossenschaftlichen Dorfes begehen«.[67]

Losung des Zentralkomitees der SED zum Internationalen Frauentag 1961

»Gruß und Dank allen Frauen und Müttern der Deutschen Demokratischen Republik zum Internationalen Frauentag! Weiter vorwärts zum schöneren Leben, für den Sieg des Sozialismus! [...] Werktätige Frauen in Stadt und Land! Lernt und schafft zu Eurem Wohle und zum Wohle der Deutschen Demokratischen Republik! Seid selbstlos und uneigennützig in der Entfaltung der sozialistischen Hilfe! Frauen und Mütter! Hütet das Leben! Erzieht die junge Generation im Geiste des Sozialismus und der Völkerfreundschaft! Frauen und Mütter! Kämpft noch leidenschaftlicher gegen die Militaristen und Revanchisten in Westdeutschland, die Todfeinde des deutschen Volkes! Verteidigt den Frieden!«

Dokumente der Sozialistischen Einheitspartei Deutschlands. Band VIII. Hg. vom Zentralkomitee der Sozialistischen Einheitspartei Deutschlands. Berlin 1962, S. 407.

Dass die Arbeit des DFD auch später weitgehend vom Politbüro des ZK der SED bestimmt wurde, zeigen die Beschlüsse des Bundesvorstands des DFD zu den »Herausforderungen für die politisch-ideologische Arbeit« unter den Frauen. Diese waren an den Beschlüssen des Politbüros orientiert bzw. gleich dort formuliert und zur Beschlussfassung an den DFD übergeben worden. Dies blieb auch in den kommenden Jahren so: Als die SED Mitte der 1960er Jahre festlegte, dass die »Grundfragen der Gleichberechtigung in der DDR gelöst seien«, wurde dies vom DFD so übernommen.[68]

Bezeichnend für das Dilemma des DFD, einerseits als Handlangerin der SED zu gelten und andererseits als Vertreterin von Fraueninteressen zu fungieren, waren die beiden einzigen Frauenkongresse, die in der DDR durchgeführt wurden. Der erste Frauenkongress, auf dem »die weiteren Aufgaben der Frauen und Frauenorganisationen unter den Bedingungen des umfassenden Aufbaus des Sozialismus« diskutiert werden sollten, fand 1964 in Berlin unter dem Motto »Unsere Republik braucht alle Frauen – alle Frauen brauchen unsere Republik« statt. Insbesondere sollte »den Frauen durch verständnisvolle Aufmerksamkeit und Vertrauen [geholfen werden], das für die Stellung der Frau im Sozialismus erforderliche Wissen zu erwerben«.[69] Ilse Thiele, seit 1953 Vorsitzende des DFD, resümierte zwar, dass der Kongress ein »erneute[s] Bekenntnis der Frauen zur Politik der SED und der Regierung der DDR« gewesen sei,[70] die von den Frauen eingereichten Vorschläge für die Diskussionen betrafen jedoch vor allem ihre Alltagsprobleme: fehlende Kinderbetreuung, Versorgungsprobleme, das hohe Rentenalter für Frauen.

Bei dem fünf Jahre später stattfindenden zweiten und zugleich letzten Frauenkongress des DFD gab es solche »Pannen« nicht mehr. Der Kongress stand unter dem Motto »Der Frauen Herz, Wissen und Tat für unseren sozialistischen Friedensstaat«. Als Aufgabe für die Frauen hieß nun, dass sie »ihre Talente und Fähigkeiten weitaus effektiver für die allseitige Stärkung der DDR einsetzen« sollten.[71] 20 Jahre nach Gründung der DDR ging es nicht mehr darum, dass Frauen sich durch ihre Mitarbeit in der Produktion am Aufbau des Sozialismus beteiligen sollten. Dies taten sie mittlerweile mehrheitlich. Sie sollten sich auch weiterhin im »Kampf für Frieden und Sicherheit« engagieren und sich darüber hinaus »der Forderung nach Anerkennung der im Ergebnis des Zweiten Weltkriegs entstandenen Grenzen in Europa, zur völkerrechtlichen Anerkennung der DDR durch alle Staaten und zur Aufnahme der DDR und der BRD in die UNO« anschließen.[72]

Obwohl offensichtlich war, dass die »Grundfragen« der Gleichberechtigung nicht gelöst waren, änderte sich an der öffentlichen Darstellung der Erfolge der Frauenpolitik nichts. Statt die Probleme vieler Frauen bei der Bewältigung von Beruf und Familie zu thematisieren und zu ihrem Hauptanliegen zu machen, sah sich der DFD als ideologisches Instrument der SED und legte besonderen Wert darauf, »die Herstellung der festen Einheit von politischer und ideologischer Aus- und Weiterbildung der Frauen«[73] zu betonen und den Frauen »bewußt zu machen, welche Bedeutung die allseitige Stärkung der DDR und ihre feste Verankerung in der sozialistischen Staatengemeinschaft hat, und ihnen die sich daraus ergebenden Aufgaben zu erläutern«.[74] Die SED sah dies mit Wohlgefallen und lobte den DFD: Er sei »mit Umsicht und Initiative immer seiner Verantwortung gerecht geworden. Hervorragend hat er dazu beigetragen, Millionen Frauen in das politische Leben einzubeziehen, sie für vielfältige gesellschaftliche Aufgaben zu gewinnen, den Geist des Internationalismus und der Solidarität zu verbreiten«, hieß es beispielsweise auf dem IX. Parteitag 1976.[75]

Demgegenüber zeigte sich die insgesamt geringe Akzeptanz des DFD an den Mitgliederzahlen, die trotz des großen propagandistischen Aufwands nur geringfügig zunahmen. Der DFD wuchs auf insgesamt 1,4 Millionen Mitglieder an. Das heißt, lediglich 17 Prozent der Frauen wollten Mitglied werden. Dies lag auch daran, dass der DFD eben nicht als Interessenvertretung von Frauen wahrgenommen wurde, sondern als Anhängsel der SED. Im Volksmund wurde die Abkürzung DFD mit »Dienstbar – Folgsam – Dumpf« verballhornt.

Frauen und der Freie Deutsche Gewerkschaftsbund (FDGB)

Folgt man den Mitgliederzahlen, so war die eigentliche Frauenvertretung in der DDR nicht der DFD, sondern die 1945 gegründete Einheitsgewerkschaft Freier Deutscher Gewerkschaftsbund (FDGB). Sie hatte den höchsten Frauenanteil unter allen Massenorganisationen in der DDR. Bereits 1948 hatte der FDGB mehr weibliche Mitglieder als der DFD. Während die Frauenorganisation vergeblich versuchte, wenigstens eine Million Frauen als Mitglieder zu gewinnen, konnte der Gewerkschaftsbund bereits 1948 vermelden, dass von seinen 4,1 Millionen Mitgliedern 1,3 Millionen Frauen waren. Ab den 1960er Jahren waren sogar etwa die Hälfte der neun Millionen Mitglieder Frauen.[76]

Der hohe Frauenanteil hatte vor allem damit zu tun, dass die Gewerkschaft sich auf die Vertretung von Fraueninteressen im Berufsleben und im Arbeitsalltag konzentrierte. So war es nur folgerichtig, dass der FDGB ab Mitte der 1960er Jahre auf Anordnung des Politbüros des ZK der SED die betrieblichen Frauenausschüsse übernahm, die zuvor vom DFD geführt worden waren. Diese Frauenausschüsse hatten die Aufgabe, vor allem für die Produktion relevante frauenspezifische Probleme zu klären. Mit der Übergabe an den FDGB wurden die Ausschüsse zu offiziellen »Frauenkommissionen« ausgebaut. Möglicherweise hatte diese Entscheidung auch damit zu tun, dass es dem DFD nicht gelungen war, sich als echte Frauenvertretung zu etablieren bzw. als solche wahrgenommen zu werden. Mit der Zuordnung der Frauenkommissionen in den Betrieben zum FDGB wurde dieser Eindruck noch verstärkt und der DFD als bloßes Anhängsel der SED weiter geschwächt. Anfang der 1970er Jahre existierten über 13 000 solcher Frauenkommissionen in den Betrieben, in denen insgesamt 100 000 Frauen und Männer mitarbeiteten. Damit war der FDGB zur eigentlichen Vertretung von Fraueninteressen in der DDR geworden.

So sehr die SED auch wollte, dass die ideologische und politische Arbeit im Vordergrund der verschiedenen Frauenkommissionen, -beauftragten und -ausschüsse stand, sowenig kamen diese umhin, sich den tatsächlichen und »real existierenden« Problemen von Frauen zu widmen. Und so kümmerten sie sich im betrieblichen Alltag vor allem um die Frauenförderpläne, um Aus- und Fortbildung, aber auch um die Kinderbetreuung, die Vereinbarkeit von Arbeit und Familie und reale Arbeitserleichterungen. Da für viele arbeitende Frauen insbesondere der Einkauf ein großes Ärgernis und eine starke Belastung darstellte, gehörte auch die Lösung von Versorgungsproblemen zu den Pflichten der betrieblichen Frauenkommissionen. Der Gewerkschaftsvertretung oblagen die Verteilung von Urlaubsplätzen und die Organisation von Kulturveranstaltungen wie zum Beispiel die jährlichen Frauentagsfeiern zum 8. März. Der Internationale Frauentag war in der SBZ zum ersten Mal am 8. März 1947 offiziell begangen worden. Von einem »Kampftag« für den Frieden und den Aufbau des Sozialismus wurde der Frauentag im Laufe der Zeit immer mehr zu einem Tag, an dem Frauen und Mädchen demonstriert wurde, wie ihr Leben aussehen könnte, wenn sich die Männer gleichberechtigt an den Familien- und Haushaltspflichten beteiligen würden. In den Kindergärten und Schulen wurden die Kinder darauf vorbereitet, ihren Müttern kleine Geschenke zu machen. Den Männern wurde vorgeschlagen, ihre Frauen zu entlasten: das Frühstück für die Familie zuzubereiten, die Kinder in die Schule oder den Kindergarten zu bringen, die Hausarbeit zu erledigen, um so der Frau einen schönen Tag zu bereiten. In den Betrieben gab es Frauentagsfeiern, zu denen die Betriebsleitungen, die SED, der DFD und der FDGB einluden. Alle Frauen erhielten Blumen; oftmals eine kleine Ansteckblume aus Plastik, es wurden fröhliche Feiern mit Tanz und Kultureinlagen organisiert.

Die Delegierung der sozialen Aufgaben ermöglichte es der SED-Führung, alle Probleme, die sich aus der Berufstätigkeit von Frauen ergaben, der Gewerkschaft anzulasten. 1967 konstatierte der Bericht der Arbeitsgruppe Sozialpolitik beim ZK der SED über die Erwartungen der Werktätigen, dass »das vom 6. FDGB-Bundeskongreß gestellte Grundprinzip der gewerkschaftlichen Arbeit noch nicht in der praktischen Arbeit voll verwirklicht [ist]. Viele Gewerkschaftsleitungen entwickeln große Initiative auf ökonomischem Gebiet – Rationalisierung, Wettbewerb usw. – sie vernachlässigen aber die ständige Verbesserung der Arbeits- und Lebensbedingungen, insbesondere die täglichen Sorgen der Arbeiter. Dadurch werden auch auf diesem Gebiet vorhandene Reserven nicht genutzt, was wiederum nachteilig auf die Entwicklung der Arbeitsinitiative der Werktätigen wirkt.«[77] Immer wieder gab es Berichte, dass die Arbeitsräume im Winter zu kalt waren, die Heizung wegen fehlender Ersatzteile nicht repariert werden konnte oder die Kohlen fehlten.

Interessant ist dabei auch, dass diese unter den Bedingungen der DDR-Planwirtschaft nur schwer zu lösenden Probleme zunehmend den Frauen in der Gewerkschaft überlassen wurden. So waren die »typischen« Gewerkschaftsvertreter in den Betrieben ab den 1960er Jahren weiblich und meist parteilos.[78] Sie waren Ansprechpartner für die Wünsche und Probleme der Beschäftigten und zugleich Blitzableiter für alles, was nicht funktionierte. Sie sollten wie Seismografen den Unmut in den Betrieben frühzeitig erfassen und als Hörrohr der Partei- und Betriebsleitung fungieren. Da ihre Möglichkeiten, Unmut zu befrieden, ziemlich begrenzt waren, sollten sie entsprechende Vorkommnisse an die zumeist männliche und der SED angehörende Betriebsleitung melden, damit diese dann entsprechende Gegenschritte einleiten und sich und die Partei als Problemlöser darstellen konnte. Von einem Aufstand wie am 17. Juni 1953 wollte die SED-Führung nie wieder überrascht werden. Allerdings nutzten die Stimmungsberichte wenig, wenn die Möglichkeiten, Abhilfe in den kritisierten Punkten zu schaffen, begrenzt waren. Der Unmut der Beschäftigten traf dann in der Regel die Gewerkschaftsvertreter, weil diese oft näher an der Belegschaft waren als Partei- und Betriebsleitung. Da man vor allem Frauen diese Aufgaben aufgehalst hatte, galten sie schnell als renitent, wenn sie immer wieder auf die unzureichenden Arbeitsbedingungen und ungelösten Probleme insbesondere von Frauen hinwiesen und Verbesserungen forderten.

Bericht über die Tätigkeit als Vertrauensfrau beim FDGB

Frau V., Jahrgang 1956, Laborantin: »Ich hab mal ne zeitlang als Vertrauensfrau gearbeitet. Das heißt, gearbeitet kann man das auch nicht nennen. Ich wurde also dazu bestimmt, weil kein anderer da war und ich gedacht hab, vielleicht kann man da dies oder jenes, was nicht in Ordnung ist, auf irgendeine Weise ansprechen. Ja, und das erste Mal als ich bei so ner Versammlung war und mich dort zu Wort gemeldet habe [...] wurde ich am nächsten Tag zu meinem Abteilungsleiter zitiert und man hat mir gesagt, ich sollte dieses sein lassen. Ich habe da überhaupt in keinster Weise irgendwelche Sachen über die Abteilung zu erzählen. Und da hab ich dann gedacht, ja mein Gott, wozu mache ich denn dann das hier? Daraufhin kam dann die AGL [Abteilungsgewerkschaftsleitung] zu mir. Und da hab ich dann gesagt: ›Ich mache das nicht, weil, ich sehe das nicht ein, wenn ich doch nicht sagen kann, was hier für Mißstände sind. [...]‹ Und da hat die mir dann gesagt: ›Das machen die alle so.‹«

Zitiert nach: Renate Hürtgen: Zwischen Disziplinierung und Partizipation. Vertrauensleute des FDGB im DDR-Betrieb. Köln 2005, S. 186.

Obwohl Frauen in der DDR-Einheitsgewerkschaft FDGB über die Hälfte der Mitglieder stellten, schafften sie es auch hier nur äußerst selten an die Spitze. Während sie in den niedrigen Funktionen auf Betriebs-, Kreis- oder Bezirksebene etwa die Hälfte der Posten und Funktionen besetzten, nahm ihr Anteil in den höheren Funktionen stark ab. Leitungsfunktionen in den großen Kombinaten waren nur zu 5,5 Prozent mit Frauen besetzt. Auch in den FDGB-Bezirksleitungen stellten Frauen nur 6,7 Prozent,[79] und im Bundesvorstand des FDGB waren Frauen eine wahre Rarität: Von den 140 Sekretärsposten waren zwischen 1950 und 1989 22 von Frauen besetzt.[80] Oftmals waren ihre Posten mit sogenannten weiblichen Kompetenzbereichen verbunden: Soziales, Qualifizierung, Arbeitsschutz, Frauen, Feriendienst. In nur wenigen Ausnahmen wurden ihnen »wichtigere« Aufgaben übertragen wie beispielsweise Friedel Malter, die seit 1945 Abteilungsleiterin für Frauenfragen im ZK der KPD und in den Frauenausschüssen aktiv war, und dem DFD angehörte. Sie durfte 1950 den Posten des Sekretärs für Internationales beim

Bundesvorstand des FDGB übernehmen. Nur die Sekretäre der Abteilung Frauen waren mehrheitlich weiblich. Selbst in den FDGB-Leitungen der 15 DDR-Bezirke gab es lediglich in Berlin zwischen 1979 und 1989 eine Frau an der Spitze, Annelies Kimmel, die 1988 aus Suhl und Cottbus weibliche Verstärkung erhielt.

Frauen in der Politik

Die Vertretung von Frauen in politischen Führungsgremien

»Aber der Staat geht ja mit gutem Beispiel voran: er predigt: mehr Frauen in verantwortliche Stellen! Und was macht der Staat beziehungsweise die Partei: Im Bezirkstag und Ministerrat der DDR laut Presse nur je eine Frau!«

Anonymer Brief vom Januar 1972 an Willi Stoph. Zitiert nach: Siegfried Suckut (Hg.): Volkes Stimmen. »Ehrlich, aber deutlich«. Privatbriefe an die DDR-Regierung. München 2016, S. 172 f.

Weder in der führenden Partei, der SED, noch in den Blockparteien oder in entscheidenden politischen Positionen spielten Frauen eine große Rolle. Frauen waren auf jeder Ebene der politischen Macht unterrepräsentiert. Dies war entsprechend der SED-Doktrin, derzufolge sie eine Partei der Frauen sei und somit die Probleme des gesamten werktätigen Volkes in den besten Händen, auch gar nicht nötig. So gelangten bis Ende 1989 nur vier Frauen in Ministerämter: Das waren 1952/53 Else Zaisser als Volksbildungsministerin, von 1953 bis 1967 Hilde Benjamin als Justizministerin sowie von 1963 bis 1989 Margot Honecker, die Volksbildungsministerin war. Ihr folgte 1989 sehr kurz Helga Labs.

Auch bei den Posten der Bürgermeister sah es nicht besser aus. 1962 waren gerade einmal 7,2 Prozent der Bürgermeisterämter von Frauen besetzt. Entsprechend mau sah es beim Frauenanteil an der Spitze der Bezirksstädte in der DDR aus: 1949 bis 1953 wurde Schwerin von einer Frau, Johanna Blecha, regiert. Neubrandenburg hatte mit Charlotte Schlundt von 1950 bis 1952 und Ilse Höwe von 1967 bis 1968 Bürgermeis-

Hilde Benjamin sprach am 26. Juni 1964 auf dem ersten Frauenkongress der DDR in Berlin.

Hilde Benjamin (1902–1989) war eine der zwei langjährigen Ministerinnen in der DDR. 1953 wurde sie nur wenige Wochen nach dem Aufstand vom 17. Juni in das politisch mit hohen Erwartungen verknüpfte Amt der Justizministerin berufen. Sie war eine der wenigen Frauen, die zu Beginn der 1920er Jahre in Berlin Jura studierten und als Rechtsanwältin arbeiteten. Sie wurde Mitglied des Sozialistischen Studentenbundes und trat 1927 der KPD bei. Ihr Mann, der Arzt Georg Benjamin, den sie 1926 geheiratet hatte, wurde nach dem Machtantritt der Nationalsozialisten in das KZ Sonnenburg verschleppt. Hilde Benjamin erhielt Berufsverbot und arbeitete später dienstverpflichtet in der Konfektionsindustrie. 1942 kam ihr Mann im KZ Mauthausen ums Leben. Ihr 1932 geborener Sohn galt nach den Nürnberger Gesetzen als jüdischer Mischling ersten Grades und war vom Besuch einer höheren Schule ausgeschlossen. Nach dem Krieg war Hilde Benjamin als Kaderleiterin in der Deutschen Zentralverwaltung für Justiz tätig und für die Ausbildung der neuen Volksrichter zuständig. Als Mitglied der KPD wurde sie mit dem Vereinigungsparteitag 1946 Mitglied der SED. Von 1949 bis 1953 war sie Vizepräsidentin des Obersten Gerichts der DDR. Es waren die in dieser Funktion von ihr geführten Schauprozesse, die ihr die Bezeichnung »Rote Hilde« bzw. »Rote Guillotine« einbrachten. Als Vizepräsidentin begleitete sie auch die sogenannten Waldheimer Prozesse, in denen Tausende aus den sowjetischen Speziallagern an die DDR-Organe überstellte Häftlinge in Schnellverfahren und ohne Prüfung der erhobenen Vorwürfe zu langen Haftstrafen oder sogar zum Tod verurteilt wurden. Nach der Absetzung des Justizministers Max Fechner, der sich nach dem Aufstand vom 17. Juni 1953 für faire Verfahren eingesetzt hatte, wurde sie am 15. Juli 1953 Justizministerin. Von 1949 bis 1967 war sie Mitglied der Volkskammer und leitete die Gesetzgebungskommission. Benjamin setzte sich für ein modernes Familienrecht und die Gleichberechtigung von Mann und Frau ein. Das 1965 verabschiedete Familiengesetz der DDR trägt ihre Handschrift. 1967 wurde sie als Ministerin abgelöst und an die Deutsche Akademie für Staats- und Rechtswissenschaften in Potsdam versetzt. Benjamin war von 1954 bis 1989 Mitglied des ZK der SED.

---

terinnen. In Frankfurt (Oder) leiteten zwischen 1955 und 1965 ebenfalls zwei Frauen die Geschicke der Stadt, Else Noack bis 1960 und anschließend Lucie Hein. In Potsdam wurde Brunhilde Hanke 1961 zur Oberbürgermeisterin bestimmt, was sie bis 1984 blieb. In Erfurt war Rosemarie Seibert zwischen 1982 und 1989 die Herrin im Rathaus. In den 1980er Jahren wurde schließlich jede vierte Stadt oder Gemeinde in der DDR von einer Frau geleitet, wobei sich auch hier wieder das bekannte Muster zeigte: Frauen – selbst wenn sie Mitglied der SED waren – waren unterrepräsentiert und erhielten, wenn sie denn in Betracht gezogen wurden, vor allem kleinere Orte zugewiesen, wohingegen Männer in den großen Städten das Sagen hatten.

Während Frauen von den Machtinstitutionen ausgeschlossen blieben, waren sie in der Volkskammer recht gut vertreten. Seit Mitte der 1960er Jahre stellten Frauen hier durchschnittlich ein Drittel der Abgeordneten. Zwischen 1950 und 1986 stieg die Zahl der über die einheitlichen Wahllisten der Nationalen Front in die Volkskammer entsandten Frauen von 23,8 auf 32 Prozent. In den Fraktionen des FDGB, der Freien Deutschen Jugend (FDJ) und der Vereinigung der gegenseitigen Bauernhilfe (VdgB) waren Frauen überdurchschnittlich vertreten. Die Frauenorganisation DFD, die in der Volkskammer ebenfalls eine eigene Fraktion stellte, war durch 30 bis 35 Frauen vertreten.[81]

Margot Honecker im Pionierpark »Ernst Thälmann« an der Berliner Wuhlheide am 1. August 1973

Margot Honecker, geb. Feist (1927–2016), absolvierte eine kaufmännische Lehre und arbeitete zwischen 1943 und 1945 als Telefonistin. 1945 trat sie der KPD bei und wurde 1946 SED-Mitglied. 1945/46 arbeitete sie als Stenotypistin beim FDGB-Landesvorstand Sachsen-Anhalt in Halle (Saale). Nach einem Lehrgang zum Studium der marxistisch-leninistischen Pädagogik und Psychologie bei der KPD/SED-Kreisleitung Halle-Süd wurde sie 1946 Mitglied des FDJ-Kreisvorstands Halle und Sekretärin für Agitation und Propaganda. Zwischen 1949 und 1954 war sie Abgeordnete der Volkskammer und gleichzeitig Mitglied des Zentralrats der FDJ sowie Vorsitzende der Pionierorganisation »Ernst Thälmann«, wo sie ihren späteren Mann Erich Honecker kennenlernte. Er trennte sich von seiner damaligen Frau, Edith Baumann, und heiratete Margot nach seiner Scheidung 1955. 1952 bekamen beide eine Tochter. Seit 1950 war sie Kandidatin und ab 1963 Mitglied des ZK der SED. Sie war von 1963 bis 1989 Ministerin für Volksbildung und damit neben Hilde Benjamin eine der beiden langjährigen Ministerinnen in der DDR. Nach der friedlichen Revolution trat sie aus der SED/PDS aus und floh mit ihrem Mann nach Moskau. Ab 1992 bis zu ihrem Tod im Mai 2016 lebte sie bei ihrer Tochter in Santiago de Chile.

Allerdings hätten die Abgeordneten des DFD durchaus auch für den FDGB oder die SED in der Volkskammer sitzen können, denn etliche von ihnen waren – wie in der DDR üblich – Mitglied in mehreren Massenorganisationen und einer Partei, nicht selten der SED. Mit Ausnahme der SED stellten Frauen in allen anderen Fraktionen ein Viertel bzw. ein Drittel der Abgeordneten: Während sie in der SED (abgesehen

Zusammensetzung der Volkskammer

Zeitraum	Mitglieder der Volkskammer	davon Frauen
1949 - 1954	330	111 (23,0 %)
1954 - 1958	400	128 (27,5 %)
1958 - 1963	466	114 (24,5 %)
1963 - 1967	500	137 (27,4 %)
1967 - 1971	500	153 (30,6 %)
1971 - 1976	500	159 (31,8 %)
1976 - 1981	500	168 (33,6 %)
1981 - 1986	500	162 (32,4 %)
1986 - 1989	500	161 (32,2 %)
1990 (März - Oktober)	409	85 (20,0 %)

Quelle: Deutscher Bundestag: Die Abgeordneten der 10. Volkskammer der DDR. http://www.bundestag.de/kulturundgeschichte/geschichte/parlamentarismus/beschreibung_volkparl/260198.

von der ersten Volkammer) nur mit durchschnittlich 19 Prozent vertreten waren, brachten es die Blockparteien CDU und Demokratische Bauernpartei (DBD) auf durchschnittlich 25 bis 33 Prozent bzw. 26 bis 28 Prozent.[82]

Bis zuletzt wurden die SED-Führung und die von ihr kontrollierten Organisationen von Männern dominiert, denen wenig daran gelegen war, Frauen in ihre Machtzirkel zu lassen. Das rief Widerspruch in der Bevölkerung hervor: »Sehr geehrter Herr Stoph!«, hieß es etwa im November 1976 in einer Anfrage. »Wir Jugendlichen beglückwünschen Sie zur Wahl als Ministerpräsident. Aber beantworten Sie uns die Frage im Neuen Deutschland: Warum gibt es im Kabinett der Regierung keine

Frauen??? Die Frau Honecker zählt für uns nicht. Dazu sagen wir Vetternwirtschaft. Es grüßt Sie Anita, Beate, Claudia, Doren und viele andere.«[83]

Anteil von Frauen in politischen Gremien der DDR

Jahr	Volkskammer	Sekretär/ SED-Bezirks-leitung	Mitglieder/ Kandidaten Politbüro	ZK der SED	Ministerien
1949	111 (23,0 %)	keine	keine	keine	keine
1959	114 (24,5 %)	keine	2 Kand.	11 von 155	Hilde Benjamin
1969	153 (30,6 %)	keine	1 Kand.	22 von 177	Margot Honecker
1979	168 (33,6 %)	keine	2 Kand.	24 von 204	Margot Honecker
1989	161 (32,2 %)	1	2 Kand.	26 von 221	M. Honecker Helga Labs

Quelle: Die Volkskammer der DDR. Sozialistischer Parlamentarismus in Theorie und Praxis. Hg. von Werner J. Patzelt/Roland Schirmer. Wiesbaden 2002, S. 362.

Dies war keineswegs DDR-spezifisch, vergleicht man die über Frauen herrschenden Auffassungen westdeutscher Männer mit denen in der DDR. Bemerkenswert wird es nur dadurch, dass die SED vorgab, anders zu sein. Zumindest in der Propaganda wurde die Fortschrittlichkeit der DDR damit begründet, dass hier die Gleichberechtigung der Geschlechter verwirklicht sei und den Frauen alle Türen offen ständen. Dies galt jedoch nicht, sobald es um leitende Positionen ging – egal ob in Politik, Kultur oder Wissenschaft. Und dies galt ebenso wenig für die im Mittelpunkt der DDR-Frauenpolitik stehende Berufstätigkeit. Denn auch in den Führungsetagen der Betriebe blieben Männer lieber unter sich. Wie in der Politik wurden auch in der Wirtschaft nur wenige Frauen in wich-

Die SED sah sich als die Partei der Frauen und vermittelte den Frauen, dass diese dem Staat DDR für seine Frauenpolitik dankbar sein sollten. Hier gratuliert ein Mannequin im Versandhauskatalog 1969 der DDR zu ihrem 20. Jahrestag (Katalog Konsument-Versandhaus Herbst/Winter 1969).

tige Leitungspositionen vorgelassen. Die Arbeitskraft von Frauen war erwünscht, ihre politische Einmischung weniger. Nicht nur in diesen Bereichen sollten Frauen sich auf die ihnen von Männern zugewiesenen Rollen beschränken.

Gleichberechtigte Teilnahme an der Erwerbsarbeit

Der Arbeitsalltag

Verfassung der DDR vom 7. Oktober 1949
»Artikel 18: […] (4) Mann und Frau […] haben bei gleicher Arbeit das Recht auf gleichen Lohn. (5) Die Frau genießt besonderen Schutz im Arbeitsverhältnis. Durch Gesetz der Republik werden Einrichtungen geschaffen, die es gewährleisten, daß die Frau ihre Aufgabe als Bürgerin und Schaffende mit ihren Pflichten als Frau und Mutter vereinbaren kann […].«

Während Frauen von politischen Machtpositionen und politischem Einfluss möglichst ferngehalten werden sollten, sah das SED-Konzept der Gleichberechtigung eine breite Einbindung von Frauen in das Erwerbsleben vor. Frauen sollten nicht nur überhaupt arbeiten gehen, sondern sich »neue Berufs-, Lern- und Ausbildungsmöglichkeiten« und vor allem sogenannte Männerberufe erschließen.[1] Das Leitbild war die moderne Frau, die als Mutter ihren Platz in der sozialistischen Gesellschaft finden und »nützliche gesellschaftliche Arbeit« leisten sollte. Frauen galten als den Männern gleichberechtigt, wenn sie in den Arbeitsprozess eingegliedert waren. Berufstätigkeit war dabei als Vollzeitarbeit gedacht. Teilzeitmodelle wurden als Übergangslösung geduldet, jedoch vor allem in unteren und mittleren Positionen. Das Hausfrauendasein hingegen wurde als rückständig bekämpft. Unabhängig von den nach 1945 vorherrschenden sehr praktischen Erwägungen, dass der Aufbau des zerstörten Landes nur mit Hilfe von Frauen bewerkstelligt werden konnte, sah die marxistische Doktrin vor, dass alle arbeitsfähigen Erwachsenen auch erwerbstätig sein und so zum Wohlstand der Gesellschaft beitragen sollten. »Müßiggang« galt als Relikt aus der als verdorben und überholt erachteten bürgerlichen Gesellschaft. Nicht zuletzt orientierte man sich am »Vaterland aller Werktätigen«, der Sowjetunion, in dem galt: »Wer nicht arbeitet, soll auch nicht essen.«

Um Frauen in großer Zahl in die Berufstätigkeit zu bringen, schuf die SED-Führung entsprechende gesetzliche Grundlagen. Sowohl in der Verfassung als auch im Arbeits- und Familiengesetzbuch wurde die Gleichbehandlung von Mann und Frau festgeschrieben. Als wichtiger Meilenstein auf dem Weg zur Integration von Frauen in das Arbeitsleben galt die gleiche Bezahlung. Der Leitspruch »gleicher Lohn für gleiche Arbeit« wurde als eine der ersten Forderungen gesetzlich verankert. Zudem wurden Arbeitsschutzvorschriften und Erleichterungen für arbeitende Mütter eingeführt. Nachdem es bis Ende der 1950er Jahre gelungen war, über 56 Prozent der Frauen in Arbeit zu bringen,[2] ging man in den 1960er Jahren daran, die Frauen zu qualifizieren, die nach wie vor keine Berufsausbildung hatten. In der Wirtschaft benötigte man Fachkräfte, nachdem bis zum Mauerbau 1961 Hunderttausende gut ausgebildete Menschen aus der DDR geflüchtet waren. Bis in die 1970er Jahre zeitigte sowohl die Werbung für eine Berufstätigkeit als auch die Qualifizierungsoffensive gute Erfolge. Nunmehr waren über 80 Prozent der Frauen berufstätig, und die Zahl der Frauen ohne Ausbildung sank beständig. Zugleich musste man bereits in den 1950er Jahren Frauen motivieren, auch nach der Rückkehr der Männer aus der Gefangenschaft zu arbeiten. Hierfür waren ihnen erhebliche Erleichterungen im Haushalt und bei der Kinderbetreuung versprochen worden. Diese Erleichterungen würden es ihnen erlauben, sowohl voll berufstätig zu sein als auch ihren Aufgaben in den Familien und im Haushalt nachzukommen. In den 1970er Jahren trat immer deutlicher zutage, dass noch keine ausreichende Entlastung erreicht war. Vielmehr blieb die Mehrfachbelastung von Frauen eines der großen ungelösten Probleme in der DDR.

»Frauen bauen auf«

Zu Kriegsende arbeiteten in der Sowjetischen Besatzungszone bereits 2,5 Millionen Frauen, das waren etwa 38 Prozent aller Frauen im erwerbsfähigen Alter.[3] Sie arbeiteten wie schon zu Kriegszeiten in allen Bereichen, in denen »Not am Mann« war, und waren schon lange nicht mehr nur als Verkäuferinnen, Bürohilfen und Sekretärinnen oder im Gesundheitswesen tätig. Frauen übernahmen vor allem in der unmittelbaren Nachkriegszeit körperlich schwere Arbeiten. Zum Sinnbild dafür wurden die »Trümmerfrauen«, die in langen Reihen den Schutt aus den zerstörten Städten und Fabriken abtrugen. Von den 28000 in Berlin zum Räumen der Trümmer eingesetzten Personen waren 22000 Frauen.[4] Noch Jahrzehnte später bestimmten die Entbehrungen und zugleich das Geschick, unter desaströsen Bedingungen den Alltag zu organisieren, die Erzählungen über die Nachkriegszeit und belasteten zugleich das Generationenverhältnis.

Die erste Regelung zur Einbeziehung von Frauen in die Arbeitswelt war der SMAD-Befehl Nr. 153 vom 29. November 1945.[5] Dieser ordnete an, dass sich alle arbeitsfähigen Personen in der SBZ zum Arbeitseinsatz zu melden hatten, was Frauen zwischen 15 und 50 Jahren sowie Männer zwischen 14 und 65 betraf. Ausgenommen davon waren stillende Mütter, Mütter mit Kleinkindern und als »Selbständige« registrierte Frauen, etwa solche, die einen eigenen Laden oder ein Handwerk betrieben. Im Sommer 1946 wurde mit dem Kontrollratsgesetz Nr. 32 in ganz Deutschland die rechtliche Grundlage dafür geschaffen, dass Frauen auch zu Schwerstarbeit herangezogen werden konnten – obwohl dies de facto bereits seit Kriegsende gängige Praxis war.[6]

Kontrollratsgesetz Nr. 32 vom 10. Juli 1946

»In Anbetracht des großen Mangels an tauglichen männlichen Arbeitskräften in gewissen Teilen Deutschlands, erläßt der Kontrollrat folgendes Gesetz: Artikel I: Die zuständigen deutschen Behörden dürfen weibliche Arbeitskräfte bei Bau- und Wiederaufbauarbeiten einschließlich Aufräumungsarbeiten beschäftigen beziehungsweise ihre Beschäftigung genehmigen.«

Dieses Kontrollratsgesetz wurde, wie viele andere Beschlüsse der einstigen Alliierten, sehr unterschiedlich ausgelegt. In der SBZ wurden Frauen im Unterschied zu den westlichen Besatzungszonen weit über das hinaus, was das Gesetz vorsah, beschäftigt. Sie arbeiteten mit Presslufthämmern, in Steinbrüchen sowie im Bergbau unter Tage, oftmals ohne geeignete Maschinen oder Gesundheitsschutzmaßnahmen. Häufig blieb ihnen keine andere Wahl, als diese Arbeiten zu übernehmen, um an die damit verbundenen Lebensmittelkarten zu kommen und ihre Familien versorgen zu können. 18 Monate nach Kriegsende milderte der SMAD-Befehl Nr. 10 vom 8. Januar 1947 die Verpflichtung zum Arbeitseinsatz für Frauen wieder ab und erweiterte den Kreis derjenigen, die davon ausgenommen waren.[7] Von nun an waren auch jene Frauen von der Arbeitspflicht befreit, die kranke Angehörige zu Hause betreuten, in deren Familien es bereits zwei oder mehr arbeitende Familienangehörige gab, oder die zwei oder mehr Kinder unter 15 Jahren zu betreuen hatten.[8]

»

Franziska Linkerhand

Brigitte Reimann lässt ihre Heldin in dem Buch »Franziska Linkerhand« entsetzt auf die Hand einer Kollegin schauen, die durch die schwere Arbeit entstellt ist: »[...] ihre Finger, die sich nicht mehr gerade biegen ließen, und die bis aufs Nagelbett abgewetzten Fingernägel. Das dürfte es gar nicht mehr geben, dachte Franziska, daß Frauen so verschandelte Hände haben.«

Brigitte Reimann: Franziska Linkerhand. Berlin 2008 (zuerst 1974), S. 252.

Gleicher Lohn für gleiche Arbeit?

Wenn Frauen schon wie Männer schufteten, dann sollten sie auch das gleiche Geld dafür erhalten. Diese Forderung wurde zum ersten Mal am 10. August 1945 auf der KPD-Frauenfunktionärskonferenz erhoben.[9] Allerdings blieb dies ein ganzes Jahr lang folgenlos, bis die SMAD im August 1946 mit dem Befehl Nr. 253 anordnete, dass »zur Schaffung günstigerer Bedingungen bei der Verwendung der Arbeitskraft der Frauen«

Zu den wichtigsten Forderungen hinsichtlich der Gleichberechtigung der Frau gehörte die nach gleichem Lohn für gleiche Arbeit (Plakat des FDGB zwischen 1946 und 1949).

unabhängig von Alter und Geschlecht gleiche Arbeit gleich bezahlt werden müsse.[10]

In der Praxis wurden Frauen dennoch weiterhin schlechter bezahlt als Männer. Denn die Formulierung »für gleiche Arbeit« ließ großen Spielraum bei der Bewertung dessen zu, was unter »gleich« zu verstehen war. Um Frauen nicht dasselbe Gehalt zahlen zu müssen, hieß es, sie könnten gar nicht die gleiche Arbeit wie Männer leisten, weil ihnen die entsprechende Ausbildung fehle oder sie wegen ihrer schwächeren Konstitution weniger schafften. Da sich das Problem der ungleichen Bezahlung von Männern und Frauen so leicht nicht lösen ließ, blieb das Thema weiter auf der politischen Tagesordnung.

Rückblickend resümierte Lotte Ulbricht 1966 die Ungerechtigkeiten dieser Zeit: »Jedoch ist es notwendig, daran zu erinnern, wie damals die Lage war, als wir Anfang 1952 die ersten selbständigen Frauenausschüsse bildeten. Das war zur Zeit des ersten Fünfjahrplans, als Frauen in großer Zahl in die Betriebe kamen. Die Lage war so, daß eine Vielzahl von Ungerechtigkeiten ihnen gegenüber noch zu verzeichnen war, einfach deshalb, weil die alten Anschauungen nicht überwunden waren. Da gab es Ungerechtigkeiten in bezug auf den Lohn, auf die Behandlung der Frauen, man hatte noch überall Meister alten Typs, die die Frauen ziemlich grob behandelten. Es war oft sogar so, daß die Frauen gar nicht aufgenommen wurden [...], daß Tausende von Frauen und Mädchen keine Arbeit fanden, obgleich Arbeitskräfte verlangt wurden, weil die Betriebe einfach nichts mit Frauen zu tun haben wollten.«[11] Trotz der andauernden Versuche, die Verordnungen zur Zahlung des gleichen Lohns für Frauen und Männer bei gleicher Arbeit zu unterlaufen, war allein die Tatsache, dass die ungleiche Bezahlung als Problem angesehen und thematisiert wurde, ein Fortschritt. An den Lohnunterschieden änderte dies jedoch nichts. Bis Ende der 1940er Jahre gingen schließlich über 50 Prozent der Frauen einer Arbeit nach.[12] Das war mehr als jemals zuvor, genügte den Plänen einer flächendeckenden Berufstätigkeit von Frauen jedoch nicht.

»Gibt es eine schönere und größere Verpflichtung?«

1951 beschloss die SED-Führung mit dem ersten Fünfjahrplan, dass die Schwerindustrie in der DDR bis 1955 um 50 Prozent wachsen sollte. Dies war nach den Kriegszerstörungen und den Verlusten, die die massiven Demontagen durch die sowjetische Besatzungsmacht verursacht hatten, sowie der Teilung Deutschlands in zwei Staaten, dringend erforderlich. Für die Umsetzung dieser Pläne benötigte man 800 000 neue Arbeitskräfte. Und diese konnte man nur unter den bisher nicht arbeitenden Frauen rekrutieren, da zu diesem Zeitpunkt die Flucht und Abwanderung von Tausenden Menschen aus der DDR große Lücken in die Belegschaften der Betriebe riss. Daher appellierte Elli Schmidt, die Vorsitzende des DFD, an die Frauen: »Gibt es eine schönere und größere Verpflichtung für den Demokratischen Frauenbund Deutschlands als die, alle Kraft dafür einzusetzen, daß die Frauen in breitem Maße mit an die Erfüllung des Fünfjahresplans herangeführt werden? [...] Der Fünfjahrplan stellt an jeden einzelnen hohe Anforderungen, auch an uns

Frauen. [...] Wir müssen also mehr als bisher aufklärend unter den Frauen wirken, daß sie ihren Platz am Kochherd mit einem Platz an der Maschine in einem Betrieb vertauschen.«[13] Hierfür organisierte der DFD zum Beispiel Werbekampagnen in den Wohngebieten, um Hausfrauen für eine Berufstätigkeit zu gewinnen, denn alle sollten für den Sozialismus schaffen, wie es in verschiedenen Kampagnen hieß.

Der forcierte Aufbau der Schwerindustrie, der 1952 mit dem Beschluss über den Aufbau des Sozialismus in der DDR noch verstärkt wurde, bedeutete, dass die Produktion von Konsumgütern zurückgefahren wurde. Die Kapazitäten reichten nicht für alles. Zugleich trat damit das Versprechen, dass sich die Lebenssituation spürbar verbessern würde, in den Hintergrund. Die Aufhebung der Rationierungen und die Abschaffung von Bezugsscheinen für Lebensmittel und Waren, die eigentlich für 1953 anvisiert worden waren, wurden verschoben. Tatsächlich wurden sie erst 1959 abgeschafft, obwohl auch dann die Versorgungsprobleme nicht wirklich beseitigt waren.

Neben der Unzufriedenheit mit den politischen Verhältnissen waren es die ungelösten sozialen Probleme, die Ungerechtigkeiten beim Zugang zu Konsumgütern und die permanent schlechte Versorgung, die 1953 dazu beitrugen, dass die von der SED-Führung beschlossene Normerhöhung – die einer Lohnkürzung gleichkam – das Fass zum Überlaufen brachte. Am 16. und 17. Juni 1953 fanden ausgehend von Berlin überall in der DDR Protestaktionen und Demonstrationen statt, die sich schnell zu einem landesweiten Aufstand gegen die kommunistische Herrschaft ausweiteten und mit Hilfe sowjetischer Panzer niedergeschlagen wurden. Nach dem Aufstand verstärkte die SED nicht nur die Sicherheitsmaßnahmen, indem sie ihren Überwachungsapparat ausbaute. Sie leitete auch eine »Konsumwende« ein. Der Aufbau der Schwerindustrie wurde gedrosselt und die Konsumgüterproduktion erweitert. Der Bevölkerung wurde erneut versprochen, dass es nun endlich aufwärtsgehe.

Auch die Werbung in den Versandhauskatalogen widmete sich dem Arbeitsalltag. Im Katalog des Versandhauses Leipzig wurde mit dem Slogan »Alle schaffen für den Sozialismus« für Berufsbekleidung geworben (Katalog Versandhaus Leipzig Frühjahr/Sommer 1960).

Oma- und Hausfrauenbrigaden

Die Frauen, die keinen »Ernährer« zu Hause hatten oder in deren Familien ein Gehalt zum Leben nicht reichte, arbeiteten ohnehin – und nach wie vor sehr schwer. Die Kampagnen, um Frauen in die Erwerbstätigkeit zu führen, richteten sich also an diejenigen, die bisher noch nicht oder in Teilzeit arbeiteten. Dies war notwendig, weil ebenso wie in der Bundesrepublik in der DDR ein traditionelles Familienbild vorherrschte: Der Mann sorgte für den Lebensunterhalt und die Frau für Haushalt und Kinder. Berufstätigkeit wurde als Notlösung angesehen, bis der Mann so viel verdiente, dass die Frau zu Hause bleiben und sich um Haushalt und Kinder kümmern konnte. In der Zeitschrift *Die Frau von heute* fanden sich in den 1950er Jahren in fast jeder Ausgabe Artikel, die Frauen in ihrem beruflichen Umfeld vorstellten. Natürlich wurden für diese Werbeaktionen nicht die schwer schuftenden unter ihnen vorgestellt, sondern solche, die aufgrund ihrer Ausbildung oder Qualifizierung geistig anspruchsvolle und körperlich leichte Arbeiten verrichteten. Damit hoffte man, zwei Fliegen mit einer Klappe zu schlagen: Frauen wurde vermittelt, wie anregend das Arbeitsleben war, und sie erhielten die Botschaft, dass eine berufliche Weiterbildung den Weg zu neuen Tätigkeiten eröffnete, die auch noch besser bezahlt wurden.

Besonderer Wert wurde darauf gelegt, welche Erfüllung Frauen durch ihre Arbeit erfuhren, denn eine Erwerbstätigkeit gehöre zum Leben der modernen Frau in der sozialistischen Gesellschaft. Neben männlichen Aktivisten wie dem Bergmann Adolf Hennecke, der 1948 durch die Übererfüllung seiner Norm bei der Kohleförderung die sogenannte »Aktivistenbewegung« nach sowjetischem Vorbild begründet hatte, traten nun auch Frauen auf. Sie verkündeten stolz, wie sehr sie ihr tägliches Arbeitssoll gesteigert hatten. Frida Hockauf versuchte 1953, ihre Arbeitskolleginnen mit dem Spruch »So wie wir heute arbeiten, werden wir morgen leben« zu motivieren.

Ende der 1960er Jahre berichtete die Zeitschrift »Für Dich« über Frida Hockauf und rief junge Frauen dazu auf, mit hohen Produktionsleistungen zum Wohl der DDR beizutragen.

Frida Hockauf (1903–1974) stammte aus einer Weberfamilie. Nach der Beendigung der Volksschule arbeitete sie als Hausmädchen und ab 1921 selbst als Weberin. Von 1945 bis 1951 war sie Sozialhelferin in der Zittauer Stadtverwaltung. 1946 trat sie in die SED ein. Ab 1951 war sie wieder als Weberin im VEB Mechanische Weberei in Zittau beschäftigt. Berühmt wurde sie, als sie im November 1953 anlässlich einer Kampagne zur Planübererfüllung die Losung »So wie wir heute arbeiten, werden wir morgen leben« ausgab. Hierfür wurde sie 1954 mit dem Orden »Held der Arbeit« ausgezeichnet. Von 1954 bis 1963 war sie Abgeordnete der Volkskammer. Nach ihrer Wettbewerbskampagne arbeitete sie nicht mehr als Weberin, sondern wurde 1955 Sachbearbeiterin und »Wettbewerbsbeauftragte« in ihrem Zittauer Textilbetrieb. 1963 ging sie in Rente und starb elf Jahre später.

Eine der Maßnahmen, um Hausfrauen – die Ende der 1950er Jahre immer noch etwa 45 Prozent der Frauen im erwerbsfähigen Alter ausmachten – an das Arbeitsleben heranzuführen, waren die »Hausfrauenbrigaden«.[14] Sie sollten in Stoßzeiten wie beispielsweise zur Ernte oder bei erhöhtem Arbeitskräftebedarf in die Produktion geschickt werden, um bei der Erfüllung der Pläne zu helfen. Die erste, noch inoffizielle Hausfrauenbrigade gründete der DFD 1951 in Schöneiche bei Berlin. Die Frauen der Brigade halfen im Werk für Rundfunk- und Fernmeldetechnik (RFT) Berlin-Oberschöneweide, Buntmetallteile für die Wiederverwendung aufzubereiten.[15]

Die Arbeit lohnt sich

»Der Zweijahrplan und der vorangegangene Halbjahrplan stellte auch dem Demokratischen Frauenbund Deutschlands die Aufgabe, sich für die Erfüllung und Übererfüllung durch breite Heranziehung der Frauen einzusetzen. Die wirtschaftliche Entwicklung, die auf allen Gebieten unseres Lebens eine fortschrittliche ist, machte nicht halt vor Mann oder Frau. Sie stellte alle Menschen vor die gleiche Verpflichtung, die Arbeit als Grundgesetz unseres Lebens anzuerkennen, und zwar die Arbeit, deren Ergebnis dem Wohlstand des ganzen Volkes dient.«

Elli Schmidt: Gute Mütter unserer Kinder. Berlin 1952, S. 32 f.

Organisiert wurden die Hausfrauenbrigaden über den DFD, der in den Wohngebieten Hausfrauen ansprach und sie zu entsprechenden Veranstaltungen einlud. So titelte die Zeitschrift *Die Frau von heute* im Juni 1954: »Hausfrauen packen zu« und berichtete, dass in einer landwirtschaftlichen Produktionsgenossenschaft (LPG) von 95 Hektar Gemeindeland 32 Hektar wegen fehlender Arbeitskräfte nicht bestellt werden konnten. Da half der DFD und stellte eine Hausfrauenbrigade auf, die die 32 Hektar bewirtschaftete. 1958 wurden die Hausfrauenbrigaden dann offiziell eingerichtet. Diese Brigaden wurden in den Produktionsplänen der Betriebe fest eingeplant. Zugleich legte die Staatliche Plankommission fest, dass Hausfrauenbrigaden nur dort gebildet werden sollten, »wo ein begründeter Arbeitskräftemangel« vorliege, und dass sie vor allem in »volkswirtschaftlichen Schwerpunkten« einzusetzen seien.[16] Waren im Gründungsjahr 1958 bereits 737 solcher Brigaden aktiv, berichtete der DFD 1960 stolz, dass durch die Brigaden über 30 000 Frauen in die Berufstätigkeit gebracht worden seien.[17]

Zwar waren zahlreiche Frauen an einer Berufstätigkeit interessiert, oft verhinderten aber fehlende Kinderbetreuungsmöglichkeiten, dass sie tatsächlich arbeiten gehen konnten. So wurden Ende der 1950er Jahre zusätzlich zu den Hausfrauen nicht mehr berufstätige Frauen mobilisiert, die in sogenannten Omabrigaden tätig waren. Sie betreuten die Kinder von berufstätigen Müttern, wenn diese keinen Krippen- oder Kindergartenplatz bekamen. Andere wiederum erledigten Hausarbeiten für berufstätige Mütter. Ende 1960 existierten über 4000 Omabrigaden mit etwa 30 000 Mitgliedern.[18] Als immer mehr Frauen berufstätig waren, verschwanden die Hausfrauenbrigaden, und mit der Bereitstellung von Kindergartenplätzen auch die Omabrigaden.

Frauen in »Männerberufen«

Die erste Initiative, um Frauen verstärkt in männertypische Berufsfelder zu bringen, war bereits 1945 gestartet worden. Am 9. November 1945 hatte der Zentrale Frauenausschuss beim Magistrat von Groß-Berlin in der *Deutschen Volkszeitung* den bereits erwähnten »Aufruf an die Frauen und Mütter Berlins« veröffentlicht. Darin hieß es, »daß es notwendig ist, die Frauen und Mütter zu fördern und zu unterstützen, die den Wunsch äußern, einen Beruf zu erlernen, der früher als Männerberuf galt«.[19] Dabei ging es kurz nach Kriegsende vor allem darum, die fehlenden Männer bei körperlich schweren Arbeiten zu ersetzen.

Etwa zehn Jahre später konzentrierte man sich auf den Erwerb fachlicher Qualifikationen, die es Frauen erlauben würden, die Arbeitsplätze von Männern an Maschinen einzunehmen. Mit dem 1956 verkündeten Programm für den zweiten Fünfjahrplan sollte die Wirtschaft in der DDR nun unter dem Motto »Modernisierung, Mechanisierung, Automatisierung« an die Weltspitze gebracht werden. Doch durch die Massenfluchten – etwa vier Millionen Menschen, das war etwa ein Fünftel der gesamten Bevölkerung, verließen die DDR bis 1961 – fehlte es überall an qualifizierten Arbeitskräften.

Nun sollten vor allem un- und angelernte Frauen motiviert werden, eine Facharbeiterausbildung zu machen. Dafür wurden in den Betrieben ab 1959 Betriebsakademien eingerichtet. Frauen erhielten eine bezahlte Freistellung von der Arbeit, wenn sie diese Qualifizierungskurse besuchten. Trotzdem stellte das Politbüro des ZK der SED im November 1961 fest, dass noch immer zu wenige Frauen technische Berufe ergriffen. Denn, wie Walter Ulbricht 1962 sagte, man könne den Sozialismus ja nicht nur mit Friseusen aufbauen.[20] Auf dem ersten Frauenkongress der DDR, der im Juni 1964 in Berlin stattfand, forderte Friedrich Ebert, Mitglied des Politbüros des ZK der SED und von 1948 bis 1967 Oberbürgermeister von Ost-Berlin, dass »von den verantwortlichen staatlichen Organen ernsthaftere Anstrengungen unternommen werden, um eine den wissenschaftlich-technischen und volkswirtschaftlichen Ansprüchen genügende Zahl von Mädchen und Frauen zur Erlernung technischer und landwirtschaftlicher Berufe zu gewinnen«.[21] Die Werbung für Weiterbildungsmaßnahmen zeitigte jedoch lange nicht die erhofften Erfolge. Frauen akzeptierten zwar, dass sie arbeiten mussten, um ihre Familien zu ernähren. Aber zusätzlich noch langwierige Qualifizierungen wahrzunehmen, die oft in den Abendstunden stattfanden, überstieg bei vielen die Kräfte. So gab es gerade unter Frauen ein gewisses Unverständnis, wenn sich Geschlechtsgenossinnen die zusätzliche Bürde einer Weiterbildung aufluden: »Ich möchte wissen, warum Du Dich noch mal auf die Schulbank setzt. Du verdienst doch dein Geld auch so.«[22]

Viele Frauen sahen auch Mitte der 1960er Jahre in ihrer Berufstätigkeit noch eine vorübergehende Belastung, die, sobald der Ehemann genug verdiente, aufgegeben oder zumindest reduziert werden sollte. Außerdem hielt sich hartnäckig das Gerücht von der Männer abschreckenden Wirkung gut ausgebildeter und dem Mann ebenbürtiger Frauen. Männer würden diese verschmähen, da sie traditionelle Frauen und »flotte und lockere Mädchen« bevorzugen und sich modernen Frauen unterlegen fühlen würden. Befürchtungen, dass der Einstieg in »Männerberufe« Frauen unweiblicher mache, hegten nicht nur Männer, sondern auch Frauen. Ihnen gab die in der DDR anerkannte Ratgeberin *Sibylle* ermutigend mit auf den Weg: »Gegner der Gleichberechtigung vertreten den Standpunkt, daß die emanzipierte Frau ihren Charme verliert. Eine völlig unsinnige Behauptung, wie die Praxis beweist. Offensichtlich wird hier Charme mit der höchst rückständigen Deutung des ›schwachen Geschlechts‹ verwechselt. Gewiß gibt es zuweilen im öffentlichen Leben sehr tüchtige Frauen, die man nicht unbedingt als charmant bezeichnen würde, aber sie wären das auch nicht als brave Hausfrauen geworden. Der falsche Ehrgeiz mancher Frauen, bei der Eroberung einst typischer Männerberufe auch männlich wirken zu wollen, ist längst überholt.«[23]

So blieben viele der angebotenen Weiterbildungsmöglichkeiten ungenutzt, nicht nur, weil Frauen die damit verbundene zusätzliche Belastung scheuten, sondern auch, weil die Arbeit an modernen Maschinen oft Schichtarbeit erforderte, was für viele Frauen nicht attraktiv war. Drittens spielte auch eine Rolle, dass mit der Qualifizierung und der Übernahme anspruchsvollerer Tätigkeiten auch höhere Verdienstmöglichkeiten verbunden waren und deshalb solche Arbeitsplätze vor allem Männern angeboten wurden.[24] Ab Mitte der 1960er Jahre konzentrierte man sich bei der Werbung für technische und naturwissenschaftliche Berufe auf junge Mädchen, die nach dem Schulabschluss »an die Probleme der Technik systematisch herangeführt« werden sollten,[25] um »zu vernünftigen, gut ausgebildeten Menschen [heranzuwachsen], die im Jahr 2000 ihre Aufgaben beim Aufbau des Kommunismus erfüllen können«.[26] Mit Hilfe der sogenannten Berufslenkung hoffte man, Mädchen mehrheitlich für solche Berufe interessieren zu können. Als aber 1966 der erste zentrale Erfahrungsaustausch des FDGB über die Integration von Frauen in die Arbeitswelt stattfand, musste die Vorsitzende einer Betriebsgewerkschaftsleitung (BGL) aus Berlin konstatieren, »daß man sehr schnell eine Frau für die Verwaltung gewinnt, aber noch zuwenig eine Verwaltungskraft für einen technischen Beruf interessiert«.[27]

Während Frauen beispielsweise noch 1971 mit 50,8 Prozent mehrheitlich keine oder nur eine geringfügige berufliche Ausbildung hatten, waren es bei den Männern nur 28,2 Prozent. Bis 1989 verringerte sich dieser Anteil bei den Frauen auf 15,2 Prozent und bei den Männern auf 10,9 Prozent.[28] Während Männer öfter als Frauen einen Meisterabschluss bzw. ein Hochschulstudium absolvierten, lagen Frauen zumindest bei den Fachschulabschlüssen mit 18,5 Prozent deutlich vor den Männern mit 9,9 Prozent.[29] Bei den Lehrlingen sah das Bild ähnlich aus: Etwa die Hälfte der Auszubildenden - auch in technischen Berufen - waren Frauen. In der Datenverarbeitung stellten sie sogar 70 Prozent der Auszubildenden, in der chemischen Industrie etwa 60 Prozent. Und schließlich war auch die Hälfte der auszubildenden Fernmeldemechaniker Frauen. Frauen holten also beträchtlich auf, was ihre beruflichen Qualifikationen betraf, hatten in der Regel aber den geringeren Qualifizierungsgrad und arbeiteten häufig, auch wenn sie ursprünglich einen »Männerberuf« erlernt hatten, später nicht in diesem - oftmals ungeliebten - Berufsfeld.[30] Viele hatten die Ausbildung eher notgedrungen und nicht aus Neigung oder eigenem Entschluss gemacht. Sie zogen es vor, in anderen Berufen zu arbeiten, weil der Arbeitsplatz in der Nähe der Wohnung und der Kindereinrichtungen lag und sich dadurch lange Arbeitswege vermeiden ließen.[31] Hierfür nahmen sie auch Gehaltseinbußen in Kauf. Nach wie vor wählten Frauen lieber sogenannte weibliche Berufe wie Sekretärin, wo sie bis 1989 über 99 Prozent der Auszubildenden stellten, Verkäuferin oder einen medizinischen Beruf. In technischen Ausbildungsberufen hingegen sank die Zahl der Frauen, die sich für eine Ausbildung entschieden, in den 1980er Jahren sogar wieder.[32]

Auch bei der Gewinnung von Frauen für ein Studium konnte man in der DDR lange nicht die gewünschten Erfolge vorweisen. Insbesondere über die Arbeiter-und-Bauern-Fakultäten (ABF) hatte man seit Ende der 1940er Jahre versucht, Frauen an die Welt des Studiums und der Universitäten heranzuführen. So beklagte die Vorsitzende des DFD Elli Schmidt, dass sich statt der erhofften 40 Prozent Frauen nur 28 Prozent gewinnen ließen. Sie machte dafür vor allem die traditionellen »kleinbürgerlichen« Einstellungen der Mütter verantwortlich: »Hier muß das Vorurteil der Mütter durchbrochen werden, die oftmals ihre Töchter

Die Gleichberechtigung in der DDR fand vor allem in der Berufswelt statt. Frauen arbeiteten nicht mehr nur in »typischen« Frauenberufen, sondern übten wie hier die Arbeiterin im VEB Kosmetik-Kombinat viele Berufe aus, die vormals als Männerdomänen galten (© Barbara Köppe, 1988/89).

vom Studium fernhalten wollen. Sie meinen, wenn ihre Tochter heiratet, wird sie sowieso das Gelernte nicht in einem Beruf verwerten.«[33] Noch im Jahr 1961 waren unter allen Studenten an den Universitäten und Hochschulen der DDR nur 25 Prozent Frauen.[34] Damit lag die DDR, die sich ja die Gleichberechtigung der Frauen auf die Fahnen geschrieben hatte, gleichauf mit der Bundesrepublik, der man so gern eine rückständige Frauenpolitik ankreidete. An mangelnden Werbekampagnen, die in vielen DDR-Zeitungen und -Frauenzeitschriften ein Studium oder Männerberufe anpriesen, lag es zumindest nicht, dass Frauen sich noch immer mehrheitlich für traditionelle Frauenberufe und Lebenswege entschieden.

Jungakademiker in Ehenot

»Berlin: Mit Betrübnis sehe ich in meinem Bekanntenkreise, daß gesunde hübsche Akademikerinnen (Doktorinnen) von Jahr zu Jahr vergeblich auf

eine Heirat warten. Die passenden Akademiker haben meist flotte, 1a lockere Mädchen den hochgebildeten vorgezogen oder gehen nach wie vor auf Einheirat oder sonstige materielle Vorteile – das bestürzt mich sehr. Unter Heiratsanzeigen las ich kürzlich mehrfach, daß sich Kranke, vor allem solche mit Tbc zur Ehe anbieten. Wäre es nicht ein großer Schade für unser Volk, wenn Kranke und Leichtfertige sich vermehren, während unsere gesunde weibliche Hochintelligenz ohne Nachkommen bleibt und tapfer auf ein Lebensglück verzichtet? Vielleicht schalten sich hier die Behörden ein und errichten eine Ehevermittlungsstelle für unseren akademischen Nachwuchs.«

Leserbrief an die Neue Zeit, 5. April 1952, S. 5.

Trotz aller Initiativen blieb es also bis zum Ende der DDR dabei, dass Frauen insgesamt über geringere Qualifikationen als Männer verfügten und weniger verdienten. Da Frauen entweder auf untergeordneten Positionen oder in »Frauenberufen« arbeiteten, deren Lohnniveau von vornherein unter dem sogenannter Männerberufe lag, hatten sie ein signifikant niedrigeres Einkommen als Männer. 1957 arbeiteten zum Beispiel 48 Prozent der berufstätigen Frauen in den beiden untersten Gehaltsgruppen. Eine Untersuchung des Instituts für Soziologie und Sozialpolitik an der Akademie der Wissenschaften der DDR ergab noch 1982, dass die Gehaltsunterschiede zwischen Männern und Frauen gravierend waren. Für den Hauptanteil des Familieneinkommens waren bei verheirateten Paaren nach wie vor die Männer verantwortlich. So verdienten 1988 fast doppelt so viele Frauen wie Männer unter 700 DDR-Mark im Monat, nämlich 353 997. Von den Männern befanden sich lediglich 195 193 in diesen unteren Lohnbereichen – »trotz gleichen beruflichen Ausbildungsstands«.[35] In den mittleren Gehaltsgruppen zwischen 700 und 1000 DDR-Mark befanden sich hingegen mehrheitlich Frauen. Ein monatliches Einkommen zwischen 1000 und 1500 DDR-Mark erreichten mit über 2,3 Millionen mehr als doppelt so viele Männer wie Frauen, von denen nur 915 589 in diese Gehaltsregionen vorstießen. Ein Gehalt über 1500 DDR-Mark erhielten über 500 000 Männer, jedoch nur knapp 100 000 Frauen.[36]

»Meine Mutti ist Abteilungsleiter«

Für alle Jahrzehnte galt, dass dort, wo Entscheidungen getroffen wurden und die eigentlichen Machtbefugnisse lagen, die wenigsten Frauen anzutreffen waren. Zwar hatte die SED ab Mitte der 1960er Jahre gefordert, dass Frauen auch in »mittlere und leitende Funktionen« gebracht werden sollten, wohlweislich aber hohe Positionen ausgenommen.[37] Auch mit dem Aufstieg in mittlere Funktionen klappte es nicht so recht. Auf dem ersten Erfahrungsaustausch des FDGB zur Integration von Frauen in die Arbeitswelt wurde 1966 festgestellt, dass »der Anteil der Frauen in leitenden und mittleren Funktionen noch immer unzureichend« sei. Selbst ein Hochschulabschluss war für Frauen im Unterschied zu ihren Kommilitonen keine Garantie für berufliche Karrieren: »Von 21 weiblichen Hochschulkadern üben nur drei eine leitende Funktion aus.«[38] Dies änderte sich zumindest geringfügig ab Ende der 1960er Jahre. Nun drangen Frauen zunehmend in vormalige Männerbastionen vor. Mittlerweile hatte der erste Jahrgang die zehnklassige Polytechnische Oberschule (POS) durchlaufen und trat nun in Berufsausbildung oder Berufstätigkeit ein. Der verbesserte Ausbildungsstand zeitigte erste Folgen: 25 Prozent der Direktorenposten an den Schulen waren mit Frauen besetzt, wobei das vor allem die Direktorenposten an den POS betraf, während Männer eher die zum Abitur führenden Erweiterten Oberschulen (EOS) leiteten. 52 Prozent der Lehrer an Polytechnischen Oberschulen, etwa ein Drittel der Ärzte und fast jeder fünfte Gerichtsvollzieher waren weiblich.

Obwohl Frauen ab Mitte der 1970er Jahre etwa die Hälfte der Studierenden an den DDR-Hochschulen und -Universitäten ausmachten, schafften sie es im Vergleich zu ihren männlichen Kommilitonen immer noch nur selten bis an die Spitze. Ende der 1970er Jahre gelangte statistisch gesehen jeder dritte Mann mit Studienabschluss in eine Leitungsposition. Dies gelang nur etwa neun Prozent der Frauen. In der Industrie waren es vor allem Männer, die die Direktorenposten in den großen Kombinaten einnahmen. Frauen blieben – wenn sie denn an die Spitze gelangten – vor allem die Direktorenposten der kleineren Betriebe vor-

Frau bei der Arbeit im Fleischkombinat Berlin (© Barbara Köppe, ca. 1970)

behalten. Der 1990 erstellte »Frauenreport« kam zu dem Schluss, dass »in der beruflichen Sphäre [...] der Anteil von Frauen in Leitungspositionen dort am höchsten [war], wo von der Tradition her die meisten Frauen beschäftigt sind«.[39] So besetzten Frauen im Gesundheits- und Dienstleistungswesen sowie im Handel zwei Drittel der unteren und mittleren Leitungsposten.[40] Die Spitzenjobs blieben auch hier in Männerhand.

Dies blieb nicht ohne Folgen für das professionelle Selbstverständnis von Frauen. Viele waren davon überzeugt, dass Männer in der Regel die schwierigere und anspruchsvollere Tätigkeit ausübten. Sosehr man sich gegen Klischees wehrte, so beständig waren sie: Der Mann war der Arzt, die Frau war die Schwester. Der Mann war Direktor, die Frau Sekretärin. Auch in der DDR übernahmen Männer mit Leitungspositionen und entsprechend guter Bezahlung häufig die Rolle des Familienernährers, und Frauen ordneten sich den Karrierewegen der Männer unter.[41] Frauen waren eher dazu bereit, bei ihrer Berufstätigkeit Abstriche zu machen, als Männer. Waren die Kinder krank, wurde selbstverständlich erwartet, dass die Mütter zu Hause blieben. Gab es keinen Krippenplatz, gaben die Frauen ihre Berufstätigkeit auf oder arbeiteten verkürzt.

Kommuniqué »Die Frauen – der Frieden und der Sozialismus« vom 16. Dezember 1961

»Die Gleichberechtigung der Frau ist ein unabdingbares Prinzip des Marxismus-Leninismus und eine Angelegenheit der ganzen Gesellschaft. Deshalb kann die Verwirklichung dieser Aufgaben nicht den Frauen und Mädchen allein überlassen bleiben. [...] Oftmals werden Frauen, die bereits leitende Funktionen ausüben, ohne Rücksicht auf ihre Pflichten als Mutter und Hausfrau mit einem Übermaß an Arbeit belastet. Man verlangt von ihnen oft mehr als von einem Mann in der gleichen Funktion. [...] Anstatt den Frauen und Mädchen zu helfen, mit ihrer größeren Belastung fertigzuwerden, erfinden sie Argumente, die beweisen sollen, daß der Einsatz von Frauen in mittleren und leitenden Funktionen nicht möglich sei. Insbesondere wird behauptet, daß die Berufstätigkeit der Frau mit Haushalt und Kindern volkswirtschaftlich nicht ›rentabel‹ sei; Männer seien zuverlässiger und würden nicht so oft ›ausfallen‹: ja, es gibt auch das ›Argument‹, Frauen hätten weniger Verständnis für technisch-organisatorische und wirtschaftliche Probleme als die Männer.«

Die Frauen – der Frieden und der Sozialismus. Kommuniqué des Politbüros des ZK der SED. Berlin 1961. Abgedruckt in: Neues Deutschland, 23. Dezember 1961, S. 1.

Waren Frauen bereit, Leitungsposten einzunehmen, stießen sie auf Vorurteile, die sich kaum von denen im Westen unterschieden. Trotz jahrelanger Überzeugungsarbeit lehnten viele Männer Frauen in gehobenen Positionen ab. Auf dem ersten Erfahrungsaustausch des FDGB zu Fragen der Frauenqualifizierung wurden etliche Beispiele angeführt, wie Frauen durch Männer ausgebremst wurden. So beschrieb die Vorsitzende des Frauenausschusses der VEB Elektro-Apparate-Werke (EAW) Berlin-Treptow, wie Frauen bewusst schwierige Arbeitsaufgaben übertragen wurden, damit sie scheiterten: »Man sagt: Wenn ich eine Frau nicht leiden kann, mach ich sie zum Meister im EAW. Da geht sie bestimmt baden! Oder: Die armen Frauen! Man kann ihnen doch gar nicht zumuten, Produktionsleiter oder Produktionsdirektor zu werden. In solchen Funktionen muß man robust sein und ein Kreuz haben. So eine Frau haben wir nicht. Da ist also immer die ›Besorgtheit um die

Frauengruppe der Freiwilligen Feuerwehr bei Erfurt (© Uwe Gerig, ca. 1967)

Es waren vor allem Frauen, die als Reinigungskräfte arbeiteten, wie hier bei der Deutschen Reichsbahn auf Rügen (© Harald Schmitt, 1982).

Frauen‹.«[42] So ergab auch eine »Massenkontrolle« der staatlichen Arbeiter-und-Bauern-Inspektion (ABI) Ende der 1960er Jahre, dass Männer in Leitungspositionen gehobene Posten lieber mit ihren Geschlechtsgenossen als mit Frauen besetzten. 1969 zeigte eine Umfrage unter Betriebsdirektoren, die in der Frauenzeitschrift *Für Dich* veröffentlicht wurde, dass unter Männern in der DDR nach wie vor alte Klischees vorherrschten: Frauen hätten zu wenig Selbstbewusstsein – »darum können sie nicht leiten«.[43]

Jedoch unterschätzten nicht nur Männer die Fähigkeiten von Frauen. Auch sie selbst zweifelten an ihrem Können und stellten sich und ihre Entscheidungen öfter in Frage. Während Frauen Erfolge vor allem mit den guten Bedingungen in ihrem persönlichen und beruflichen Umfeld begründeten und Misserfolge als persönliches Scheitern an den Aufgaben ansahen, war es bei Männern umgekehrt.[44] Diese schrieben ihre Erfolge sich selbst zu und machten für Misserfolge vor allem ihr Umfeld verantwortlich. Das Zentralinstitut für Jugendforschung konstatierte bei der Interpretation entsprechender Umfragen in der DDR, dass »Frauen dazu [neigen], ihre Leistungspotenzen (Intelligenz, Auffassungsgabe, Kompetenz) zu unterschätzen, um nicht ihre Attraktivität als Frau und Partnerin zu gefährden«.[45] Das »Blaustrumpfphänomen« überdauerte also auch in der DDR Jahrzehnte staatlich geförderter und angeordneter »Emanzipation«, die eben nicht auf die Stärkung von Selbstwahrnehmung und Frauenbild, sondern vor allem auf die Integration in die Arbeitswelt abzielten.

Frauen in Justiz, Polizei, Militär und Staatssicherheit

Auf einem wesentlichen Gebiet waren Frauen in der DDR allerdings gut vertreten: Sie besetzten in der Justiz etwa 40 Prozent der Posten. Aber auch hier findet man sie vor allem in dem Bereich, der stereotyp als »Frauendomäne« galt. Während nur 28 Prozent der Staatsanwälte Frauen waren, dominierten sie die Familiengerichte und stellten dort die Mehrzahl der Richter. Auch bei den Notaren waren mit 62 Prozent mehrheitlich Frauen anzutreffen.[46] Dies hatte vor allem damit zu tun, dass Notare zumeist nebenamtlich tätig waren – und dadurch weniger verdienten.

In den Männerdomänen der »bewaffneten Organe« wiederum stellten Frauen nur eine verschwindend kleine Minderheit dar. Wie auch in anderen Berufsfeldern waren sie bei Polizei, Nationaler Volksarmee (NVA) oder der Staatssicherheit (MfS) vor allem in untergeordneten Bereichen in den Polizeimeldestellen oder als Verkehrspolizistinnen beschäftigt. Auch wenn sie in vermeintlich zivilen Tätigkeiten, etwa als Reinigungskräfte, Köchinnen, Sekretärinnen, Telefonistinnen oder Krankenschwestern beschäftigt waren, hatten sie militärische Ränge und waren in die polizeiliche bzw. militärische Hierarchie eingeordnet. Frauen schlugen hier noch größere Vorurteile entgegen als in den zivilen Berufen. So galten sie in den ersten Nachkriegsjahren als ungeeignet für »eine strenge Dienstzucht«.[47] Mit Ausnahme der Kriminalpolizei, wo Frauen seit der Weimarer Republik und auch während der Zeit des Nationalsozialismus in der »Weiblichen Kriminalpolizei« anzutreffen waren, wurde Frauen nicht zugetraut, im polizeilichen Dienst sinnvoll eingesetzt werden zu können. Die Weibliche Kriminalpolizei war wie schon während der Weimarer Republik vor allem für vermisste Jugendliche und sogenannte Sittendelikte zuständig, zu denen Prostitution ebenso wie unerlaubte Kino- oder Varietébesuche Minderjähriger gehörten. Es ging aber auch um ernsthafte Straftaten wie Kindesentführung oder -missbrauch und Vergewaltigung. Nachdem der Kontrollrat 1946 beschlossen hatte, dass für den Polizeidienst in allen Besatzungszonen verstärkt Frauen angeworben werden sollten, insbesondere für die Verkehrspolizei, stieg der Anteil weiblicher Polizisten insgesamt an. In der Sowjetischen Besatzungszone begründete man die Einstellung von Frauen bei der Polizei folgendermaßen: Erstens diene dies der Gleichstellung von Mann und Frau, zweitens seien Frauen »mit größerer Dienstfreudigkeit« bei der Arbeit und drittens – und dies war das eigentliche Argument – fehle es ganz einfach an Männern.[48] Aber wenn man schon Frauen beschäftigte, dann sollte zumindest ein Mann der Chef der neuen Verkehrspolizistinnen sein.

1953 betrug der Frauenanteil bei der Deutschen Volkspolizei 15 Prozent. Er sank bis 1964 auf sechs Prozent. Dies kann durchaus damit zusammenhängen, dass Frauen in der als männliche Domäne geltenden Polizei weder anerkannt noch wirklich gefördert wurden, zumal man ihre Mitarbeit in der Nachkriegszeit eher als Notlösung denn als zukunftsträchtiges Konzept betrachtete. Mit der Rückkehr der Männer aus der Gefangenschaft und ihrer Integration in die Berufswelt ging also auch der Frauenanteil bei der Polizei zurück. Frauen hatten es jedoch nicht nur bei ihren Polizeikameraden oder Vorgesetzten schwer, respektiert zu werden. Selbst wenn sie eine Uniform trugen, wurde ihnen damit nicht automatisch die Autorität des Amtes zugestanden, wie das bei Männern der Fall war. In den ersten Jahren gab es immer wieder Berichte, dass insbesondere Männer nicht vorhatten, den Weisungen von Polizistinnen zu folgen. Denn von Frauen ließ man sich als Mann schon gar nichts sagen! Bereits die im Volksmund für Verkehrspolizistinnen gängige Bezeichnung »weiße Mäuse« zeigt, dass ihnen nicht besonders viel Respekt entgegengebracht wurde. Besondere Probleme hatten Verkehrspolizistinnen mit den Kraftfahrern der sowjetischen Besatzungsmacht. Diese kannten oft die in Deutschland geltenden Verkehrsregeln nicht oder waren zudem wenig gewillt, den Verkehrsanweisungen von Frauen zu folgen. Für den Berliner Verkehr wurden Frauen gar als gänzlich ungeeignet angesehen, da sie »leichter nervös werden als der im allgemeinen ruhiger veranlagte Mann«.[49] Bis 1968 erhöhte sich der Frauenanteil schließlich auf neun Prozent und erreichte in den 1980er Jahren immerhin 20 Prozent.[50]

Bericht einer Inspektionsreise nach Sachsen vom 7. Januar 1946

»Die [größere Dienstfreudigkeit] der Frau ergibt sich daraus, daß dieser Beruf für die Frau ein ganz neues Betätigungsfeld darstellt und sie ihren Ehrgeiz darin sieht, dem Manne auch in diesem Berufe nicht nachzustehen. [...] Dem Charakter der Frau entsprechend ist der Reiz des Neuen sehr ausschlaggebend, und sie setzt sich darum ganz besonders und mit besten Kräften dafür ein, ihre Eignung auch für diesen Beruf zu beweisen. Ein weiterer Vorzug der weiblichen Verkehrspolizei ist das gute Erledigen der schriftlichen Arbeiten. Da die meisten Verkehrspolizistinnen früher Stenotypistinnen waren, sind sie im Schriftverkehr und in ihrer Ausdrucksweise gewandter und sicherer als die meisten männlichen Polizeiangehörigen.«

Landesarchiv Berlin C Rep. 303/9, Nr. 73. Zitiert nach: Ursula Nienhaus: »Für strenge Dienstzucht ungeeignete Objekte.« Weibliche Polizei in Berlin 1945–1952. In: Nachkriegspolizei. Sicherheit und Ordnung in Ost- und Westdeutschland 1945–1969. Hg. von Gerhard Fürmetz/Herbert Reinke/Klaus Weinhauer. Hamburg 2001, S. 143.

Ähnlich wie bei der Polizei sah es in der Armee aus. Am 24. Januar 1962 wurde in der DDR das Gesetz über die allgemeine Wehrpflicht verabschiedet. Dabei war die Frage aufgekommen, ob sich auch junge Frauen freiwillig zum Dienst bei der NVA melden dürften. Ausführlich begründete der Minister Armeegeneral Heinz Hoffmann, dass es in der Volksarmee verschiedene Dienststellungen gebe, für die Frauen »besonders gute Voraussetzungen mitbringen«.[51] Zu diesen Tätigkeiten gehörten unter anderem der Dienst als Fernschreiberin oder Telefonistin bzw. der Sanitätsbereich. Erst nach der Verabschiedung des neuen Wehrdienstgesetzes in der DDR am 25. Mai 1982, mit dem Frauen während der Mobilmachung und im Verteidigungszustand zum allgemeinen Wehrdienst eingezogen werden konnten, wurden 1984 die ersten Frauen an der Offiziershochschule in Löbau angenommen. Frauen blieben dort die Ausnahme.

Ebenso wie Polizei und Armee war das MfS als militärisch strukturiertes Organ eine Männerdomäne. Auch hier arbeiteten Frauen vor allem in sogenannten »Servicebereichen« wie Küche, Reinigung oder Sekretariat sowie im medizinischen Dienst. Sie stellten von den 200 000 Mitarbeitern im Jahr 1975 etwa 19 Prozent, bis 1989 stieg ihr Anteil auf etwa 30 Prozent.[52] Neben den spezifischen Erfordernissen einer Arbeit bei der Polizei – ständige Verfügbarkeit, was mit einem Familienleben mit Kindern kaum zu bewerkstelligen war, sowie erhöhte körperliche Anforderungen – gab es bei der Staatssicherheit offenbar Bedenken, dass Frauen charakterlich für die Arbeit bei der Geheimpolizei geeignet waren.[53] Jens Gieseke merkt dazu an, »daß es wohl auch eine gehörige Portion Zweifel [gab], ob Frauen die für die operative Arbeit als notwendig erachteten tschekistischen Persönlichkeitsmerkmale wie Verschwiegenheit und Härte in ausreichendem Maße aufbringen würden. Für ›Schwatzhaftigkeit‹, eine der verpöntesten Charaktereigenschaften, galten Frauen als besonders anfällig. Nur als ›funktionierende Schräubchen‹, so das Resümee einer ehemaligen MfS-Mitarbeiterin, fanden die Frauen dort ihren Platz – dem ›Patriarchat im Patriarchat‹.«[54] Frauen stellten daher nur einen geringen Teil der operativen und auch inoffiziellen Mitarbeiter (IM) des MfS. Insbesondere in Leitungsposten waren sie bei der Geheimpolizei kaum zu finden. 1988 waren nur 4,8 Prozent der Referatsleiter und 1,8 Prozent der Abteilungsleiter Frauen. 1989 gab es unter den 2000 Leitungsposten beim MfS nur 38 weibliche Mitarbeiter.[55]

Auch wenn das MfS in den eigenen Reihen keine rechte Verwendung für Frauen hatte, setzte es diese doch gezielt für Tätigkeiten ein, die in der DDR eigentlich unter Strafe standen. So waren sie zum Beispiel Prostituierte auf den Leipziger Messen, bei internationalen Delegationen oder Kongressen, um auf diesem Weg kompromittierendes Material gegen ausländische Vertreter aus Politik und Wirtschaft zu erhalten. Auch wurden die Frauen über diese »besonderen« Dienste erpressbar. Weigerten sie sich später, riskierten sie Haftstrafen von bis zu zwei Jahren wegen Prostitution. Insgesamt arbeiteten mehrere Hundert Männer und Frauen als Prostituierte für die Staatssicherheit. Das Einsatzprofil sah Folgendes vor: »zwischen 20 und 30, unverheiratet, keine Kinder, Fremdsprachenkenntnisse, gutaussehend, gebildet, analytische Fähigkeiten, vaterländische Gesinnung«.[56]

Sicher haben es nicht allzu viele Frauen bedauert, dass sie zu den eigentlichen Macht- und Repressionszentren der SED-Diktatur kaum Zugang hatten. Jedoch war ihre geringe Präsenz symptomatisch für die trotz aller propagandistischen Beteuerungen nach wie vor voremanzipatorischen und paternalistisch geprägten Frauenbilder der Partei- und Staatsführung der DDR.

Frauen auf dem Land

Auch wenn die offizielle Darstellung dies manchmal suggeriert, ging es der SED nicht nur um die Frauen in den Städten, die für die Industrieproduktion gewonnen werden sollten. Ebenso sollten die Frauen auf dem Land motiviert werden, sich am sozialistischen Aufbau zu beteiligen. Hier stellte sich das Problem jedoch etwas anders dar als in den Städten. Traditionell arbeiteten die Bäuerinnen ohnehin auf den heimischen Äckern oder im Stall mit. Daher ging es hier weniger darum, die

Trotz eines hohen Mechanisierungsgrades blieb die Arbeit körperlich anstrengend, die viele Frauen auf dem Land verrichten mussten, wie hier LPG-Bäuerinnen auf einem Feld im Harz 1979 (© Harald Schmitt).

Frauen zur Arbeit in der Landwirtschaft zu bringen, als vielmehr darum, sie für die LPG zu gewinnen.[57] Trotzdem wurde erst auf der Anfang 1960 stattfindenden neunten Sitzung des Bundesvorstands des DFD zum ersten Mal über die Besonderheiten der Arbeit von Frauen auf dem Land gesprochen. Zwar waren von den 945 000 LPG-Mitgliedern 1961 bereits 45 Prozent Frauen, sie waren aber meist ohne das Zutun oder Werbekampagnen des DFD eingetreten. Es handelte sich dabei oft um Flüchtlingsfrauen, die zwar mit der Bodenreform 1945 Land zur Bewirtschaftung erhalten hatten, denen aber oft die Erfahrung fehlte. Der Eintritt in die LPG bot diesen Frauen einen Ausweg. Selbstkritisch räumte der Frauenverband ein, dass man bisher die Landfrauen zu wenig beachtet habe. Als Ziel wurde vorgegeben, 100 Prozent der Bäuerinnen als Mitglieder für die LPG zu gewinnen. Nur wenige Wochen später wurde bereits der »Sieg der sozialistischen Produktionsverhältnisse auf dem Land« verkündet: »Damit ist die Ausbeutung des Menschen durch den Menschen auch auf dem Land für immer beseitigt […]. Auch das Leben der Bäuerinnen wird grundlegend verändert.«[58]

Es ging aber nicht nur darum, dass Frauen auf dem Land in die LPG eintraten. Sie sollten sich ebenso wie ihre in den Städten lebenden Geschlechtsgenossinnen weiterbilden. Und so befasste sich 1960 der VI. Bauernkongress mit Fragen der Qualifizierung von Bäuerinnen. Die Weiterbildungsoffensive auf dem Land sollte mit einer Verbesserung der Arbeits- und Lebensbedingungen einhergehen. Durch die Mechanisierung weiter Teile der anfallenden Arbeiten würden Bäuerinnen künftig körperlich weniger anstrengende Arbeiten verrichten und durch Traktoren und Mähdrescher, Melkmaschinen und andere Geräte entlastet werden. Der Einsatz dieser Maschinen würde automatisch zur Qualifizierung der Bäuerinnen führen. Sie sollten sich zudem in die moderne (Massen-)Tierhaltung einarbeiten. So würden letztlich »hochqualifizierte Bäuerinnen für die Meisterung industriemäßiger Methoden in der Landwirtschaft« herangebildet werden, wie es 1966 auf der Bäuerinnenkonferenz des Bezirks Neubrandenburg hieß.[59]

Tatsächlich trug die Mechanisierung der Landwirtschaft dazu bei, die Arbeitsbedingungen zu erleichtern. Mehr Frauen hatten geregelte Arbeitszeiten und einen gesetzlichen Urlaubsanspruch und konnten ebenso wie die Arbeiterinnen in den Städten mit 60 Jahren in Rente gehen. Körperlich anstrengende Arbeiten wie das Unkrautjäten auf den Feldern, das nicht durch Maschinen erledigt werden konnte, wurden zunehmend von älteren Landfrauen ohne Berufsausbildung ausgeführt.[60] Insgesamt erhöhte sich das Qualifizierungsniveau. Dazu trug nicht nur die Einführung der zehnjährigen Regelschulausbildung an den POS ab Ende der 1950er Jahre, sondern auch die Weiterbildung in Sonderstudiengängen und das Angebot an spezifischen landwirtschaftlichen Facharbeiterausbildungen bei. Christel Panzig kommt in ihrer Untersuchung zu den Landfrauen zu dem Schluss, dass sich »in keinem anderen Bereich des geteilten Deutschlands die Erwerbs- und Arbeitsbedingungen von Frauen seit 1945 so weit auseinanderentwickelt« haben. 1989 arbeiteten 350 000 Frauen, das waren 7,36 Prozent aller berufstätigen Frauen, in der Landwirtschaft. Allerdings nahmen sie auch hier nur selten Leitungspositionen ein. Gerade einmal 2,8 Prozent der LPG wurden von Frauen geleitet.[61]

Kampf den »Schmarotzerinnen«

Die Kehrseite der massiven Werbung für die Frauenarbeit waren Kampagnen gegen Hausfrauen. Diese wurden insbesondere in den 1950er Jahren als »Schmarotzerinnen« diffamiert und als »spieß- und kleinbürgerliche Außenseiter« dargestellt. Sie seien rückständige »Heimchen am Herd«, die – so die offizielle Lesart – ein Faulenzerleben führen wollten. Bereits 1950 fand dies seinen Niederschlag in Gerichtsurteilen. So begründete das Oberste Gericht der DDR bereits Ende 1950 ein Scheidungsurteil damit, dass es »selbstverständlich [ist], [dass] jeder Mensch, auch jede Frau, die Arbeitskraft dem Aufbau, der Erfüllung des Wirtschaftsplanes zur Verfügung zu stellen hat. Jeder Mensch muß deshalb auch einen Beruf ausüben und sich gegebenenfalls sogar eine Berufsausbildung erwerben. Die Gleichberechtigung im Wirtschaftsleben gibt auch der Frau die Möglichkeit dazu. Die Tatsache einer Ehescheidung, auch wegen alleinigen Verschuldens des Mannes, ist kein Freibrief für die geschiedene Frau, in der Spekulation auf die Unterhaltspflicht des Mannes ein Faulenzerleben zu führen.«[62]

1952 stellte der DFD in einer Analyse zur Frauenerwerbstätigkeit fest, dass in der Nachkriegszeit etliche Frauen ihre Arbeit aufgegeben hatten, sobald ihre Ehemänner genug verdienten. Zudem würden insbesondere Mütter ihren Töchtern davon abraten zu studieren. Diese Meinung wurde in den Kampagnen der 1950er Jahre als rückständig bekämpft: »Eine Frau, deren Tätigkeit sich auf den engen Kreis der Familie beschränkt, wird auch als Mutter stets in Gefahr sein, schon durch ihr Beispiel bei den Kindern ähnliche Idealbilder zu wecken, von den Gefahren der ›Affenliebe‹ und der zu starken Konzentration auf die Interessen der Kinder, weil man von eigenen nicht ausgefüllt ist, ganz zu schweigen. Jeder kennt die engstirnigen ›Klein-aber-mein‹-Spießbürger, die das Ergebnis sind und zugleich eine Bremse jeder sozialistischen Entwicklung. Eine gute Mutter aber ist heute eine arbeitende Mutter, die gleichberechtigt und gleich qualifiziert neben dem Vater steht.«[63] Zwar musste wegen fehlender Betreuungsmöglichkeiten für die Kinder Teilzeitarbeit und Hausfrauendasein noch geduldet werden. Sobald die Kinder jedoch in die Schule gingen, wurde von den Frauen erwartet, zumindest eine Teilzeitarbeit aufzunehmen.

Schon den Kindern wurde dieses Frauenbild in Kindergarten und Schule nahegebracht, indem abfällig über Frauen gesprochen wurde, die als Hausfrauen zu Hause blieben. Die »fortschrittliche« Erziehung in der Schule sollte durch die »fortschrittliche Erziehung im Elternhaus und durch die Jungen Pioniere ergänzt werden«. Als besonderen Beitrag bot der DFD daher Seminare an, in denen Eltern »das Gedankengut der modernen Pädagogik, auf den Erfahrungen der sowjetischen Pädagogik beruhend« nahegebracht werden sollte.[64]

Die Pflicht zur Arbeit

Schließlich wurde das in der Verfassung von 1949 verankerte Recht auf Arbeit in der 1968 verabschiedeten neuen »sozialistischen« Verfassung durch die Arbeitspflicht ergänzt. Wie schon in den Jahren zuvor wurde nicht jede Tätigkeit als sinnvoll anerkannt, sondern nur die von der SED als »gesellschaftlich nützlich« definierte Arbeit.

Verfassung der DDR vom 6. April 1968
»Artikel 24: (2) Gesellschaftlich nützliche Tätigkeit ist eine ehrenvolle Pflicht für jeden arbeitsfähigen Bürger. Das Recht auf Arbeit und die Pflicht zur Arbeit bilden eine Einheit.«

Zuvor hatte die SED zu einem »Volksentscheid« geladen, und zu ebenjenem Passus zur Arbeitspflicht gab es insbesondere unter Frauen Diskussionen. Sie hatten die »Anti-Hausfrauen«-Kampagnen der 1950er Jahre noch gut in Erinnerung. Die Befürchtung war, dass Frauen, die nicht berufstätig waren und sich um Haushalt und Kinder kümmerten oder deren Tätigkeit als gesellschaftlich nicht nützlich angesehen wurde, künftig gezwungen werden könnten, arbeiten zu gehen oder ihre bisherige Beschäftigung zu wechseln. Die Vertreter von SED und DFD hatten Mühe, skeptische Fragen zu parieren. Doris Kowalski, Mitarbeiterin in der Abteilung Frauen beim ZK der SED, erklärte den entsprechenden Passus in der Verfassung so, dass außer den »Damen der Schmarotzer« Frauen schon immer gearbeitet hätten. Deshalb sei es auch gar nicht notwendig, dass man Frauen zur Arbeit zwinge.[65]

Die Pflicht zur Arbeit fand auch Eingang in das Strafgesetzbuch der DDR.[66] Menschen, die sich aus »Arbeitsscheu« einer geregelten Arbeit entzögen, sollten mit Arbeitserziehung bzw. Freiheitsentzug von zwei bis fünf Jahren bestraft werden können. Zusätzlich konnten staatliche Maßnahmen zur Kontroll- und Erziehungsaufsicht wie verschärfte Meldepflichten und Arbeitsplatzzwang verhängt werden.

Dass die Motivation von Frauen zu arbeiten teilweise recht wenig mit den Erwartungen der Parteiführung in Bezug auf die »schönen Ideale des Sozialismus« zu tun hatte, war auch in der DDR bekannt. So verstanden sich Frauen in den 1950er Jahren – wie von Elfriede Brüning im Roman »Regine Haberkorn« dargestellt – vor allem als »Zweitverdiener«.[67] *Der Spiegel* konstatierte Ende der 1960er Jahre, Frauen würden »[...] offenbar noch immer mehr ans eigene Heim als an den Sieg des Sozialismus« denken. So arbeiteten 70 Prozent aller berufstätigen Ehefrauen in der DDR, »um die Wohnungseinrichtung modernisieren zu können«.[68] Dies änderte sich vor allem in den 1970er- und 1980er Jahren, als die junge Generation herangewachsen war, die in die DDR hineingeboren worden war und größtenteils die zehnklassige POS durchlaufen hatte. Diese Generation war bereits mit einem Frauenbild aufgewachsen, zu dem selbstverständlich die Berufstätigkeit gehörte – wobei auch diese jungen Frauen durchaus aus finanziellen Gründen arbeiten gingen. Denn auch für sie galt, dass sie reisen wollten und sich eine schöne Wohnung und Geld für andere Annehmlichkeiten des Lebens wünschten. Damit korrespondierte die in den 1970er Jahren geänderte Wirtschafts- und Sozialpolitik. Nun hieß es nicht mehr, dass die Früchte der Arbeit in der Zukunft für ein besseres Leben sorgen würden, sondern die Parteitagslosungen versprachen: »Ich leiste was, ich leiste *mir* was.« Damit sollte der Bevölkerung in der DDR klargemacht werden, dass sie nun weit stärker als bisher nicht mehr nur für den Aufbau des Sozialismus arbeiteten, sondern sich auch ihre eigenen (Konsum-)Bedürfnisse erfüllen könnten.

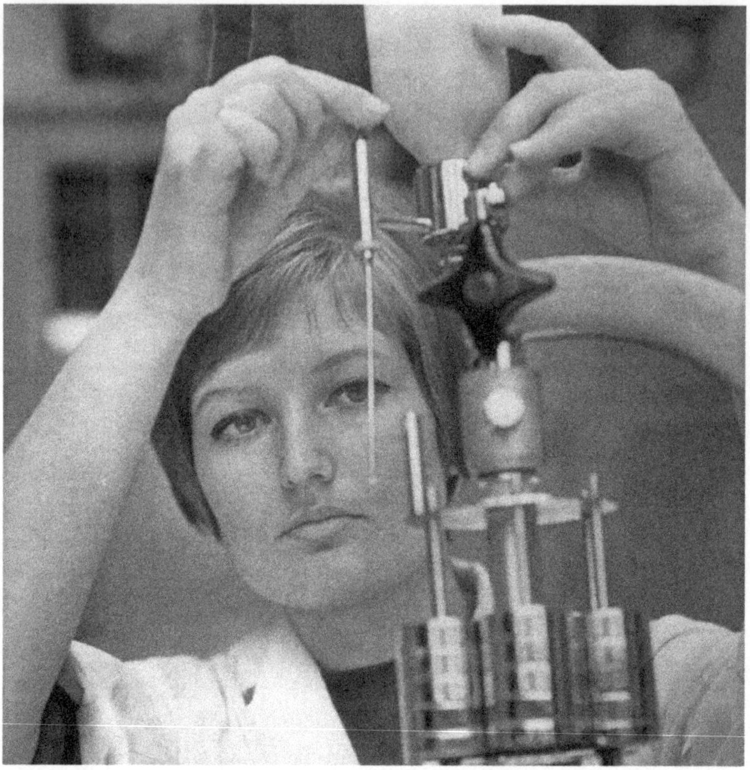

Den »Frauen von heute« war die Frauenzeitschrift »Sibylle« 4/1968 gewidmet. Das Heft zeigt neben moderner Kleidung Frauen an ihren Arbeitsplätzen.

Anfang der 1970er Jahre war man dem Ziel, Frauen flächendeckend in die Berufstätigkeit zu bringen, sehr nah gekommen. Allerdings war 1969 der Anteil der Frauen, die in Teilzeit arbeiteten, mit 32 Prozent noch immer recht hoch. Hinzu kam, dass ca. 20 Prozent der Frauen keiner offiziellen Berufstätigkeit nachgingen. Dieser Anteil sollte weiter zurückgedrängt werden und Zugeständnisse wie die Reduzierung der Arbeitszeit für Mütter mit mehreren Kindern abgebaut werden. Das Ideal war die voll berufstätige Mutter, und nur diese sollten auch in den Genuss staatlicher Erleichterungen kommen. Bis Ende der 1980er Jahre sank die Teilzeitbeschäftigung allerdings nur leicht auf 27 Prozent.[69] Bei der

Suche nach den Gründen, warum trotz aller Bemühungen so viele Mütter nicht vollbeschäftigt waren, gaben diese 1967 an, dass die Öffnungszeiten der Kinderbetreuungseinrichtungen nicht mit ihren Arbeitszeiten übereinstimmten. Hinzu kam, dass die Entfernungen zwischen Wohnung, Arbeitsort und Kindergarten oft so groß waren, dass es bei voller Berufstätigkeit kaum möglich war, die Kinder innerhalb der Öffnungszeiten früh vor der Arbeit rechtzeitig abzugeben und nach der Arbeit wieder abzuholen.[70]

Erwerbstätigkeit von Frauen 1946–1989

Jahr	Bevölkerung gesamt (in Mio.)	Frauen	Erwerbsfähige Frauen (16–60 Jahre)	Erwerbs-tätige gesamt	davon Frauen	Erwerbstätige Frauen absolut
1946	18,354	10,400	6,127	5,600	2,500 (44,6 %)	38,0 %
1950	18,388	10,150	6,593	8,339	3,388 (40,6 %)	51,3 %
1960	17,188	9,443	6,538	8,459	3,691 (43,6 %)	56,4 %
1970	17,068	9,203	4,958	8,736	4,057 (46,5 %)	81,8 %
1975	16,820	9,002	4,818	8,996	4,252 (47,3 %)	88,2 %
1980	16,705	8,901	5,071	9,471	4,520 (47,7 %)	89,1 %
1985	16,655	8,766	5,077	9,728	4,592 (47,2 %)	90,4 %
1989	16,434	8,560	4,956	9,747	4,582 (47,0 %)	92,4 %
1990	16,027	8,378	6,490	7,6	2,878 (37,8 %)	44,3 %

Quellen: Statistisches Jahrbuch der DDR. Bd. 1990. Hg. vom Statistischen Amt der DDR. Berlin 1991, S. 1, 17 und 63; Datenreport. Hg. vom Statistischen Bundesamt, Bonn 1992, S. 115; Erwerbstätige 1950–1989 (= Sonderreihe mit Beiträgen für das Gebiet der ehemaligen DDR, Heft 14). Hg. vom Statistischen Bundesamt. Wiesbaden 1994, S. 19.

Die zweite Schicht

Mehrfachbelastung von Frauen durch Beruf, Haushalt und Familie

Elfriede Brüning über Frauen in der DDR

»Auch die Frauen sah man nur flüchtig. Von der Arbeit kommend, wartete auf sie zu Hause schon die zweite Schicht, oder sie rannten schon wieder davon, um irgendwelchen Mangelwaren nachzujagen. Mußezeiten lernten sie erst nach der Wende kennen – aber da war es ihnen auch wieder nicht recht.«

Elfriede Brüning: Jeder lebt für sich allein. Nachwende-Notizen. Berlin 1999, S. 83 f.

Als Elfriede Brüning 1955 in ihrem Roman »Regine Haberkorn« eine Ehekrise in der DDR beschrieb, wählte sie die Berufstätigkeit der Frau und deren Auswirkungen auf das Ehe- und Familienleben als Ausgangspunkt für ihre Erzählung. Erich Haberkorn ist zwischen seiner Frau und seiner Geliebten hin- und hergerissen. Während die Geliebte eine vermögende Beamtenwitwe ist, die auch noch gut kocht, ist die Ehefrau zu Beginn eine Hausfrau, die lediglich arbeiten geht, um sich ein ebenso schönes Schlafzimmer wie die Nachbarin leisten zu können. Die Geliebte – wie man es in der DDR-Propaganda von einer blonden Beamtenwitwe als Inbegriff alles Kleinbürgerlichen und Rückständigen nicht anders erwartete – gibt sofort ihre Stelle als Kellnerin auf, um von Erich nicht nur geheiratet, sondern auch ernährt zu werden. Die Ehefrau hingegen entwickelt sich entsprechend den Idealen der Partei zu einer ideologisch gefestigten Arbeiterin, die selbstverständlich nicht nur Mutter und voll berufstätig ist, sondern auch noch Brigadierin und Aktivistin. Das Neue an diesem altbekannten Sujet war, dass die Einstellung der Frau zur Berufstätigkeit letztlich den Ausschlag dafür gibt, für wen sich der untreue Ehemann entscheidet: Er kehrt zu seiner Ehefrau zurück, für die die Arbeit, so wie es die SED vorsah, zum »gesellschaftlichen Bedürfnis« geworden war.[1] So vorhersehbar der Ausgang der Geschichte einerseits ist, so klar werden andererseits die real existierenden Probleme angesprochen, die Männer und Frauen mit der neuen Rolle der Frau und dem damit einhergehenden neuen weiblichen Selbstverständnis hatten.

Elfriede Brüning (1910–2014) arbeitete nach ihrem Schulabschluss als Büroangestellte und Redaktionssekretärin. Ab 1929 erschienen erste Veröffentlichungen von ihr unter anderem im *Berliner Tageblatt*, der *Vossischen Zeitung* und der *Frankfurter Zeitung*. 1930 trat sie der KPD bei. Nach dem Machtantritt der Nationalsozialisten wirkte sie im Untergrund weiter und wurde 1935 verhaftet. Nach ihrer Entlassung erschien 1936 ihr erster Roman »Junges Herz muß wandern«, der in der Haft entstanden war. 1942 wurde ihre Tochter Christiane Barckhausen geboren. Nach dem Krieg, den Brüning auf dem Land bei ihren Schwiegereltern verbrachte, kehrte sie 1946 nach Berlin zurück und wurde Mitglied der SED. Sie arbeitete als Redakteurin bei verschiedenen Zeitungen und Zeitschriften wie dem *Sonntag*. Ab 1950 war sie freie Schriftstellerin und Journalistin. In ihren Büchern befasste sie sich mit dem sozialistischen Aufbau sowie Fragen der Gleichberechtigung von Mann und Frau im Sozialismus.

Volle Berufstätigkeit hieß bis 1965, eine Sechs-Tage-Arbeitswoche zu bewältigen. Erst danach wurde sukzessive die Fünf-Tage-Woche mit 43 Stunden Arbeitszeit eingeführt. Mütter mit drei und mehr Kindern bis 16 Jahre wurde ab dem 1. Juli 1972 eine 40-Stunden-Woche gewährt, ab 1976 galt dies auch für Frauen mit mindestens zwei Kindern. Seit 1952 stand voll berufstätigen verheirateten Frauen zudem ein »Haushaltstag« pro Monat, der sogenannte »Waschtag«, zu. Ab 1965 konnten diesen Tag auch nicht verheiratete Frauen mit Kindern in Anspruch nehmen, ab 1970 sogar voll berufstätige verheiratete Frauen ohne Kinder, wenn es eine entsprechende Betriebsvereinbarung gab und die Planerfüllung nicht gefährdet war.[2]

Um Frauen in der DDR für eine Berufstätigkeit zu gewinnen, war von Beginn an versprochen worden, dass sie »ihre Aufgaben als Bürgerin und Schaffende mit ihren Pflichten als Frau und Mutter vereinbaren kann«.[3] Immer wieder wurde betont, dass »die besondere Sorge des Staates [...] der Frau und Mutter und dem Schutz der Familie« gelte. Geplant war, dass »die zusätzliche Belastung der werktätigen Frau [...] schrittweise verringert« würde. Zudem sollte es Frauen ermöglicht werden, »schöpferische Arbeit und [...] Teilnahme am gesellschaftlichen Leben immer besser mit ihrer Stellung als Hausfrau und Mutter in Einklang zu bringen«.[4] Trotz aller Bemühungen wurde dieses Versprechen größtenteils nicht eingelöst.

Hemmnisse für die Berufstätigkeit

Der Parteiführung war bewusst, dass man einer Bevölkerung, für die die Berufstätigkeit von Frauen bisher eher eine vorübergehende, der Not geschuldete Angelegenheit war, das neue Arbeits- und Lebensmodell nicht von heute auf morgen verordnen konnte. Bei der Suche nach den Gründen, warum Frauen in den 1950er Jahren nur zögerlich für eine Berufstätigkeit gewonnen werden konnten und, sobald dies möglich war, verkürzt arbeiteten, kristallisierten sich drei große Problemkreise heraus. Erstens waren die traditionellen Frauen- und ehelichen Rollenbilder langlebiger als gedacht. Zweitens ließen die versprochenen Erleichterungen bei der Hausarbeit auf sich warten, und drittens gab es nicht ausreichend Plätze für die Kinderbetreuung. Wollte man Frauen also motivieren, arbeiten zu gehen, musste man ihnen zusichern, dass nicht nur die Kinderbetreuung gewährleistet sein würde, sondern sie auch vielfältige Unterstützung bei der Bewältigung der Hausarbeit erhalten würden. Neben der Gewinnung neuer Arbeitskräfte unter den bisher nicht arbeitenden Frauen mussten die bereits arbeitenden berufstätigen Frauen motiviert werden, weiterhin zu arbeiten, auch wenn der Mann so viel verdiente, dass ein zweites Einkommen nicht erforderlich war, um den Lebensstandard zu halten.

Nachdem die Partei- und Staatsführung in den 1950er Jahren die Haushalts- und Kinderbetreuungsfragen als die eigentlichen Hemmnisse für die Berufstätigkeit von Frauen ausgemacht hatte, ließen entsprechende Aktivitäten nicht lange auf sich warten: 1960 wurde eine Frauenkommission beim Sekretariat des ZK der SED eingerichtet, die sich vor allem mit diesen Problemen befassen sollte. 1961 wurden im Arbeitsgesetzbuch der DDR zahlreiche Paragrafen verankert, die Frauen vor schwerer Arbeit schützen und sie bei Mutterschaft entlasten sollten. Im selben Jahr verabschiedete die SED-Führung das Kommuniqué »Die Frauen – der Frieden und der Sozialismus«.

»

Der Wissenschaftliche Beirat »Die Frau in der sozialistischen Gesellschaft« *wurde 1964 an der Deutschen Akademie der Wissenschaften auf Beschluss des Ministerrats der DDR gegründet. Der Vorschlag zur Gründung des Beirats stammte von der Frauenkommission des ZK der SED. Der Gründungsauftrag lautete, »die Lage der Frauen und Mädchen (einschließlich der familiären Bedingungen) als Bestandteil der Gesamtentwicklung der sozialistischen Gesellschaft und die Entwicklung der Familie in der DDR« zu untersuchen. Der Vorsitzende des Beirats war Prof. Werner Hartke, der Präsident der Akademie der Wissenschaften. Seine Stellvertreter waren Kurt Braunreuther und Anita Grandke.*

Auch das Institut für Marktforschung der DDR wandte sich in seinen Studien und Untersuchungen verstärkt dem Problem der Mehrfachbelastung von Frauen durch die Berufstätigkeit zu. 1965 legte das Institut seine erste Untersuchung vor und räumte ein, dass dieses Thema bis dahin weder bei Ökonomen noch bei Soziologen »ausreichend Aufmerksamkeit« gefunden habe.[5] Die Probleme, die man noch nicht habe lösen können, würden jedoch bald geklärt sein, denn durch die Mitarbeit der Frauen in der Produktion werde alles besser. Tatsächlich gab es bei der Ganztagskinderbetreuung oder der Ausstattung mit elektrischen Haushaltsgeräten bald gute Fortschritte. An dem Grunddilemma – der Überlastung von Frauen – änderte das jedoch nichts. Dies lag nicht nur daran, dass es die ökonomischen Kapazitäten, die fehlenden Investitionen und die niedrige Arbeitsproduktivität nicht hergaben, die versprochenen Güter und Dienstleistungen in erforderlichem Maß bereitzustellen, sondern auch daran, dass der Aufwand, den Kinder und ein Haushalt erforderten, immer noch grundsätzlich unterschätzt wurde. Und so glitten Aussagen über die Mehrfachbelastung von Frauen über die Jahre immer mehr in Allgemeinplätze wie in den »Maßnahmen zur Erleichterung des Lebens der berufstägigen Frau« ab: »Die Mehrbelastung, die sich für die berufstätige Frau aus der Erziehung der Kinder und aus der Arbeit im Haushalt ergibt, erfordert von ihr einen größeren Kraftaufwand als bei ihren männlichen Kollegen. Deshalb werden alle gesellschaftlichen Kräfte aufgerufen, ihre Anstrengungen zu erhöhen, um die schöpferische Teilhabe der Frauen am umfassenden Aufbau des Sozialismus noch stärker zur Entfaltung zu bringen.«[6] Für die Frauen hieß das, dass die Berufstätigkeit für sie dauerhaft mit einer erheblichen zusätzlichen Belastung verbunden war. Ihnen stand nach der täglichen Arbeit eine »zweite Schicht« bevor.

Der Arbeitstag begann für die meisten Menschen in der DDR sehr früh. Daran änderte sich zwischen den 1950er- und den 1980er Jahren nichts. Oft begann der Arbeitstag zwischen 6.30 und 7 Uhr und endete zwischen 16 und 16.30 Uhr. Hatten die Frauen Kinder, mussten diese vor Arbeitsbeginn in oft weit entfernte Kinderkrippen oder Kindergärten gebracht und nach der Arbeit abgeholt werden. Mit den Kindern im Schlepptau wurden die Einkäufe erledigt, die wegen der Mangelwirtschaft oft sehr zeitaufwendig waren. Viele Frauen kehrten erst zwischen 17.30 und 18 Uhr, wenn die Geschäfte schlossen, nach Hause zurück, wo es mit der Arbeit weiterging: Abendbrot zubereiten, die Kinder fürs

Für Frauen bedeutete ihre Berufstätigkeit, dass sie oftmals allein für Haushalt, Familie und Kinder zuständig waren, wie hier eine Arbeiterin des VEB Kosmetik-Kombinat (© Barbara Köppe, 1988/89).

Bett fertig machen, abwaschen und aufräumen, um dann erschöpft ins Bett zu fallen und am kommenden Morgen wieder um fünf Uhr aufzustehen. Für Freizeit oder Selbstverwirklichung blieben kaum Zeit und Kraft.

Obwohl die angestrebte Vereinbarkeit von Beruf, Haushalt und Familie ein großes Problem darstellte, hielt man an der Propaganda fest. Diese suggerierte, dass Frauen alles schaffen können. Es hinge lediglich vom guten Willen der Frauen und ihren Organisationsfähigkeiten ab. Viele Frauen glaubten schließlich selbst, dass es ihre Schuld sei, wenn sie nicht alle Aufgaben unter einen Hut brächten. Scheiterten sie, machten sie sich – unterstützt von dem in den offiziellen Medien verbreiteten Frauenbild – selbst dafür verantwortlich. Waren sie hingegen erfolgreich, hielten sie dies weniger für ihre eigene großartige Leistung, sondern dankten dem Staat, der ihnen so gute Voraussetzungen für ihre Entwicklung bot.

Ein zeitgenössischer Witz
»Leerlauf? Langeweile? Kennt die DDR-Frau nicht. Sie hat in der Linken den Einkauf für die Familie, in der Rechten das jüngste ihrer Kinder, über sich die große Wäsche, hinter sich die Nachtschicht und vor sich die Qualifizierung.«

Die voll berufstätige Mutter

In den Fokus der politisch Verantwortlichen rückte das Thema der berufstätigen Mütter und der Kinderbetreuung verstärkt Mitte der 1950er Jahre. Setzte man anfänglich auf die Selbstorganisation der Frauen und die sogenannten Omabrigaden, wurden bis Ende der 1960er, Anfang der 1970er Jahre die Betreuungsangebote kontinuierlich ausgebaut. Da jede berufstätige Frau mit Kindern Anspruch auf einen Platz zur Kinderbetreuung hatte, wuchs mit jeder Mutter, die erfolgreich in eine Arbeit gebracht wurde, das Problem der Kinderbetreuung. Da Frauen bis 1972 bereits vier Wochen und ab 1972 sechs Wochen nach der Geburt wieder arbeiten gehen sollten, mussten schon für die Kleinsten Kinderkrippen eingerichtet werden. Vor allem mangelte es an geeigneten Gebäuden. Mit dem 1973 beschlossenen Wohnungsbauprogramm wurde festgelegt, dass in den neuen Wohngebieten gleich auch die entsprechenden Kindereinrichtungen zu bauen waren. Es dauerte jedoch bis zum Ende der 1970er Jahre, dass sowohl in den großen als auch den kleineren Städten für alle Kinder ein Kindergartenplatz und in vielen Fällen auch ein Krippenplatz angeboten werden konnte. Bis zum Ende der DDR standen schließlich für etwa 60 Prozent aller Kinder unter drei Jahren und fast 100 Prozent der Kinder über drei Jahren Plätze in staatlichen Einrichtungen zur Verfügung. Hinzu kamen die konfessionellen Kindereinrichtungen. Selbst in kleineren Orten lag die Ausstattung mit Kindergartenplätzen im Durchschnitt immer noch bei 80 Prozent.[7]

Für viele Frauen waren die Kindereinrichtungen essenziell für die Ausübung ihres Berufes und eine große Erleichterung. Die Betreuung der Kleinkinder in staatlichen Einrichtungen hatte aber auch ihre Kehr-

Staatliche und betriebliche Kinderkrippen und Dauerheime für Säuglinge und Kleinkinder

Jahr	Kinder (0 bis 3 Jahre)	Einrichtungen gesamt (Plätze)	Kinderkrippen (Plätze)	Dauerheime (Plätze)
1955	846 625	2341 (67 106)	1586 (50 171)	191 (9217)
1960	682 663	3691 (104 781)	2517 (81 469)	223 (10 113)
1965	871 396	4798 (142 242)	3317 (116 950)	192 (9431)
1970	707 292	5278 (183 412)	4323 (166 700)	159 (7519)
1975	442 813	5867 (242 553)	5567 (234 941)	127 (5743)
1980	581 820	6546 (289 550)	6415 (284 712)	104 (4498)
1985	568 507	7431 (343 787)	7315 (338 676)	112 (5041)
1989	626 259	7 840 (353 203)	7707 (348 058)	133 (5145)

Quellen: Statistisches Jahrbuch der DDR 1990, S. 378; Bevölkerungsstatistische Übersichten 1946–1989, S. 13–52.

seite: Viele Kinder mussten bereits sehr früh – zwischen fünf und sechs Uhr – geweckt werden, damit die Mütter rechtzeitig zu ihren Arbeitsstellen kamen. Frauen mit mehreren Kindern gelang es nicht immer, alle Kinder in derselben Kindertagesstätte unterzubringen, wodurch sich das Problem des Bringens und Abholens weiter verschärfte. In den Kindertagesstätten waren die Gruppen zudem oft so groß, dass der Aufenthalt dort für die Kinder Stress bedeutete. Viele Kinder reagierten auf diese permanente Belastung mit Krankheiten und steckten sich dann gegenseitig an. Auch hier waren es die Mütter – und nicht die Väter –, die zur Pflege der kranken Kinder zu Hause blieben. Häuften sich die Erkrankungen, wurden die Kinder »krippenunfähig« geschrieben, was, wenn es keinen freien Platz in einer privaten Pflegestelle gab, wiederum den möglichen Arbeitsplänen der Mütter einen Strich durch die Rechnung machte. Natürlich war der Aufenthalt in den Krippen und

Kindergärten für die Kinder nicht nur Stress. Sie waren dort mit Gleichaltrigen zusammen und lernten, sich selbst anziehen, zu waschen und selbständig zu essen. Es wurde gespielt, geturnt, gesungen, gemalt und gebastelt.

Schilderung des Tagesablaufes einer Mutter, 1977

»Früh zwischen 5.00 und 5.15 Uhr mußten die Kinder aufstehen, von mir ganz zu schweigen. Kurz vor 5.45 Uhr ging es dann schon aus dem Haus. 10 Minuten brauchten wir bis zur Kindereinrichtung, zu Krippe und Kindergarten. Es war für mich schon ein Vorteil, daß beide Einrichtungen in einem Objekt untergebracht waren. Wie das am Morgen so ist, waren die Kleinen noch müde und auch nicht so selbständig, daher brauchten sie noch immer meine Unterstützung beim Auskleiden, bevor sie in ihre Gruppe gehen konnten. Dann wurde es für mich höchste Zeit, zum Bahnhof zu gehen, um mit dem Zug in den Betrieb zu fahren. Abends ging es dann vom Zug rasch in die Kindereinrichtung, und so gegen 17.30 Uhr war ich mit den Kindern wieder zu Hause. Wir waren täglich 11 ½ Stunden unterwegs. Danach mußten dann noch die Einkäufe getätigt und Wege erledigt werden, alles im Eilschritt und meistens mit den Kindern. Bis zum Abendbrot und bis die Kinder ins Bettchen mußten, blieb nicht mehr viel Zeit. Da mein Mann noch eher aus dem Haus geht und später nach Hause kommt als ich, war es gar nicht so einfach, alle Aufgaben, die im Haushalt anfallen, zu lösen und sich auch noch genügend Zeit für die Kinder zu nehmen.«

Zitiert nach: Monika Müller-Rieger: »Wenn Mutti früh zur Arbeit geht ...«. Zur Geschichte des Kindergartens in der DDR. Berlin 1997, S. 14.

Jenseits des für berufstätige Mütter notwendigen Angebots erhielt der SED-Staat über die frühzeitige Kinderbetreuung in staatlichen Einrichtungen zugleich umfassenden Einfluss auf die Kindererziehung. Die Kinder sollten früh an die Unterordnung in der Gruppe – das sogenannte »sozialistische Kollektiv« – und das Zurückstellen individueller Eigenheiten gewöhnt werden. Zur ideologischen Erziehung gehörte die Erziehung zur Liebe zum sozialistischen Staat, in dem allen Kindern eine glückliche Kindheit in Frieden und Sicherheit gegeben werde, und zu den «bewaffneten Organen« der DDR, die die Heimat schützten und dafür sorgten, dass alle Kinder ruhig und sicher in ihren Betten schlafen konnten. Immer wieder wurde Müttern unterstellt, dass sie ihre Kinder nicht im Sinne des Staates erziehen könnten. Dies betraf etwa Eigenschaften wie Gehorsam und Kontrolle: »Man muß ja auch bedenken, daß in jedem Kindergarten ausgebildete Erzieher tätig sind, die die Erziehungsaufgaben sicher besser lösen können als manche Mutter.«[8]

Wie wichtig dem SED-Staat das Erziehungsmonopol war, erfuhren einige engagierte Eltern und vor allem Frauen, als sie 1980 den einzigen Kinderladen in der DDR in der Berliner Husemannstraße 14 einrichteten. Die Initiatorinnen um Ulrike Poppe wurden schikaniert, 1983 wurde der Kinderladen demoliert und die Einrichtung beschlagnahmt. Andere Frauen, die sich in den 1970er oder 1980er Jahren entschlossen, ihre Kinder nach Ablauf des gesetzlich vorgesehenen Mutterschutzes nicht in die staatlichen Einrichtungen zu bringen, wurden in die Abteilung Inneres beim Rat der Stadt vorgeladen und mussten über ihren Lebenswandel Rechenschaft ablegen. Teilweise wurde versucht, alleinstehende Mütter, die mit ihren Kindern zu Hause blieben, unter Bezug auf den »Asozialenparagrafen« im Strafgesetzbuch der DDR zu kriminalisieren und sie zu zwingen, ihre Kinder in die Kinderkrippen und -gärten zu geben und arbeiten zu gehen.[9]

Da es insbesondere Müttern, die im Schichtdienst arbeiteten, oft nicht möglich war, die Kinderbetreuung zu organisieren, beschloss der Ministerrat 1973, dass Säuglinge und Kleinkinder zusätzlich zu den bereits existierenden Wochenkrippen – die von Montag bis Samstag geöffnet waren – nun auch in Dauerheime aufgenommen werden konnten. In diesen Einrichtungen sollten vor allem Kinder voll berufstätiger Mütter auch am Wochenende und an Feiertagen betreut werden, wenn diese es nicht schafften, Berufstätigkeit, Haushalt und Erziehung miteinander zu vereinbaren. Zugleich wurden sie in Einzelfällen auch genutzt, um – meist unverheirateten – Frauen, die einen alternativen Lebensstil wählten, die Kinder wegzunehmen und sie zum Arbeiten zu bringen.

Ulrike Poppe Anfang der 1990er Jahre

Ulrike Poppe (geboren 1953) studierte an der Humboldt-Universität zu Berlin (ohne Abschluss). Sie arbeitete danach in einem Kinderheim sowie in einer psychiatrischen Klinik. 1980 eröffnete sie mit anderen Eltern den ersten unabhängigen Kinderladen in Ost-Berlin. 1982 war sie Mitbegründerin der Initiative »Frauen für den Frieden«. Sie wurde von der Staatssicherheit bespitzelt, 1983 gemeinsam mit Bärbel Bohley verhaftet und in Untersuchungshaft gebracht. Nach massiven Protesten insbesondere aus dem Ausland wurde sie nach sechs Wochen freigelassen. Sie gehörte zu den Gründern der »Initiative Frieden und Menschenrechte« (1985) und der »Bürgerbewegung Demokratie Jetzt« (1989), die sie beim Zentralen Runden Tisch vertrat, und arbeitete für die Fraktion Bündnis 90/Grüne in der Volkskammer. Nach der deutschen Einheit war Ulrike Poppe als Studienleiterin bei der Evangelischen Akademie Berlin tätig und von 2010 bis 2017 Beauftragte des Landes Brandenburg zur Aufarbeitung der Folgen der kommunistischen Diktatur.

»Moderne Menschen kaufen modern«

Ein wesentlicher Teil der täglichen Hausarbeit bestand aus Einkäufen. Durchschnittlich eine Stunde musste hierfür pro Tag eingerechnet werden. An diesem Zeitaufwand änderte sich über die Jahrzehnte hinweg wenig, da das Angebot durchgängig unberechenbar war und Frauen viel Zeit damit verbrachten, von Geschäft zu Geschäft zu laufen, um nach Mangelwaren zu suchen.[10] Für Landbewohner war die Einkaufssituation noch schlechter, da sie allein mehr als 30 Minuten Wegezeit einplanen mussten, um zum nächstgelegenen Laden zu kommen: »In jeder Ge-

Zum anstrengenden Alltag in der DDR gehörte das Schlangestehen wie hier vor einem Obstladen in Rostock um 1982 (© Uwe Gerig).

meinde der untersuchten Betriebe gab es Klagen über die unzureichende Versorgung der Bevölkerung mit Lebensmitteln und Textilien durch Konsum- und HO-Geschäfte.«[11]

Abhilfe sollten Ende der 1950er Jahre moderne Einkaufsformen wie Selbstbedienung, Bestellservice und die Einrichtung von Kaufhallen anstelle der Einzelhandelsgeschäfte bieten, beworben durch den Slogan »Moderne Menschen kaufen mordern«. Davon erhoffte man sich eine effektive Zeitersparnis, denn in einer Kaufhalle würden die Käufer alle Waren an einem Ort finden: »Selbstbedienung, Vorauswahl und Teilselbstbedienung verkürzten bereits die längsten Wartezeiten erheblich und verwandelten den Einkauf von einer unangenehmen Angelegenheit zu einem Vergnügen«, hieß es optimistisch.[12] So gut die Pläne gedacht waren, so scheiterten sie doch immer wieder an den sozialistischen Handelsproblemen. Das Schlangestehen nach knappen Gütern und Mangelwaren wurde durch die Einführung der Selbstbedienung nicht beendet, und nach wie vor mussten Frauen auf der Jagd nach den knappen Waren von Geschäft zu Geschäft laufen. Auch ein Bestell- und ein Hol- und Bringdienst, der bereits 1955 eingeführt werden sollte, kam gar nicht erst über die Testphase hinaus. Das unberechenbare Angebot erschwerte die Bestellkäufe: Der Einkauf per morgendlicher Bestellung und abendlicher Abholung überforderte die Läden, da sie oft genug die gewünschten Waren nicht geliefert bekamen. Mal gab es kein Toilettenpapier, dann keine Papiertaschentücher oder Strumpfhosen, mal keine Zwiebeln – von Waren des gehobenen Bedarfs wie Tomaten oder Rindfleisch ganz zu schweigen.

Denn Zeit ist nicht nur Geld

»Haben Sie schon einmal überlegt, wieviel Zeit Sie sparen könnten, wenn Sie nur einmal wöchentlich einkaufen brauchten und wenn Ihnen auch bei 30°C keine Lebensmittel verderben würden? Machen Sie die Probe aufs Exempel, überrechnen Sie nur einmal die Zeit, die Sie einsparen, denn Zeit ist nicht nur Geld – gewonnene Zeit ist Gelegenheit für Hobby, Bildung, Erholung und vieles mehr.«

Herbert Koch: Die Ausstattung der Haushalte der Bevölkerung mit wichtigen technischen Konsumgütern. Teil II. In: Mitteilungen des Instituts für Marktforschung 2/1966, S. 25 f.

Immer wieder forderte der FDGB, dass der Handel die Probleme lösen sollte: »Alle neu entwickelten fortschrittlichen Handelsmethoden müssen für die Entlastung unserer werktätigen Frauen angewendet werden. Viel wurde bereits darüber gesprochen. Gute Anregungen kamen von den Arbeiterinnen, an Kritik fehlte es nicht; trotzdem geht es auf diesem Gebiet nur schleppend voran. [...] Die berufstätige Frau muß auch in den Abendstunden noch solche Waren wie frisches Gemüse, Tomaten, Obst usw. erhalten. Die Herstellung von Halbfertig- und Fertiggerichten wie gebratenes Fleisch, zubereitete Salate, geschälte Kartoffeln, geputztes Gemüse, Aspikartikel muß gefördert werden.«[13] Das Problem lag jedoch nicht beim Handel. Der hätte nur allzu gern verkauft, was die Kunden wünschten. Aber was tun, wenn die Waren, die die Kunden kaufen wollten, nicht oder nicht ausreichend geliefert wurden? Nachdem das ZK der SED 1967 eine Arbeitsgruppe beauftragt hatte, vor dem anstehenden VII. Parteitag zu untersuchen, welche Erwartungen die Bevölkerung an die Politik der Partei hatte, bekam es insbesondere von den ar-

Trotz moderner Einkaufsformen in Kaufhallen war das Einkaufen für viele Frauen zeitaufwendig. Pro Tag investierte jede Frau in der DDR durchschnittlich eine Stunde in Einkäufe. Im Bild die Gemüseabteilung einer Kaufhalle in Ost-Berlin im März 1978 (© Harald Schmitt).

beitenden Frauen so einiges zu hören. Die Berichterstatter übermittelten ihrem Auftraggeber, dass »im allgemeinen [...] die sich verbessernde Versorgung, bedarfsgerechte Versorgung, Qualitätsverbesserungen gesehen und anerkannt [werden]. Aber meistens wird das verbunden mit Kritiken, daß das alles zu langsam ginge und immer wieder Versorgungslücken eintreten. Berufstätige Frauen klagen über langes Anstehen und daß oftmals abends nicht mehr die gewünschte Ware vorhanden ist. Sie wünschen mehr pflegearme Textilien, besonders Kinderkleidung, mehr koch- und tischfertige Gerichte und sehr häufig bessere Arbeit der Dienstleistungsbetriebe, was Qualität und Wartezeiten betrifft.«[14]

1972 analysierte der DFD die Eingaben. Es zeigte sich, dass 57,4 Prozent der Eingaben zum Thema »Verbesserung der Lebensbedingungen der werktätigen Frauen und der Familie« geschrieben worden waren. Von diesen bezogen sich wiederum die meisten auf Probleme bei Handel und Versorgung.[15] Trotz der Einführung moderner Einkaufsformen wie Selbstbedienung und Kaufhallen verkürzte sich die tägliche Ein-

Bei der Werbung für Küchengeräte stand die Zeitersparnis im Mittelpunkt. So wurde Frauen und Männern suggeriert, dass die Hausarbeit in so kurzer Zeit bewältigt werden könne, dass eine Berufstätigkeit problemlos möglich sei (»Guter Rat« 2/1974).

kaufszeit nicht. In den 1980er Jahren klagten viele Frauen, dass das Einkaufen noch nie so beschwerlich gewesen sei. Interne Listen der »Mangelwaren«, die es nicht oder nur selten zu kaufen gab, wurden immer länger. Für die Frauen hieß das ganz praktisch, dass sie nach wie vor pro Tag durchschnittlich eine Stunde für den Einkauf aufwenden mussten.

Aber nicht nur der Einkauf war als »Zeitfresser« ausgemacht worden. 1967 stellte das Institut für Marktforschung fest, dass berufstätige Frauen pro Woche 15,5 Stunden für das Kochen aufwandten. Das schien den Forschern, die sich Gedanken darüber machten, wie berufstätige Frauen entlastet werden könnten, zu viel. Zum einen wurde gefordert, das Angebot an Kantinen auszubauen. Wenn die arbeitende Bevölkerung und die Kinder zu Mittag eine warme Mahlzeit erhielten, müsste abends zu Hause nicht mehr gekocht werden. Zum anderen sollte der zeitliche Aufwand für das Kochen selbst reduziert werden.

Dafür sollte Gemüse bereits geputzt verkauft und das Angebot an Fertiggerichten erweitert werden. Im Mittelpunkt stand immer wieder die damit zu erreichende Zeitersparnis. Frauenzeitschriften und Ratgeber warben beständig damit, dass man 75 Prozent der Zeit einsparen könne, wenn man vorgefertigte Lebensmittel nutze (»Vorgefertigte Gerichte bringen Zeitverkürzungen von 250 Stunden pro Jahr«).[16] Zugleich wurde konzediert, dass »Familien diese Gerichte aber erst dann nutzen, wenn sie in guter Qualität angeboten werden« – was Mitte der 1970er Jahre noch nicht der Fall war.[17] Auch Geräte, die den Kochvorgang verkürzten, wurden beworben. So widmete der DDR-Comic *Mosaik* beispielsweise 1961 dem in einer groß angelegten Werbeaktion als »Papinschem Dampftopf« vorgestellten Schnellkochtopf ein ganzes Heft. Im Schnellkochtopf würden die Speisen nicht nur gekocht, sondern geradezu veredelt.[18] Hätte die Hausfrau erst diesen Topf im Haus, sei es bis zu ihrer Erwerbstätigkeit nicht mehr weit, lautete die Botschaft.[19]

Waschtage ohne Waschplage

Beinahe ein Vergnügen

»Die Statistik weist aus, daß jede berufstätige Frau mit Kindern außer ihrer Arbeitszeit im Beruf ungefähr 50 Stunden wöchentlich zur Hausarbeit benötigt. Dazu gehören Kochen, Putzen, Einkaufen und natürlich auch das Wäschewaschen. Das Wäschewaschen, vor Jahren noch eine kräftezehrende, zeitraubende Schwerstarbeit von Tagen, ist heute beinahe ein Vergnügen. Die beste Waschmaschine ist allerdings nur halb so effektiv, wenn Spülen und Wringen Handarbeit bleiben, wenn eine Wäscheschleuder fehlt. Doch Sie möchten Kräfte sparen und gleichzeitig ihre Wäsche schonen. Deshalb hier einen guten Rat. Mit SICCO IV können Sie nicht nur schleudern, sondern auch noch nachspülen. Rationeller geht es nicht.«

Guter Rat 1/1976, S. 32.

Nicht nur beim Einkauf oder beim Kochen sah man Potenziale für Zeitersparnis. Auch Wäschewaschen und das Putzen der Wohnung schienen unzählige Möglichkeiten zu bieten, mit Hilfe von Haushaltsgeräten die Hausarbeit leichter zu machen und zugleich Zeit zu sparen. In den

Funktionsbeschreibungen und der Werbung für Waschmaschinen, Nähmaschinen und Staubsauger standen Zeit- und Arbeitsersparnis im Mittelpunkt. 1965 kündigte die Fachtagung über Chemikalien im Haushalt an, dass »Spee« bald als Vollwaschmittel in die Geschäfte kommen würde und man damit einen ganzen Arbeitsgang sparen könne. Textilien wurden als pflegeleicht, geschmackvoll, strapazierfähig und garantiert knitter- und bügelfrei beschrieben. Damit sollten sowohl die Hausfrauen als auch deren Männer angesprochen werden. *Er* würde gar nicht merken, dass er ein Hemd trug, das nicht gebügelt war.

Als die Marktforscher in den 1960er Jahren erstmals darangingen, die tatsächliche Zeitersparnis zu errechnen, die durch moderne Einkaufs- und Haushaltsformen erzielt werden konnte, fiel das Ergebnis mager aus: Gerade mal eine Woche wurde die werktätige Frau auf diese Weise pro Jahr entlastet. Die Möglichkeiten, Zeit im Haushalt zu sparen, waren in den 1950er Jahren weit übertrieben worden, um Männern und Frauen zu suggerieren, dass die Berufstätigkeit von Frauen kein Problem darstellen würde. Unabhängig davon war aber die mit den elektrischen Haushaltsgeräten verbundene körperliche Entlastung für die privaten Haushalte nicht zu unterschätzen. Die Geräte machten die Arbeit zwar nicht wesentlich schneller, aber erheblich leichter – wenn es sie denn zu kaufen gab. So klagte eine Frau in den 1960er Jahren darüber, dass zwar für die Waschmaschine aus Schwarzenberg geworben würde, diese aber nicht in den Geschäften verfügbar sei: »Die Waschmaschinen Schwarzenberg sind immer vergriffen. Jetzt, wenn man sich dafür anmeldet, muß man 5 Jahre warten, bis man eine geliefert bekommt.«[20]

Im Laufe der Zeit verbesserte sich das Angebot an Haushaltsgeräten. Statistisch gesehen verfügten bis Ende der 1960er Jahre bereits über 60 Prozent aller Haushalte über Waschmaschinen, Schleudern, Kühlschränke oder Staubsauger. Bis Ende der 1980er Jahre stieg diese Zahl sogar auf über 100 Prozent an, da in vielen Haushalten mehrere Geräte vorhanden waren. Die meisten der in der DDR angebotenen Geräte galten allerdings als veraltet. Die Kunden sahen es nun nicht mehr wie in den 1960er Jahren als eine bloße Errungenschaft an, überhaupt eine Waschmaschine zu besitzen. Sie wollten einen Vollautomaten, der

Waschmaschine und Schleuder in einem Gerät vereinte – ein Angebot, das es seit Anfang der 1960er Jahre in der Bundesrepublik längst gab.

Von Hausarbeiten ganz zu befreien

»Zählebige Gewohnheiten hindern noch große Teile der Bevölkerung daran, sich von Hausarbeiten ganz zu befreien. Dies wäre zum Beispiel sofort möglich bei der großen Wäsche. Nach einer Befragung des Instituts für Marktforschung waschen noch 75 Prozent der (befragten) Haushalte grundsätzlich zu Hause. Als überwiegende Gründe wurden angegeben, daß man eine eigene Waschmaschine habe (die man ja auch ausnützen müsse!) und daß eine individuellere Behandlung der Wäsche möglich sei. Mangelnde Qualität dürfte kein Hinderungsgrund sein, denn inzwischen haben die industriellen Wäschereien ihre Dienstleistungen stark verbessert.«

Guter Rat 1/1976, S. 2.

Das große Ziel war jedoch, Frauen gänzlich von Haushaltsaufgaben zu befreien und diese zu »sozialisieren«, so wie es schon Friedrich Engels beschrieben hatte.[21] Neben der Werbung für den Einsatz technischer Geräte in den Haushalten wurde auf den Ausbau öffentlicher Angebote gesetzt. Das betraf vor allem die besonders arbeits- und zeitintensiven Vorgänge rund um die Wäsche. Aber auch hier galt wie so oft, dass es zwar gut gedacht, aber mit den ökonomischen Möglichkeiten der DDR kaum umzusetzen war. Es fehlte an Großwaschmaschinen, Heißmangeln, ja selbst an geeigneten Gebäuden, um ein flächendeckendes Netz an öffentlichen Wäschereien einrichten zu können. 1959 wurde kritisch festgestellt, dass »gegenwärtig [...] erst 9 Prozent der Bevölkerung der DDR die Möglichkeit [haben], ihre Wäsche in Wäschereien waschen zu lassen und nur ¼ des bei der Bevölkerung anfallenden Reinigungsgutes kann in chemischen Reinigungen gereinigt werden.«[22]

Neben den fehlenden Einrichtungen wurde beklagt, dass »vielfach die Qualität mangelhaft [ist]. Ein großer Teil der Wäsche kann nicht schrankfertig geliefert werden.« Aber das waren nicht die einzigen Probleme, die sich bei der Auslagerung der »großen Wäsche« in öffentliche Dienstleistungsbetriebe ergaben. Viele Maschinen waren veraltet, die

Arbeit war sehr schwer und musste im Dreischichtsystem erledigt werden. Der FDGB beanstandete, dass sich unter derartigen Bedingungen nur wenige Frauen für diese Arbeiten gewinnen ließen.[23] Lediglich Berlin, die Bezirksstädte und ausgewählte Landwirtschafts- und Industriezentren konnten ihren Bürgern solche Dienstleistungen tatsächlich bieten. Aber auch hier beklagte die Arbeiter-und-Bauern-Inspektion immer wieder viel zu lange Wartezeiten, bis die Wäsche wieder in die Haushalte zurückkehrte. Die angestrebten 14 Tage konnten kaum eingehalten werden. 1970 ermittelte der Bundesvorstand des FDGB Wartezeiten zwischen vier und acht Wochen je nach Ort.[24] Da Dienstleistungen hoch subventioniert wurden, konnte sie jeder Haushalt in Anspruch nehmen. Die Nachfrage erhöhte sich und führte wiederum zu einer permanenten Überlastung und zu einer weiteren Verlängerung der Bearbeitungszeiten. Deshalb versuchten viele Haushalte, mehr Bettwäsche zu kaufen, als sie eigentlich brauchten, um die langen Wartezeiten zu überbrücken, bis die saubere Wäsche aus der Wäscherei zurückkam. Die lange Nutzungsdauer der Maschinen, aber auch die auf die Wäsche aufgebrachten Kennzeichnungen beanspruchten die Textilien zudem übermäßig stark und verschlissen sie. Das wiederum führte zu einer noch höheren Nachfrage nach Bettwäsche, die einen Spitzenplatz unter den Mangelwaren in der DDR hatte.

Das alles tat der Werbung des DFD für die Wäschereien jedoch keinen Abbruch. Diese wurde weiter betrieben, obwohl die Leistungen weder in Menge noch Qualität den Erwartungen und dem Bedarf der Kunden entsprachen: »Aber jede Frau sollte wirklich gut abwägen, ob es ihr selbst und ihrer Familie nicht dienlicher wäre, etwa 4 Stunden in der Woche mehr Zeit für sich und die Familie zu haben. [...] Bekannt ist das Argument: Waschen ist heute schon eine Kleinigkeit. Das stimmt tatsächlich, was diese Arbeit betrifft, aber mit dem Waschen ist die Wäsche noch nicht gespült, aufgehangen, gemangelt. [...] Aber die selbstgewaschene Wäsche wird weißer, ist ein anderes Argument. Die Frauen, die so diskutieren, gehen noch von dem Stand aus, wie er tatsächlich vor einigen Jahren anzutreffen war. [...] Die Preise für die Waschleistungen für die Bevölkerung sind so gehalten, daß sie wirklich zu einer Dienstleistung für die berufstätigen Frauen werden können.« Auch die wirtschaftlich nicht vertretbaren staatlichen Subventionen, über deren Abschaffung man intern nachdachte, wurden bei der Werbung für die Dienstleistungen aufgegriffen: »Aber auch für die übrigen Posten an Haushaltswäsche werden beträchtliche Zuschüsse gezahlt. Die Summe, die dann vom Kunden zu entrichten ist, beträgt nur ein Minimum der tatsächlich anfallenden Kosten.«[25]

Der sozialistische Haushalt

Trotz vieler Pläne und Bemühungen gelang es nicht, Frauen bei der Hausarbeit wirkungsvoll zu unterstützen. Als das Institut für Bedarfsforschung 1965 die erste Untersuchung zur Belastung von Frauen vorlegte, brachten die Ergebnisse eine unhaltbare Situation zutage. Zum einen stellte die Studie fest, dass die Hausarbeit noch immer zu über 90 Prozent von Frauen erledigt wurde. Dafür wandte jede Frau in der DDR durchschnittlich etwa 50 Stunden pro Woche auf. 38 Stunden davon wurden in den Haushalt gesteckt, zwölf Stunden in die Kinderbetreuung.[26] Ab Ende der 1970er Jahre mussten dafür noch durchschnittlich 47 Stunden eingeplant werden, 31 davon für die Hausarbeit. 16 Stunden konnten nun mit den Kindern verbracht werden, wozu auch gehörte, die Hausaufgaben zu kontrollieren, die Kinder zu baden, sie ins Bett zu bringen. Das heißt, die »zweite Schicht« der Frauen dauerte länger als ihre eigentliche Arbeitszeit. Daran änderte sich bis zum Ende der DDR im Grunde nichts.[27] Vielmehr entstand eine paradoxe Situation: Statt zu einer Entlastung der Frauen habe der höhere Lebensstandard sogar zu mehr Arbeiten im Haushalt geführt, stellte die Zeitschrift *Guter Rat* 1976 fest.[28] Dies wurde einerseits »objektiven Gründen« wie dem Mangel an modernen Maschinen in den Haushalten selbst sowie der unzureichenden Ausstattung und Kapazität der öffentlichen Dienstleistungseinrichtungen angelastet. Andererseits wurde auch den Frauen selbst die Schuld an ihrer Überlastung gegeben. So seien die »Ansprüche an die Wohnkultur« gestiegen, etwa würde der Tisch aufwendiger gedeckt als früher. Dadurch müsse dann auch mehr Tischwäsche gewaschen werden, was wiederum dazu führe, dass nicht nur die Frauen, sondern die öffentlichen Wäschereien gleich mit überlastet würden. Frauen putzten zudem aus eigenem Antrieb weit häufiger in der Wohnung, als eigentlich nötig sei. Ihnen wurde unterstellt, sie seien »aufs Putzen versessen«, »wenn sie nicht durch ihre Berufstätigkeit gebremst würden«. Ihnen wurde empfohlen, »das Säubern [...] nicht in Putzen ausarten zu lassen«.[29]

Schließlich sollten Frauen davon überzeugt werden, einen »sozialistischen Haushalt« zu führen. Dieser sollte »ein Haushalt [sein, der] allen Familienmitgliedern Zeit und Möglichkeiten für die Entfaltung ihrer Persönlichkeit schafft und der die sozialistische Lebensweise fördert«.[30] Um dies zu unterstützen, richtete der DFD ab 1969 etwa 200 »Beratungszentren für Haushalt und Familie« ein, um berufstätige Mütter und junge Eheleute bei der Bewältigung des Alltags zu unterstützen. Zudem wurde versucht, Frauen dazu zu bewegen, nur wirklich notwendige und sinnvolle Geräte zu nutzen. Als Mikrowellenherde in Westdeutschland in den 1970er Jahren zunehmend erschwinglich wurden und bald zur normalen Haushaltsausstattung gehörten, sollten ostdeutschen Verbraucherinnen diese Geräte gar nicht erst schmackhaft gemacht werden: »Brauchen wir einen elektrischen Frittiertopf, einen elektrischen Eierkocher? Ist neben dem herkömmlichen Herd ein Mikrowellenherd erforderlich? [...] Soll man ein solches Gerät als eine echte Erleichterung oder eine teure Spielerei bezeichnen und es für den Haushalt unter sozialistischen Bedingungen ablehnen?«[31] Die Antwort, die die Leserinnen des Artikels geben sollten, war klar: Eine solche »Spielerei« gehörte nicht in einen »sozialistischen Haushalt«.

»Mehr Freizeit für sie«

Ende der 1960er Jahre änderte sich die Zielrichtung der Werbung für Haushaltsgeräte und Dienstleitungen. War in den 1950er und 1960er Jahren vor allem mit der Zeitersparnis im Hinblick auf die Berufstätigkeit der Frauen geworben worden, wurde nun die sich daraus ergebende freie Zeit für Hobbys und Erholung betont. Der Hintergrund für diesen Wandel lag darin, dass auch in der DDR Lebensqualität immer stärker über freie Zeit definiert wurde. Es ging nicht mehr nur darum, ausreichend zu essen oder ein Dach über dem Kopf zu haben. Frauen wollten nicht nur arbeiten, um ihre Grundbedürfnisse befriedigen zu können. Die nach dem Krieg geborene Generation erwartete mehr vom Leben. Dies schlug sich in der Werbung ebenso nieder wie in entsprechenden Zeitschriftenbeiträgen. So warb beispielsweise der Katalog des DDR-Versandhauses Konsument 1971: »Mehr Freizeit für Sie, wenn Sie bei uns bestellen!«[32] Interne Berichte zeigten jedoch, dass Anspruch und Wirklichkeit auseinanderklafften. Für viele Frauen klangen die versprochenen Freiräume für Bildung, Hobby und Erholung verlockend, hatten aber wenig mit ihrer Situation gemein, die von der Mehrfachbelastung durch Haushalt, Familie und Beruf geprägt war.

Vergleich der Anteile von Arbeitszeit und Freizeit bei Männern und Frauen 1969

	Stunden/ Woche gesamt	Arbeit	Hausarbeit	Kinderbetreuung (zwei Kinder)	gesamte Arbeitszeit	Zeit für Erholung, Schlaf und Freizeit
Frauen	168	43,75	38,2	11,4	93,35	74,65
Männer	168	43,75	10,1	4,9	58,75	109,25

Quellen: Mitteilungen des Instituts für Bedarfsforschung 3/1969, S. 10–13; Peter Stöckmann: Mehr Freizeit für berufstätige Mütter. In: Mitteilungen des Instituts für Bedarfsforschung 1/1973, S. 14.

Wie zu erwarten schlug sich das Ungleichgewicht bei der Erledigung von Hausarbeit und Kinderbetreuung auch in der freien Zeit von Männern und Frauen nieder. Während Frauen in der Regel über 27 Stunden Freizeit pro Woche verfügen konnten, hatten die Männer mit über 50 Stun-

Ein Bauarbeiter 1977 in Berlin bei der Reparatur seines 15 Jahre alten Trabants, der von offiziellen Werkstätten nicht mehr angenommen wird (© Harald Schmitt).

den fast doppelt so viel freie Zeit zur Verfügung.[33] Entgegen den Erwartungen, die im Hinblick auf die freie Zeit von Frauen bei der Einführung der Fünf-Tage-Arbeitswoche gehegt worden waren, hatten nicht die Frauen, sondern die Männer ab 1967 mehr freie Zeit. Frauen profitierten also nicht von der effektiv verringerten Arbeitszeit, weil sie nach wie vor den Großteil der täglich anfallenden Hausarbeit erledigten. In etlichen Studien wurden Tätigkeiten als »Hobbys« und damit Freizeit abgerechnet, die bei einer normalen Versorgung mit Waren und Dienstleistungen kaum als Freizeittätigkeiten gezählt worden wären. So wurde das Reparieren von Autos oder das Werkeln an der Wohnung, das in vielen Fällen mangels ausreichender Kapazitäten in Werkstätten oder bei Handwerkern von den Männern übernommen wurde, als Freizeit gewertet. Bei den Frauen wiederum wurden Einkochen oder Nähen als Hobby angeführt, obwohl sie damit oft nur das schlechte Warenangebot auszugleichen versuchten.

Trotz aller Versprechungen blieben Dienstleistungen, Reparaturen und Kundendienst bis zum Ende der DDR Ärgernisse. Hatte man sich in den 1970er Jahren noch einreden können, dass mit der Zeit und vor allem nach Honeckers auf dem VIII. Parteitag 1971 gegebenen Versprechen von der »Einheit von Wirtschafts- und Sozialpolitik« alles besser würde, mussten sich die Verantwortlichen bald eingestehen, dass dies nicht der Fall war. Die Klagen über die unzureichende Versorgung mit Waren und Dienstleistungen blieben die gleichen: »Bei allen Erfolgen können wir natürlich nicht übersehen, daß es auf diesem Gebiet noch viele Dinge gibt, die der Bevölkerung immer wieder Ärger bereiten. Zum Beispiel: bei Reparaturen von Waschmaschinen und Kühlschränken. Man muß 3 Wochen und länger warten, bis sie vom Dienstleistungskombinat abgeholt werden, oder aber man muß sie selbst in die Werkstatt bringen. Die Reparaturzeit ist sehr unterschiedlich, und dann muß man wieder warten, bis sie gebracht werden. Das heißt die Haushalte warten 5 bis 6 Wochen auf ihre Waschmaschinen oder Kühlschränke, und wenn Ersatzteile fehlen, noch länger! [...] In der PGH Kleiderkur Heirode [sic] liegen noch 90 Teppiche zum Reinigen, die zum Teil noch von Februar offen sind. In der Annahmestelle liegen aber schon wieder 50 Teppiche, die nicht abgenommen werden. Die PGH gibt keine klare Antwort, was mit den Teppichen ist und warum sie nicht ausgeliefert werden. (Man muß 2 Teppiche kaufen, um einen in der Wohnung zu haben)«, klagte der DFD Anfang der 1970er Jahre.[34]

Bis Ende der 1980er Jahre verschlechterte sich die Situation entsprechend der wirtschaftlichen Lage. Nicht nur dass die Annahmestellen für Reparaturleistungen nur noch einmal in der Woche oder sogar im Monat eine bestimmte Anzahl von Schuhen, Schirmen oder elektrischen Geräten überhaupt annahmen, die Wartezeiten verlängerten sich ebenfalls. Oftmals mussten die Kunden die Ersatzteile für diese Reparaturen selbst besorgen und teilweise auch noch selbst einbauen.

Literarische Verarbeitung des Tagesablaufs einer Mutter durch Helga Schubert

»Um fünf aufstehen, frühstücken. Zum Frühstück ißt sie ganz wenig, dann das Frühstück für die beiden größeren Kinder vorbereiten, die Schulstullen schmieren, denn vom Abend vorher werden sie zu trocken, den beiden größeren Kindern den Wecker zu sieben Uhr stellen. Zwanzig vor sechs die Kleine wecken, sie fertig machen und um sechs aus dem Haus. Ihre Arbeit

ist in der Nähe, aber der Kindergarten am anderen Ende der Stadt, also hin und zurück eine Stunde. Da sie mit drei Kindern kinderreich ist, hat sie nur eine 40-Stunden-Woche. Also mit Frühstücks- und Mittagspause dreiviertel vier Schluß. Dann das Ganze mit dem Kindergarten noch einmal. Mit Einkaufen ist sie um fünf zu Hause. Schularbeiten nachsehen. Abendbrot machen, abwaschen, kleine Wäsche. [...]
Ein Mann kam in diesem Tagesablauf nicht vor. Ich versuchte mir ihren Mann vorzustellen. Auf jeden Fall war er ein Mann, den sie nicht in die tägliche Arbeit einkalkulierte.«

Helga Schubert: Mondstein. In: dies.: Schöne Reise. Geschichten. Berlin 1988, S. 33.

Diese Situation schrieb einerseits die Überforderung und das geringere Freizeitbudget von Frauen fort. Andererseits wurden so die traditionellen Aufgabenteilungen an die nächste Generation weitergegeben: Die Frau blieb für den Haushalt und die Kinder zuständig, der Mann für das Auto und Fußball. Von Mädchen wurde erwartet, dass sie im Haushalt halfen, während bei Jungen akzeptiert wurde, dass sie sich mit Freunden trafen.[35] In diesem Punkt glichen sich die Erfahrungen, die Frauen in West und Ost machten. Alice Schwarzer dokumentierte 1975 in ihrem Buch »Der kleine Unterschied und seine großen Folgen« in zahlreichen Interviews die Erfahrungen von westdeutschen Frauen, die sich in dieser Hinsicht kaum von denen der Frauen in der DDR unterschieden. Es ist durchaus als Ironie der Geschichte zu sehen, dass die in Westdeutschland mehrheitlich als Hausfrauen agierenden Frauen bis zur deutschen Einheit 1990 sowohl auf weit bessere technische Haushaltshelfer als auch ein unvergleichlich besseres Einkaufsangebot zurückgreifen konnten. Hier gab es eine Art paradoxe Umkehrentwicklung in beiden deutschen Staaten. Während in der DDR viele Frauen ohne den erforderlichen und versprochenen Rückhalt durch ein ausgebautes Netz an Dienstleistungen, Einkaufsangeboten und modernen Haushaltsgeräten in die Berufstätigkeit gedrängt wurden, standen Frauen in der Bundesrepublik all diese Erleichterungen für die Hausarbeit zur Verfügung, ohne dass sie in ihrer Mehrheit einer Erwerbstätigkeit nachgehen sollten.

Die »sinnvolle Nutzung« der Freizeit

Kommuniqué »Die Frauen – der Frieden und der Sozialismus« vom 16. Dezember 1961

»Das Politbüro wendet sich mit folgendem Vorschlag an alle Ausschüsse der Nationalen Front sowie an alle Institutionen in der Deutschen Demokratischen Republik, die sich mit dem kulturellen Leben und der künstlerischen Selbstbetätigung befassen: Gemeinsam mit den Frauen sollen Pläne ausgearbeitet und durchgeführt werden, die zur sinnvollen Freizeitgestaltung für die Frau und ihre Familie führen. Damit könnten gleichzeitig die Wünsche vieler Frauen nach künstlerischer Selbstbetätigung in Laienchören und -theatern, in Musikgruppen und Zirkeln für Literatur, Malerei, bildende Kunst usw. besser erfüllt werden.«

Die Frauen – der Frieden und der Sozialismus. Kommuniqué des Politbüros des ZK der SED. Berlin 1961. Abgedruckt in: Neues Deutschland, 23. Dezember 1961, S. 1.

Bis Mitte der 1960er Jahre spielte Freizeit in den Überlegungen von Partei- und Staatsführung keine große Rolle. Denn neben der langen Arbeitswoche, die von Montag bis Samstag dauerte, den wenigen Urlaubstagen, der zeitfüllenden Hausarbeit und nicht zuletzt den geringen finanziellen Spielräumen der meisten Menschen blieb kaum freie Zeit, über die man sich groß hätte Gedanken machen können. Mit der Einführung der Fünf-Tage-Arbeitswoche 1965 und der schrittweisen Erhöhung des Urlaubs auf 15 Tage 1965 und auf 18 Tage 1979 änderte sich dies. Den Auffassungen und Hoffnungen der Partei entsprechend sollten alle Menschen in der DDR ihre Freizeit »sinnvoll« und »vernünftig« gestalten.[36] Hierfür mussten entsprechende Angebote gemacht werden: Sport, Kultur und Reisen rückten in den Mittelpunkt der Überlegungen. Gleichzeitig befürchtete man negative Folgen der freien Zeit: Welche Ansprüche würden die Bürger entwickeln, wie sie ihre freie Zeit verbringen wollten? Die wichtigste Sorge richtete sich darauf, ob die DDR-Wirtschaft in der Lage sein würde, die steigenden Bedürfnisse der Menschen nach Reisen, sportlicher Betätigung, Restaurantbesuchen oder Kinos zu befriedigen.

Damit die Menschen ihre Freizeit sinnvoll verbrachten, hatten »Partei, Regierung und [die] anderen gesellschaftlichen Organisationen« ständig »politisch-ideologische Erziehungstätigkeit« durchzuführen, damit das Freizeitverhalten der Bevölkerung ein »immer umfassenderes sozialistisches Gepräge« erhielt.[37] Dieses sah vor:

»a) Das Studium und die Qualifizierung
b) Die ehrenamtliche Teilnahme und Mitwirkung an der Leitung des gesellschaftlichen Lebens
c) Die künstlerische und wissenschaftliche Betätigung
d) Die Körperkultur und der Sport
e) Die Erholung und die Unterhaltung.«[38]

Um dieses umfangreiche Maßnahmen- und Vorgabenprogramm auch umsetzen zu können, ging man davon aus, dass sich die persönlichen Interessen der Menschen den gesellschaftlichen Erfordernissen und Vorgaben anpassen würden, denn »die Befriedigung der Bedürfnisse muß weitgehend der Hebung des wissenschaftlich-technischen, des kulturell-ästhetischen sowie des allgemeinen Bildungsniveaus dienen«.[39]

Was machte die durchschnittliche DDR-Frau Mitte der 1960er Jahre mit den ihr wöchentlich zur Verfügung stehenden 27 Stunden an freier Zeit? Den größten Anteil, nämlich 12,4 Stunden, verbrachten Frauen mit »Kultur und Unterhaltung«. Dazu gehörten lesen und fernsehen ebenso wie gelegentliche Kino- oder Theaterbesuche. Als ab Mitte der 1960er Jahre das Angebot an Eiscafés und Broilergaststätten ausgebaut wurde, wurde ein Besuch dort am Wochenende ebenso selbstverständlich wie ein gelegentlicher Restaurantbesuch zu besonderen Anlässen. Für die »passive Erholung«, worunter offenbar der Mittagsschlaf am Wochenende verstanden wurde, wurden 3,9 Stunden (14,7 Prozent) der Zeit angesetzt. Durchschnittlich drei Stunden pro Woche (12,2 Prozent) verbrachten Frauen auf Spaziergängen. Für Zeitunglesen wurden 2,6 Stunden (9,9 Prozent) veranschlagt. Für die Bereiche, die für eine »sinnvolle und vernünftige« Freizeitgestaltung durch die Parteiführung als besonders wichtig angesehen wurden, nämlich gesellschaftliche Tätigkeiten und die Qualifizierung, wurde mit 0,8 sowie 0,7 Stunden pro

Woche jeweils die wenigste Zeit aufgewendet.[40] Männer hingegen investierten in die beiden letzten Tätigkeiten weit mehr Zeit als Frauen. Sie verbrachten 3,2 Stunden pro Woche mit Weiterbildung und immerhin noch 2,8 Stunden mit gesellschaftlicher Tätigkeit.[41] Obwohl man angenommen hatte, dass die 1965 eingeführte Fünf-Tage-Arbeitswoche dazu führen würde, dass Frauen zunehmend mehr freie Zeit haben, stellte sich 1973 heraus, dass dies nicht eingetreten war. Alarmiert notierten die Forscher, dass »aus der Gegenüberstellung der Zeitbudgetdaten von 1965 und 1970 [hervorgeht], daß sich der durchschnittliche Freizeitfonds der Frauen nur unwesentlich verändert hat.« Auch an den Zeitanteilen, die Frauen für die verschiedenen Aktivitäten aufbrachten, hatte sich kaum etwas geändert. Nach wie vor investierten Frauen nur 0,7 bzw. 0,8 Stunden für Qualifizierung und gesellschaftliche Tätigkeiten.[42] Der Großteil der Freizeit wurde in der DDR mit der Familie, mit Ausflügen ins Kino, gelegentlichen Besuchen des Theaters, von Konzerten oder dem Zirkus verbracht. In einem Land, das seinen Bürgern überall enge Grenzen setzte, waren auch Lesen und Fernsehen, die kleine Fluchten aus dem Alltag ermöglichten, sehr weit verbreitet.

Zu den beliebtesten Freizeitaktivitäten in der DDR gehörte für Männer wie Frauen das Reisen. Ab Mitte der 1960er Jahre waren Camping und Ausflüge in die Natur für viele eine bevorzugte Wochenend- und Urlaubsbeschäftigung. Zum einen war Camping selbst für schmale Geldbeutel erschwinglich. Zum anderen boten Campingausflüge die Möglichkeit, sich dem staatlichen Feriendienst und der »Urlaubslotterie« zu entziehen. Attraktiv war das Campen auch dadurch, dass neue Produkte und Angebote für den zweiten Haushalt im Grünen entwickelt wurden. Mit der ab Mitte der 1960er Jahre zunehmenden »Motorisierung« der Bevölkerung, also der Möglichkeit, ein Auto, Moped oder Motorrad zu erwerben, wurde zudem auch in der DDR der Bewegungsradius größer. Wochenendausflüge in die Mittelgebirge oder an die See waren vor allem in den 1970er und 1980er Jahren ein beliebter Zeitvertreib.

Sowohl für Männer wie für Frauen wurde die mit der Familie verbrachte Zeit immer wichtiger. Zum einen war dies ein Gegenpol zu den Anstrengungen des Alltags und dem Versuch des Staates, die Menschen

Ab Mitte der 1960er Jahre spielte die Gestaltung der freien Zeit eine immer größere Rolle. Oben: Zwei Frauen sitzen auf einem Zeltplatz in Mecklenburg an einen Pkw Trabant gelehnt im Gras (© Uwe Gerig, um 1979). – Rechts: Frauen am See (© Barbara Köppe, ca. 1967)

in vielerlei Kollektiven und Gruppen unter Kontrolle zu haben. In den 1980er Jahren wünschten sich immer mehr Menschen freie Zeit für sich, die Familie und insbesondere die Kinder.[43] Die Familie geriet »immer mehr in die Rolle einer eigenständigen Freizeitgruppe«, konstatierte der »Frauenreport« 1990.[44] Auch hier waren es die Frauen, die öfter gezwungen, aber auch bereit waren, ihre persönlichen Interessen hinter die der Familie zurückzustellen, als Männer.

Keine Einbußen an häuslicher Bequemlichkeit

Die Auffassung »Das bisschen Haushalt macht sich von allein« war nicht nur in Westdeutschland verbreitet. »Er war sehr daran interessiert, dass ich Geld verdiene, aber Einschnitte sollte es nicht geben, geholfen hat er kaum.«[45] Solche und ähnliche Erfahrungen machten viele Frauen, die in der DDR berufstätig waren. Die fehlende Bereitschaft der Männer, ihren Anteil an der Hausarbeit und Kinderbetreuung zu leisten, war keineswegs nur ein Problem der Anfangszeit, auch wenn Männer sich in den 1980er Jahren mehr im Haushalt und bei der Kindererziehung engagierten als ihre Väter und Großväter in den Jahrzehnten zuvor. Dass die Hausarbeit bei den Überlegungen zur Integration von Frauen in die Arbeitswelt unterschätzt wurde, lag auch daran, dass den meisten Männern schlichtweg nicht klar war, wie viel Arbeit in einem Haushalt steckte. Hausarbeit galt vielen als »Nichtarbeit«. Sie sahen in der Regel nur das Ergebnis, nicht aber die Mühen, die eine saubere, behagliche Wohnung, die Zubereitung der Mahlzeiten oder die Betreuung der Kinder bereiteten.

Graffunda räumt auf

»Wie ist es möglich, daß Frauen charmant, liebenswürdig und attraktiv bleiben, wo sie doch dem Stumpfsinn täglicher Hausarbeit ausgeliefert sind? Warum entfällt bei den feierlichen Ordensverleihungen nie auch nur die kleinste Medaille auf eine gewöhnliche Hausfrau? Ich glaube, es liegt daran, weil die Dekorationen fast immer von Männern vorgenommen werden. Und welcher Mann hat schon eine Ahnung von dem Unmaß an Arbeit, das in einem normalen Haushalt täglich bewältigt werden muß?«

Renate Holland-Moritz: Graffunda räumt auf. Berlin 1994 (zuerst 1969), S. 99.

Aber selbst wenn Männern bewusst gewesen wäre, was die Berufstätigkeit ihrer Frauen für sie bedeuten würde – welche Chancen hätte in den 1950er Jahren eine Kampagne gehabt, die mit den tatsächlich zu erwartenden Problemen geworben hätte? Etwa im Stile von: »Liebe Männer, macht euch auf harte Zeiten gefasst, wenn eure Frauen arbeiten gehen.

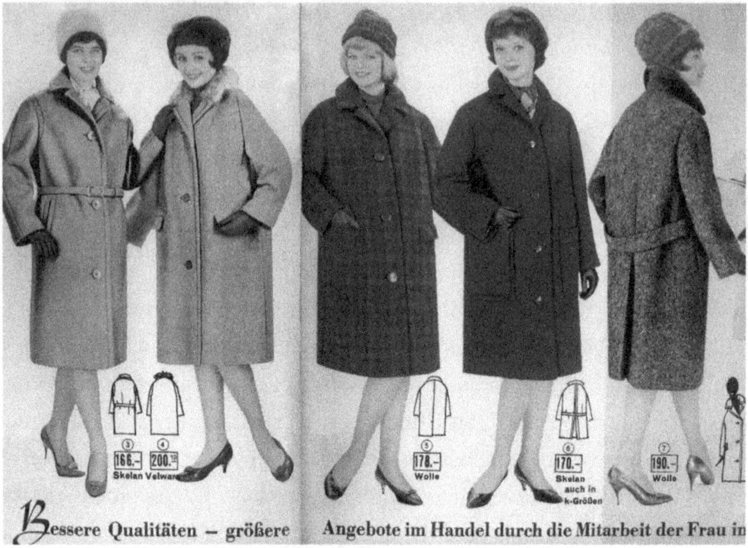

Um insbesondere die Männer zu überzeugen, dass die Berufstätigkeit ihrer Frauen ihnen vor allem Vor- und keine Nachteile bringen würde, warb der Versandhandel: »Größere Angebote im Handel durch die Mitarbeit der Frau« (Katalog Centrum-Versandhaus Herbst/Winter 1962/63).

Sie werden abends und am Wochenende müde und erschöpft sein, wenn sie den ganzen Tag außer Haus waren. Sie werden kaum mehr die Zeit und Kraft haben, um zu kochen und die Wohnung fast wie nebenbei sauber zu halten, die Wäsche zu machen, zu bügeln und sich um die Kinder zu kümmern. Ihr Interesse an Sex wird nachlassen. Sie werden zuerst das, was nicht so wichtig ist, wie warm kochen oder eure Hemden bügeln, weglassen (müssen). Später werden ihre Erwartungen und Ansprüche an euch größer werden. Sie werden von euch verlangen, dass ihr im Haushalt mithelft. Wollt ihr das?« Dies wäre nicht nur für Männer, sondern auch für Frauen ein Szenario gewesen, das sich kaum eine unter Erfüllung im Berufsleben vorstellte. So ist es nur zu verständlich, dass bei der Werbung für Frauenarbeit weniger über die Belastungen durch die Arbeit als vielmehr über die positiven Seiten gesprochen wurde. Und diese hießen: eigenes Geld verdienen und sich mehr leisten können.

Bei der Überzeugungsarbeit, dass auch Männer sich an der Hausarbeit beteiligen sollten, setzte man in den 1950er Jahre auf die junge Generation. »Die Frau von heute« warb am 11. Juni 1954 mit einem Jugendlichen, der seiner Mutter im Haushalt hilft.

Vor allem den Männern als Familienvorständen hatte man in den 1950er und 1960er Jahren die Berufstätigkeit ihrer Frauen schmackhaft machen müssen. Ihnen wurde anschaulich beschrieben, welche Vorteile sie durch die Berufstätigkeit ihrer Frauen hätten: Zum einen würde mehr Geld für die Haushaltskasse zur Verfügung stehen. Zum anderen würde die Mitarbeit der Frau dafür sorgen, dass es in den Geschäften mehr zu kaufen gebe. So warb der Centrum-Katalog vom Herbst/Winter 1962/63 damit, dass auch der Mann mit »größeren Angeboten im Handel durch die Mitarbeit der Frau in der Produktion« rechnen könne.[46] Außerdem könnten durch die Nutzung technischer Geräte wie Waschmaschinen, Staubsauger oder Schnellkochtöpfe die Arbeiten, für die Frauen vormals den ganzen Tag benötigt hatten, nunmehr in viel kürzerer Zeit bewältigt werden. Dadurch würden sie so viel Zeit gewinnen, dass sie geradezu arbeiten gehen müssten, um diese auch sinnvoll zu nutzen. Und wenn die Frauen mit Hilfe der Technik nicht mehr so lange für die Hausarbeit bräuchten, dann müssten die Männer natürlich auch nicht mehr im Haushalt helfen als zuvor. Der Ehemann würde also nicht einmal merken, dass seine Frau arbeiten ging: Ihm würde das im

Dampftopf veredelte Essen schmecken, er würde nicht bemerken, dass seine Hemden nicht gebügelt waren, für ihn würde sich die Frau schön machen. Ob bei der Mode oder bei Haushaltsgeräten: Häufig stand die Bedürfnisbefriedigung des Mannes im Vordergrund. Denn schließlich musste ihm klargemacht werden, dass die Berufstätigkeit seiner Frau keine Einbußen an häuslicher Bequemlichkeit für ihn zur Folge hätte, denn die Hausarbeit würde sich »quasi von allein« erledigen. Und wenn die Frau es nicht allein schaffte, dann halfen die Kinder, wie es das Lied »Meine Mutti ist Abteilungsleiter« beschreibt.

Kinderlied »Meine Mutti ist Abteilungsleiter«

Meine Mutti ist Abteilungsleiter / alle Tage, alle Tage steht sie ihren Mann. / Nur zu Hause kommt sie gar nicht weiter, / packe ich im Haushalt nicht mit an. / ... nur zu Hause kommt sie gar nicht weiter, packe ich im Haushalt nicht mit an.

Kommt sie müde vom Betrieb nach Hause / und ich habe, und ich habe nichts für sie gemacht, / hat sie nicht die allerkleinste Pause, / und sie plagt sich weiter bis zur Nacht. / ... hat sie nicht die allerkleinste Pause, und sie plagt sich weiter bis zur Nacht.

Habe ich dann manchmal eine Frage, / meine Mutti, meine Mutti, die ist nämlich klug, / ist ihr jede Antwort eine Plage, / und sie sagt: »Sei still, ich hab genug!« / ... ist ihr jede Antwort eine Plage, und sie sagt: »Sei still, ich hab genug!«

Lauf ich aber, selber einzukaufen, / und der Abwasch, und der Abwasch türmt sich nicht mehr so, / braucht die Mutti nicht herumzulaufen, / und sie ist am Abend richtig froh. / ... braucht die Mutti nicht herumzulaufen, und sie ist am Abend richtig froh.

Deshalb mach ich ihr die Arbeit leichter / und ich spiele, und ich spiele erst, wenn alles blitzt, / denn dann hab ich mehr von meiner Mutti, / und ich habe ihr und mir genützt. / ... und wir haben mehr von unsrer Mutti, und wir haben ihr und uns genützt.

Worte: Heinz Kahlau/Melodie: Hans Naumilkat

Hatte die SED-Führung in den 1950er Jahren bei den Werbeaktionen für die Berufstätigkeit von Frauen den Fokus vor allem darauf gelegt, die Männer hinsichtlich möglicher Einschränkungen und Folgen zu beruhigen, versuchte man zugleich, die Mitglieder der SED zu ermuntern, sich stärker in den Haushalt einzubringen. So wurden die »Genossen Ehemänner« 1954 dazu aufgerufen, sich nicht mehr »wie Paschas zu benehmen« und »ihre Frau, die doch meist ebenfalls berufstätig ist, nicht [...] wie ein Dienstmädchen« zu behandeln.[47] Vor allem richtete man sich aber an Mütter und deren Söhne.

Bei den jungen Männern sah man weit mehr Potenzial, Verhaltensänderungen zu erreichen, als bei denen, die ihre Erziehung und Sozialisation noch in einer stärker patriarchalischen Gesellschaft genossen hatten. *Die Frau von heute* brachte auf dem Titel der Ausgabe vom 11. Juni 1954 ein Foto von einer Hausfrau, die mit ihrem 16-jährigen Sohn gemeinsam nach der Arbeit die Hausarbeit erledigt. Der Sohn finde es durchaus nicht »entwürdigend«, seiner Mutter zu helfen, so der Text (siehe Abbildung S. 129). 1963 redete dann auch Walter Ulbricht seinen Genossen auf dem VI. Parteitag ins Gewissen: »Das Glück besteht eben nicht mehr darin, daß einem bei der Heimkehr von der Arbeit die Filzpantoffeln entgegengebracht werden.«[48]

Graffunda räumt auf

»Den Piesolds war nicht wohl bei dem Gedanken, diesen hochintelligenten Menschen für etwas so Unqualifiziertes wie Hausarbeit mißbrauchen zu sollen. Dies war das einzige Mal, wo sie von Graffunda zurechtgewiesen wurden: ›Die Arbeit der Hausfrau birgt mindestens ein Dutzend Berufe in sich, die üblicherweise ein Studium oder wenigstens eine mehrjährige Lehre erfordern. Ich begreife nicht, woher diese allgemeine Unterschätzung rührt. Denken Sie, wieviel Sorgfalt und pädagogische Kenntnis allein die Kindererziehung verlangt! Und das Kochen nach moderner, gesundheitsfördernder Methode ist schon eine Wissenschaft für sich. Wirklich, Sie sollten in Ihren Ansprüchen weniger bescheiden sein!‹«

Renate Holland-Moritz: Graffunda räumt auf. Berlin 1994 (zuerst 1969), S. 109.

Noch 1967, also über 20 Jahre nach dem Beginn der Frauenarbeitskampagnen, beklagte die Leiterin der Frauenkommission in der Kreisparteileitung, Margot Hecker, auf der SED-Kreisdelegiertenkonferenz im MfS: »Wir befinden uns mitten in der Ablösung jahrtausendealter Lebensformen und Familienbeziehungen, die von ökonomischer Abhängigkeit und Entrechtung der Frau geprägt waren. [...] Dabei ergeben sich notwendigerweise Konflikte und Schwierigkeiten – der Zusammenstoß von alten Lebens- und Denkgewohnheiten mit den neuen. Niemand ist ganz frei von den Wirkungen der alten Traditionen. Worin zeigt sich das unter anderem? Z.B., wenn von Erleichterungen für die Hausarbeiten gesprochen wird, dann heißt es ›Erleichterungen für die Frauen‹ (der Mann hilft im Haushalt bestenfalls!); Kindergärten ›für die Frauen‹ (haben Männer keine Kinder?); die Versorgung durch die Betriebsverkaufsstelle klappt nicht, ›Soll sich die Frauenkommission darum kümmern‹. Ist das tatsächlich nur für die Frauen? Es geht darum, die Konsequenzen einer gesellschaftlichen Veränderung voll bewußt zu machen, die längst eingetreten ist, und die von uns allen, Frauen und Männern, neue Denk- und Verhaltensweisen verlangt, noch mehr genutzt bzw. weiter entwickelt werden muß.«[49]

Wie schwierig und langwierig es war, diese gesellschaftliche Veränderung deutlich zu machen, zeigt sich auch an der Frauenzeitschrift *Sibylle*. Diese wandte sich bei der Werbung für Haushaltsgeräte auch 1969 noch nur an die »junge Ehefrau«: »Jede junge Ehefrau kann schnell einige Elektrogeräte aufzählen, die zu einer modernen Haushaltsführung gehören.«[50] 1971 erklärte Erich Honecker in realistischer Einschätzung der Situation: »Ohne die wachsende Mitarbeit der Männer in der Familie etwa geringschätzen zu wollen – die Hauptlast liegt immer noch bei der Frau.«[51]

1972 machte schließlich ein Film in der DDR Furore, der sich auf humoristische Art mit den täglichen Problemen bei der Integration von Frauen in die Arbeitswelt befasste. »Der Mann, der nach der Oma kam« drehte den Spieß einmal um. Das, was im realen Leben als Frauendomäne verstanden wurde – Haushalt und Kinderbetreuung –, wurde in diesem Film von einem Mann übernommen. Allerdings nicht als Modell, das Schule machen sollte, sondern im Rahmen einer Doktorarbeit, in der Winfried Glatzeder alias Graffunda untersuchen wollte, ob »die traditionellen Haushaltspflichten der Frau der Vollendung ihrer Emanzipation [widersprechen]. Besteht die Notwendigkeit eines haushaltsspezifischen Berufs? Ist das ein typischer Frauenberuf?«

Die Botschaft des Films war einfach: Volle Berufstätigkeit, Qualifizierung, oft noch eine gesellschaftliche Tätigkeit, Haushalt und Kinderbetreuung erforderten jeweils so viel Kraft und Aufmerksamkeit, dass alles zusammen nicht ohne schwere Einbußen zu vereinbaren war. Im Film und der zugrunde liegenden Erzählung »Graffunda räumt auf« von Renate Holland-Moritz wurden alle Probleme angesprochen, die es bei der Berufstätigkeit von Frauen gab. Die Schlussfolgerung zumindest im Film widersprach vielem, was die SED-Führung bisher propagiert hatte: Damit Frauen wirklich gleichberechtigt arbeiten gehen könnten, müsste es eigentlich Haushaltshilfen geben, die den Frauen die Hausarbeit abnähmen. Diese Haushaltshilfen wären dann allerdings auch wieder Frauen, die anderen Frauen den Haushalt führen würden. Männer kämen dafür nicht in Frage, denn sie seien zu wenig auf die komplexen Vorgänge in einem Haushalt vorbereitet. Das heißt, im Film wurde zur Entlastung berufstätiger Frauen genau das empfohlen, was noch wenige Jahre zuvor als Dekadenz und Relikt bürgerlicher Haushalte gegeißelt worden war: eine professionelle Haushaltshilfe. Die könne man den Frauen jedoch erst im Kommunismus gewähren. Im Film wurde auch eine interessante Wahrnehmung des Problems durch Männer gezeigt: Selbst wenn sie helfen wollten, würden viele Frauen sie gar nicht helfen lassen: »Es bleibt uns Männern nur noch ein Ort, an dem wir uns behaupten können [...], und das ist der Haushalt. [...] Das Schlimme ist nur, sie lassen uns nicht! Ja, abtrocknen dürfen wir, Kohlen aus dem Keller

Trailer zum DEFA-Film »Der Mann, der nach der Oma kam« (1972)

holen und gelegentlich mal Staub wischen – also schnöde Handlangerdienste leisten. Aber die Haushaltszügel behalten die Damen eisern in der Hand, um so das Maß ihrer weiblichen Überlegenheit langsam zum Überlaufen zu bringen.«[52] Im Film explodiert die in der Kneipe versammelte Herrenrunde fast vor Lachen, als sie sich vorstellen, wie ihre emanzipierten Frauen die Kohlen aus dem Keller schleppen, während sie selbst in der Küche das Geschirr abtrocknen.

Song »Ihr habt ja keine Ahnung« aus dem DEFA-Film »Der Mann, der nach der Oma kam« (1972)

»Und drinnen, da waltet die züchtige Hausfrau. So dichtete Schiller, / und jedermann kennt doch etliche Männer, / die glauben noch heute, die Hausfrau, hätte 'nen goldenen Lenz. / Die haben keine Ahnung von der Hausarbeit. Ihr denkt, das macht sich von allein. / So mancher Mann, der denkt, das sei 'ne Kleinigkeit, der müsste einmal Hausfrau sein. / [...] Ihr habt ja keine Ahnung von der Hausarbeit. Ihr denkt, das macht sich von allein [...]. / Doch ist einer willig, dann wird er belächelt. / Ein Mann in der Schürze, beim Hausputz: hoho. / Von lieben Kollegen wird der durchgehechelt, / denn Männer sind tüchtig – es fragt sich nur wo.«

Frauen schließlich waren sich ebenfalls uneins darüber, ob sie es gut finden sollten, wenn Männer sich in Frauendomänen einmischten: »Schlau sind die Akademikerinnen heutzutage [...], sie brauchen nur noch die Kinder zu kriegen und das Geld zu verdienen, alles andere erledigt der Haustrottel. Ich sag's ja immer: Männer gehören ins Bett und an den Kochtopf! Die vorwiegend weibliche Kundschaft drohte vor Lachen fast zu ersticken. Was fanden die jungen Mädchen an diesem Graffunda eigentlich so anziehend? Ein Fatzke! Verkroch sich in der Küche und ließ seine Frau für sich arbeiten, pfui Deibel! Für so einen Heini würde man sich bedanken.«[53]

In Buch, Film und im Leben sah die Lösung einfach aus: Graffunda verlässt die Familie wieder, nachdem er genug Stoff für seine wissenschaftliche Arbeit gesammelt hat, denn »so einen begabten und befähigten Mann wie Graffunda kann man nicht im Haushalt verplempern.«[54]

Obwohl dieser nun am eigenen Leib erfahren hatte, was Hausarbeit bedeutet, ändert sich an seinem Verhalten in seiner eigenen Beziehung nichts. Als es darum geht, wer den Abwasch macht oder einkaufen geht, erklärt er seiner ebenfalls an der Universität arbeitenden Verlobten, er habe keine Zeit dafür, sie solle sich darum kümmern. Mit dem Nachsatz: Wenn sie es wirklich nicht schaffe, könne man ja überlegen, zu ihrer Entlastung eine Hilfe zu suchen.

Song »Lächeln und schön sein« aus dem DEFA-Film »Der Mann, der nach der Oma kam« (1972)

»Lächeln und schön sein soll eine Frau. Zärtlich und fröhlich und attraktiv. / Immer in Stimmung, immer in Form, geht auch so manches daneben und schief. / Der Mann, der will Liebe, die Kinder erst recht. / Sie darf nie müd' sein. Geht's ihr auch mal schlecht. / Dazu die Arbeit in ihrem Beruf. Auch zu ihr ist die Liebe ganz echt. / Sie braucht ihre ganze Kraft, dass sie alles schafft und nicht einfach stehen lässt. / Dass sie nicht nur unentwegt sich für alle regt, sondern sich auch pflegt und niemals geh'n lässt. / Lächeln und schön sein soll eine Frau. Und welche wäre nicht gern begehrt? / Ob manche Männer wohl wissen, dass dazu viel mehr als ein bisschen Make-up gehört?«

Das entgegen den Erwartungen der SED-Führung für Frauen keine nennenswerte Entlastung durch verbesserte öffentliche Dienstleistungen eingetreten war, begann sich die Werbung für Haushaltsgeräte ab Anfang der 1970er Jahre einer neuen Zielgruppe zuzuwenden: den Männern. Diese posierten nun auch mit einer Schürze bekleidet, die jedoch, um nicht allzu abschreckend zu wirken, als »Partyschürze« angepriesen wurde.[55] Männer standen jetzt an Waschmaschine und Bügelbrett und verkündeten: »Von jetzt an wasche ich die Wäsche. Denn meine Frau hat das gleiche Recht auf Bildung und Freizeit wie ich.«[56]

Links: In den 1970er Jahren bezog die Werbung für Haushaltsgeräte auch Männer mit ein. Diese standen nun an Waschmaschine oder Bügelbrett und verkündeten stolz: »Von jetzt an wasche ich die Wäsche« (Katalog Centrum-Versandhaus Frühjahr/Sommer 1971). – Rechts: Um Männer für die Hausarbeit zu werben, wurden sie auch mit einem Kleidungsstück dargestellt, das bis dahin vornehmlich für Frauen reserviert war: der Schürze. Allerdings hieß die Schürze für den Mann nicht einfach nur Schürze. Für ihn war es entweder die Cocktail- oder die Campingschürze (Katalog Konsument-Versandhaus Herbst/Winter 1974/75).

Verunsicherte Männer

Christa Wolf über Frauen in der DDR

»Oh, sie sind auf der Höhe, diese jungen Frauen, wie sie schnell noch nach Feierabend durch die Geschäfte laufen, die Kinder aus der Krippe holen; am meisten sieht man ihren Händen an, kräftig, doch nicht ohne Gefühl, sie halten auch den Mann noch, wenn's sein muß. Wer hat es ihnen beigebracht?«

Christa Wolf: Nachdenken über Christa T. Halle (Saale) 1974 (zuerst 1968), S. 117.

Trotz der Zusicherungen von staatlicher Seite, dass sich mit der Berufstätigkeit der Frauen für die Männer nichts ändern würde, begehrten die Frauen im häuslichen Umfeld zunehmend gegen ihre Mehrfachbelastung auf. Ende der 1960er Jahre konstatierte *Der Spiegel* in einem Bericht über die Gleichberechtigung in der DDR: »Doch was der Frauen-Vortrupp fordert – die vollständige Emanzipation ihrer Geschlechtsgenossinnen –, versetzt männliche DDR-Bürger zunehmend in Existenzangst. [...] Und immer mehr DDR-Bürger, das ermittelte der Ost-Berliner Psychologe Dr. König, leiden unter dem Prestige- und Einkommenszuwachs ihrer Frauen. Die beruflich erfolgreichen Ehepartnerinnen provozieren bei ihren Männern Minderwertigkeitskomplexe, die, so warnt der Seelenforscher, ›zur Resignation und Lähmung des beruflichen Strebens‹ führen können.«[57] Die Beschreibungen des *Spiegel* bestätigten eine Beobachtung, die auch in der DDR gemacht worden war: Immer mehr Männer fühlten sich von der Emanzipation ihrer Frauen überfordert. Nicht nur, dass bereits Ende der 1960er Jahre mit 60 Prozent wesentlich mehr Frauen als Männer die Scheidungen einreichten. Auch widersetzten sich Männer häufiger einer Scheidung.

Können Männer den höheren Erwartungen standhalten?

»Leider hatte ich bisher im Leben wenig Glück mit den Frauen und bin mehrmals an Frauen geraten, die man mit den Worten von Dr. Maria-Angela Erbe als ›gleichberechtigtes Neutrum‹ bezeichnen könnte. Dabei habe ich die Feststellung gemacht, daß Frauen, die nach einer Ehescheidung sehr lange allein sind, sich nur schlecht oder gar nicht wieder daran gewöhnen wollen, die täglichen Fragen des Lebens nicht allein zu entscheiden. Sicher liegen die Gründe für Ehescheidungen bei beiden Geschlechtern, vorwiegend tragen ja die Männer dazu bei, wie es statistisch belegt ist. Meist sind es Frauen, die die Scheidung einreichen. Heißt das, wir Männer können der zunehmenden Emanzipation der Frauen und ihren höheren Erwartungen nicht mehr standhalten? Gemäß den steigenden Ansprüchen, die in Heiratsannoncen (weiblich) zum Ausdruck kommen, könnte man zu dem Schluß gelangen. Da muß ein Mann gut aussehen, Interesse für Haus, Hof und Garten haben, die Fahrerlaubnis besitzen, Handwerker

sein – und Liebe und Treue sollen natürlich nicht fehlen! Wer soll in der Ehe die Führung übernehmen? Im Prinzip kann es immer nur einer sein. Doch wer, das hängt von den individuellen Voraussetzungen ab. Ich meine, man sollte sich seinen Fähigkeiten entsprechend ergänzen. Meine Frau praktiziert jedoch eine besondere Form der ›Arbeitsteilung‹. Für sie hat derjenige das ›Sagen‹, der das meiste im Eheleben organisiert, mehr einkauft und Hausarbeit erledigt. Da ich durch meine Leitungsfunktion beruflich mehr in Anspruch genommen bin, findet zweimal täglich bei mir ein Machtwechsel statt, denn Leiter bin ich nur im Dienst. Das macht mich krank.«

Winfried Paul, 1055 Berlin, Leserbrief an die Berliner Zeitung, 17. Juli 1982, S. 11.

Viele Männer litten darunter, dass ihre Frauen eigenes Geld verdienten und daraus ein Mitsprache- und Mitentscheidungsrecht ableiteten. Was in dem Film »Der Mann, der nach der Oma kam« so charmant und amüsant erzählt wurde, lieferte in vielen Ehen Zündstoff für Streit und Auseinandersetzungen. Denn viele Männer fühlten sich durch das mit der Berufstätigkeit der Frauen gestiegene Selbstvertrauen, das sich auch darin äußerte, dass Frauen ihre Wünsche artikulierten und von ihren Männern eine größere Beteiligung an der Hausarbeit und der Kinderbetreuung einforderten, verunsichert. Das Zentralinstitut für Jugendforschung der DDR stellte in seinen Untersuchungen fest, dass »die mangelnde Bereitschaft für häusliche Aufgaben« zu den am häufigsten genannten Gründen für Eheprobleme gehörte.[58]

Gingen die Befürchtungen in den 1950er Jahren eher dahin, dass berufstätige und emanzipierte Frauen nicht mehr weiblich genug und damit unattraktiv für Männer sein könnten, drehte sich der Spieß nun um. In den 1980er Jahren galten Männer zunehmend als schlechte Partner, die Probleme mit gleichberechtigten Frauen hatten oder sich weigerten, im Haushalt zu helfen. Das Leitbild von Männern und Frauen in Bezug auf die Geschlechterrollen hatte sich in einigen Bereichen wie etwa der Verantwortung für die Kindererziehung angeglichen. So befürworteten 80 Prozent der Frauen und 74 Prozent der Männer bei Umfragen, dass beide für die Kindererziehung verantwortlich sein sollten. Anders sah dies bei der Hausarbeit aus. Hier sprachen sich 50 Prozent der Frauen und 56 Prozent der Männer dafür aus, dass Frauen für den Haushalt verantwortlich seien – Frauen meinten damit jedoch nicht, dass Männer gar nichts tun sollten. Auch die Zustimmung zur Rolle von Männern als Ernährer und Familienoberhaupt nahm zusehends ab: In den 1980er Jahren wünschten sich nur noch 45 Prozent der Frauen den Mann als Ernährer der Familie, was auch 59 Prozent der Männer so sahen. 49 Prozent der Frauen erklärten, dass sie im Mann das Familienoberhaupt sahen, und 65 Prozent der Männer reklamierten diese Rolle für sich.[59]

Bei einer Befragung unter 16- bis 17-jährigen Jugendlichen in der DDR ergab sich im Jahr 1990, dass insgesamt 49 Prozent der jungen Männer sich als Ernährer der Familien sahen. 25 Prozent erklärten, dass sie es am besten fänden, wenn ihre Frauen nur halbtags arbeiteten – ein Modell, das jedoch nur von 16 Prozent der befragten Mädchen unterstützt wurde. 77 Prozent der jungen Frauen gaben an, dass beide Partner gleichermaßen für Haushalt und Kindererziehung zuständig sein und beide gleichberechtigt ihren Berufen nachgehen sollten. Dieses Modell einer in allen Bereichen gleichberechtigten Partnerschaft wurde jedoch nur von 49 Prozent der jungen Männer befürwortet.[60]

Die ernüchternde Schlussfolgerung daraus zog 1990 der »Frauenreport«: »Obwohl zunehmend mehr Väter bereit sind, sich an Hausarbeit und Kindererziehung zu beteiligen, konnte – was das Babyjahr [das sich an den Mutterschutz anschloss] oder die bezahlte Freistellung zur Pflege erkrankter Kinder betrifft – kein entscheidender Durchbruch zur Entlastung berufstätiger Frauen [...] erreicht werden.«[61]

Keine bequeme Angelegenheit

»Die Charaktereigenschaften, der Beruf, die Erziehung im Elternhaus und nicht zuletzt die Einstellung zu unserem sozialistischen Staat, um nur einige Faktoren zu nennen, scheinen mir nicht unbedeutend für das Verhältnis von Mann und Frau in der Ehe zu sein. Ist es nicht so, daß sich mancher Mann heute einfach, um nicht als konservativ zu gelten, mit der Gleichberechtigung ›abfindet‹? Eine Kollegin sagte mir, daß ihr Mann, von Beruf Betonfacharbeiter, zu Hause schnell gereizt und manchmal auch unbeherrscht ist, wenn etwas nicht sofort klappt. Obwohl er sich im Haushalt

betätigt, weiß sie, daß das eigentlich nicht seiner Auffassung entspricht. Die Gleichberechtigung, die er oft erwähnt, ist ihm nur moralische Verpflichtung. Natürlich ist die veränderte Position des Mannes heute für ihn anstrengender als in früheren Zeiten. So sagten mir acht von elf Männern im Alter von 23 bis 46 Jahren, mit denen ich darüber sprach, daß die Ehe heute längst keine bequeme Angelegenheit für den Mann mehr sei.

Manfred Feldmann, Volkskorrespondent, Berliner Zeitung, 17. Juli 1982, S. 11.

»Jung gefreit hat nie gereut«
Partnerschaft und Familienplanung

Die finanzielle Unabhängigkeit und das mit der Berufstätigkeit steigende Selbstbewusstsein von Frauen wirkten sich auf Partnerschaft und Ehe aus. Frauen stellten die Verhaltensweisen von Männern, aber auch ihr eigenes Rollenverständnis immer mehr in Frage: »Im Gegensatz zu früher gibt die Frau mit dem Tage der Eheschließung keinesfalls ihre Selbständigkeit auf. Sie bleibt zumeist auch ökonomisch unabhängig. Sie hat frei gewählt, ob und wen sie heiraten will, sie ordnet sich ein, aber nicht unter«, lautete eine Einschätzung von Ende der 1960er Jahre.[1] Die finanzielle Unabhängigkeit gab Frauen neue Freiräume für Entscheidungen. Dazu gehörte, ob und wen sie heirateten, oder ob sie sich scheiden lassen wollten.

In allen Besatzungszonen galt bis 1946 das am 6. Juli 1938 von den Nationalsozialisten verabschiedete Gesetz zur Vereinheitlichung des Rechts der Eheschließung und der Ehescheidung im Lande Österreich und im übrigen Reichsgebiet.[2] Dieses Gesetz enthielt unter anderem die in den Nürnberger Gesetzen von 1935 aufgestellten Regelungen zum »Schutze des deutschen Blutes und der deutschen Ehre« und stellte eheliche sowie außereheliche Beziehungen zwischen Juden und Deutschen unter Strafe.[3] Mit dem Kontrollratsgesetz Nr. 16, das zum 1. März 1946 in Kraft trat, wurden in allen Besatzungszonen ein neues Ehegesetz in und die rassistischen Regelungen des NS-Ehegesetzes außer Kraft gesetzt.[4] Das Mindestalter für eine Heirat wurde für Männer auf 21, für Frauen auf 18 Jahre festgelegt. Nunmehr durften nur noch Blutsverwandte sowie »Ehebrecher« nicht heiraten. Frauen mussten nach einer Scheidung zehn Monate warten, bis sie erneut heiraten durften.

Das Bild der modernen Frau in der DDR verjüngte sich zusehends. Lachende, fröhliche und optimistische junge Frauen bestimmten die Zeitungsseiten und die Werbung wie im Katalog des Centrum-Versandhauses (Frühjahr/Sommer 1972).

Diese Regelung sollte sicherstellen, dass die Frau nicht von ihrem früheren Mann schwanger war und das Kind dem neuen Mann »unterschob«. Der Ehepartner, der nach Auffassung des Gerichts die Hauptschuld am Scheitern der Ehe trug, hatte für den anderen Unterhalt zu zahlen, allerdings nur, wenn dieser nicht selbst in der Lage war, für sich zu sorgen. In der DDR blieb das Kontrollratsgesetz bis zum 20. September 1955 in Kraft und wurde durch die Verordnung des Ministerrates der DDR über Eheschließung und Eheauflösung vom 24. November 1955 ersetzt.[5] Zum 1. April 1966 trat das Familiengesetzbuch der DDR in Kraft. Liebe und partnerschaftliche Zuneigung galten als Grundlage von Beziehungen zwischen Mann und Frau. Jedoch sollte die sozialistische Ehe gesellschaftlich verantwortungsvoll geschlossen und Familien verantwortungsbewusst gegründet werden, wie das Familiengesetzbuch erklärte.[6]

Keine Privatangelegenheit

Ehe und Familie waren in der DDR keine reine Privatangelegenheit. So deklarierte das Familiengesetzbuch, dass »die sozialistische Gesellschaft« gegenüber den Eheleuten einen Anspruch auf »verantwortungsvolles Verhalten in Ehe und Familie« habe. Die Grundlage der »für das Leben geschlossenen Ehen« sollten die enge Bindung der Ehepartner sein, die sich aus Liebe, Achtung und Vertrauen speiste, sowie die gegenseitige Unterstützung bei der »Entfaltung ihrer Fähigkeiten zum gesellschaftlichen Nutzen«. Erst im Sozialismus seien die Familienbeziehungen von den »Entstellungen und Verzerrungen« befreit, unter denen sie bisher »durch die gesellschaftliche und rechtliche Herabsetzung der Frau [...] und andere Erscheinungen der bürgerlichen Gesellschaft« gestanden hätten.[7] Die Ehe sollte kein Selbstzweck sein. Vielmehr erfuhr die eheliche Gemeinschaft »ihre volle Entfaltung und [...] Erfüllung« erst durch Kinder. Und für deren »sozialistische Erziehung« trugen die Eltern die Verantwortung: Es war »die vornehmste Aufgabe der Eltern, ihre Kinder in vertrauensvollem Zusammenwirken mit staatlichen und gesellschaftlichen Einrichtungen zu gesunden und lebensfrohen, tüchtigen und allseitig gebildeten Menschen, zu aktiven Erbauern des Sozialismus zu erziehen«. Dabei sollten ihnen die »staatlichen Organe« zur Seite stehen.[8] Auch den Arbeitskollektiven und sogenannten »Elternbeiräten« wurden Verantwortung für und Eingriffsrechte in das Ehe- und Familienleben übertragen: Bei außerehelichen Beziehungen mussten sich die »Delinquenten« noch in den 1950er und 1960er Jahren vor den Arbeitskollektiven oder der Partei rechtfertigen. Sie wurden zur Rede gestellt und mit Sanktionen bedroht, um sie wieder auf den »rechten Weg« zurückzuführen. Bei Fehlverhalten der Kinder wurden die Arbeitsstellen der Eltern informiert und Aussprachen durchgeführt. Im 1966 wegen »antisozialistischer Tendenzen« verbotenen Film »Spur der Steine« ist zu besichtigen, wie das Arbeits- und Parteikollektiv sich in das Liebesleben eines verheirateten Kollegen einmischt: Anfänglich entscheidet sich der verheiratete Parteisekretär unter dem Druck des »Kollektivs« gegen seine Liebe. Als er sich später doch von seiner Ehefrau trennt, verliert er alle Parteifunktionen und muss zur Strafe als einfacher Arbeiter auf einer Baustelle arbeiten.

Frühe Heirat

In Berichten über die DDR wird immer wieder hervorgehoben, wie früh die Menschen dort zum ersten Mal heirateten. Vergleicht man Statistiken zum Heiratsalter in Ost- und Westdeutschland zwischen 1950 und 1989, so zeigen sich in der Tat Unterschiede. Allerdings sind diese nicht so gravierend, wie man vermuten könnte. In Ost wie West wurden die Eheleute bei ihrer ersten Hochzeit zwischen den 1950er und den 1980er Jahren immer jünger. In der DDR waren die Männer durchschnittlich drei Jahre, die Frauen 24 Monate jünger als in der Bundesrepublik. In beiden Staaten stieg das Heiratsalter nach 1975 sowohl bei Frauen als auch bei Männern wieder an.[9]

Das im Vergleich zur Bundesrepublik jüngere Heiratsalter in der DDR hatte nicht nur romantische Gründe. So begründeten 1973 63 Prozent der jungen Leute ihren Entschluss zu heiraten damit, dass sie in »mate-

EHE-START mit Rückenwind

Der Weg ins Eheleben ist wie eh und je mit vielen guten Vorsätzen gepflastert, aber seit Mai vorigen Jahres nun auch mit blanken 7 000 Märkern von Vater Staat. Und das wird als äußerst angenehm empfunden. 7 000 Mark sind ein schöner Batzen Geld. Was kann man, soll man, möchte man damit anfangen? Eine Frage, die gewiß viele Tausend junge Leute nach dem »Ja« auf dem Standesamt bewegt.

»Vater Staat« – ein schönes Wort, das für Vorsorge, Fürsorge, Unterstützung und Hilfe steht. Erst im Sozialismus, erst in unserem Lande, erfährt es seinen wahren Inhalt. Das beweist die umfassende Förderung junger Eheleute, das belegt die nunmehr 15 Jahre lang praktizierte Verordnung über die Ehekredite, das unterstreicht schließlich die vom XI. Parteitag der SED beschlossene Erhöhung dieses Kredites. Liebe und Ehe sollten nicht erst nach langen Arbeits- und oft recht mühsamen Spar-Jahren voller Verzicht Erfüllung finden. Die neue Kreditverordnung ermöglicht den jungen Leuten einen guten Ehestart mit viel Rückenwind.

Rund 125 000 junge Paare gehen jährlich in unserer Republik eine Ehe ein, die meisten jünger als 30 Jahre. Milliardensummen wurden seit 1972, als die erste Verordnung in Kraft trat, für Ehekredite zur Verfügung gestellt. In den kommenden Jahren dürfte die Summe noch höher sein – bei der sicher nicht geringer werdenden Ehefreudigkeit und dem nun um 2 000 Mark aufgestockten Kredit.

Die neue »Verordnung über die Gewährung von Krediten zu vergünstigten Bedingungen an junge Eheleute« vom 28. April 1986 (GBl. Teil I Nr. 15) gibt Auskunft über die gesetzlichen Bestimmungen, die sicher dank der Tageszeitungen sowie der Veröffentlichung im »guten Rat« 4/85 allgemein bekannt sein dürften. Das Neue dieser Verordnung ist, daß die Altersgrenze für die Gewährung der Ehestarthilfe bis zum vollendeten 30. Lebensjahr heraufgesetzt wurde. Eine wichtige und richtige Entscheidung, denn viele junge Leute tun erst nach beendetem Studium bzw. nach längerer Armeedienstzeit den Schritt ins Eheleben.

Ehekredit – eine finanzielle Basis

An der Verwendung des Ehekredits, den ausnahmslos alle berechtigten jungen Leute in Anspruch nehmen, hat sich heute wie vor fünfzehn Jahren im wesentlichen nichts geändert:

Nach Untersuchungen des Institutes für Marktforschung in Leipzig verwenden 95,7 Prozent der Kreditnehmer das Geld für die Wohnungsausstattung, 2,9 Prozent für den Eigenheimbau, 1,3 Prozent für Genossenschaftsanteile, 0,1 Prozent für Modernisierung von Altbauwohnungen.

Bei der Wohnungsausstattung werden zwei Drittel allein für den Kauf von Möbeln genutzt. Auf den weiteren Plätzen folgen mit ca. 20 Prozent Kühlschränke und Waschmaschinen sowie Rundfunk- und Fernsehgeräte mit etwa zehn Prozent.

Gleichgeblieben ist auch die Warenliste für Kreditkäufe, die jedes junge Paar bei den Standesämtern erhält. Sie umfaßt die ganze Palette von Schlaf- und Wohnraummöbeln über elektrische Küchengeräte und Geräte für die Haushaltspflege und -reinigung bis z[…] Steingut- und Porzellanservice[…] Leuchten, Uhren, Wohnraumtext[…]lien und Bettwäsche-Garnituren. Natürlich reichen diese 7 000 Ma[…] nicht aus, um all diese Waren b[…]zahlen zu können. Das ist au[…] nicht der Sinn der Sache. Mit de[…] Kredit soll ein wesentlicher Te[…] der Grundausstattung eines junge[…] Haushalts finanziert werden. De[…] schließlich – und das ist bei d[…] überwiegenden Mehrzahl der ju[…]gen Leute der Fall – verfügen d[…] Eheaspiranten auf Grund einer a[…]geschlossenen, gut fundierten B[…]rufsausbildung über ein mehr od[…] weniger ausreichendes eigenes Ei[…]kommen.

Von Möbeln bis zum Bettbezug

Wie nun soll man die 7 000 Ma[…] verwenden? So sinnvoll und rati[…]nell wie möglich. Wünsche gibt [...] sicherlich viele, auch die Bedü[…]nisse sind nicht bei allen junge[…] Paaren gleich. Was den einen no[…] als unerschwinglicher Luxus [...]scheint, bedeutet den anderen b[…]reits gewünschte Notwendigke[…]. Wir wollten es genau wissen u[…] befragten junge Eheleute in ve[…]schiedenen Städten.

Kathrin und Lutz Tenner sind se[…] Mai 1986 verheiratet. Söhnche[…] Christian war bereits als »Tra[…]zeuge« dabei. Die beiden frisch d[…]plomierten Elektroniker aus Rie[…] haben eine stark renovierungsb[…]dürftige Zwei-Zimmer-Altbauwo[…]nung erhalten. Der Kredit, v[…] dem dank Christians »Dasein« b[…]reits 1 000 Mark getilgt sind, w[…] sowohl für den Ausbau und d[…] Modernisierung der Wohnung [...] auch für Möbelkäufe genutzt.

Keine luxuriösen Polstergarnitur[…] oder protzigen Schrankwände s[…]len es sein, sondern variable Ei[…]zelteile. Die sogenannten 1[…] kleinen notwendigen Dinge d[…] Haushalts haben die beiden [...] der Hochzeit als Salär-Empfehl[…] an Verwandte und Bekannte v[…]schickt. Mit Erfolg, wie sich na[…] Sichtung der Geschenke hera[…]stellte.

Seit 1972 konnten junge Eheleute in der DDR einen Ehekredit in Anspruch nehmen, der für die Ausstattung des ersten Hausstands mit Möbeln und Küchengeräten gedacht war (»Guter Rat« 1/1987).

rieller Sicherheit« leben wollten. 1988 war dies nur noch für 38 Prozent ausschlaggebend.[10] Dies hing damit zusammen, dass Frauen seit den 1960er Jahren durch ihre bessere Ausbildung auch allein für sich sorgen konnten und materiell nicht mehr von einem Ehemann abhängig waren. Vor allem war es aber die Wohnungsnot in der DDR, die junge Leute zu einer schnellen Heirat zwang. Denn viele Paare hatten ohne Trauschein kaum eine Möglichkeit, eine eigene Wohnung zu bekommen. Selbst Verheiratete warteten – auch wenn sie längst Kinder hatten – manchmal noch jahrelang auf eine eigene Wohnung. Paare, die an verschiedenen Orten der DDR wohnten, hatten zudem oftmals erst durch die Heirat die Möglichkeit, an einem Ort in einer Wohnung zusammenzuleben. Der sogenannte »Zuzug« wurde erst genehmigt, wenn man entweder in einer Stadt Arbeit nachweisen konnte und damit die Möglichkeit erhielt, dort eine Wohnung zu beantragen – oder eben verheiratet war und zum Ehepartner ziehen wollte. Viele ledige Frauen und Männer lebten oft jahrelang in »Ledigenwohnheimen«, bis sie eine eigene Wohnung erhielten.

Heiratsalter in Ost- und Westdeutschland

Jahr	Männer DDR	Männer BRD	Frauen DDR	Frauen BRD
1950	28,1	28,1	25,4	25,4
1955	24,6	27,0	23,2	24,4
1960	23,9	25,9	22,5	23,7
1965	24,2	26,0	22,9	23,7
1970	24,0	25,6	21,9	23,3
1975	23,2	25,3	21,3	22,7
1980	23,4	26,1	21,3	23,4
1985	24,3	27,2	22,2	24,6
1989	25,3	28,2	23,2	25,7

Quelle: Statistisches Jahrbuch 1992 für die Bundesrepublik Deutschland. Wiesbaden 1992, S. 75.

Die frühzeitige Eheschließung wurde in der DDR finanziell gefördert. So erhielten Eheleute ab 1972, wenn sie vor ihrem 25. Lebensjahr heirateten und ihr gemeinsames Einkommen 1400 DDR-Mark nicht überstieg, einen zinslosen Kredit über 5000 DDR-Mark. Dieser wurde nach dem XI. Parteitag der SED 1986 auf 7000 DDR-Mark erhöht. Gleichzeitig wurde das Heiratsalter, bis zu dem man den Kredit bekommen konnte, auf 30 Jahre heraufgesetzt. Damit sollten junge Leute ihren ersten eigenen Hausstand mit Möbeln und Geschirr ausstatten können. 95,7 Prozent der Eheleute verwendeten den Kredit, um eine Waschmaschine und einen Kühlschrank zu kaufen.[11] Wurden Kinder geboren, erließ der Staat den Paaren jeweils einen Teil des zurückzuzahlenden Geldes, was im Volksmund bald als »abkindern« bezeichnet wurde. Mit dem dritten Kind wurde der Kredit gänzlich erlassen. »Ehe-Start mit Rückenwind« nannte die Zeitschrift *Guter Rat* diese Form der Unterstützung und lobte, dass in der DDR der Staat für »Fürsorge, Vorsorge, Unterstützung und Hilfe« stehe.[12]

Was staatlicherseits gewünscht war und gefördert wurde, war allerdings unter Fachleuten und Sozialmedizinern durchaus umstritten. So legten die Autoren einer für ein breites junges Publikum verfassten Schrift »über die Liebe« 1967 großen Wert darauf, die Unterschiede zwischen der rechtlichen Möglichkeit zu heiraten und der psychischen und sozialen Reife der Partner zu betonen.[13] Zwar sei es in der DDR erlaubt, mit 18 Jahren zu heiraten, angesichts der oftmals noch fehlenden Reife der Partner sei dies jedoch nicht geraten. Die Autoren warnten eindringlich vor den schädlichen Folgen einer übereilten Eheschließung. Ihr Fazit lautete: »Jung gefreit hat oft gereut.« Ihr Plädoyer ging im Widerspruch zur offiziellen Politik sogar dahin, dass junge Leute erst nach erfolgreich absolvierter Berufsausbildung oder dem Studium heiraten sollten, da das Studium »die höchste Konzentration [erfordert] und kaum Platz für irgendwelche anderen Verpflichtungen und Belastungen« lasse.[14] Als Voraussetzung für eine gute und dauerhafte Ehe sahen die Forscher vor allem die »Gemeinsamkeit beruflicher Interessen« und einen ähnlichen Ausbildungsgrad.[15] Sie warnten davor, dass Ehen zwischen Partnern mit unterschiedlichem sozialen Status zum

Scheitern verurteilt seien. Dies stand im Widerspruch zur offiziellen Politik, bei der sogenannte »Standesunterschiede« keinen Einfluss auf Partnerwahl oder Familiengründung haben sollten.

Hinweise für angehende Eheleute
»Betrachten wir dasselbe Problem vom sozialen Standpunkt aus, dann werden sofort zwei Voraussetzungen deutlich, die erfüllt sein sollen, bevor ein Ehepaar das erste Kind bekommt: 1. Die Eltern des zukünftigen Kindes sollen sozial reif sein, d.h., ihr beruflicher Werdegang muß soweit abgeschlossen sein, daß die Mutter ohne ernsthafte Rückschläge für einige Zeit ihre berufliche Tätigkeit unterbrechen kann und beide in der Lage sind, ihre beruflichen Verpflichtungen mit denen gegenüber dem Kinde in Einklang zu bringen, ohne daß eines von beiden darunter leidet. 2. Das materielle Fundament der Ehe muß eine gewisse Stabilität erreicht haben, so daß es die zusätzlichen Belastungen durch das Kind aushält. Das heißt praktisch, daß die wichtigsten Anschaffungen für den gemeinsamen Haushalt getätigt sein müssen, damit das heranwachsende Kind auch tatsächlich ein Zuhause und nicht nur eine Bleibe hat.«

Hans-Joachim Hoffmann/Peter G. Klemm: Ein offenes Wort. Ein Buch über die Liebe. Berlin 1967, S. 214f.

1972 gab der bekannte Sexualaufklärer Siegfried Schnabl seinen Leserinnen mit auf den Weg: »Eine Mehrzahl junger Mädchen unserer Gegenwart in der DDR kommt zusätzlich in eine Reihe weiterer Widersprüche. Einerseits sind sie zunächst im Ergebnis der ihnen anerzogenen Erkenntnis, daß die Frau als gleichberechtigtes Mitglied der Gesellschaft die Fähigkeit zu hohen Leistungen im Berufsleben hat, mehr daran interessiert, einen ihren Neigungen und Fähigkeiten entsprechenden Beruf auszuüben, als ›geheiratet‹ zu werden. Andererseits können sie sich doch nicht ganz den Einflüssen ihrer Eltern, der Verwandten und bereits verheirateten Freundinnen entziehen, die ihnen einreden, ein normales, gesundes Mädchen müsse spätestens bis zum 25. Lebensjahr verheiratet sein.«[16] Zwar gab es tatsächlich eine intensive Werbung für frühe Eheschließungen, jedoch wurde immer wieder betont, welch hohen Stellenwert eine verantwortungsvolle Partnerwahl hatte. Diese sollte möglichst verhindern, dass die Ehe – absehbar – scheiterte.

Über die Jahrzehnte liberalisierten sich die Auffassungen über nicht eheliche Gemeinschaften. War es in den 1950er Jahren kaum vorstellbar, dass junge Paare ohne Trauschein zusammenlebten, lockerten sich in den 1970er Jahren die Moralvorstellungen: Zum einen gab es immer mehr Scheidungen, zum anderen war es nicht ungewöhnlich, dass Frauen Kinder allein aufzogen. Dennoch brauchte es seine Zeit, bis verschiedene Lebensmodelle als gleichberechtigt angesehen wurden. Während es in den 1980er Jahren zunehmend akzeptiert war, wenn Paare vor der Heirat schon zusammenlebten oder eine Familie gründeten und erst später heirateten, oder wenn Frauen gar ohne Mann Kinder bekamen, gab es hinsichtlich der gesellschaftlichen Toleranz auch Grenzen. Noch Ende der 1980er Jahre wird das junge Paar in der DDR-Fernsehserie »Barfuß ins Bett« gedrängt zu heiraten, als die Frau schwanger ist. Denn »so ein Kind braucht seine Ordnung«.[17] Zudem galten Frauen, deren Kinder von verschiedenen Vätern stammten, mit denen die Mütter nicht zusammenlebten, schnell als sozial gefährdet – so wie Paula im legendären Film »Die Legende von Paul und Paula«, die drei Kinder von verschiedenen Männern hat und mit keinem von ihnen verheiratet ist oder zusammenlebt.

Sie sucht ihn und er sucht sie

Männer und Frauen fanden ihre Lebenspartner in der DDR ebenso wie in anderen Ländern: im Sportverein, auf der Arbeit, beim Tanz oder ganz einfach durch Zufall. Eine bewährte Methode für die Partnersuche bestand darin, Annoncen aufzugeben oder sich bei einem der beiden staatlichen »Eheanbahnungsinstitute«, die es ab den 1970er Jahren in der DDR gab, Rat und Partnerangebote zu holen. Professionelle und vertrauenswürdige Partnervermittlungen galten allerdings als »Marktlücke«.[18] Hier sahen viele Menschen den Staat in der Pflicht. Dieser sollte nicht nur für Arbeit, Gesundheit, Ausbildung und Wohnungen,

Tanzveranstaltung der FDJ (Freie Deutsche Jugend) in Ost-Berlin im Oktober 1977 (© Harald Schmitt)

sondern auch für eine erfolgreiche Partnervermittlung sorgen und bindungsbereite Männer und Frauen vor unsoliden Annoncen schützen. Bis zum Mauerbau wurden in der DDR-Presse dreiste Heiratslügner als Westimporte dargestellt. So erschienen immer wieder Artikel in den Zeitungen, in denen vor Heiratsschwindlern gewarnt wurde. Diese kamen – ganz im Stile der Systemauseinandersetzung im Kalten Krieg – aus dem Westen und versuchten, arglose Frauen aus dem Osten zu verführen und auszunehmen. Auch in Filmen wie »Frauenschicksale« (1952) kam die Rolle des betrügerischen Freiers einem West-Berliner zu. Nach dem Mauerbau verschwanden diese »Heiratsschwindler« fast vollständig aus der Berichterstattung.

Die Gründe, warum insbesondere Frauen keinen Partner hatten, änderten sich mit der Zeit. In den 1940er, 1950er und 1960er Jahren lebten Frauen allein, weil ihre Männer im Krieg gefallen oder noch bis Mitte der 1950er Jahre in sowjetischer Gefangenschaft waren. Für die Erwachsenen war dies keine neue Erfahrung. Sie kannten das bereits aus der Zeit nach dem Ersten Weltkrieg. Viele Kinder waren damit aufgewachsen, dass ihre Väter nicht mehr da waren. Zum Normalfall wurden vaterlose Familien jedoch erst nach dem Zweiten Weltkrieg. In den 1940er und 1950er Jahren war daher eines der Hauptprobleme für erwachsene Frauen auf Partnersuche, dass es zu wenige Männer gab. Und so waren es hauptsächlich Frauen, die im Alter vereinsamten und verarmten: »[...] noch ein Wort zu jenen kleinen, traurigen Anzeigen, aus denen man zwischen den Zeilen so viel zerstörte Hoffnung aus zwei Kriegen, Einsamkeit und die Sehnsucht nach Gutem und einem freundlichen Lebensabend herausliest. Viele unserer Älteren finden in ihrer Umgebung keinen Menschen, den sie liebgewinnen können. Und ihr Leben war schon zu lang, als daß sie noch suchen könnten«, hieß es 1953 in der *Berliner Zeitung*.[19]

Ab Ende der 1960er Jahre trat eine neue Form des Alleinseins auf: Die Scheidungseinsamkeit. Dieses Problem wurde ab Anfang der 1970er Jahre zunehmend erkannt und mit gesellschaftlicher Isolation gleichgesetzt. Neben den alleinstehenden Frauen der sogenannten Kriegsgeneration meldeten sich nun auch viele jüngere geschiedene Mütter zu Wort und beklagten, dass es für sie als berufstätige Frauen mit Kindern kaum eine Gelegenheit gebe, einen Mann zu finden. Ihre Berufstätigkeit und der Kontakt zu den Kollegen während der Woche linderten die Einsamkeit und halfen über die einsamen Wochenenden hinweg. Überraschend war jedoch, dass bereits die 30-Jährigen in den Diskussionen um das Alleinsein auftauchten und über ähnliche Probleme wie die Älteren klagten. In einem Land, in dem das durchschnittliche Alter bei der ersten Heirat für Frauen bei 22 und für Männer bei 24 Jahren lag, erregten Unverheiratete durchaus Aufmerksamkeit. Ihr Nichtverheiratetsein warf Fragen auf: Was stimmte mit ihnen nicht, dass sie es noch nicht zu einer Ehe gebracht hatten? Warum waren sie »verschmäht« worden?

Frustration über das Alleinsein

»Ich war ja nun selber allein, wußte, wie einsam und verloren man sich besonders an den Sonntagen fühlt, wenn alle Cafés, aber auch die Wege im Wald und in den Parks von fröhlichen Menschen bevölkert sind und von Ehepaaren, die ihr Zusammengehörigkeitsgefühl gerade an solchen Tagen zur Schau stellen wollen. Ich wußte, wie frustrierend es ist, allein ins Kino oder ins Theater zu gehen oder etwa gar allein ein Restaurant zu besuchen,

und wie oft man sich nach einem Gefährten sehnt, mit dem man seine Sorgen oder auch Freuden austauschen kann – daß dieser Lebensgefährte aber für viele Frauen einfach nicht vorhanden ist. Ich schrieb über den neuen Typ der Junggesellin, die in nichts mehr der ›alten Jungfer‹ von früher gleicht. Jetzt waren dies selbstbewußte, oft hochgebildete Frauen, die im Beruf Herausragendes leisteten als Richterin, Ärztin oder Staatsanwältin und natürlich auch als Aktivistin im Betrieb. Fast allen war es gelungen, ihrem Leben durch ihren Beruf einen neuen Inhalt zu geben, und an sechs Tagen in der Woche waren sie durchaus mit ihrem Leben zufrieden. Aber fühlten sie sich mit ihrem Dasein wirklich zufrieden?«

Elfriede Brüning: Und außerdem war es mein Leben. München 1998, S. 224 f.

1973 wurde das Thema Alleinsein und Einsamkeit von der *Berliner Zeitung* und der Urania in Ost-Berlin in öffentlichen Diskussionen aufgegriffen. Die große Resonanz sowohl auf die Veranstaltungen als auch auf die veröffentlichten Berichte und Artikel zeigten das Ausmaß des Problems.[20] Es waren vor allem Frauen, die über ihre Isolierung klagten und staatliche Angebote für Partnervermittlung, Kontaktsuche und Freizeitgestaltung einforderten.

Alleinstehend für immer?

»Das Alleinsein gestaltet sich mit zunehmendem Alter immer schwieriger. Den Lebenskameraden kann die beste staatliche Fürsorge nicht ersetzen. Doch ohne die aktive Mitarbeit der Betroffenen ist das Problem nicht zu lösen. Als 50jähriges Mitglied der Gewerkschaft – davon übte ich 25 Jahre lang eine ehrenamtliche Tätigkeit aus – kann ich mir gut vorstellen, daß der FDGB den Alleinstehenden helfen könnte. Meiner Erfahrung nach hat man gegenwärtig noch gar keinen Überblick, welche Kollegen in den Betrieben, Verwaltungen usw. überhaupt alleinstehend sind, deren Interessen man erfassen und in der gesellschaftlichen Arbeit berücksichtigen müßte.«

Ernst Kuhn, 110 Berlin, Leserbrief an die Berliner Zeitung, 23. September 1973, S. 11.

»Es stimmt, daß von den Betrieben, von Seiten der Hausgemeinschaften und anderen Stellen viel getan wird, damit die Alleinstehenden sich von

der Gesellschaft nicht ausgesperrt fühlen. Dennoch gibt es Tage, an denen man sich überflüssig fühlt. Aus diesem Grunde halte ich es für sehr richtig, wenn man einen Klub gründen würde, in dem sich hauptsächlich Alleinstehende in den mittleren Jahren zur Unterhaltung, zum Tanz und zum zwanglosen Beisammensein treffen können. Man muß ja nicht mit der Absicht hingehen, dort unbedingt einen Partner fürs Leben zu finden. Vielen Alleinstehenden wäre schon geholfen, wenn sie dort Freundschaft schließen könnten.«

Eva D., Köpenick, Leserbrief an die Berliner Zeitung, 23. September 1973, S. 11.

So wurde vorgeschlagen, dass die Eheberatungsstellen sich auch der Probleme von Alleinlebenden, die man auf zehn Prozent der Bevölkerung schätzte, annehmen sollten. Da man – sicher nicht zu Unrecht – davon ausging, dass die Mehrzahl der Ledigen weniger aus eigenem Entschluss als mangels Alternativen allein lebten, wurde ab den 1970er Jahren nach Möglichkeiten gesucht, um ihnen neue Kontakte und auch Partnerschaften zu ermöglichen. Dazu gehörte die Einrichtung von staatlichen »Eheanbahnungsinstituten«. Diese sollten mit Hilfe von Computern die Partnerprofile auswerten und passende Partner zusammenbringen. Durch eine Prüfung der eingehenden Gesuche sollten sie dafür sorgen, dass die aufgegebenen Inserate auch der Wirklichkeit entsprachen und ernst gemeint waren.

Denn bei Zeitungsannoncen wurde natürlich auch in der DDR oft beklagt, dass die dort beschriebenen Eigenschaften, insbesondere was Alter und Aussehen betraf, wenig mit der Realität gemein hatten. Die Frauen beschrieben sich selbst als gut bzw. jünger aussehend, schlank, natürlich, aufgeschlossen und häuslich. Auch die Männer machten sich oft jünger und besser aussehend. Viele präsentierten ein Wunschbild von sich. Sie hofften, durch eine geschönte Annonce überhaupt erst einmal wahrgenommen zu werden. Kam es dann tatsächlich zu einem Treffen, zählten viele wiederum darauf, durch ihre nette Art fehlende äußere Attraktivität wettmachen zu können.

Mangels ausreichender staatlicher Alternativen entwickelte schließlich ein findiger Jungunternehmer 1981 eine eigene Partnerbörse. Er kontaktierte Zehntausende Personen, die Heiratsanzeigen aufgegeben hatten.[21] Dass seine »Ehevermittlung« vor allem der Optimierung der eigenen Einnahmen diente, rief schließlich die Staatsanwaltschaft auf den Plan. Der Erfolg seines Angebots machte aber deutlich, wie groß die Sehnsucht war und wie gering die Aussichten eingeschätzt wurden, aus eigener Kraft einen Partner zu finden.

» ***Die Zeitungsfrau***

»Nein, nicht wie Sie denken: nicht die Frau, die Ihnen am Kiosk Ihre Zeitung verkauft, die mit beharrlichem Stimmaufwand die Morgen- und Abendjournale ausruft oder die am Monatsanfang das fällige Geld fürs Zeitungsabonnement einzieht. Ich meine eine andere. Die nämlich, die in den Heiratsannoncen ein höchst anziehendes imaginäres Dasein führt. [...] Täglich passieren sie bei mir Revue. Alle sind Musterbilder an Naturliebe und Häuslichkeit, an Kunstbeflissenheit und eminenter Tüchtigkeit. Ihre Kinderliebe wird nie verschwiegen. ›Des Alleinseins müde‹, ist von fast allen vermerkt. Und alle haben sie etwas. Die eine ein schön gelegenes Eigenheim, jene eine komplette Wäscheausstattung, die dritte ein Kind.«

Leopold, Leserbrief an die Neue Zeit, 24. Februar 1954, S. 6.

» ***Persönliches Glück***

»Ich bin 48 Jahre alt und seit sieben Jahren Witwe. Mein Sohn ist volljährig und geht den seinem Alter entsprechenden Interessen nach. Seit 30 Jahren bin ich berufstätig, die Arbeit ist mein Lebensinhalt geworden. An den Wochenenden habe ich viel im Haushalt zu tun. Ehrlich gesagt, ich ›beschäftige‹ mich mitunter damit zu lange, um die Zeit auszufüllen und nicht in fruchtloses Grübeln zu geraten. Im stillen bin ich froh, wenn ich am Montag wieder zur Arbeit gehen kann.«

Ingeburg Wilkowski, 110 Berlin, Leserbrief an die Berliner Zeitung, 7. Oktober 1973, S. 11.

Die Probleme bei der Suche und Wahl eines (Lebens-)Partners waren nicht nur Gegenstand von Gesprächen im kleinen Kreis, sondern wurden ebenso in der Literatur, im Film oder in Zeitungskolumnen aufgegriffen. Auch wenn die Frauen der Kriegsgeneration mit anderen Herausforderungen zu kämpfen hatten als ihre Töchter und Enkelinnen, ähnelten sich die Motive und die Probleme bei der Partnersuche. Zumeist waren es die Angst vor dem Alleinsein und die Sehnsucht nach menschlicher Nähe, die Männer und Frauen dazu brachten, ihr Glück per Annonce zu suchen. Die Grundeigenschaften, die Männer und Frauen jeweils aufweisen sollten, änderten sich nicht: Frauen suchten in den 1940er Jahren wie auch in den 1980er Jahren gebildete, aufrichtige, nette, treue und charakterfeste Männer. Konnten die Männer in den 1940er Jahren gern auch vermögend sein, wurde in den 1970er Jahren mehr Wert darauf gelegt, dass sie ein Auto oder zumindest einen Führerschein besaßen. Männer wiederum suchten sowohl in den 1950er wie auch in den 1980er Jahren hübsche, nette, gut aussehende, verständnisvolle, lebensbejahende, warmherzige und tüchtige Frauen. Auch eine eigene Wohnung steigerte die Attraktivität erheblich. Diese spielte bei der Partnersuche eine wichtige Rolle, denn oftmals mussten geschiedene Paare noch jahrelang zusammenleben, weil es nicht genügend Wohnraum gab.

Das Wort zum Sonntag

»Mancher, der eine Heiratsannonce aufgibt, sucht in Wirklichkeit bloß eine Waschmaschine.«

Berliner Zeitung, 14. Juli 1963, S. 9.

Gegen Ende der 1960er Jahre veränderten sich in den Annoncen zwei Aspekte. Zwar blieben die gewünschten Eigenschaften der gesuchten Partner weitgehend gleich, aber aus den verwitweten Frauen mit Kindern der 1950er Jahre wurden nun die geschiedenen Mütter, die nach »großer Enttäuschung« nette, gepflegte, intelligente und charakterfeste Männer suchten. Während Männern Ende der 1940er Jahre durchaus auch eine »junge Witwe angenehm« war,[22] suchten sie in den 1960er Jahren oft möglichst kinderlose Frauen, die aber durchaus bereits geschieden sein durften. Ein Kind durfte vorhanden sein, aber möglichst nicht mehr als eins.

In den 1970er Jahren tauchen in den Annoncen schließlich Charakteristika auf, die bis dahin keine Rolle gespielt hatten. Nun ging es nicht mehr nur ums Heiraten, auch wenn »spätere Heirat« nicht ausgeschlossen war, sondern häufig darum, überhaupt jemanden zu finden, mit der oder dem man seine freie Zeit verbringen konnte. Angesichts des höheren Stellenwerts, den freie Zeit in Werbung und im Selbstverständnis von einem guten Leben einnahm, wurde Wert darauf gelegt, dass die gesuchten Partner vielseitig interessiert, sportlich und unternehmungslustig waren. Wichtig war vielen Frauen auch, dass sich ein Mann ein harmonisches Zusammenleben und ein gemütliches Heim wünschte – also handwerkliche Fähigkeiten mitbrachte und beim Ausbau der Wohnung selbst Hand anlegen konnte. In etlichen Annoncen wünschten die Partner sich, dass ihr Pendant ebenso wie sie der marxistisch-leninistischen Weltanschauung anhing. Neu war auch, dass Frauen zunehmend einen Partner suchten, der auch im Haushalt helfen würde. In den 1980er Jahren wurden schließlich immer häufiger phantasievolle Annoncen formuliert. Da suchte eine Katze einen Kater, eine Henne einen Hahn oder ein Wassermann eine Zwillingsfrau. Jenseits dessen aber blieben die Grundeigenschaften der gesuchten Partner gleich: Frauen suchten warmherzige, tolerante und vor allem lebenslustige und aktive Partner; Männer suchten nette, schlanke und liebenswerte Partnerinnen.

Heiratsannoncen 1986 und 1989

»Rotblonde Hexe, Musiker, 34/1,64, mit zwei kleinen Teufeln (3 u. 5), die gutes Essen, gute Musik, gute Formen, aber auch Verrücktheiten mag, sucht liebeshungrigen Mann mit Ehrgeiz, eigenem Willen, Toleranz und Unternehmungsgeist.«

»Welcher Wassermann sucht für romantische Stunden gutaussehende, dunkelhaarige Zwillingsfrau? Er sollte intelligent und lebenslustig sein.«

»Knusprige Henne (39) mit zwei Küken (7, 10) und Garteninteresse sucht rüstigen Hahn zum gemeinsamen Scharren.«

»Suche Mann mit starken Schultern, an die ich mich anlehnen und denen ich Stütze sein kann.«

»Selbstbewußter, intelligenter Mann von mind. 1,85 und 25 Jahren für anspruchsvolles, lebenslustiges, unkonventionelles weibliches Wesen gesucht.«

»Hänsel sucht jg. Gretel.«

»Welche Katze wird zu wenig gestreichelt?«

»Alleinseglerin (34/1,68) mit weiblichem Moses (10) sucht nach Mast- und Schottbruch erfahrenen Bootsbauer oder Kapitän mit Leichtmatrosen.«

»Attraktives, sympathisches Krebsweibchen, 1,68, gute Figur, anpassungsfähig, tolerant, FSA [Fachschulabschluss], möchte mit intelligentem, unternehmungslustigem Partner um die 50 eine liebevolle inhaltsreiche zweite Lebenshälfte gestalten. Sie liebt Natur, Kunst und Kultur, Reisen, Autotouristik, Skifahren, FKK, gemütliches Heim, delikate Küche, Garten …«

»Schwieriger Dresdner, 25/1,80, mit Interesse für Literatur, Theater, Musik und alternative Lebensweise sucht schlanke Frau mit Geist und Charakter.«

Das Magazin 8/1986, S. 78 und 12/1989, S. 78.

Eheberatung

Da viele Paare eine Lösung für ihre Eheprobleme suchten, die nicht gleich Scheidung hieß, wurden bereits 1946 Eheberatungsstellen eingerichtet.[23] Diese boten soziale, juristische sowie medizinische Beratung bei Empfängnisverhütung oder straffreiem Schwangerschaftsabbruch an, was gerade in der ersten Zeit nach dem Krieg ein wichtiges Thema vor allem für vergewaltigte Frauen war. Mit der Rückkehr der Männer aus der Gefangenschaft kamen vor allem Probleme im Zusammenleben der oft entfremdeten Eheleute hinzu.[24]

Liest man zeitgenössische Veröffentlichungen und entsprechende Rubriken in Frauenzeitschriften, bestand der Zweck der Beratungsstellen weniger darin, die Ehepartner nach den Jahren der Trennung gleichberechtigt zu beraten und für Verständnis auf beiden Seiten zu werben. Vielmehr ging es darum, den Frauen zu vermitteln, dass sie jetzt wieder einen Schritt zurücktreten und Verständnis für die traumatisierten Männer aufbringen sollten – denn diese hätten im Krieg und in der Gefangenschaft viel Schlimmes erlebt. So richtig dies war – nach den Erfahrungen der Frauen in Krieg und Nachkriegszeit, die in vielen Fällen nicht minder dramatisch und traumatisierend gewesen waren, wurde nicht gefragt. Von ihnen wurde erwartet, dass sie rücksichtsvoll und voller Verständnis auf ihre Männer eingingen und ihnen die Eingewöhnung in die Heimat nach den langen Jahren in der Fremde und Gefangenschaft leichter machten. Brigitte Reimann lässt ihre Franziska Linkerhand zu den überkommenden Frauenbildern und den Erwartungen an Frauen in dieser Zeit sagen: »Nein, sie will das gar nicht erst lernen, Geduld, Selbstlosigkeit, die altmodischen Tugenden, die man den Frauen wie Handschellen anlegt.« Denn jeder Mensch habe das Recht auf »sein eigenes Leben, sein Glück, die freie Wahl dessen, was er für sein Glück hält«.[25]

Der Beratungsbedarf nahm jedoch auch später nicht ab. Nun standen Fragen wie Empfängnisverhütung, sexuelle Aufklärung, voreheliche Sexualkontakte und Sexualhygiene sowie lebenspraktische Hilfe für eine gleichberechtigte Ehe und die damit einhergehenden Probleme im Mittelpunkt. Warben die Frauenzeitschriften in den 1940er und 1950er Jahren vor allem um Verständnis für die Männer, kamen ab den 1960er Jahren auch die Bedürfnisse der Frauen in den Blick. So erklärte der *Für Dich*-Autor Dr. Rolf Gerlach seinen Lesern und Leserinnen, dass »die Frau [...] Zärtlichkeit [braucht], ihr ist an Küssen, am Liebkosen und Streicheln weit mehr gelegen als dem Mann«. Aber auch hier kam den Frauen wieder die Rolle der Verständnisvollen, Zurücksteckenden zu: Denn – so der Ratschlag an die Leserinnen – gegen die »Schwäche« des Mannes »könnte die kosende Hand der Frau durchaus alles zum Guten wenden«.[26]

Als besonderes Problem für Ehen galt die Berufstätigkeit der Frau. Trotz aller politischen Wünsche änderten sich die persönlichen Vorstellungen von Ehe und Familie nicht in dem Maße, wie es das »sozialistische Idealbild« der Parteiführung vorsah: Männer und Frauen lebten im Privaten oftmals nach wie vor in traditionellen Rollenbildern. Der Mann war das Familienoberhaupt, die Frau kümmerte sich um

Haushalt und Kinder – nur dass sie im Unterschied zu früheren Zeiten dazu auch noch mehrheitlich erwerbstätig war. Ab den 1960er Jahren wurden zunehmend höhere Anforderungen an die Männer gestellt, sich auch im Haushalt zu engagieren. »Leidet die Liebe unter der Berufstätigkeit der Frau?«, fragte ein großer Artikel in der *Berliner Zeitung* 1973. Eine Umfrage hatte ergeben, dass insbesondere Männer der Meinung waren, dass die Berufstätigkeit bei Frauen zu »Gefühlskälte« führe und damit einem harmonischen Ehe- und Familienleben abträglich sei.[27] Die Autoren des Artikels führten die bereits bekannten Gründe an: Überforderung der Frauen durch Berufstätigkeit und Haushalt. Hinzu komme die Uneinsichtigkeit der Männer. Dabei könne das neue und moderne Familienmodell nur funktionieren, wenn sie gleichberechtigt ihren Anteil an der Familienarbeit übernehmen würden. Ein Problem, das auch in den 1970er Jahren noch nicht gelöst war. »Eine berufstätige Frau liebt differenzierter, empfindsamer, mit höheren Ansprüchen an die Persönlichkeit ihres Partners und mit höherer Qualität, aber sie ist nicht weniger zur Liebe fähig«, lautete das Fazit der Autoren.[28]

Anleitung zum Zärtlichsein für Männer

»Einerseits sind berufstätige Frauen selbstbewußter und finden sich mit Verhaltensweisen, die überholten und falschen Einstellungen des Mannes der Frau gegenüber folgen, nicht ab. Andererseits kann die Intimsphäre dann vermehrt störbar sein, wenn Mann und Frau berufstätig sind und der Frau die Hauptlast von Haushaltsarbeiten und Kindererziehung vom Ehemann überlassen wird, weil zum glücklichen Erleben sexueller Kontakte bei der Frau ein erhebliches Maß an innerlichem Entspanntsein unbedingt notwendig ist. […] Läßt ein Ehemann seine Frau ständig mit ihren Problemen allein, wird ihr dieses innerliche Entspanntsein fehlen. Dazu kommt bei manchen Frauen noch der Ärger z. B. über sein Fernsehen, rücksichtsloses Wahrnehmen eigener Interessen, Zeitmangel o. a., während sie im Haushalt arbeiten muß und keine Zeit für ihre Persönlichkeitsentwicklung hat. Die Stunden in der Ehe können für jede gesunde berufstätige Frau glücklich sein, wenn folgende Voraussetzungen gegeben sind: Wenn man einen Ehepartner hat, der den gemeinsamen Haushaltsplan einhält und

für den ein Teil der Hausarbeit keine der Frau ›großzügig‹ gewährte Hilfeleistung, sondern selbstverständliche Pflicht ist.«

Marianne Fiedler/Dr. med. Irro: Leidet die Liebe unter der Berufstätigkeit? In: Berliner Zeitung, 19. August 1973, S. 11.

Bis Ende der 1980er Jahre stieg die Zahl der staatlichen Eheberatungsstellen auf etwa 200, von denen die meisten mit ehrenamtlichen Mitarbeitern besetzt waren. Diese sollten »lebenserfahrene, sachkundige Bürger« sein, die in der Lage waren, den Ratsuchenden aufgrund eigener Erfahrungen Hilfe zu gewähren.[29] Die staatlichen Angebote wurden durch konfessionelle Beratungsstellen der evangelischen und katholischen Kirche ergänzt. Die Themen ähnelten sich zwar bei allen Trägern von Ehe-, Sexual- und Familienberatung, egal ob sie staatlich oder kirchlich waren. Die Angebote hatten jedoch unterschiedliche Ausrichtungen. 1965 etwa verkündeten die in der DDR ansässigen katholischen Bischöfe als Reaktion auf die Regelung zum legalen Schwangerschaftsabbruch einen Erlass zur Gründung von katholischen Beratungsstellen. In den Gottesdiensten wurde ein Hirtenbrief verlesen, der die Bewahrung des ungeborenen Lebens beschwor. Während die konfessionellen Beratungsstellen ihre Aufgabe also darin sahen, die Ratsuchenden zu überzeugen, eine Schwangerschaft nicht vorzeitig zu beenden oder Ehescheidungen zu vermeiden, informierten die staatlichen Beratungsstellen auch über Verhütungsmethoden, Möglichkeiten zum Schwangerschaftsabbruch und zur Scheidung.

Scheidungen in der DDR

Obwohl Heiraten und Ehe mit großen Erwartungen verbunden waren, wurde das Scheitern von Ehen in der DDR über die Jahrzehnte allgemein akzeptiert. Mit den gesetzlichen Regelungen zum Wegfall der Unterhaltspflicht auf der einen Seite und mit der wirtschaftlichen Selbständigkeit vieler Frauen und der Entstigmatisierung von geschiedenen Frauen auf der anderen Seite wurde es leichter, sich unabhängig von finanziel-

Scheidungsraten in der DDR

Jahr	Eheschließungen	Scheidungen absolut	Scheidungen prozentual
1950	214 744	49 860	23,2
1960	167 583	24 540	14,6
1970	130 723	27 407	20,9
1980	134 195	44 735	33,3
1985	131 514	51 240	38,9
1989	130 989	50 063	38,2
1990	101 913	31 917	31,3

Quelle: Statistisches Jahrbuch der DDR, Bd. 1991, S. 64, 74, 84–86.

len Erwägungen oder Sorgen um die Zukunft von einem Partner zu trennen. Für den Anstieg der Scheidungszahlen spielte natürlich auch das liberale Scheidungsrecht eine Rolle. Und so, wie viele Forscher es vorhergesehen hatten, mündeten viele der oft sehr früh geschlossenen Ehen in Scheidungen. In den 1970er Jahren wurde bereits jede vierte Ehe geschieden, in den 1980er Jahren sogar jede dritte, wobei etwa 65 Prozent der Scheidungen von Frauen eingereicht wurden. Zumindest was die Scheidungsraten betraf, hatte die DDR verglichen mit der Bundesrepublik die Nase vorn: Die westdeutsche Scheidungsrate lag acht bis zehn Prozent unter der ostdeutschen.

Bereits in den 1950er Jahren war das Thema Scheidung immer wieder Gegenstand von Artikeln in der Frauenzeitschrift *Die Frau von heute*. Dabei ging es vor allem darum, Frauen im Falle einer Scheidung ihre Rechte zu erklären. Männern wurde klargemacht, dass die scheidungsfreundliche Praxis der DDR-Gerichte »kein bequemes Mittel [ist], sich in leichtfertiger Weise lästig gewordener Bindungen und Verpflichtungen zu entziehen«. Denn: »Eine leichtfertige Einstellung zur Ehe wird von unserer Ordnung schärfstens mißbilligt.«[30] In zahlreichen Beiträgen ging es um die Frage des Unterhalts für geschiedene Frauen. Offenbar hielten viele Männer ihre finanziellen Verpflichtungen mit der Scheidung für beendet. Ihnen wurde vorgeworfen, den Unterhalt zu verweigern, »um [ihr] Arbeitseinkommen für sich und die andere Frau verwenden zu können«.[31]

Keine bequeme Angelegenheit

»Die Gleichberechtigung kann für eine Ehe recht problematisch sein. Meine erste scheiterte an ihr, denn mein geschiedener Mann konnte sich nie damit abfinden, daß ich mehr verdiente, eine, wie man dummerweise immer noch behauptet, ›gehobene‹ Stellung innehatte. Das löste bei ihm Komplexe aus. Er versuchte sie mit Alkohol zu verdrängen. Es gab öfters Krach und unser Kind wurde Zeuge häßlicher Auseinandersetzungen. Ich reichte schließlich die Scheidung ein. Mein jetziger Mann – wir haben beide ähnliche berufliche und Freizeitinteressen – ist für mich eine ziemlich sichere Garantie für einen gemeinsamen Lebensweg, der uns auf allen Strecken, ganz gleich, wie sie beschaffen sein mögen, zusammenhalten läßt.«

Eleonore Schaller, 1125 Berlin, Leserbrief an die Berliner Zeitung, 17. Juli 1982, S. 11.

Aber Frauen wurden nicht nur über ihre Ansprüche den Männern gegenüber aufgeklärt, sondern auch an ihre Pflicht erinnert, arbeiten zu gehen. *Die Frau von heute* hatte auch hierfür einen passenden Fall parat. Diesmal ging es darum, dass ein Mann seine nicht arbeitende Frau wegen einer anderen verlassen hatte und sich nun weigerte, Unterhalt zu zahlen, weil seine Exfrau »arbeiten gehen und ihren Unterhalt selbst verdienen könne«.[32] Eine Ansicht, der sich *Die Frau von heute* trotz des eindeutigen moralischen Verschuldens des Mannes anschloss. Sie klärte ihre Leserinnen darüber auf, dass das Recht auf Arbeit gleichzeitig mit der »Verpflichtung [einhergeht,] sich durch gesellschaftliche Arbeit am Aufbau zu beteiligen und zur Erfüllung der Wirtschaftspläne beizutragen«. Den Frauen wurde beschieden, dass es notwendig sei, dass »auch unsere Frauen einen Beruf ausüben und sich gegebenenfalls eine Berufsausbildung erwerben«.[33]

Das Scheidungsrecht wurde damit sowohl zu einem Instrument, um

Frauen zum Arbeiten zu bewegen, als auch zur »Erziehung derjenigen, deren Moral den Auffassungen unserer Werktätigen nicht entspricht« benutzt.[34] Zur »leichtfertigen Einstellung« zählte nach Ansicht der Zeitung die Lust auf sexuelle Abwechslung oder der Wunsch älterer Männer, sich mit jüngeren Frauen zusammenzutun. In solchen Fällen, beschied *Die Frau von heute* ihren Leserinnen Anfang der 1950er Jahre, würden die DDR-Gerichte einer Scheidung nicht zustimmen, denn das sei »ein Grund, der vom Standpunkt der Moral unserer Werktätigen aufs Schärfste zu verurteilen ist«. Während Männern ein Seitensprung zugestanden wurde, wurden Frauen dafür schnell moralisch verurteilt. In »Der Mann, der nach der Oma kam« propagieren die Frauen, dass ihre Gleichberechtigung erst dann erreicht sei, wenn sie ebenso wie die Männer fremdgehen dürfen. Der bereits zitierte Siegfried Schnabl warnte seine Leser: »Den Jugendlichen bleibt auch die Tatsache nicht verborgen, daß die Mehrzahl der Erwachsenen vorehelichen Geschlechtsverkehr hatte und viele von ihnen außereheliche Beziehungen unterhalten.«[35]

Eheliche Treue im Sozialismus

»Die Doppelmoral vergangener Zeiten lebt offenbar noch in einigen Köpfen weiter. So gibt es Leute, die meinen, daß eine Frau, wenn sie gar noch Kinder hat, unbedingt treu sein muß, während ihrem Ehemann ein Seitensprung erlaubt ist. Gesellschaftliche Bedingungen für solche veralteten Auffassungen existieren nicht mehr bei uns, die Frau ist ökonomisch unabhängig. Deshalb interessierte mich auch, wie junge Leute darüber denken. Zu diesem Thema fand ich in einem Buch interessante Zahlen. 96 Prozent der befragten Studentinnen und 80 Prozent der weiblichen Lehrlinge und Berufstätigen lehnten eine unterschiedliche Bewertung des Partnerverhaltens scharf ab. Nur wenige – 10 Prozent der weiblichen Berufstätigen – billigten sie. Differenzierter ist das bei jungen Männern. Nur 70 Prozent der Studenten und 59 Prozent der Lehrlinge und Berufstätigen lehnen sie ab. Fast ein Viertel der jungen Arbeiter und 13 Prozent der Studenten meinen, daß nur Frauen treu sein sollten.«

Gisela Eichbrede, 1113 Berlin, Leserbrief an die Berliner Zeitung, 17. Juli 1982, S. 11.

1966 regelte das neu erlassene Familiengesetzbuch die sich aus einer Ehe ergebenden Ansprüche und Leistungen endgültig. Die Frage, wer Schuld am Scheitern der Ehe trage, wurde aus dem Scheidungsrecht gestrichen. Entscheidend für eine Scheidung sollte nur noch sein, dass die Ehe als zerrüttet galt. Gegenseitige Unterhaltsansprüche gab es schon seit der 1955 erlassenen Verordnung über Ehescheidungen in der Regel nicht mehr. Unterhalt wurde nur im Krankheitsfall und dann für höchstens zwei Jahre gewährt, denn man ging davon aus, dass beide Ehepartner arbeiten gingen und über ein eigenes Einkommen verfügten.

Das Recht, eine Scheidung zu verlangen, hatten beide Ehepartner. Im Vordergrund der gerichtlichen Entscheidung sollten das Kindeswohl sowie das gesellschaftliche Interesse an einem Fortbestand der Ehe stehen. Die Liberalisierung von Ehe- und Familienvorstellungen führte allerdings dazu, dass in den 1970er Jahren geschiedenen Frauen oder ledigen Mütter nicht mehr ein verantwortungsloser Lebenswandel unterstellt wurde. Sie galten nun als emanzipierte Frauen, die ihr Selbstbestimmungsrecht wahrnahmen. Je mehr Frauen arbeiteten und sich unabhängig fühlten, umso mehr verstärkte sich der Trend, dass sie häufiger als Männer die Scheidung begehrten.

Familiengesetzbuch der DDR – § 24 Scheidung der Ehe

»Eine Ehe darf nur geschieden werden, wenn das Gericht festgestellt hat, daß solche ernstlichen Gründe vorliegen, aus denen sich ergibt, daß diese Ehe ihren Sinn für die Ehegatten, die Kinder und damit auch für die Gesellschaft verloren hat. […] Wird von einem Ehegatten die Scheidung beantragt, ist vom Gericht eine sorgfältige Prüfung der Entwicklung der Ehe vorzunehmen. Dabei ist besonders zu prüfen, ob die Interessen minderjähriger Kinder der Scheidung entgegenstehen und ob die Scheidung für einen Ehegatten eine unzumutbare Härte darstellen würde.«

Zwar wurde es über die Jahre immer leichter, sich in der DDR scheiden zu lassen. Sich zu trennen, blieb jedoch schwer. Obwohl die Wohnung in der Regel dem Ehepartner zugesprochen wurde, bei dem die Kinder lebten – also meist den Frauen –, mussten die Geschiedenen oft noch jahrelang gemeinsam in einer Wohnung leben, da es nicht genug Wohnraum gab. Dies wiederum schmälerte die Aussichten für beide, einen neuen Partner zu finden. Wer möchte als frisch verliebtes Paar schon gern mit dem geschiedenen Mann oder der geschiedenen Frau unter einem Dach und in einer meist ohnehin sehr kleinen Wohnung zusammenleben? Die durchschnittliche Wohnfläche für Familien mit zwei Kindern betrug 68 Quadratmeter, die auf drei Zimmer aufgeteilt waren. Im Falle einer Scheidung hieß das, dass der bisherige Ehemann ein Zimmer zugeteilt bekam, während seine ehemalige Frau mit den Kindern die beiden anderen bewohnte. Küche und Bad wurden gemeinsam genutzt.

Für Frauen und Männer in der DDR war es ab Mitte der 1950er Jahre normal, dass nach einer Scheidung kein Unterhalt gezahlt werden musste und es keinen Versorgungsausgleich wie in der Bundesrepublik gab. Aber ausschließlich Frauen waren durch diese Regelungen von Altersarmut bedroht. Da sie in der Regel weniger als Männer verdienten und zudem wegen der Betreuung der Kinder Ausfallzeiten hatten, fehlte ihnen dieses Einkommen später bei der Rente. Solange die DDR bestand, wurde dies nicht als Problem thematisiert. Dass man als geschiedene Frau auf sich selbst gestellt war, war allen klar. Der fehlende Versorgungsausgleich wurde dadurch abgemildert, dass für die Rentenberechnung von Frauen nur die letzten 20 Arbeitsjahre herangezogen wurden. Das bedeutete, dass die Jahre, die sie wegen der Kinder zu Hause geblieben waren, bei der Rente nicht allzu negativ ins Gewicht fielen. Allerdings war allen Menschen in der DDR bewusst, dass die Rente – wenn man nicht von Sonderrentensystemen wie der Freiwilligen Zusatzrentenversicherung (FZR) oder der sogenannten Intelligenz- oder einer Wismutrente profitieren konnte – oft nur das Existenzminimum abdeckte.

Als die DDR-Regierung 1969 die Mindestrente beschloss, erwartete sie dafür Anerkennung und Lob. Jedoch rief sie vor allem bei älteren Frauen Unmut hervor. Nachdem viele von ihnen erlebt hatten, dass für junge Frauen und Mütter immer wieder Erleichterungen eingeführt worden waren, hatten sie gehofft, mit der Mindestrente einen Ausgleich für ihre Lebensleistung zu erhalten – und sahen sich bitter enttäuscht. Die kümmerlichen 159 DDR-Mark reichten selbst unter DDR-Bedingungen kaum zum Leben aus. Die Durchschnittsrente betrug 270 DDR-Mark. Das war »zu wenig zum Leben, zu viel zum Sterben«, gerade für jene Frauen, die nach 1945 unter schwierigsten Bedingungen das Land wieder aufgebaut hatten. Zwar blieben die Grundnahrungsmittel wie Brot und Milch oder auch die Mieten und Preise für Energie während der gesamten DDR-Zeit auf einem sehr niedrigen Niveau. Aber alles, was als »Luxus« galt, musste teuer bezahlt werden. Und zu »Luxusgütern« gehörten schließlich immer mehr Waren, selbst Kaffee oder Fleisch. Sie wurden damit für viele Rentner unerschwinglich.

Mindestrente

»›Mindestrente‹ – ein armseliges, kümmerliches Wort in seiner Bedeutung und Auswirkung für die Frauen und Mütter, denen man jahrzehntelang nur geringe Einkünfte gab und nunmehr als Rentnerinnen nur noch mit der ›Mindestrente‹ beglückt hat, und das außerdem zum XX. Jahrestag einer Sozialistischen Menschengemeinschaft in einem Sozialistischen Staate im XX. Jahrhundert. Damit hat man uns alte Arbeiterfrauen degradiert, diffamiert, deklassiert und verächtlich gemacht, man hat uns wieder proletarisiert.«

Anonymer Brief vom 30. September 1968 an Lotte Ulbricht. Zitiert nach: Siegfried Suckut: Volkes Stimmen. »Ehrlich, aber deutlich«. Privatbriefe an die DDR-Regierung. München 2016, S. 139.

Der eigentliche Schock aber kam für viele Frauen 1990 mit der deutschen Einheit. Sie waren nun trotz eines arbeitsreichen Lebens schlechter gestellt als ihre Geschlechtsgenossinnen in Westdeutschland, die über den Versorgungsausgleich ihre Renten aufbessern konnten. Für die Rentenberechnung nach westdeutschem Modell wurde nämlich die gesamte Lebensarbeitszeit herangezogen. Für Frauen aus der DDR bedeutete dies, dass ihre Ausfallzeiten für Kinderbetreuung oder ihre geringeren Einkommen, weil sie verkürzt gearbeitet hatten, unverhältnismäßig stark ins Gewicht fielen, wenn sie auch noch geschieden waren. Schätzungen besagen, dass etwa 300 000 Frauen aus der DDR heute unter diesen als ungerecht empfundenen Rentenregelungen leiden.[36]

Familienplanung und Selbstbestimmungsrecht

Kinder gehörten in der DDR zu einem glücklichen und erfüllten Familien- und Eheleben selbstverständlich dazu. Um den »Kinderreichtum« zu fördern, erließ die DDR-Regierung eine Vielzahl von Gesetzen. Frauen und Mütter konnten sich auf verschiedene staatliche Hilfsangebote stützen. So erhielten Frauen bereits 1950 zur Geburt des ersten Kindes eine Beihilfe von 500 DDR-Mark.[37] Diese Beihilfe erhöhte sich mit jedem Kind, ab dem fünften Kind konnten Frauen mit 1000 Mark rechnen. Ab 1972 zahlte der Staat die 1000 Mark bereits bei der Geburt des ersten Kindes. Stillende Mütter erhielten pro Stillmonat weitere zehn Mark, bei der Rückkehr zur Arbeit standen ihnen täglich zwei Stillpausen à 45 Minuten zu. Bis 1972 hatten Frauen Anspruch auf vier, danach auf sechs Wochen Urlaub nach der Geburt eines Kindes.[38] Für diejenigen, die sich in der Berufsausbildung befanden oder studierten, gab es zusätz-

Petra Richter, Verkäuferin im Centrum-Warenhaus in Ost-Berlin, steht hochschwanger vor einem Propagandaplakat zum 30. Jahrestag der DDR in Ost-Berlin (© Harald Schmitt). Die DDR präsentierte sich gern als Staat, der beste Voraussetzungen für werdende Mütter bot.

liche Unterstützung. Um alleinerziehenden Müttern die Berufstätigkeit zu ermöglichen, wurde ihnen angeboten, ihre Kinder in Dauerheime zu geben und dort betreuen zu lassen.

Das Durchschnittsalter, in dem Frauen in der DDR das erste Kind bekamen, änderte sich zwischen 1955 und 1985 kaum. Es lag bei 22 bis 23 Jahren.[39] Frauen wurde empfohlen, ihr erstes Kind zur Welt zu bringen, bevor sie 25 Jahre alt waren. Dies wurde durch staatliche Werbe- und Aufklärungskampagnen unterstützt, da man davon ausging, dass jünger gebärende Frauen schneller bereit wären, ein zweites und drittes Kind zu bekommen. Und tatsächlich wurden etwa 70 Prozent der erstgeborenen Kinder von Frauen unter 25 Jahren zur Welt gebracht.

Mit der Liberalisierung der Familien- und Ehepolitik nahm die Zahl der Kinder zu, die von ledigen Müttern geboren wurden. *Die Zeit* schrieb dazu Anfang der 1970er Jahre, dass es bei Frauen in der DDR offenbar zum guten Ton gehöre, ein uneheliches Kind zu haben.[40] Etwa ein Drittel der Neugeborenen wurden Ende der 1980er Jahre von ledigen Müttern geboren.[41] Daraus jedoch abzuleiten, dass die Kinder vaterlos aufwuchsen, wäre verfehlt. Die meisten dieser Paare lebten ohne Trauschein zusammen – Mitte der 1980er Jahre traf dies bereits auf 20 Prozent zu[42] – und heirateten nach der Geburt des Kindes. »Darüber hinaus galt jedoch, daß die junge Frau in der DDR sich ihren Kinderwunsch erfüllen konnte, unabhängig von der Stabilität ihrer Partnerbeziehung oder auch ohne den Kindsvater in ihre Zukunft einzubeziehen. Sie konnte sich dabei der moralischen Toleranz/Vorurteilslosigkeit durch die Öffentlichkeit und der ökonomischen Unterstützung durch den Staat sicher sein und war nicht von Arbeitslosigkeit bedroht.«[43] Anfang der 1980er Jahre wurden aber auch Schwangerschafts- und Geburtskurse für Frauen und Männer eingeführt, und immer mehr Krankenhäuser gingen ab Mitte der 1980er Jahre dazu über, »Vätergeburten« anzubieten. Dabei standen Väter ihren Frauen bei der Geburt im Kreißsaal zur Seite und begleiteten den Geburtsprozess.

Ab 1965 konnten Frauen mit der »Wunschkindpille« selbst entscheiden, wann sie schwanger werden wollten. Die Pille war verschreibungspflichtig und durfte erst ab 16 Jahren vom Frauenarzt verordnet werden.

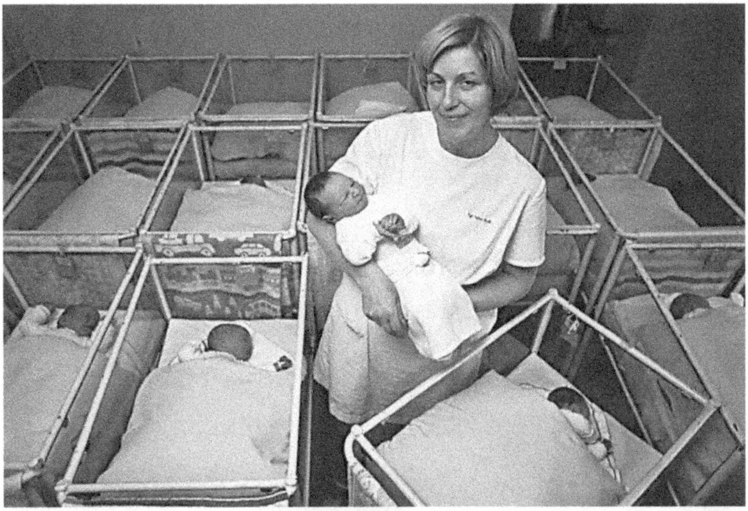

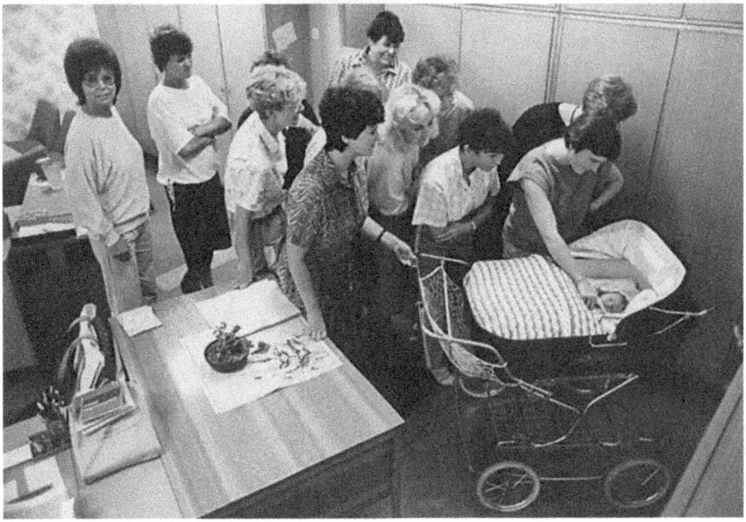

Durch die 1972 beschlossene Möglichkeit des straffreien Schwangerschaftsabbruchs konnten viele Frauen selbst entscheiden, ob und wann sie Kinder bekamen. Zugleich war der Staat daran interessiert, möglichst viele Anreize zu schaffen, um die Geburtenrate zu erhöhen. Oben: Krankenschwester mit Babys im Krankenhaus in Hoyerswerda im September 1982 (© Harald Schmitt). – Unten: Arbeiterinnen im VEB Kosmetik-Kombinat versammeln sich um ein Neugeborenes (© Barbara Köppe, 1988/89).

Werbung für die »Wunschkindpille« in der Zeitschrift »Guter Rat« 2/1976

Etwa 55 Prozent der erwachsenen Frauen in der DDR nahmen in den 1980er Jahren die Pille.[44] Sie galt im Unterschied zu Kondomen oder Pessaren als zuverlässig und modern und war leicht zu handhaben. Was die Pille jedoch auch bewirkte, war, dass die Verantwortung für ungewollte

Schwangerschaften fast vollständig bei der Frau lag. 1972 kam mit dem Gesetz über die Unterbrechung der Schwangerschaft eine weitere legale Möglichkeit der Geburtenregelung hinzu.[45] Die Abstimmung über dieses Gesetz war die einzige Abstimmung während der SED-Herrschaft, bei der die Volkskammerabgeordneten nicht einstimmig votierten. Es gab Neinstimmen aus der CDU sowie acht Enthaltungen. Die Möglichkeit des legalen Schwangerschaftsabbruchs beunruhigte aber nicht nur gläubige Christen: »Wenn jede Frau über die Geburt des Kindes entscheiden kann, sind wir fest davon überzeugt, daß in unserem Staat von sozialistischer Moral wahrlich nicht mehr gesprochen werden kann«, wurde in einem Leserbrief befürchtet.[46] Und tatsächlich stieg die Zahl der Schwangerschaftsabbrüche erst einmal an. Wolfgang Böhmer, Professor für Gynäkologie und Geburtshilfe und von 2002 bis 2011 Ministerpräsident von Sachsen-Anhalt, schilderte 2008, dass so viele Frauen zu Schwangerschaftsabbrüchen in die Kliniken kamen, dass für Gespräche mit den Frauen, um sie gegebenenfalls von ihrer Entscheidung gegen das Kind abzubringen, keine Zeit blieb.[47]

Um Frauen über die neuen Möglichkeiten der Familienplanung aufzuklären, zugleich aber für Kinder zu werben, gab es in Frauenzeitschriften wie *Guter Rat* oder *Deine Gesundheit* ganzseitige Anzeigen. Unter der Überschrift »Nicht Zufall, sondern Wunsch« betonte der *Gute Rat:* »Kinder – jetzt und in Zukunft bei uns geboren, können nur Wunschkinder sein, denn ihre Geburt muß nicht mehr dem biologischen Zufall überlassen bleiben. Was jahrhundertelang als unumstößlich galt, bestimmt der Mensch heute nach eigenem Ermessen: das Entstehen neuen Lebens.«[48] Das im Verlag für die Frau erscheinende Jahrbuch »Von Jahr zu Jahr« widmete einen großen Teil seiner Artikel dem Thema Kinder. »Kinder machen glücklicher«, gab der Almanach seinen Leserinnen mit auf den Weg und lobte die Entscheidung der Regierung, dass jede Frau nun selbst bestimmen könne, ob und wann sie ein Kind bekam: »Es entsprach daher vor allem dem Recht der Frau und ihrer Würde in der sozialistischen Gesellschaft, sie selbst entscheiden zu lassen, ob sie eine Schwangerschaft austragen will oder nicht.«[49]

Geburten und legale Schwangerschaftsabbrüche in der DDR

Jahr	Geburten	Schwangerschaftsabbrüche
1949	274 022	k. A.
1960	292 985	k. A.
1970	236 929	k. A.
1972	197 212	114 000
1973	177 488	110 800
1974	176 247	99 757
1975	177 273	88 756
1980	235 233	92 103
1985	227 648	90 254
1989	198 922	73 899
1990	178 476	66 459

Quellen: Statistisches Jahrbuch der DDR. Bd. 1956. Berlin 1957, S. 37; sowie Bd. 1990. Berlin 1991, S. 64, 378 und 403; Statistisches Jahrbuch 1992 für die Bundesrepublik Deutschland. Wiesbaden 1992, S. 74; für die Jahre 1972 und 1973 siehe Deutsches Ärzteblatt, 24. Mai 1990, A-170.

Bereits vor der Legalisierung von Maßnahmen zum Schwangerschaftsabbruch bzw. vor der Einführung der Pille war es in der DDR – ebenso wie in anderen europäischen Ländern – zu einem Geburtenrückgang gekommen. Seit Beginn der 1960er Jahre – insbesondere nach dem Mauerbau – machte sich der Trend zur Kleinfamilie bemerkbar. In den 1950er und 1960er Jahren bekamen Frauen in der DDR noch durchschnittlich 2,4 Kinder. Bei einer Umfrage der Frauenzeitschrift *Für Dich* gaben 1964 über die Hälfte der Befragten an, dass sie lediglich ein Kind haben wollten. Weitere 40 Prozent erklärten, dass für sie höchstens zwei Kinder in Frage kämen. Als Gründe für eine kleine Familie gaben die

Befragten an, dass ihnen Frauen mit mehr Kindern leidtäten, weil sie kaum noch Zeit für sich selbst hätten. Außerdem hieß es: »Ein Kind, mehr nicht. Bei einem Kind wissen wir genau, daß wir ihm alles bieten können.«[50] Allein zwischen 1960 und 1970 verringerte sich die Zahl der Geburten um etwa 20 Prozent. Die durchschnittliche Zahl der Kinder ging bis Ende der 1970er Jahre auf 1,97, Mitte der 1980er Jahre auf 1,7 und Ende der 1980er Jahre weiter auf 1,52 zurück.[51]

Um Frauen zu motivieren, mehr Kinder zu bekommen, konzentrierte sich die SED ab Anfang der 1970er Jahre und insbesondere mit dem Machtwechsel von Walter Ulbricht zu Erich Honecker auf Maßnahmen, die Frauen mehr Zeit mit ihren Kindern ermöglichen sollten. Insbesondere der IX. Parteitag der SED 1976 brachte Erleichterungen. Frauen konnten nunmehr für das zweite Kind einen »Erziehungsurlaub« von einem Jahr nehmen. Mütter mit zwei Kindern brauchten ab 1976 nur noch 40 Stunden pro Woche zu arbeiten; der Mutterschutz wurde von 20 auf 26 Wochen verlängert. Ab 1986 durften Mütter bereits mit dem ersten Kind ein ganzes Jahr bei 70-prozentiger Lohnfortzahlung zu Hause bleiben. Eine Untersuchung, die sich 1980 mit den Ursachen des Geburtenrückgangs befasste, stellte fest, dass die befragten Paare nicht an die Vereinbarkeit von Haushalt, Familie und Beruf glaubten. Viele fürchteten auch die mit Kindern verbundenen finanziellen Belastungen und damit einhergehende Einschränkungen. Vor allem jüngere Frauen empfanden die als Kinder voll berufstätiger Mütter gemachten Erfahrungen als schwierig und wollten die erlebte Mehrfachbelastung nicht wiederholen.

Jung gegen alt

Die SED-Führung sah sich immer wieder veranlasst, für junge Frauen und Mütter Erleichterungen zu beschließen, um diese zu motivieren, trotz Berufstätigkeit Kinder zu bekommen. Denn mit dem großen Entscheidungsspielraum im Hinblick auf die Geburtenregelung war der Staat mehr denn je gefordert, seine Versprechen zur Vereinbarkeit von

Haushalt, Mutterdasein und Berufstätigkeit zu erfüllen. So folgerichtig diese Maßnahmen aus Sicht des Staates waren, sosehr sorgten diese Vergünstigungen für Jüngere für Unmut unter der älteren Bevölkerung. Sie hatten ihre Kinder ohne ausreichende Betreuungsangebote großziehen und die Abwesenheit der Männer kompensieren müssen. Sie hatten Not und Elend der Nachkriegsjahre und die Versorgungskrisen der 1950er Jahre durchgestanden. Nun fühlten sie sich von der Politik zu wenig berücksichtigt: »Also für unsere jüngeren Frauen, die schon alle Vergünstigungen in Anspruch nehmen können und auch kräftig alle Vorteile genießen. Dafür dürfen wir ›Älteren‹ auch wieder kräftig in die Hände spucken und in den Betrieben die Arbeit für die ›Jüngeren‹ mitmachen.«[52] Die Menschen fühlten sich in ihrer Lebensleistung missachtet und verraten: »Die Bevölkerung versteht nicht, daß für die Produktion eines Kindes 1000 Mark bezahlt werden. Kann sich die Republik das leisten? Früher gab es 50 Mark. Kinder, die jetzt geboren werden, sind nicht besser als die für 50 Mark. Im Gegenteil, aus uns und den Kindern, die die ersten Jahren nach 1945 geboren wurden, hat man alles herausgeholt, sie ausgebeutet ohne Rücksicht. Jetzt dagegen ist es so, daß die jungen Mütter meistens keine Lust zum Arbeiten haben. Bummelstunden in großem Maße. Dann ist angeblich das Kind krank – die alten Kollegen werden die Arbeit schon machen, die sind arbeiten doch gewöhnt. Die Jungen werden keine Opfer bringen. Alles wird materialistisch gesehen und so gehandelt.«[53]

Ihrem Unmut machten viele Frauen in Briefen an Erich Honecker und den Staatsrat Luft: »Wir schreiben heute diesen Brief an Sie, damit Sie wissen, wie Frauen der Jahrgänge 1919 – circa 1925 über Sie und den gesamten Staatsrat denken. Wir wissen, daß die Verantwortlichen dieser Regierung für die genannten Jahrgänge nichts übrig haben. Wir sind größtenteils Frauen, die in den schweren Nachkriegsjahren alle Lasten allein tragen mußten. Wir haben unsere Kinder unter schwersten Entbehrungen mit 40 Mark Halbwaisenrente großgezogen. Sind voll arbeiten gegangen, weil wir wußten, daß wir gebraucht werden. Wir arbeiteten, wie Sie ja wissen, auch sonnabends, keinen Hausarbeitstag, keine Vergünstigungen für die Kinder usw.«[54] Aber es waren nicht nur die

Die Parole »Der Sozialismus ist die beste Prophylaxe« vor einer Poliklinik in Zwickau 1981 dürfte besonders für viele ältere Menschen, denen nur die unbedingt notwendigen medizinischen Behandlungen zugestanden wurden, wie Hohn geklungen haben (© Harald Schmitt).

Vergünstigungen für die Jüngeren, die unter den Frauen der Aufbaugeneration für Ärger sorgten. Vielmehr empörte die älteren Frauen, dass von ihnen erwartet wurde, zu arbeiten »bis wir umfallen«: »Tun Sie endlich etwas für die Menschen im mittleren Alter! Geben Sie ihnen früher die Rente, 1 oder 2 Jahre, vergessen Sie nicht, was sie alles getan haben.«[55]

Besonders empörte ältere Frauen, dass sie nach einem arbeitsreichen Leben bei der ärztlichen Versorgung benachteiligt wurden: »Wie sieht es nun jetzt 1980 mit der sozialen und ärztlichen Betreuung für diese Jahrgänge aus. Viele Frauen haben offene und kaputte Beine, starke Abnutzungserscheinungen am Knochenbau, der [sic] sehr schmerzhaft ist. Rheuma usw. – Einen Kurplatz hat man für unsere Jahrgänge nicht. Da die Ärzte auf dem Standpunkt stehen, daß dies Abnutzungserscheinungen sind, die ja sowieso nicht zu beheben sind. In dieser Richtung muß ja für unsere lieben Ärzte in den Polikliniken eine Anweisung von höherer Stelle vorliegen, daß sie sich diese Unmenschlichkeiten uns älteren Frauen gegenüber erlauben. Mir persönlich wurde gesagt: wie alt sind Sie, tut mir leid, einen Kurplatz können Sie nicht bekommen, den brauchen wir für die jüngeren Jahrgänge. Oft hat man das Gefühl, daß der Arzt, der einen Prärentner vor der Rente abfahren läßt, eine Kopfprämie erhält. Weit sind wir gekommen.«[56]

Frauen machten also auch am Ende ihres Lebens in der DDR die Erfahrung, dass ihre Bedürfnisse und die Würdigung ihrer Lebensleistung keine hohe Priorität hatten.

Wann tut Ihr endlich etwas für unsere alte Generation

»Lieber Erich Honecker! Als Genossin sage ich offen, daß jede Mutter wünscht, daß es ihren Kindern besser geht. [...] Aber wann tut Ihr endlich etwas für unsere alte Generation, der Kämpfer der ersten Jahre. Auch wir hatten drei Kinder. Aber Trümmer beseitigen, ›Bau auf‹ singen, entbehren und hungern, also ohne staatliche Unterstützung. [...] Aber jetzt ist allerhöchste Eisenbahn: Erhöhung der Mindestrenten, Rentenalter 63 Jahre für unsere Männer, die uns alle vor dem Rentenalter wegsterben.«

Pseudonymer Brief vom Juni 1973 an Erich Honecker. Zitiert nach: Siegfried Suckut (Hg.): Volkes Stimmen. »Ehrlich, aber deutlich«. Privatbriefe an die DDR-Regierung. München 2016, S. 181f.

Die neue Frau

Zwischen »Zierde des Mannes« und »sozialistischer Persönlichkeit«

Für die Gestaltung der »neuen« Ordnung gedachte die SED-Führung, den »neuen Menschen« zu schaffen. Dieser sollte sich durch eine gefestigte sozialistische Persönlichkeit auszeichnen, den Idealen der Sowjetunion, des Sozialismus und der SED treu ergeben sein, gern arbeiten und seine persönlichen Interessen und Bedürfnisse hinter die der Gesellschaft, des Staates und der Partei zurückstellen. Zu den »neuen Menschen« gehörten selbstverständlich nicht nur Männer, sondern auch Frauen. Ihnen wurden neue Rollen- und Leitbilder zugedacht, deren Kern die voll berufstätige Mutter war. Frauen wurden in offiziellen SED-Verlautbarungen und Presseveröffentlichungen als »unsere Frauen«, »unsere Mütter« oder »unsere Muttis« vereinnahmt und bis in die 1970er Jahre hinein kollektiv geduzt. Sie wurden gelobt und getadelt, ihnen erklärte man, wie sie die Welt zu sehen hatten, kurz: Man(n) wies ihnen den richtigen Weg.

Die Anforderungen, die eine moderne sozialistische Frau erfüllen sollte, waren gigantisch. Sie sollte nicht nur voll berufstätig sein und »ihren Mann« stehen, sondern auch als »gute Mutter für unsere Kinder«[1] diese im Sinne des Sozialismus und des Friedens erziehen. Sie wurde zur »Trägerin« und »Hüterin« »unserer Kinder«, die selbstverständlich als gemeinschaftliches Gut vom Staat beansprucht wurden. Was eine gute Mutter war, legte Elli Schmidt anlässlich des 5. Jahrestags der Gründung des DFD 1952 einer Frau in den Mund: »Manchmal ist es schwer, zu schwer, die Frauen davon zu überzeugen«, sagte sie, »daß wir einen neuen Weg gehen müssen, daß wir Frauen selbst uns für die Sache des Friedens einsetzen müssen. Ich tue das alles für meine drei Kinder, mit denen ich allein geblieben bin, denn mein Mann ist aus dem Kriege nicht zurückgekehrt. Meine Kinder sollen einmal sagen, daß ich ihnen eine gute Mutter war, die alles tat, damit sie in Frieden aufwachsen.«[2] Als »gute Ehefrau« sollte die moderne Frau außerdem einen »sozialistischen Haushalt« führen. Dabei war sie ihren Kindern ein Vorbild, da sie »nicht mehr aufs Putzen versessen war« und ihnen bereits »mit der Muttermilch« eine vernünftige Einstellung zum Haushalt vermittelte.[3]

Die »neue Frau« war der Partei dankbar dafür, dass sie ihr »ein schönes Leben« im Sozialismus ermöglichte, und engagierte sich in den von der SED gegründeten gesellschaftlichen Institutionen. Sie sollte ihre Meinung offen sagen, selbstbewusst auftreten, warmherzig, hilfsbereit und Neuem gegenüber aufgeschlossen sein.[4] Manche Beschreibungen in Frauenzeitschriften oder Ratgebern führten noch Ende der 1960er Jahre Eigenschaften auf, die an Handbücher für »höhere Töchter« erinnern. So sollte sich die »neue Frau« durch »Persönlichkeit« auszeichnen, zurückhaltend, elegant und charmant sein, aber sich auch »schön und geschmackvoll kleiden«.[5] Frauen blieben so in der öffentlichen Darstellung trotz ihrer Berufstätigkeit zugleich die schönen und eleganten Wesen, die den Mann schmückten, ihn umsorgten, ihm schmeichelten, die ihn verführen sollten und die von ihm beschützt und gestärkt wurden. So beklagte DFD-Chefin und ZK-Mitglied Ilse Thiele Ende der 1960er Jahre, die Frau erscheine auf Bühne, Leinwand und Bildschirm immer noch nur als »Zierde des Mannes«.[6]

Davon war Ende der 1980er Jahre kaum noch etwas zu merken. Viele Frauen hatten die Erfahrungen im Berufsleben und die Bewältigung von neuen Aufgaben selbstbewusst gemacht. Die in die DDR hineingeborene Generation junger Frauen plagte sich selten mit den Fragen, die noch ihre Mütter und Großmütter beschäftigt hatten. Die gleichberechtigte Teilhabe an Ausbildung und Berufstätigkeit war für sie eine Selbstverständlichkeit, sie fühlten sich stark und den Männern in vielen Bereichen ebenbürtig. Ihnen stellten sich andere Herausforderungen, und sie forderten das System SED dadurch heraus, dass sie die ihnen zugedachten Rollen in den engen Grenzen der DDR hinterfragten und eigene Wege gingen, um ein erfülltes Leben zu führen.

Die Frau von heute

Damit Frauen das neue Frauenbild annahmen, mussten sie Traditionen und alte Rollenbilder aufgeben. Hierfür waren Frauenzeitschriften besonders geeignet. Zusätzlich zu den Zeitschriften gab es zwei »Frauenverlage«, den 1946 in Leipzig gebildeten Verlag für die Frau und den von 1946 bis 1954 bestehenden Deutschen Frauenverlag in Berlin.

Im Februar 1946 erschien als erste Frauenzeitschrift *Die Frau von heute*, die als Sprachrohr der antifaschistischen Frauenausschüsse galt. Im August 1946 wurde mit der *Für Dich* eine zweite Frauenzeitschrift gegründet, die 1950 in *Die Frau von heute* integriert wurde. Nach der Gründung des DFD wurde die *Die Frau von heute* am 1. März 1948 zum offiziellen Presseorgan des Frauenbunds und war ab 1950 die einzige Frauenzeitschrift in der DDR.[7] Anfänglich wurden 300000 Exemplare gedruckt, später erhöhte sich die Auflage auf 600000. 1963 übernahm die neu belebte *Für Dich* diese Rolle, die im SED-eigenen Berliner Verlag erschien. Seit 1956 gab es zusätzlich die Zeitschrift *Sibylle*, die sechs Mal pro Jahr in einer relativ kleinen Auflage von 200000 Exemplaren erschien und vor allem hochwertige und individuelle Mode zeigte. Darüber hinaus gab es weitere Modezeitschriften wie *Pramo* (ab 1965) oder die Zeitschrift *Modische Maschen* sowie den *Guten Rat*, eine Zeitschrift mit Verbraucher- und Haushaltstipps, die bereits 1945 zum ersten Mal erschienen war. Mit der Popularisierung des DDR-Fernsehens wurde das Bild der modernen Frau auch über die beiden Fernsehkanäle vermittelt. Seit mit Margit Schaumäker am 1. Oktober 1952 die erste Fernsehansagerin in die wenigen mit Fernsehern ausgestatteten Wohnzimmer geflimmert kam, prägte auch sie die Vorstellungen davon, wie eine moderne Frau sein und aussehen sollte. Ihre Frisuren und ihr Stil wurden ebenso nachgeahmt wie bei Fernsehgrößen heute.

Die Veröffentlichungen deckten ein breites Spektrum an Themen ab. Sie reichten von medizinischen Aufklärungsbüchern über Kochbücher und Hilfestellungen für die Haushaltsführung bis hin zu Mode und Politik. Die Frauenzeitschriften mussten einen thematischen Spagat bewerkstelligen. Einerseits sollten sie natürlich – in der Tradition von Frauenzeitschriften als Ratgeberin – wie eine gute Freundin daherkommen. Es gab die üblichen Rubriken wie Mode- und Schönheitstipps, Kochrezepte und Hinweise für die Wohnungseinrichtung, aber auch Eheratgeber. Diese nahmen jedoch einen kleineren Teil als bislang üblich ein. Darüber hinaus hatten die Frauenzeitschriften einen politischen und ideologischen Auftrag. Und dieser hieß, die Frauen mit Berichten über das schlechte Leben im Westen vom guten Leben in SBZ und DDR zu überzeugen und sie zu guten Staatsbürgerinnen im Sinne der SED zu erziehen.

Dazu gehörte natürlich, sie zu einer Berufstätigkeit zu motivieren. In den 1950er Jahren informierte fast jede Ausgabe der *Frau von heute* ihre Leserinnen über arbeitende Frauen und Frauenbrigaden. Die Mehrzahl der Artikel widmete sich der Frauenarbeit im DFD und der Erläuterung politischer Initiativen der SED oder der Sowjetunion. Zudem wurden in vielen Ausgaben, insbesondere in den 1950er Jahren, neue Berufe für Frauen vorgestellt. So hieß es zum Beispiel in Heft 37/1954: »Elke wird Stukkateurin.« In anderen Heften wurden Frauen in der Textilindustrie, als Staatsanwältinnen oder Lehrerinnen vorgestellt. Breiten Raum nahm die Werbung für die Berufstätigkeit unter Hausfrauen ein. Ebenso gab es in fast jeder *Frau von heute* einen Bericht über das Leben in der Sowjetunion, das in den schönsten Farben ausgemalt wurde – quasi als Ausblick auf das, was auch die ostdeutschen Frauen erwartete. Zugleich erhielten die Frauen in einer eigenen Rubrik Empfehlungen aus der »Großen Sowjet-Enzyklopädie«.

Die Zeitschrift wandte sich aber auch den Problemen und Alltagsfragen ihrer Leserinnen zu. In der Rubrik »Wir erhielten Antwort« wurden Missstände angesprochen und über deren Beseitigung berichtet. Die Leserzuschriften bezogen sich auf Versorgungsmängel, fehlende Betreuungsmöglichkeiten für Kinder oder Erfahrungen mit der Bürokratie. Oft wurde Abhilfe versprochen und in Einzelfällen, die dann ausführlich dargestellt wurden, auch erreicht. Denn: »Wir wollen doch alle mithelfen, den neuen Kurs unserer Regierung zu verwirklichen, und dazu gehört es, auf die Bedürfnisse und Wünsche der Menschen einzugehen«[8], wie es Ende 1953 hieß.

Zwischen Tee und Werkbank

War es in den ersten Jahren nach dem Krieg darum gegangen, die schlimmste Not zu lindern und aus dem Wenigen, was es gab, das Beste zu machen, rückte in den 1950er Jahren eine höhere Lebensqualität in den Fokus. Der SED-Staat versprach den Menschen, dass sie unbeschwert in eine glückliche Zukunft blicken könnten. Und dies sollte im täglichen Leben spürbar sein, man sollte sich wieder etwas leisten können. Mitte der 1950er Jahre konnte trotz aller bestehenden Schwierigkeiten auf ein stetig verbessertes Angebot verwiesen werden: »Inzwischen sind arbeits- und freudenreiche Jahre ins Land gegangen. Die Schaufenster sind reicher gefüllt, die Stoffe sind gediegener geworden und die Mode vielseitiger und eleganter.«[9] Immer mehr Waren konnten ohne Bezugsscheine erworben werden. Vor allem die Läden der staatlichen Handelsorganisation HO wurden bevorzugt beliefert. Die Preise allerdings waren so hoch, dass sich schnell der Slogan »HO macht uns k.o.« einbürgerte.

Frauen sollte auch modisch vermittelt werden, dass es aufwärtsging. 1957 schmeichelte der Katalog des Centrum-Versandhauses seinen Kundinnen mit der Aufforderung, wenn sie sich nicht für ein Kleid entscheiden könnten, sollten sie sich doch gleich zwei kaufen. »Wie aus dem Ei gepellt« sollten sich die Frauen fühlen und sich überzeugen lassen, »daß zum Frühling unbedingt ein neues Kleid gehört«.[10] Die in den Zeitschriften und der Mode beschriebene Frau der 1950er Jahre war »freundlich, vielseitig interessiert, in einem großen volkseigenen Betrieb« beschäftigt oder als Bäuerin auf dem Land tätig. Wenn sie jung war, war sie Mitglied der FDJ und machte sich Gedanken darüber, wie die FDJ-Kleidung »flotter« werden könnte.[11] War sie schon etwas älter, so eilte sie gut gelaunt zur LPG-Konferenz oder zu einem Treffen des Frauenbundes.

Das in den 1950er Jahren in Zeitschriften verbreitete Bild der DDR-Frau schwankte zwischen zwei Polen: Einerseits schwebten die Frauen gertenschlank mit Wespentaille in wolkigen Kleidern über den Boden. Junge Frauen zierten ab Mitte der 1950er Jahre auch schon mal nur mit

Das in den 1950er Jahren präsentierte Bild von Frauen in der DDR zeigt zwei gegensätzliche Frauentypen: junge Frauen mit Wespentaille oder die Frau vom Typ Arbeiterin und Bäuerin, die in der Produktion »ihren Mann steht«. Die Werbung sollte auch dazu beitragen, Frauen durch attraktive Arbeitskleidung den Eintritt ins Berufsleben schmackhaft zu machen (links: Werbeanzeige einer Privatfirma in »Neues Leben« 10/1955, rechts: Katalog Konsum-Versandhaus Herbst/Winter 1963/64).

einem Bikini bekleidet oder viel Bein zeigend die Titelbilder der Jugendzeitschrift *Neues Leben*.[12] Andererseits wurde die Arbeiterin, die »ihren Mann steht« und anpacken konnte, zum Mode-Ideal erhoben.

Die Werbung spielte bei der Verbreitung dieser Botschaften eine wichtige Rolle. Moderne Arbeitsmode sollte ein attraktives Bild vom Arbeitsleben zeichnen. Immer wieder wurde gefordert, dass die Präsentation von Arbeitsbekleidung Frauen bei ihrer Entscheidung für die Berufstätigkeit unterstützen müsse, denn: »Besonders bei Frauen spielt die Einstellung zum eigenen Äußeren eine große Rolle für Wohlbefinden und Selbstsicherheit, damit für Arbeitslust und Arbeitsproduktivität. Die längste Zeit des Tages tragen Frauen in den entsprechenden Berufen ihre Arbeitsbekleidung. Sie sollte deshalb mit noch größerer Sorgfalt ge-

Links: Nach den Jahren der Entbehrungen wurde auch den Menschen in der DDR in den 1960er Jahren ein besseres Leben in Aussicht gestellt. Dazu gehörte, dass man Frauen aufforderte, im Frühling ein neues Kostüm zu kaufen (Katalog Centrum-Versandhaus Frühjahr/Sommer 1969). – Rechts: Die Kataloge des Versandhauses machten auch Werbung für den Beitritt zur LPG und ließen die Mannequins gut gekleidet zur LPG-Konferenz oder ins Kulturhaus eilen (Katalog Versandhaus Leipzig Herbst/Winter 1960/61).

staltet sein als die übliche Garderobe. Sie muß ästhetisch und kleidsam sein und sich in die Arbeitsumgebung einfügen. Sie soll nicht modisch, aber sie muß modern sein.«[13] Dennoch blieb die Arbeitsbekleidung ein »Stiefkind der Mode«.

1966 fragte der FDGB auf dem ersten Erfahrungsaustausch des Präsidiums seines Bundesvorstandes mit den Frauenausschüssen, warum Arbeitsschutzkleidung immer grau oder blau sein müsse. »Es galt sich gegen veraltete Ansichten durchzusetzen. Ich kann heute berichten, daß [...] Möglichkeiten gefunden wurden, Frauen Arbeitsschutzkleidung zur Verfügung zu stellen, mit der sie sich gern kleiden und die auch schick aussieht.«[14] Die Modelle sollten ein buntes Berufsleben suggerieren, in dem jede Frau ihre Erfüllung findet. »So zweckmäßig bekleidet, macht

Ihnen die Arbeit doppelt Freude«, verhieß ein Werbeslogan und meinte keineswegs nur die Hausarbeit. Farbenfroh und optimistisch sollte die Arbeitskleidung vom sozialistischen Lebensstil und einer modernen Lebensweise künden – mit der berufstätigen Frau im Zentrum: »Jede Nachlässigkeit in der Kleidung ist der Würde der berufstätigen Frau abträglich«, versicherte die »Kleine Enzyklopädie: Die Frau« ihren Leserinnen und bemängelte, dass »Arbeitsfreudigkeit« nicht durch »langweilige, unschöne Kleidungsstücke, die die Frau am Arbeitsplatz reizlos und dürftig erscheinen lassen«, geweckt werden könne. »Im Gegenteil: bei äußerster Zweckmäßigkeit (ausreichenden Taschen, keine beengenden Schnittfalten) [...] muß die Arbeitskleidung der Frau die Möglichkeit geben, auch am Arbeitsplatz gut auszusehen.«[15] Denn: »Es ist wichtig, wie man im Büro aussieht«, erklärte *Die Frau von heute* ihren Leserinnen 1954.[16] Es komme vor allem darauf an, dass die Frau »angezogen« und »korrekt« aussehe.

Gestand man den Frauen zu, dass sie schön aussehen wollten, und bot ihnen auch so manche Modeanregung, wurde im selben Atemzug das bekämpft, was abfällig als »modisch« bezeichnet wurde. So hieß es 1953 über Frauen, die sich modisch kleideten: »Das waren beispielsweise Frauen, die, wenn sie sich auf der Straße zeigten, gefällig angezogen, der letzten Mode entsprechend frisiert waren, aber auch oft bereits einen Stich ins Unsolide hatten.«[17] Der Artikel wurde mit der Unterstellung verbunden, dass Frauen, die zu sehr auf ihr Äußeres achteten, zu Hause keine Ordnung hielten und ihre Kinder vernachlässigten, denn »sah man beispielsweise einmal den Zustand der Kinderwäsche oder die Ordnung in Küche und Haus überhaupt, so war man entsetzt, und die ganze Falschheit und Unechtheit der ›Eleganz‹ trat zutage. Meistens dauerte es nicht lange, bis dann in solchen Familien eine immer offenkundigere, tiefe Zerrüttung einriß.«[18]

»Der sozialistische Mensch, den es zu bekleiden gilt«

Ihr Platz in der sozialistischen Gesellschaft

»In seiner Vielfalt ist das ein Sortiment, das dem modischen Geschmack und der persönlichen Note unserer heutigen Frau entspricht, die tatkräftig und selbstbewußt ihren Platz in unserer sozialistischen Gesellschaft einnimmt.«

Katalog Versandhaus Leipzig Frühjahr/Sommer 1962, S. 20.

Jahrzehnte, bevor die Frauenzeitschrift *Brigitte* oder die Kosmetikfirma Dove mit Models warben, die Körpermaße und Formen durchschnittlicher Frauen hatten, präsentierten in der DDR normale Frauen die neue Mode. Der in den 1950er Jahren gezeigte Modeltyp – der »sozialistische Mensch, den es zu bekleiden gilt« – war die »stärkere Dame«, die in der Produktion in Stadt und Land kräftig zupacken konnte und in der sich die meisten Frauen wiedererkennen konnten. Die *Bauernzeitung* befand, dass es eher »der Typ der etwas vollschlanken Frau« ist, den »unsere Bäuerinnen« sehen wollen.[19] Und so sollte dieser Frauentyp die Mehrzahl der »Mannequins« stellen, die in den 1950er und 1960er Jahren auf den bis zu 160 ländlichen Modeschauen die neuesten Kollektionen vorführten. Die Kleider sollten von Frauen präsentiert werden, mit denen sich die normale Kundin identifizieren konnte.

Dieses modische Idealbild, das insbesondere in den 1950er Jahren vermittelt wurde, grenzte sich strikt vom im Westen vorherrschenden Typ der superschlanken Models ab. Ihnen wurde in DDR-Zeitschriften auch schon mal nachgesagt, dass sie, um schlank zu bleiben, so wenig aßen, dass sie während der Modenschauen ohnmächtig vom Laufsteg fielen. Im Unterschied dazu sollte die sozialistische, emanzipierte Frau auf die Betonung reiner Äußerlichkeiten verzichten, ohne jedoch reizlos zu sein.

Die idealtypische Kundin entsprach dem Bild der skeptischen Bäuerin, die alles prüft und auf Tradition und Qualität setzt. Die *Deutsche Bauern-Illustrierte* vom 1. Mai 1956 hob als wünschenswerte Eigenschaften der Mode hervor, dass sie schlicht, sparsam an Material und doch

Links: Die »stärkere Dame« war nicht nur eine Modefigur, die dem westlichen Trend zu Magermodels ein sozialistisches Frauenbild entgegensetzen sollte. Vielmehr verband man mit stärker gebauten Frauentypen die Hoffnung, dass diese nicht jeden modischen Trend mitmachen würden. Dadurch erhoffte man sich Entlastungen für die Wirtschaft, da man so weniger Kleider würde produzieren müssen (Katalog Konsument-Versandhaus Frühjahr/Sommer 1966). – Rechts: Das Bild der modernen Frau war einerseits von der eleganten Handtasche und andererseits der Kittelschürze geprägt (Versandhaus Leipzig, o. J.).

leistungsfähig sein. Sie sollte von gutem Geschmack zeugen, Optimismus ausstrahlen und schön und zugleich schlicht gestaltet, aber dennoch zweckmäßig und haltbar sein. Betont werden sollten weniger die äußeren Merkmale einer Frau, sondern vor allem ihre inneren Werte.

In den 1950er Jahren führte man im Sinne moderner Einkaufsformen, die zugleich berufstätige Frauen entlasten sollten, Selbstbedienung und Katalogbestellung ein. Um den Übergang von der persönlich anwesenden Verkäuferin, die die Kundin beriet, zur anonymen Auswahl fließend zu gestalten, präsentierte »Lotti« den Kundinnen im Versandhauskatalog in den ersten Jahren die Waren. »Lotti« begrüßte die Kundinnen am Anfang des Katalogs, erläuterte die Angebote und pries die Vorteile und

Qualitäten der einzelnen Modelle an. Sie ermunterte die Kundinnen, sich nach den Jahren der Entbehrungen auch einmal etwas zu leisten und dabei kein schlechtes Gewissen zu haben. Zum Symbol des neuen Frauenbildes zwischen Werkbank, Haushalt und Öffentlichkeit wurde die Kombination von Handtasche und Schürze, die auch als »Arbeitskleid« bezeichnet wurde.

Neben der jungen Mode, die »flott« und »fesch« daherkam, wurden den etwas älteren Jahrgängen »geschmackvolle Kleider in schlichter Eleganz«, aber auch Trachtenkleider »mit Schnepfentaille«, die »fraulich«, »kleidsam« und »schlicht« waren, angepriesen.[20] Frauen wurden zum Beispiel auf diese Weise umschmeichelt und umworben: »Die natürliche Schönheit des Frauenarms wird erst durch ein kunstvolles Armband vollendet.«[21] Die Namen der Damenmodelle waren leicht und verspielt: So konnte sich die Frau in den 1950er Jahren wie ein Wellensittich, ein Rotkehlchen oder der Sommerwind fühlen. Die Bilder von Frauen changierten zwischen zwei Extremen: Sie zeigten einerseits stämmige, mit beiden Beinen fest im Leben stehende Frauen, die »gute Mütter unserer Kinder« waren,[22] andererseits fröhliche, junge Frauen mit Wespentaille und fescher Frisur, denen einen Pferdeschwanz keck am Kopf wippte.

Der Auftrag lautete, dass auch in der Mode die Vorteile der sozialistischen Gesellschaft zu versinnbildlichen waren. 1963 wurde daher erneut hervorgehoben: »Die politische Bedeutung des Modeschaffens liegt in der Aufgabe begründet, die Vorzüge unserer sozialistischen Gesellschaft im Wettstreit mit dem Kapitalismus klar hervortreten zu lassen.«[23] Die dabei vorherrschenden Aspekte waren eine schöne, aber zweckmäßige Gestaltung und natürlich Haltbarkeit.[24] Ganz im Sinne der angestrebten Modernisierung von Wirtschaft und Gesellschaft präsentierte die Werbung immer häufiger elegante, schlanke, städtische Models, die kaum noch etwas mit dem vormals propagierten Typ der Arbeiterin oder Bäuerin gemein hatten. Frauen wurden zunehmend über die Attribute »elegant« und »charmant« charakterisiert: »Als charmant zu gelten ist das schönste Kompliment für eine Frau. Charme ist unabhängig von Alter und Schönheit, nicht aber von Intelligenz und Bildung. Eine geistlose Frau ist niemals charmant, auch wenn sie noch so ebenmäßig gewachsen ist. Charme liegt in der Bewegung, im Gang, im Lächeln, in der Art des Umgangs mit anderen Menschen (beiderlei Geschlechts!), in der Ausstrahlung.«[25] Im Katalog des Konsument-Versandhauses hieß es 1963, dass es »der Wunsch unserer werktätigen Frauen« sei, »jederzeit passend und elegant gekleidet« zu sein.[26] Die Models, die in den 1960er Jahren Mode präsentierten, sollten dem »Typ der modernen Frau« entsprechen, »für die die Mode gemacht wird« – und dazu gehörte eine »gute Figur«.[27]

Eine »elegante« Frau

»Deshalb ist es im Grunde genommen nicht richtig, von einem eleganten Kleidungsstück zu sprechen, wohl aber von einer eleganten Frau, die keineswegs immer nach der neuesten Mode gekleidet sein muß. Es ist vielmehr die Harmonie der Erscheinung – die Haltung, die Bewegung, eine bewußte Einfachheit und Zurückhaltung –, die sich u. a. auch in einer raffiniert ausgewogenen Kleidung äußert. Überladenheit und modische Übertreibungen stehen im Widerspruch zur Eleganz. Sicherer Geschmack, Gefühl für das richtige Maß und die Selbstverständlichkeit, mit der all diese Eigenschaften vereint werden, ergeben jene Eleganz, die weder mit modisch noch mit modern gleichzusetzen ist. [...] Eine elegante Frau kann in ihrer Weltanschauung und in ihrem Lebensstil durchaus unmodern sein, ohne daß das die Eleganz stört. Eine moderne Frau wiederum muß nicht elegant sein, obwohl hier die Einheit der Begriffe erstrebenswert wäre.«

Margot Pfannstiel: Sibylles Modelexikon. Leipzig 1968, S. 39 f.

»Fesche« junge Frauen in eleganten Kleidern und jugendliche Models mit Zigarette und Kofferradio bestimmten das Frauen- und Modebild in den 1960er- und 1970er Jahren. Beherrschten in den 1950er Jahren noch vielfach gedeckte Farben die Modelle, wurde die Mode nun bunter und vielfältiger. Für die moderne Lebensweise in der modernen DDR sollte die Kleidung kulturvoll, praktisch, langlebig und modeunabhängig, eben: »adrett« sein – wobei vielen bewusst war, dass die in Modezeitschriften und Katalogen präsentierten Modelle in der Regel nicht zu kaufen sein

Links: »Gut gekleidet – selbstbewußt – das ist die Frau von heute!«, galt für die moderne Frau der 1960er und 1970er Jahre in der DDR (Katalog Konsument-Versandhaus Herbst/Winter 1969/70). – Rechts: »Spritzig und optimistisch« sollte das Leben der modernen Frau im Sozialismus sein (Katalog Konsument-Versandhaus Herbst/Winter 1969/70).

würden, sondern eher als Vorlage zum Selbernähen genutzt werden konnten.

Die Modevorbilder und Models entsprachen entgegen den politischen Forderungen in der DDR, wonach der Typ »Arbeiterin und Bäuerin« gezeigt werden sollte, der »Dame«. Zudem wurden die Models ebenso wie im Westen immer dünner und jünger. Die Frau der 1960er Jahre erschien wie Audrey Hepburn in »Frühstück bei Tiffany« mit langen schwarzen Handschuhen und hochgesteckten Haaren. Das Titelbild des Konsument-Kataloges von 1965 zeigt eine Dame mit unterarmlangen Handschuhen und ärmellosem Kleid.

Frauen wurden oft als verwöhnte Weibchen dargestellt, die mit als typisch weiblich geltenden Eigenschaften kokettierten: »Selbst die Vernünftigsten unter uns müssen zugeben, daß Ostern ja schließlich ein Anlaß war, sich etwas zu wünschen oder zu leisten. Und – sollte es da

Links: Hatte man zuvor großen Wert darauf gelegt, dass die sozialistische Frau vollständig angezogen war, veränderte sich dies in den 1970er Jahren. Nun zeigten sich junge Frauen bauchfrei und mit immer kürzer werdenden Röcken (Katalog Centrum-Versandhaus Frühjahr/Sommer 1973). – Rechts: Zu den wichtigsten Kleidungsstücken gehörten Schürzen, die vor allem zu Hause getragen wurden, um die Kleidung für Büro und Straße zu schonen. Denn entgegen so manchen Befürchtungen der SED-Führung neigten Frauen in der DDR nicht dazu, sich übermäßig mit Kleidung einzudecken. Dazu reichte oft auch das Gehalt nicht (Katalog Centrum-Versandhaus Frühjahr/Sommer 1971).

mit einem Stoff noch nicht geklappt haben, kann man es ja zum Pfingstfest nachholen. Eine kleine Anspielung auf den Frühling mit seinen Farben, darauf, daß sich alles erneuert, dürfte genügen. ›Er‹ begreift sofort, wenn man das nur richtig anstellt!«[28] Zugleich blieb für die Frau in der DDR die Schürze auch in den 1960er und 1970er Jahren ein wichtiges Bekleidungsstück. Zum einen wurde damit die Straßenkleidung geschont. Zum anderen wurde auch Wert darauf gelegt, dass Schürzen mit modischen Extras versehen waren und Frauen »auch zu Hause schick aussehen«.[29] Unter dem Motto »Praktisch gekleidet – Freude an der Arbeit« wurden Schürzen in den 1970er Jahren unter der Bezeichnung »Frauenberufsmäntel« oder »Berufsmäntel« vorgestellt.[30] Die

Männer zeigten sich hingegen als moderne, coole Typen wie Joachim Fuchsberger in den Edgar-Wallace-Krimis mit Pfeife, Zigarre und Sonnenbrille.

Die »sozialistische Frau« der 1970er und 1980er Jahre war »jung und frisch« und strahlte zugleich großes Selbstvertrauen aus. Besonderer Wert wurde darauf gelegt, dass die Frau »vollständig angezogen« zu sein habe (wobei es keinen Anhaltspunkt gibt, dass Frauen massenhaft unvollständig angezogen gewesen wären).[31] Damit sie das war, konnte sie zwischen Tageskleidern, Nachmittagskleid(chen) (für den Nachmittagstee, zu dem die Models mit Tassen oder Sektgläsern in der Hand abgebildet wurden), Damenkleidern, Frauenkleidern, Sommerkleid(chen), Thalankleidchen, Festkleidern, Röckchen, Kleidchen, Jäckchen, Silastikkleidchen oder Baumwollkleidern wählen. Zudem gab es Haus-und-Garten-Kleider sowie Bürokleider. Damit die Frau aber wirklich »vollständig« angezogen war, brauchte sie auch Taschen, die ihr zum Beispiel als Damencocktailbörse, Geldscheintasche, Brieftasche, Stadttasche, Berufstasche, Umhängetasche, Bügeltasche oder Überschlagtasche angeboten wurden. So vollständig angezogen sollten die Frauen sich wie »Zigeunerinnen«, »Feen« oder »Undinen« fühlen. Die für die Damenkleider ausgewählten Namen standen für Eleganz, Extravaganz sowie westliche Orientierung, wovon Kleidernamen wie Gag, Look, Fasson, Klasse, Niveau, Traum, Effekt, Eleganz oder Fleur zeugen. Egal was die DDR-Frau der 1970er Jahre trug, sie erschien in der Werbung als anspruchsvoll und verwöhnt, bezaubernd und bildschön, modebewusst, jugendlich und kess.

Wider den »hektischen Modewechsel«

War in den 1950er Jahren die Haltbarkeit der Kleidung besonders hervorgehoben worden, um der sparsamen Hausfrau zu schmeicheln, die auch zehn Jahre nach dem Krieg noch genau überlegen musste, wofür das Geld reichte, wurde die »Langlebigkeit« der Kleidung in den 1960er Jahren aus einem anderen Grund betont. 1962 hatte der Ministerrat beschlossen, die Saison-Schlussverkäufe abzuschaffen und damit Anreize für neue Kleidungskäufe zu reduzieren.[32] Damit sollte dem »westlichen Konsumterror« und »hektischen Modewechseln«, dem »sich Kleiden nach dem letzten Schrei«, ein sozialistisches Modebewusstsein entgegengesetzt werden. Der sogenannte moralische Verschleiß der Mode – wenn Kleidung als nicht mehr modisch oder modern galt – sollte dem Materialverschleiß angepasst werden. Dauerhafte, modeunabhängige und zeitlose Kleider sollten das Modebild bestimmen. »Die Mode muß ihr volle Bewegungsfreiheit geben, sie muß praktisch und schön sein. [...] Schon heute sind zwei Drittel unserer Kleidung Produkte aus der Chemie. Da sie nahezu unverwüstlich sind, wäre jeder hektische Modewechsel ebenso unökonomisch wie unmoralisch.«[33] Damit sollten kapitalistische Kaufgewohnheiten, also Spontankäufe, unterbunden werden. Planvolles Zukaufen und Kombinieren hieß die Devise. So warben die Modemacher dafür, sich eine »Standardgarderobe« zuzulegen, die eine lange Lebensdauer hatte und nicht der Tagesmode unterworfen war. Bei alledem ging es nicht mehr nur um das Bild der arbeitenden Frau, sondern vor allem darum, akute Versorgungsengpässe zu lindern. Da Frauen als neugierig und leicht verführbar galten, sollten gesellschaftliche Organisationen und Ehemänner mäßigend auf sie einwirken und sie zum »richtigen« Verhalten erziehen: »In diesem Zusammenhang kommt den Genossen Mitarbeitern eine große Verantwortung bei der Beeinflussung und Erziehung ihrer Ehefrauen zum aktiven Mitwirken am gesellschaftlichen Leben zu.«[34]

Nicht nur Männer zweifelten an der Fähigkeit von Frauen, sich in Einkaufsfragen rational zu verhalten. So beschwor die 4. Sitzung des Bundesvorstandes des DFD die Vorstandsmitglieder anlässlich der Aufhebung der Rationierungen in der DDR 1958: »Noch einmal möchte ich heute sagen, die vorgesehenen Maßnahmen sind wohl durchdacht und entsprechen unseren heutigen Möglichkeiten und Bedingungen. Große Reserven an allen Dingen, die die Menschen benötigen, sind vorhanden. Unsere Läden sind voll – und wir als Frauenorganisation können und müssen nur mit dazu beitragen, *daß nicht durch Unvernunft der Ablauf der Verteilung* gestört wird, daß auftretende Mängel in der Arbeit der Handelsorgane schnell überwunden werden und schließlich, daß das Kaufen ohne Karten für alle Frauen zur gewohnten und üblichen Art der Erfüllung der Wünsche und der Befriedigung der Bedürfnisse wird.«[35] Mit der Anspielung auf die »Unvernunft«, die den Ablauf der Verteilung stören könnte, wurden Frauen bezichtigt, unverhältnismäßig viel und unüberlegt einzukaufen. Sie würden – so die Befürchtungen nicht nur bei der Aufhebung der Rationierungen, sondern auch anlässlich der Einführung der Fünf-Tage-Arbeitswoche – Kaufverlockungen zu schnell erliegen. Frauen wurde damit indirekt unterstellt, dass sie die Schuld an der Mangelversorgung in der DDR trügen, weil sie zu viel kauften. Männer blieben von solchen Erziehungsversuchen weitgehend verschont, galten sie in der Regel nicht als anfällig für Moden. Diese hergebrachten Rollenbilder fanden ihre Entsprechung in der Vorstellung, dass »Frau Mode« durch »Herrn Geschmack« gezügelt wird.

Das tatsächliche Kaufverhalten der Frauen strafte die Polemik der SED gegen den »hektischen Modewechsel« Lügen. Die Ausstattung mit Bekleidung deckte bei den meisten Familien gerade den Grundbedarf. Das Familieneinkommen war in der Regel nicht so groß, dass Frauen es für »Shoppingtouren« hätten ausgeben können. Das Geld wurde für Lebensmittel und die Ausstattung der Kinder benötigt oder für technische Geräte gespart. Für viele Haushalte spielte beim Kauf von Bekleidung die von der SED geforderte Haltbarkeit der Stücke ohnehin eine wesentliche Rolle. 1964 verfügte eine Frau in der DDR im Durchschnitt über 32 Kleidungsstücke, unter denen Kleider und Schürzen mit durchschnittlich neun Stück und Blusen mit sechs den Spitzenplatz hielten.[40] 1971 besaßen sie durchschnittlich noch 31 Kleidungsstücke, worunter sich sieben Kleider und fünf Blusen befanden.[41] Die in den 1960er und 1970er Jahren auch durch die Studien des Instituts für Marktforschung verbreiteten Auffassungen über das unkontrollierte Kaufverhalten von Frauen wurden erst in den 1980er Jahren revidiert: »Das Vorurteil, wonach die meisten Frauen der Überzeugung sind, viel mehr Bekleidung als vorhanden zu benötigen, wird durch die Befragung nicht bestätigt.«[44]

Meisterin der Improvisation

Angesichts der Versorgungsprobleme war es nur zu verständlich, dass die SED-Funktionäre auf allen Ebenen versuchten, Schuldige dafür zu finden. Jedoch entsprachen die Annahmen in Bezug auf das angeblich irrationale Kaufverhalten von Frauen als Ursache von Versorgungsproblemen so gar nicht der Realität. 50 Prozent der Frauen hatten Probleme, überhaupt etwas Passendes zum Anziehen zu finden. Meist war es in der gewünschten Größe nicht erhältlich.[36] Denn die Bekleidungsbetriebe ignorierten die Vorgaben, Kleidung in größeren Größen, die dem durchschnittlichen Frauenkörper entsprachen, herzustellen. Diese erforderten schließlich einen höheren Materialverbrauch, der die Planerfüllung, die nach Stückzahlen abgerechnet wurde, erschwerte. Die Rechnung war einfach: Für Kleidung in großen Größen konnte aus der verfügbaren Menge Stoff weniger hergestellt werden. Zudem entsprach das Angebot oft nicht den Wünschen und Erwartungen der Käuferinnen: Die Farben waren zu dunkel, die Schnitte langweilig, die Qualität schlecht.

In der Satirezeitschrift *Eulenspiegel* finden sich immer wieder Berichte über die unzulängliche Kleiderproduktion. So beschrieb eine Produktionsarbeiterin diese Situation: »VVB und Ministerium schreiben uns Stückzahlen vor. Da müssen erst einmal Kleider von den Bändern purzeln. Ob sie gekauft werden, stellt sich erst später heraus. Wir bringen Werte. Deshalb die teuren Stoffe und simplen Schnitte. Jedes Detail drückt die Zeit.« Und die Redaktion setzte einen eigenen Bericht aus der Produktion obendrauf: »15 000 Damenmäntel über den Plan fertigte der VEB (B) Prignitz in Wittenberge aus einer Streichgarn-Zellwolle, die als Stoff für Jugendweiheanzüge den Ansprüchen nicht mehr entsprochen hatte, mit wollig-weichem Unterfutter kaschiert jedoch bald als Erfolgsfaktor nach oben gemeldet worden war. Obwohl sich beim Bügeln der ersten Mäntel zeigte, daß die Unterlage hart, der Stoff wellig und die Kleidungsstücke unansehnlich waren, wurde in Anbetracht der Auflage der VVB Konfektion tapfer weiterproduziert und 6000 Stück mit Gütezeichen 1 und EVP [Einzelhandelsverkaufspreis] 101,80 Mark ausgeliefert. Der Handel reklamierte – 2000 Stück. Der Rest – um 75 Prozent preisgesenkt – sucht vergeblich einen Käufer.«[37] Hinzu kam, dass es immer wieder Eingriffe in die eigentlich für die Produktion von Kleidung vorgesehenen »Bevölkerungskontingente« gab, zum Beispiel hatte man 1959 vergessen, Material für Hunderttausende DDR-Fahnen einzuplanen. Diese mussten dann aus dem Stoff hergestellt werden, der eigentlich für die Herstellung von Sommerkleidern, Kinder-Oberbekleidung und Bettwäsche vorgesehen war und folgerichtig dort fehlte.[38]

Die schwierige Versorgungssituation bescherte Frauen aller Generationen in der SBZ und der DDR eine generationsübergreifende gemeinsame Erfahrung: Sie mussten zu allen Zeiten improvisieren und erwiesen sich als Meisterinnen darin, aus den verfügbaren Materialien das Beste zu machen: »Einfallsreichtum ist auch bei der Herstellung von Modeschmuck Trumpf. Eine Berlinerin kreiert aus Schals, Geschirrtüchern und Servietten originelle Hüte und Kappen, aus Schuhschnallen Ohrclips und aus Muscheln und Vogelbeeren Ketten. Besonders schlecht ist es um die Herrenmode bestellt. Die vorhandene Garderobe wird aufgetragen und entsprechend wenig Neues angeboten. Der Sakkoanzug, der als Folge der in der Bevölkerung verbreiteten Unterernährung sehr weit wirkt, wird zum Standardkleidungsstück für den Herrn.«[39] Die Frauen in der Nachkriegszeit fertigten aus Uniformen der Wehrmacht, aus Fallschirmseide oder alten Mänteln neue Kleidungsstücke. Sie malten sich mit schwarzer Farbe einen Strich auf die Beine, um vorzutäuschen, dass sie Strümpfe trugen.

Ihre Töchter und Enkelinnen standen ihnen in puncto Improvisation in nichts nach. Bettlaken wurden eingefärbt, um daraus farbenfrohe Kleider zu nähen. Aus gefärbten Baumwollwindeln wurden Halstücher gefertigt. Als im Westen Ende der 1970er Jahre Latzhosen modern wurden und es diese in der DDR nicht zu kaufen gab, griffen die Frauen auf Maurer- oder Malerhosen zurück, die eingefärbt wurden. Die Zeitschriften und Ratgeberseiten waren voller Tipps, wie Engpässe überwunden und mit verfügbaren Materialien improvisiert werden konnte. Viele Haushalte glichen Vorratslagern. Man kaufte alles, was es gerade gab, da man nie wusste, wann welche Ware aus den Geschäften verschwinden und wieder auftauchen würde. Auch wenn man es selbst nicht verbrauchen oder gebrauchen konnte, konnte man es als Tauschobjekt nutzen. Die Anzeigenseiten der Zeitungen waren voll mit Tauschanzeigen. Frauen wurden zu Spezialistinnen für Vorratshaltung und Lagerlogistik.

Da lacht der Plan

»Das allen 12jährigen Adlershoferinnen zugedachte Jackenkleid war von schmutzig-gelber Farbe mit grauen Karostreifen, Material Spezitex, der stolze Preis 90,40 Mark. Vom VEB Jugendmodelle Roßwein offenbar unter dem Motto hergestellt: ›Für die kleine Oma mit Lotto-Fünfer‹. [...] Für meinen 3jährigen Sohn gibt es grundsätzlich nur grießgraue Herrenanzüge, in denen er aussieht wie sein eigener Vater. [...] Dazu wird von modebewußten Verkäuferinnen das obligate weiße Oberhemd samt roter Fliege empfohlen. Und in solcher Verkleidung sollen die armen Würmer nun fröhlich sein und singen! [...] Was ist eigentlich los in der KOB [Kinderoberbekleidung]? Befindet sie sich auf einem anderen Stern? [...] Wie das Kaninchen auf die Schlange starren die Werkleiter der KOB-Industrie auf ihren Plan, den sie – rücksichtsvoll nur gegenüber ihren eigenen Jahresendprämien – mit preußischer Sturheit erfüllen. [...] Röcke aus lustig-buntem Stoff zum Beispiel produzieren sie nicht, ›der Verschnitt‹ ist zu groß. Einfarbige Stoffe hingegen [...] lassen sich bis zum letzten cm verarbeiten. Da lacht der Plan! [...] Mit den Verantwortlichen der Kinderoberbekleidungsindustrie muß frei geredet werden, und zwar Fraktur. Und wenn sie nach gehabter Standpauke ganz klein sind, mit Hut, dann könnten sie eigentlich ihre Ladenhüter selbst auftragen.«

Renate Holland-Moritz: Um Kopf und Kragen. In: Eulenspiegel 46/1968, S. 8.

Das mangelhafte Angebot wurde in zahlreichen Eingaben an das Ministerium für Handel und Versorgung aus allen Gebieten der DDR immer wieder beklagt, zum Beispiel so: »Es handelt sich darum, daß schon seit Monaten keine Kinderhosen in den Handelseinrichtungen im Angebot sind. Wie wir jetzt während unseres Urlaubs feststellen konnten, besteht diese Marktlücke nicht nur bei uns im Bezirk Karl-Marx-Stadt. Das ist republikweit so. In Eisenhüttenstadt waren zwar die Regale mit Jeans

Die Modezeitschrift »Sibylle« zeigte hochwertige Mode, die es meist nicht zu kaufen gab, von vielen Frauen aber nachgenäht wurde (»Sibylle« 4/1968), (© Roger Melis Nachlass/Mathias Bertram).

gefüllt, aber wer kauft seinem Kind im Sommer eine Jeanshose, noch dazu in einer unangemessenen Preisklasse! Es ist doch nicht Sinn und Zweck der Sache, daß ich als Oma (berufstätige) von zwei Enkelkindern meine Freizeit an der Nähmaschine verbringe, um meine Enkel etwas modisch einzukleiden.«[42] Zumindest was die letzte Feststellung betraf, irrte sich die berufstätige Oma. Bereits 1976 hatte eine Studie des Instituts für Marktforschung der DDR die Frage aufgeworfen, ob die »individuell geschneiderte Oberbekleidung Luxus, Hobby oder ›Notlösung‹« sei. Die Studie kam zu dem Schluss, dass das unzureichende Angebot im Handel einerseits dazu führe, dass immer mehr Kleidung selbst genäht werde; Mitte der 1970er Jahre waren das 35 Prozent. In den 1980er Jahren wurde geschätzt, dass Frauen bereits die Hälfte ihrer Kleidungsstücke selbst anfertigten. Gleichzeitig habe dies – so die Studie – aber auch einen positiven Effekt, denn dadurch sei eine »sinnvolle Nutzung des Freizeitfonds unserer Frauen« gewährleistet.[43]

In den 1980er Jahren differenzierte sich die modische Vielfalt in der DDR trotz zunehmender Versorgungsprobleme immer weiter aus – vor allem weil viele Frauen sich ihre Kleidung selbst nähten. Allerdings war das Angebot an hochwertiger, schöner und moderner Kleidung nicht besser geworden. Mittlerweile gehörten fast alle Konsumgüter zu den »kritischen Sortimenten«. Bei Schuhen wurde eine »komplizierte Marktlage« festgestellt, die allerdings via Geschenksendungen aus dem Westen von mehreren Millionen Paar Schuhen abgemildert werde. Zum Bereich Oberbekleidung wurde festgestellt: »In der Frühjahr-Sommer-Saison 1985 ist es nicht gelungen, die Marktsituation nach der im Vorjahr verzeichneten Verschlechterung wieder zu stabilisieren. Der Einzelhandel meldet bei 60 % der Untersuchungspositionen unzureichende Angebotsmengen [...].«[45] Über die zunehmende private Einfuhr westlicher Mode wurden zudem viele Modetrends aus dem Westen übernommen.

»So wie Dir geht es Michele in Paris«

Frauen in der DDR hatten nicht nur über die in den Westpaketen geschickte Bekleidung Zugang zu modischen Informationen aus dem westlichen Ausland, das als Maßstab aller Dinge galt. Durch Besucher aus dem Westen gab es insbesondere in Ost-Berlin lebendigen Anschauungsunterricht. Und viele, die über solche Quellen nicht verfügten, hatten allabendlich die Möglichkeit, durch den Wechsel des Fernsehprogramms auf die Westsender westliche Mode frei Haus in das eigene Wohnzimmer geliefert zu bekommen. In den 1950er Jahren konnte man sich im Jugendmagazin *Neues Leben* neben einheimischen Modeempfehlungen auch vielfältige Einblicke in die internationale Modewelt holen: »Bei einem Bummel durch den Frühling träumst Du von einem neuen Kleid, mit dem Du gleichsam wie die Natur neu und hübsch angezogen bist. So wie Dir geht es Michele in Paris, Tamara in Prag, Angelina in Rom, Beate in Warschau, Monika in Düsseldorf und Astrid in Berlin, denn überall in der Welt tummelt sich auch die Mode.«[46]

Die Vorstellung internationaler Modetrends aus ost- und westeuro-

Die Frau in der DDR wurde auch mit hochwertiger Pelzmode vor dem Völkerschlachtdenkmal in Leipzig präsentiert (© Klaus Mehner, 1989).

päischen Ländern war ausgewogen. Dies änderte sich auch mit dem Mauerbau 1961 nicht. Berichte in DDR-Zeitschriften wie *Sibylle*, *Neues Leben* oder *Das Magazin* brachten Fotos und Beschreibungen von den Modeschauen in Mailand oder Paris und animierten Frauen, die teilweise detaillierten Beschreibungen der Modelle mit der heimischen Nähmaschine nachzuahmen. Gegen die Orientierung an westlichen Modevorbildern half auch wenig, dass im Modelexikon der Untergang der westlichen Modeentwicklung prophezeit wurde. »Dem allgemeinen moralischen Verfall in der kapitalistischen Gesellschaftsordnung entspricht die Verkümmerung des guten Geschmacks, der Stil verliert sich, die modischen Extravaganzen werden zu hektischen Demonstrationen. Wir sind heute Zeugen des Untergangs dieser überlebten gesellschaftlichen Ordnung. Auch auf dem Gebiet der Mode ist zu beobachten, wie die bürgerliche Dekadenz verzweifelt versucht, auch weiterhin die geistige Führung zu behaupten. Weder individuelle Leistungen noch eine hochentwickelte Konfektionsindustrie vermag auf die Dauer über den allgemeinen Verfall hinwegzutäuschen, der sich beispielsweise in der reaktionären Moderichtung des ›New Look‹ (1947) mit knöchellangen weiten Röcken und enger Futtertaille äußerte, wie in der Entblößungsmode ›oben ohne‹ (1965) oder in jenen schmiedeeisernen Kettenhemden, die Paris 1967 kreierte.«[47]

Trotz aller Versuche, eine eigene, »sozialistische Modelinie« zu entwickeln, schauten die Frauen modisch lieber gen Westen denn gen Osten. So prägte die »Hippie«-Mode, in der DDR als »Zigeunermode« bezeichnet, in den 1970er Jahren ebenso das Straßenbild wie die Röcke internationalen Trends folgend immer kürzer wurden. Trugen die Frauen in Paris im Sommer Stiefel zu ihren ärmellosen Kleidern, dann konnte auch dieser Modetrend ebenso wenig wie der Wunsch nach Jeans am Eisernen Vorhang gestoppt werden. Hatte man noch wenige Jahre zuvor großen Wert darauf gelegt, dass die Frau in der DDR vollständig angezogen war, brach die Mode im Jahr der X. Weltfestspiele, die 1973 in Berlin stattfanden, alle bisherigen Tabus. Hier tauchten die Models mit bauchfreien Straßenkostümen auf. Die Säume der Hosen weiteten sich zu den aus dem Westen bekannten »Schlaghosen«.

Dass die Etablierung eines sozialistischen Frauenbildes mit Frauen, die sich »sozialistisch kleideten«, scheiterte, zeigte sich nicht nur an der Übernahme modischer Trends aus dem Westen und der Geringschätzung all dessen, was als DDR-Mode verstanden wurde. Es zeigte sich auch daran, dass die moderne Frau in der DDR sich in den 1980er Jahren nicht mehr vorschreiben lassen wollte, dass »Misswahlen« ihrer Würde abträglich seien. Diese waren bis 1986 in der DDR verboten, weil man die Zurschaustellung von Frauen als Erniedrigung ansah. Das Interesse an westlichen Misswahlen war aber trotz Verbots und Karikierung in den DDR-Medien stets groß. Glasnost und Perestroika hinterließen auch hier ihre Spuren: 1986 wurde erstmals in der DDR eine »Miss Frühling« und eine »Miss Sommer« und 1989 schließlich eine »Miss DDR« gewählt. Die erste gesamtdeutsche »Miss Germany« kam 1990 aus Brandenburg und hieß Leticia Koffke.

Die »unsichtbaren Frauen«[48]

Im offiziellen Frauenbild der DDR fehlte nicht nur die schonungslose Beschreibung der alltäglichen Probleme, mit denen Frauen konfrontiert waren. Es gab auch zahlreiche Gruppen, die offiziell eigentlich nicht existierten. Dazu gehörten Obdachlose, Prostituierte, Frauen, die Opfer von Gewalt wurden, politisch Andersdenkende. Zu ihnen finden sich oftmals keine belastbaren statistischen Angaben.[49] Auch lesbische Frauen gehörten zu den eher verschwiegenen Gruppen. Die offizielle Darstellung dazu hieß: »Im Sozialismus gibt es keine Randgruppen.«[50]

Vollständig tabuisiert wurden solche Themen jedoch nicht. In der Literatur sowie in Fernseh- und Kinofilmen konnte man sie ebenso finden wie in der Berichterstattung über Gerichtsprozesse. Prostitution oder der »lockere Lebenswandel« mit wechselnden Sexualpartnern und die damit einhergehenden Folgen wie gesellschaftliche Isolation, Einsamkeit und drohende Geschlechtskrankheiten wurden beispielsweise im Film »Straßenbekanntschaft« (1948) oder »Solo Sunny« (1980) aufgegriffen. Häusliche Gewalt gegen Frauen wurde im Film »Bis

Zu den Frauen, die in der DDR tabuisiert waren und in der öffentlichen Darstellung keine Rolle spielten, gehörten Obdachlose, hier an der Ostsee (© Barbara Köppe, nach 1980).

daß der Tod euch scheidet« (1979) oder in »Winter adé« (1988) angesprochen.

Auch das Thema der gleichgeschlechtlichen Liebe in der DDR war nicht tabuisiert, wobei es in öffentlichen Darstellungen kaum eine Rolle spielte. Hier waren es vor allem Männer, die trotz der 1968 erfolgten Reform des Strafgesetzbuches, mit der die Strafbarkeit homosexueller Handlungen abgeschafft worden war, unter Diskriminierung zu leiden hatten. Homosexualität spielte vorwiegend in fachwissenschaftlichen Veröffentlichungen, die auch von einem größeren Leserkreis hätten gelesen werden können, eine Rolle. Siegfried Schnabl, der bekannte Sexualforscher in der DDR, klärte seine Leser 1969 darüber auf, dass gleichgeschlechtliche Liebe weder eine Perversion noch etwas Abstoßendes oder Abartiges sei.[51] Er ermunterte vielmehr die Leser zur Offenheit, denn »Homosexuelle unterscheiden sich – abgesehen von ihrer Triebrichtung – wenig oder gar nicht von uns allen«. Schnabl setzte sich auch mit zahlreichen Vorurteilen Homosexuellen gegenüber auseinander: Noch immer müssten viele darauf achten, nicht als Paar bekannt zu werden, um Gerede zu vermeiden. Das ihnen nachgesagte promiskuitive

Verhalten sei auch nicht stärker ausgeprägt als bei Heterosexuellen. Aber »bei homosexuellen Frauen sind Bündnisse von dauerhafter Treue üblicher«. Gleichgeschlechtlich liebende Frauen fielen in der Öffentlichkeit zudem nicht so sehr auf wie Männer, da es unter Frauen üblich sei, »Zärtlichkeiten und Umarmungen« auszutauschen.

Bei allem Verständnis, das der Sexualwissenschaftler anderen Formen der Sexualität gegenüber aufbrachte, war er jedoch nicht frei von – zeittypischen – Vorurteilen. So würden gleichgeschlechtliche Beziehungen zwischen Frauen vor allem in Strafvollzugseinrichtungen auftreten, »wo sich nicht gerade die gute Auslese zusammenfindet«.[52] Bis zum Ende der DDR änderte sich trotz der Liberalisierung bei den rechtlichen Regelungen und der Fortschritte in der Sexualforschung kaum etwas an den Vorurteilen und Vorbehalten gegenüber gleichgeschlechtlichen Partnerschaften. Schnabl berichtete von Fällen aus seiner Praxis, in denen Homosexuelle »zur Kündigung gedrängt wurden, als sich herausstellte, daß sie homosexuell sind«.[53] Solchen Diskriminierungen waren jedoch weitaus mehr Männer als Frauen ausgesetzt.

»Guten Morgen, du Schöne«
Frauen in Literatur, Film und Sport

Engagierte sozialistische Künstler
»Kommen wir zur Konzeption baugebundener Kunst. Was heißt Familie im Stress? Und für wen sollen wir dieses Denkmal aufrichten? Habt ihr das mit den Bildhauern ernsthaft erwogen? Genosse Brenner, bei allem Verständnis für Originalität der Arbeiten, aber diese Vorschläge sind in der vorliegenden Art unakzeptabel. Eine Familie im Sozialismus. Das ist ein wichtiges Thema. Eine solche Gruppenplastik ist denkbar. Darstellung von Stress kann nicht das Anliegen von engagierten sozialistischen Künstlern sein.«
Die Architekten, DEFA-Film, 1990.

Dieser Monolog aus dem DEFA-Film »Die Architekten« illustriert anschaulich die Zwiespältigkeit, die den gesamten Alltag der DDR durchzog: Die offiziellen Darstellungen drangen darauf, dass der Mensch im Sozialismus optimistisch, fröhlich und glücklich gezeigt wurde. Krisen waren dazu da, überwunden zu werden und die hadernden Menschen letztlich zu guten Erbauern des Sozialismus zu machen. Wenn Probleme behandelt wurden, sollten sie als Übergangsphänomene dargestellt werden, die dank der Weisheit der Partei auch gegen Widerstände von Kleingeistern, die den sozialistischen Aufbau störten, erfolgreich gemeistert wurden. So weit die Theorie. Der Anspruch vieler Künstler, Journalisten und Intellektueller dagegen war es, den Alltag ungeschönt in all seiner Widersprüchlichkeit zu zeigen. Und so konnte man Zensur und Einschränkungen zum Trotz in der DDR-Literatur, in der Kunst und in Filmen so einiges über die Probleme und die Belastungen gerade auch von Frauen lesen und sehen. Bei der Thematisierung dieser Probleme kam es für viele Künstler darauf an, die Gratwanderung zwischen einer realistischen Darstellung des Lebens in der DDR und allzu offensichtlicher Kritik an den politischen Verhältnissen zu meistern.

In Büchern und Filmen der 1950er Jahre sollten Aufbruchsstimmung und ein optimistischer Blick auf das Leben von Frauen vorherrschen, die im Sozialismus trotz aller Schwierigkeiten ein erfülltes Leben fanden. In diesem Sinne wurden etwa Frauen in dem Film von Slatan Dudow »Frauenschicksale« (1952) gezeigt, die einem West-Berliner Weiberhelden auf den Leim gehen. Erst durch das Unglück, in das er sie bringt, werden sie schließlich geläutert und zum sozialistischen Aufbau »bekehrt«. Sie erkennen, dass nur die DDR ihnen eine private und gesellschaftliche Perspektive bietet, nicht aber der Westen, in dem sich Männer wie der West-Berliner Tunichtgut ausleben können. Frauen, die in den 1950er Jahren in der *Frau von heute* vorgestellt wurden, entsprachen ebenfalls diesem Bild: Frauen, die sich beruflich verwirklichen wollten, an der politischen Entwicklung der DDR Anteil nahmen und diese guthießen. Ihr Lebensweg sollte als Vorbild für andere, noch zögernde Frauen dienen. Auch die von Elfriede Brüning gewählten Frauenfiguren Regine Haberkorn und ihre Widersacherin, eine schöne und reaktionäre Beamtenwitwe, spiegelten das offizielle Frauenbild wider: Frauen, die sich von der Richtigkeit der sozialistischen Entwicklung überzeugen ließen und zu sozialistischen Persönlichkeiten erzogen wurden, oder solche, die im Leben scheiterten, weil sie sich nicht für die Idee des Sozialismus begeistern konnten.[1] Sie erschienen dabei häufig entweder als leicht verführbare Beute von Männern oder als ihm ebenbürtige Partnerinnen. Die Botschaft war, dass Frauen sich durch ihr Bekenntnis zum Sozialismus und der DDR von der Unterdrückung durch rückständige Männer und den von ihnen geprägten Geschlechterbildern und -rollen befreien und erst dadurch ein erfülltes Leben führen könnten.

Viele Menschen in der DDR fanden sich in diesen Darstellungen nicht wieder. Sie wehrten sich dagegen, dass der Alltag und ihr Leben schematisch und geschönt dargestellt wurden. DDR-Filme, die den Ruf hatten, vor allem SED-Propaganda zu vermitteln, wurden gemieden, zumal bis zum 13. August 1961 immer noch die Möglichkeit bestand, sich in

West-Berliner Kinos Filme anzuschauen, die den Sehnsüchten vieler Menschen nach einem schönen und leichten Leben weit eher entsprachen: »So stieß die Kämpferin für den Sozialismus wohl eher auf Desinteresse oder gar Abweisung, während das – wie sich zeigt – stillschweigend belassene Modell des sanften, hübschen Weibchens von vielen wohlwollend akzeptiert wurde. Auf politisch gewollte Erfolgsfrauen [...] schienen etliche mit einer gewissen Distanz, wenn nicht gar kritischen Ignoranz reagiert zu haben. Seine [Walter Womackas] wohlgerundeten Bäuerinnen und verliebten jungen Frauen der 50er und 60er Jahre erlangten dagegen große Popularität.«[2] Zu Beginn der 1960er Jahre änderte sich das Bild. Mit dem Mauerbau 1961 wurde der letzte Weg in den Westen versperrt. Den Menschen versprach man, dass nun der Sozialismus ohne Störungen von außen aufgebaut werden würde. Da der »Klassenfeind«, der dem sozialistischen Aufbau in der DDR durch Verleumdungen schaden wolle, ausgesperrt sei, würden auch die Spielräume größer, um Probleme im Sinne des »sozialistischen Realismus« anzugehen und Wege zu ihrer Überwindung aufzuzeigen.

Viele Künstler in der DDR sahen sich – auch wenn sie vom in der DDR eingeschlagenen Weg grundsätzlich überzeugt waren – nicht als Erfüllungsgehilfen bei der Vermittlung von Parteipropaganda. Sie wollten insbesondere nach dem Mauerbau das Leben in der DDR in Literatur und in Filmen wahrheitsgetreu abbilden. So konnten etwa unter Joachim Mückenberger, der zwischen 1961 und 1966 die DEFA-Studios leitete, Filme entstehen, die Alltagsprobleme und auch ideologische Härten thematisierten, wie zum Beispiel »Das Kaninchen bin ich«, »Denk bloß nicht, ich heule«, »Karla«, »Fräulein Schmetterling« oder »Jahrgang 45«, der die Eheprobleme eines Paares zeigt, das sehr jung geheiratet hat und sich nach nur zwei Jahren Ehe wieder trennen will. Während die Männer in diesen Filmen als überzeugte Genossen, oft auch als Karrieristen oder Beschützer der Frauen oder ihre Zeit sinnlos vertrödelnde Taugenichtse erscheinen, sind die Frauen aus heutiger Sicht oft die interessanteren Figuren: Sie sind emanzipiert oder emanzipieren sich im Laufe der Handlung und beginnen, ihre Bedürfnisse zu artikulieren. Sie wählen häufig den schwierigeren Weg, auf dem dann (jüngere) Männer als Hindernisse auftauchen. Frauen wirken dabei vielfach reflektierter als ihre männlichen Gegenspieler. Wie die Literaturwissenschaftlerin Ilse Nagelschmidt konstatiert, wurde endgültig »Abschied von der Superfrau vor allem der Betriebsromane genommen, die unermüdlich rackert und schafft, gesellschaftlich tätig ist und schließlich den ausgebrochenen Ehemann auf den Pfad der Tugend zurückbringt«.[3]

Der entschiedene Kampf gegen das Alte

Das 11. Plenum des ZK der SED 1965, das als »Kahlschlagplenum« bekannt wurde, machte mit dieser differenzierten Darstellung des Lebens in der DDR vorerst Schluss. Gesellschaftskritische Filme, die als schädlich für das Bild vom Sozialismus bewertet wurden, wurden geächtet und durften nicht mehr aufgeführt werden: »Kunst und Literatur können mit ihren spezifischen Mitteln die Schöpferkraft des Menschen in der sozialistischen Gesellschaft entwickeln helfen. Das erfordert aber in allen Bereichen der Kunst den entschiedenen Kampf gegen das Alte und Rückständige aus der kapitalistischen Vergangenheit und gegen die Einflüsse der kapitalistischen Unkultur und Unmoral, wie sie in der amerikanischen Sex-Propaganda und der Verherrlichung des Banditentums zum Ausdruck kommen.«[4] Die Menschen sollten so dargestellt werden, wie sie sein sollten, und nicht, wie sie waren. Gleichzeitig traten nach dem »Kahlschlagplenum« die Indianerfilme mit Gojko Mitić und Renate Blume sowie unverfängliche, leichte Komödien ihren Siegeszug an, in denen junge, lebensfrohe Frauen agierten. Frech, modisch gekleidet und dem Mann ebenbürtig, sangen und tanzten sie sich unbeschwert durchs Leben. Filme wie »Heißer Sommer« ermöglichten dem Zuschauer einen Ausbruch aus dem Alltag. Sie verströmten Optimismus und Spaß am Leben.

Trailer zum DEFA-Film »Heißer Sommer« (1968) mit dem damaligen Traumpaar der DDR Chris Doerk und Frank Schöbel

Irmtraud Morgner (1933–1990) studierte nach dem Abitur von 1952 bis 1956 Germanistik an der Karl-Marx-Universität in Leipzig und arbeitete anschließend als Redaktionsassistentin bei der Zeitschrift *Neue Deutsche Literatur.* Ab 1958 lebte sie als freischaffende Schriftstellerin in Berlin. Sie veröffentlichte Romane und Erzählungen, ihr bekanntestes Buch »Leben und Abenteuer der Trobadora Beatriz« erschien 1974. Nach dem 11. Plenum des ZK der SED 1965 (»Kahlschlagplenum«) konnte ihr Roman »Rumba auf einen Herbst« nicht mehr erscheinen, Teile nahm sie später in den »Trobadora«-Roman auf. Seit 1968 bestimmten Frauenthemen ihr Schaffen. Von 1963 an war sie Mitglied im Deutschen Schriftstellerverband, deren Vorstandsmitglied sie später wurde. 1970 wurde sie Mitglied des PEN-Zentrums der DDR.

»Ich opferte mich nicht, in meiner Generation ziehe ich diese Rolle [einer Meisterin] die einer Hausfrau entschieden vor«, ließ Irmtraud Morgner ihre Heldin Laura 1974 sagen.[5] Die moderne, selbstbewusste und arbeitende Frau hatte in den 1970er Jahren die Bühne von Literatur, Theater und Film vollends erobert. Frauen reklamierten für sich, als eigenständige Personen behandelt zu werden, die nicht durch einen patriarchalisch auftretenden Mann geführt und angeleitet werden müssen. Irmtraud Morgner beschreibt diese Rebellion junger Frauen und das Umkehren von Geschlechterklischees in der »Trobadora Beatriz«.[6] Um den Preis des Alleinseins verwehrten sie sich der Opferrolle und der Unterordnung unter einen Mann, dabei jedoch immer auf der Suche nach »dem Richtigen«.

Kaffee verkehrt

»Als neulich unsere Frauenbrigade im Espresso am Alex Kapuziner trank, betrat ein Mann das Etablissement, der meinen Augen wohltat. Ich pfiff also eine Tonleiter rauf und runter und sah mir den Herrn an, auch rauf und runter. Als er an unserem Tisch vorbeiging, sagte ich ›Donnerwetter‹. [Es folgt eine detaillierte Beschreibung des Mannes und was er trug; A. K.] Ich ließ ihm und mir einen doppelten Wodka servieren und prostete ihm zu, als er der Bedienung ein Versehen anlasten wollte. Später ging ich zu seinem Tisch, entschuldigte mich, sagte, daß wir uns von irgendwoher kennen müßten, und besetzte den nächsten Stuhl. Ich nötigte dem Herrn die Getränkekarte auf und fragte nach seinen Wünschen. Da er keine hatte, drückte ich meine Knie gegen seine, bestellte drei Lagen Sliwowitz und drohte mit Vergeltung für den Beleidigungsfall, der einträte, wenn er nicht tränke. Obgleich der Herr weder dankbar noch kurzweilig war, sondern wortlos, bezahlte ich alles und begleitete ihn aus dem Lokal. In der Tür ließ ich meine Hand wie zufällig über eine Hinterbacke gleiten, um zu prüfen, ob die Gewebestruktur in Ordnung war. Da ich keine Mängel feststellen konnte, fragte ich den Herrn, ob er heute Abend etwas vorhätte, und lud ihn ein ins Kino ›International‹. Eine innere Anstrengung, die zunehmend sein hübsches Gesicht zeichnete, verzerrte es jetzt grimassenhaft, konnte die Verblüffung aber doch endlich lösen und die Zunge, also daß der Herr sprach: ›Hören Sie mal, Sie haben ja unerhörte Umgangsformen.‹ ›Gewöhnliche‹, entgegnete ich, ›Sie sind nur nichts Gutes gewöhnt, weil sie keine Dame sind‹.«

Irmtraud Morgner: Leben und Abenteuer der Trobadora Beatriz nach Zeugnissen ihrer Spielfrau Laura. Roman in dreizehn Büchern und sieben Intermezzos. Berlin/Weimar 1974, S. 171f.

Auch nach dem »Kahlschlagplenum« blieb der Anspruch vieler Filmemacher bestehen, das Leben in seiner Komplexität auszuloten und den zahlreichen sprachlosen Frauen eine Stimme zu geben, wie es Jutta Hoffmann rückblickend für ihre Filme »Der Dritte« (1972), »Die Schlüssel« (1974) oder »Geschlossene Gesellschaft« (1978) beschrieb: »Ich dachte immer, dass die Leute dachten, ein Film, in dem die mitspielt, kann nicht völlig Mist sein.«[7] Schauspielerinnen ebenso wie Schriftstellerinnen schafften es über ihre Frauenfiguren, neuen Lebensmut und Perspektiven zu geben. Vor allem spielten die Sehnsucht der Menschen nach Liebe und Freundlichkeit im Alltag und ihr Kampf gegen die Einsamkeit eine große Rolle. Viele Frauen identifizierten sich mit den Heldinnen, wollten so sein wie Paula oder Karla, wünschten sich einen Partner wie Graffunda aus »Der Mann, der nach der Oma kam« (1972) oder richteten sich an den Frauenfiguren von Helga Schubert, Helga Königsdorf, Christa Wolf und anderen Autorinnen auf. Christa Wolf beschrieb die Situation in ihrem Vorwort zu Maxie Wanders Buch »Guten Morgen, du Schöne« (1977) so: »Sie zahlen für ihre Unabhängigkeit mit einem schwer erträglichen Schmerz, oft mit Alleinsein, immer mit zusätzlicher Arbeitslast, meist mit einem schlechten Gewissen gegenüber Mann, Kindern, Haushalt, Beruf, dem Staat als Über-Mann. Erst wenn wir – unsere Töchter, Enkel – nicht mehr schlechten Gewissens sind, werden wir wirklich gewissenhaft handeln, erst dann werden wir den Männern helfen können, jenen Unterordnungs- und Leistungszwang wahrzunehmen, der von vielen von ihnen, historisch bedingt, zur zweiten, verbissen verteidigten Natur geworden ist.«[8]

Auch der anstrengende Alltag vieler Frauen wurde zum Filmthema. Filme wie »Der Mann, der nach der Oma kam« oder »Die Legende von Paul und Paula« (1973) nahmen sich dessen erfolgreich an und erlangten schnell Kultstatus. Während »Der Mann, der nach der Oma kam«, verkörpert von Winfried Glatzeder, zum Symbol des aufmerksamen und rücksichtsvollen, jedoch zugleich männlich-attraktiven Partners avancierte, sich auf amüsante Art mit den Fragen der Mehrfachbelastung von Frauen in Beruf, Familie und Haushalt befasste, griff »Paul und Paula« die Sehnsucht der alleinerziehenden Mutter Paula, dargestellt von Angelica Domröse, auf, die nach vielen Enttäuschungen einen zuverlässigen Partner für sich und ihre Kinder sucht. Eine Szene aus »Der Mann, der nach der Oma kam« wurde in »Paul und Paula« aufgegriffen und zum Sinnbild der falsch verstandenen Emanzipation von Frauen in der DDR. Während im ersteren Film die Männer darüber witzeln, dass die wahre Gleichberechtigung erst dann erreicht sei, wenn die Frauen die Kohlen aus dem Keller holen, sieht man Paula im zweiten Film nach ihrer Arbeit die vor ihre Haustür gekippten Kohlen mühsam in zwei Eimern in den Keller schaffen. Einen Ausweg sucht sie in der Heirat mit dem bereits in »Der Mann, der nach der Oma kam« von Fred Delmare verkörperten Taxifahrer, um durch die Unterstützung durch einen Mann bestimmten Zumutungen des Alltags nicht mehr ausgesetzt zu sein.

Den literarischen Befreiungsschlag schließlich fanden viele Frauen in dem 1977 erschienenen Buch »Guten Morgen, du Schöne« von Maxie Wander. Dieses Buch ist gleichsam die ostdeutsche Variante des von Alice Schwarzer 1975 verfassten Buchs »Der kleine Unterschied und seine großen Folgen«. Wander hatte für ihr Buch – ebenso wie Schwarzer im Westen – Frauen verschiedener Generationen, Herkunft und Ausbildung mit ihren Wünschen, Sehnsüchten, Ängsten und Hoffnungen zu Wort kommen lassen. Der Unterschied zwischen beiden Büchern war, dass unterdrückte oder befreite Sexualität für die westdeutschen Frauen ein weit größeres Thema darstellte als für ihre ostdeutschen Schwestern. Ihre Erfahrungen glichen sich jedoch in puncto Belastung und Hausarbeit. Für viele Frauen in der DDR wirkte das Buch befreiend: Sie fanden sich mit ihren Geschichten und Erfahrungen von Überforderung, Begrenztheit, Alltagszwängen, aber auch mit ihren Hoffnungen und Träumen und ihrem Selbstbewusstsein in diesem Buch wieder – auch wenn die Unzufriedenheit mit den politischen Verhältnissen nur zwischen den Zeilen zu lesen war. Das Buch hatte vor allem auch deshalb so großen Erfolg, weil zahlreiche Frauen den Eindruck hatten, dass hier zum ersten Mal und durch sie selbst ein realistischer Einblick in ihre Lebenswelt gegeben wurde – jenseits der offiziellen Verlautbarungen, de-

Trailer zum DEFA-Film »Die Legende von Paul und Paula« (1973)

Maxie Wander (1933–1977) wurde als Elfriede Brunner in eine kommunistische Familie in Österreich geboren. Sie brach die Schule kurz vor dem Abitur ab und übernahm Gelegenheitsarbeiten als Sekretärin, Fotografin und Journalistin. 1956 heiratete sie den österreichischen Kommunisten Fred Wander und siedelte 1958 mit ihm in die DDR über, wo sie ebenfalls als Sekretärin, Fotografin und Journalistin tätig war. Gemeinsam mit ihrem Mann veröffentlichte sie Reisebücher. 1977 erschien ihr berühmtestes Buch »Guten Morgen, du Schöne. Protokolle nach Tonband«, in dem sie Frauen aus der DDR in ihrem eigenen Erleben zu Wort kommen lässt. 1977 verstarb Maxie Wander in Kleinmachnow bei Berlin an Krebs.

nen zufolge die moderne Frau selbstbewusst und durch die sozialistische Politik bestens begleitet ihren Platz in der Gesellschaft gefunden habe, in dem »das Programm des Kommunismus [...] den Frauen eine schöne Zukunft« eröffnet.[9]

1981 später beklagte die Berliner Philosophin Karin Hirdina in ihrem Essay »Erkundungen in der DDR-Literatur«, dass Frauen zumeist noch immer als Zierde und Beiwerk des Mannes, quasi »seine Leiter zum Erfolg«, mitfühlend und warmherzig, »zuständig für Wärme und Menschlichkeit« oder als gefühlskalte Karrierefrauen dargestellt würden. Von den tatsächlichen Konflikten, mit denen Frauen es in der DDR zu tun hätten, finde man jedoch selten etwas. Dies war eine Klage, die bereits 1969 formuliert worden war, als Frauen als »Stichwortgeber für die Männer« und »ihre lächelnde Beigabe« beschrieben wurden.[10] Dass Maxie Wander eine andere Perspektive einnahm, machte ihren Erfolg in der DDR aus.

In den 1970er Jahren trat eine neue Generation selbstbewusster

Gret Palucca (1902–1993) erhielt von 1914 bis 1916 Ballettunterricht bei Heinrich Kröller in München. 1920 wechselte sie zu Mary Wigman nach Dresden, wo sie 1923 auch der ersten Wigman-Tanzgruppe angehörte. 1925 eröffnete sie ihre erste eigene Tanzschule in Dresden. 1934 wurde sie in die Reichstheaterkammer aufgenommen und nahm 1936 an der Eröffnung der Olympischen Spiele in Berlin teil. Da sie den »Ariernachweis« nicht erbringen konnte, durfte sie ab 1936 nur noch mit einer Sondergenehmigung auftreten. Nach dem Krieg eröffnete sie ihre Tanzschule in Dresden wieder, die 1949 verstaatlicht wurde. 1950 tanzte Palucca selbst zum letzten Mal auf einer Tournee. Sie konzentrierte sich fortan auf ihre Lehr- und Ausbildungstätigkeit. Um staatlichen Gängeleien zu entgehen, unterbrach sie ihre Arbeit bis 1954, als sie wieder zur künstlerischen Leiterin der Palucca-Schule berufen wurde. 1962 erhielt sie eine Professur und war von 1965 bis 1970 die Vizepräsidentin der Akademie der Künste der DDR. Sie unterrichtete unter anderem in Stockholm, Bern und Leningrad. Für ihr tanzkünstlerischeres Schaffen erhielt sie mehrmals den Nationalpreis der DDR. 1991 wurde sie Ehrenmitglied der inzwischen vereinten Akademie der Künste und 1992 als eine der großen Persönlichkeiten des Tanzes mit dem Großen Verdienstkreuz der Bundesrepublik Deutschland ausgezeichnet.

Gret Palucca gehörte zu den DDR-Künstlerinnen, die weltberühmt waren. Das Foto zeigt sie 1981 mit Schülerinnen ihrer Tanzschule in Dresden (© Harald Schmitt).

Künstlerinnen an die Öffentlichkeit, die ihre Kritik an den Verhältnissen in der DDR artikulierten. Dazu gehörte Tamara Danz ebenso wie Bettina Wegner, Gabriele Stötzer und Cornelia Schleime.

Brigitte Reimann bei einer Lesung ihres Verlages Neues Leben neben Cheflektor Walter Lewerenz im Haus des Zentralrates der FDJ im Dezember 1966

Brigitte Reimann (1933–1973) arbeitete nach dem Abitur von 1951 bis 1953 als Lehrerin und wurde 1953 Mitglied der Arbeitsgemeinschaft »Junge Autoren« des Schriftstellerverbandes in Magdeburg. 1956 trat sie in die SED ein und arbeitete als freischaffende Schriftstellerin. Im selben Jahr erschien ihre erste Erzählung »Die Frau am Pranger«. In ihren Büchern und Erzählungen verarbeitete sie Alltagsprobleme und -konflikte in der DDR, wobei oft starke Frauen im Mittelpunkt standen. 1968 erkrankte sie an Krebs, an dem sie 1973 starb. Ihr wichtigstes Werk »Franziska Linkerhand« erschien posthum 1974 und gilt als einer der wichtigsten gesellschaftskritischen Romane der DDR.

Frauen erschienen nun in Literatur und Film in ihrer ganzen Zerrissenheit: »›Ich fühle mich ganz alt und ausgehöhlt‹, sagte Franziska [Linkerhand], ›ich fühle mich wie ein Apfel, den die Maden von innen aufgefressen haben, und nur noch die Schale ist übriggeblieben.‹«[11] Frauen, die sich einerseits nach einem verständnisvollen Partner sehnten, aber andererseits nicht mehr gewillt waren, Männer, die als Belastung empfunden wurden, zu ertragen: »Jetzt sagt sie sich, wozu mit einem Mann belasten?«[12] Heldinnen wie Ingrid in »Solo Sunny« (1980) oder die Frauen, die Helga Schubert in ihrer Erzählung »Meine alleinstehenden Freundinnen« (1975) beschrieb, waren selbstbewusst genug, um sich auch ohne Mann im Leben zu behaupten: »Meine alleinstehenden Freundinnen vertreten die Meinung, daß man einmal im

Bettina Wegner singt 1978 »Sind so kleine Hände« in der Sendung »Kennzeichen D« im ZDF

Barbara Köppe (geboren 1942) entdeckte ihr Interesse für die Fotografie bereits als Schülerin, als sie im elterlichen Röntgenlabor experimentierte. Von 1959 bis 1961 absolvierte sie beim Lette-Verein in Berlin ihre Ausbildung zur Fotografin. Da sie den im Westteil der Stadt liegenden Lette-Verein nach dem Mauerbau nicht mehr erreichen konnte, arbeitete sie kurze Zeit als Mannequin, bevor sie 1962 als Fotografin bei der DEWAG, der staatlichen Werbeagentur der DDR, eingestellt wurde. Anschließend fotografierte sie für verschiedene Printmedien der DDR wie die *Neue Berliner Illustrierte*, *Für Dich* oder den *Sonntag*. 1968 wurde eine ihrer Reportagen anlässlich der in der DDR stattfindenden Weltfoto-Ausstellung zur Titelstory. Nach der Geburt ihrer Tochter arbeitete sie ab 1968 freiberuflich, nicht zuletzt deshalb, weil sie mit den politischen Vorgaben im DDR-Medienbereich nicht mehr einverstanden war, den sozialistischen Alltag mit glücklichen und gesunden Menschen zu fotografieren. Sie wurde zu einer gefragten Porträtfotografin, arbeitete in den 1970er Jahren für die Künstler-Agentur der DDR, aber auch für die Diakonie. 1986 wurde sie in den Verband Bildender Künstler (VBK) aufgenommen. Als freie Fotografin wandte sie sich in ihren Arbeiten dem ungeschminkten Alltag und vor allem dem Leben von Frauen in der DDR in seiner Vielseitigkeit zu. Eine ihrer letzten Fotoreportagen zur Zeit der DDR war dem Thema »Frauen – Schönheit – Schicht. Frauen im VEB Kosmetik-Kombinat« gewidmet (1988/89). 2007 beendete sie ihre berufliche Laufbahn als Fotografin.

Selbstporträt von Barbara Köppe in den 1980er Jahren in Berlin

Tamara Danz singt 1988 in Ost-Berlin mit Silly »Bataillon d'Amour«

Tamara Danz (1952–1996) begann nach dem Abitur ein Sprachenstudium, um Dolmetscherin zu werden. 1971 brach sie das Studium ab, um sich auf die Musik zu konzentrieren. Sie sang in verschiedenen Rockbands. 1977 erhielt sie ihren Berufsausweis als Sängerin und kam ein Jahr später zur Band »Familie Silly«, die sich 1980 in »Silly« umbenannte. Mit den Platten »Liebeswalzer« (1983) und »Bataillon d'Amour« (1986) wurde die Band berühmt und erlangte wegen ihrer kritischen Texte Kultstatus. Auch im Film »Flüstern & Schreien. Ein Rockreport« (1988) ist Tamara Danz zu sehen. Am 15. Oktober 1989 wirkte sie am »Konzert gegen Gewalt« in der Berliner Erlöserkirche mit, das sich gegen die Übergriffe von Polizei und Stasi bei den Demonstrationen am 7. und 8. Oktober 1989 wandte und die Freilassung der Inhaftierten forderte. Mit »Silly« war Danz auch nach dem Ende der DDR unterwegs. Sie starb 1996 an Krebs.

Leben verheiratet gewesen sein muß. Wenn sie keinen Freund haben, sagen sie, daß sie auf keinen Fall jeden Tag einen Mann in der Wohnung ertragen könnten.«[13] Zugleich verfallen auch diese Frauen in alte Beziehungsmuster: »Am Beginn einer neuen Epoche machen meine alleinstehenden Freundinnen einen vorläufigen Abschiedsbesuch. In nächster Zeit werden sie nicht kommen können und vielleicht auch nicht anrufen, eventuell sogar das Telefon abstellen und den Schreibblock von der Korridortür wegnehmen. Denn es könnte ihn stören. Im Hinausgehen geben meine alleinstehenden Freundinnen noch eine kurze Einschätzung. Er ist endlich einmal ein ganz normaler Mensch, so daß sie für die Fisematenten der anderen Männer kein Verständnis mehr aufbringen können.«[14]

Das schönste Gesicht des Sozialismus

Neben Film und Literatur bot der Sport viele Möglichkeiten, um das Bild der »modernen« Frau zu vermitteln. Frauen widmeten sich dabei nicht nur den als typisch weiblich geltenden Sportarten. Sie machten Gymnastik, turnten, spielten Tennis oder liefen graziös Schlittschuh. Sie fuhren aber auch rasant Ski oder sprangen wagemutig mit dem Fallschirm aus Flugzeugen. Schon in den 1950er Jahren gab es in der *Frau von heute* in fast jedem Heft eine Reportage über Frauen im Sport.

Am 4. Dezember 1953 widmete *Die Frau von heute* ihr Titelbild der »bekannten Eiskunstläuferin Inge Kabisch« beim Training. Passend zum Titelbild wurde die Modestrecke des Hefts mit einer Auswahl »flotter und zugleich praktischer Kleidungsstücke« dem Skilanglauf gewidmet.[15] Das Cover des Hefts 2 vom 8. Januar 1954 schmückten zwei »Skihasen«, denen *Die Frau von heute* viel Spaß beim Skivergnügen wünschte. Das Heft 25 vom 18. Juni 1954 war den Sportlerinnen der Gesellschaft für Sport und Technik gewidmet, die als »Kameraden« bezeichnet wurden. Das Titelbild zierten zwei Mädchen, die in militärischer Kleidung vor einem Segelflugzeug standen.[16] Auch das I. Deutsche Turn- und Sportfest im September 1954 und das II. Deutschlandtreffen der Jugend 1954 fanden mit der »demokratischen Sportbewegung« breite Darstellung in der *Frau von heute*, ebenso wie die Wettkämpfe zum Turnabzeichen.[17]

Zu den ersten staatlich geförderten sportlichen Betätigungen gehörten die von der 1952 gegründeten Gesellschaft für Sport und Technik (GST) angebotenen Sportarten wie Schießen oder Fallschirmspringen – mit dem Ziel, »die sozialistische Wehrerziehung und vormilitärische und wehrsportliche Ausbildung der Bevölkerung, insbesondere der Jugend« zu gewährleisten.[18] Bis 1980 waren 60000 Frauen und Mädchen unter den etwa 530000 Mitgliedern in der GST. Sie gehörten zu den Sportschützen, trainierten militärischen Mehrkampf sowie verschiedene Flug- sowie Wassersportarten und Tauchen. Den meisten, die Mitglied der GST wurden, dürften die ideologischen und wehrsportlichen Erwartungen der SED-Führung herzlich egal gewesen sein. Für viele war die GST die einzige Möglichkeit, Sportarten zu betreiben, die es au-

Werbung für Sportmode findet sich bereits in den 1950er Jahren in der »Frau von heute«. 1954 stellte die Frauenzeitschrift Mode »In Sonne und Schnee« vor (Die Frau von heute, 4. Dezember 1953).

ßerhalb der Organisation kaum gab. 1957 wurde dann der Deutsche Turn- und Sportbund (DTSB) als Nachfolger des Deutschen Sportausschusses gegründet. Hier waren Frauen wie auch in anderen Organisationen in der Minderheit: Von den über drei Millionen Mitgliedern waren 1981 875 239 – also nur 27 Prozent – Frauen.[19] Auch beim DFD war die sportliche Förderung der Frauen Programm. In Abwandlung des Slogans »Jedermann an jedem Ort – einmal in der Woche Sport«, den Staats- und Parteichef Walter Ulbricht 1959 ausgegeben hatte, beschloss die Frauenorganisation im Juli 1959, unter dem Motto »Auch jede Frau an jedem Ort treibt jede Woche einmal Sport« in den Wohngebieten eigene Frauengymnastikgruppen zu gründen.

Neben der individuellen Freude und Entspannung sollte sportliche Betätigung auch einen gesellschaftlichen Zweck erfüllen, zum Beispiel »gute Ergebnisse bei den Wintersportmeisterschaften« zu erzielen, wie *Die Frau von heute* am 21. Januar 1955 »den großen und kleinen Wintersportlern« mit auf den Weg gab. Sport war nicht nur Teil einer gesunden Lebensführung, sondern zugleich Bestandteil der Wehrertüchtigung. Das Heft 17 vom 29. April 1955 schmückte »Dorothee« mit ihrem Pferd. Im Heft wurde den Leserinnen erklärt, dass »nicht nur die Liebe zum Tier und zum Reitsport [...] notwendig sind, um in dieser Sportart etwas zu leisten, sondern auch Mut und Entschlossenheit, die unsere Sportler befähigen, stets für die Verteidigung der Heimat bereit zu sein«.[20] Zugleich war Sport eines der Gebiete, auf dem die DDR international punkten wollte – und konnte. Je größer die sportlichen Erfolge und je »weiblicher« die Sportart und die sie repräsentierenden Frauen, umso bekannter waren die Sportlerinnen im In- und Ausland.

Es gab vor allem eine als besonders weiblich geltende Sportart, in der DDR-Frauen von sich reden machten: den Eiskunstlauf. Gaby Seyfert und Katarina Witt waren die internationalen Aushängeschilder, die nicht

---

Katarina Witt (geboren 1965) kam als Fünfjährige zum Eiskunstlaufen nach Karl-Marx-Stadt, wo sie die berühmte Kinder- und Jugendsportschule besuchte und von Jutta Müller trainiert wurde. 1988 legte sie dort das Abitur ab. Katarina Witt galt wegen ihrer Eleganz und ihres internationalen Erfolgs als das »schönste Gesicht des Sozialismus«. Sie beherrschte über viele Jahre die Frauen-Eiskunstlaufszene und gewann zwischen 1982 und 1988 fast alle Titel bei Europa- und Weltmeisterschaften sowie den Olympischen Spielen 1984 in Sarajevo und 1988 in Calgary. Ab 1988 trat sie bei der Eisrevue »Holiday on Ice« auf. Auch nach dem Ende der DDR war sie erfolgreich, drehte Eisrevuefilme (»Carmen on Ice«, 1990), gründete ihre eigene Firma »Art & Promotion« in Frankfurt am Main und begann, wieder als Eiskunstläuferin zu starten. Sie nahm mit weniger Erfolg als in den 1980er Jahren 1994 an den Olympischen Spielen in Lillehammer teil. Seit ihrem Rückzug vom Sport ist sie als Werbeikone und mit verschiedenen Auftritten bei Unterhaltungsshows in der Öffentlichkeit präsent. 2009 war sie die Vorsitzende des Kuratoriums für die Bewerbung zu den Olympischen Spielen 2018 in Berlin, die jedoch nicht erfolgreich war.

Bei den Olympischen Spielen 1984 in Sarajevo gewann die 18-jährige Katarina Witt (Mitte) ihre erste olympische Goldmedaille.

Das erfolgreiche Bild von DDR-Sportlerinnen wurde auch durch den Schwimmsport geprägt. Das Foto zeigt Annett Möller im Juli 1981 beim Schwimmwettbewerb der 13-jährigen Mädchen und Jungen im Dynamo-Sportforum in Ost-Berlin (© Harald Schmitt).

nur wegen ihrer sportlichen Leistungen, sondern auch wegen ihrer Grazie international viel Anklang fanden. Katarina Witt wurde gar zum »schönsten Gesicht des Sozialismus« gekürt. Auf ihr Konto gingen zwischen 1982 und 1988 allein zwölf Goldmedaillen bei Olympischen Spielen, Welt- und Europameisterschaften.

Obwohl Frauen in den Sportverbänden gerade mal ein Drittel der Mitglieder ausmachten, war ihr Beitrag an der Medaillenausbeute der DDR beachtlich: Von den zwischen 1956 und 1990 errungenen 443 Weltmeistertiteln gingen 218, von den etwa 369 Europameistertiteln 229 an Frauen.[21] Sie waren insbesondere in der Leichtathletik erfolgreich. Viele Medaillen verdankten sich allerdings nicht nur den guten Sportförderbedingungen in der DDR. Systematisches Doping ermöglichte viele der Medaillen und schädigte zugleich die Gesundheit der Sportlerinnen, von denen viele ihre Leistungen bis heute mit gesundheitlichen Folgeschäden bezahlen.[22]

»Nicht schummeln, Liebling!«

Als 1973 die Musikkomödie »Nicht schummeln, Liebling!« in die Kinos kam, war Fußball in der DDR mitnichten eine anerkannte Sportart für Frauen. Auch wenn die von Publikumsliebling Chris Doerk angeführte

Frauenmannschaft erfolgreicher ist als die der Männer, wird sie im Film belächelt und nicht ernst genommen – bis sie große Erfolge einfährt. In der Realität sah es mit der Akzeptanz von Frauen in Männersportarten – ebenso wie in anderen Bereichen, die als »Männerdomänen« galten – weit schwieriger aus.

Wie auch in anderen sogenannten »Männersportarten« wie Boxen oder Ringen stießen Frauen im Fußball auf große Vorbehalte. Viele Männer waren überzeugt, dass Fußball, der als Kampfsportart galt, nichts für Frauen und ihrer Natur fremd sei. Während der westdeutsche Deutsche Sportbund es seinen Vereinen sogar untersagte, Frauenfußball anzubieten oder Spiele von Frauenmannschaften bei sich zu gestatten, war dies in der DDR nicht der Fall. Das Interesse kam nach der Weltmeisterschaft 1954 auf, in der die deutsche Mannschaft Fußballweltmeister wurde. Seit Ende der 1950er Jahre konnten Frauenmannschaften auf der Regional-, also Kreisebene spielen, Ligaspiele waren ab den 1970er Jahren möglich. In den Deutschen Fußball-Verband wurden Frauenvereine 1968 integriert. Das erste öffentliche Fußballspiel von zwei Frauenmannschaften – Empor Dresden-Mitte gegen Empor Possendorf – fand am 4. August 1969 in Dresden vor immerhin 1600 Zuschauern statt, also drei Jahre vor der Musikkomödie, die dem Sport zusätzlichen Auftrieb gab. Wie alle Sportarten, die nicht zu den Olympischen Spielen zugelassen waren und von denen kein außenpolitisches Renommee zu erwarten war, wurde auch der Frauenfußball weiterhin wenig gefördert. »Bestenermittlungen«, wie DDR-Meisterschaften in Randsportarten genannt wurden, fanden erst ab 1979 statt. Trotzdem gab es 1981 bereits 360 Frauenfußballmannschaften. Die Frauen-Fußballnationalmannschaft der DDR, für die 26 Spielerinnen nominiert waren, wurde 1989 gegründet. Ihr einziges Länderspiel hatte sie im Frühjahr 1990 gegen die Frauen-Fußballnationalmannschaft der Bundesrepublik, die 1989 Europameister geworden war. Aus der damaligen DDR-Nationalmannschaft wurden keine Spielerinnen in das gesamtdeutsche Team übernommen.[23]

Der Song »Wenn wir wollen, dann geht's los« aus dem DEFA-Film »Nicht schummeln, Liebling!« (1972)

Chris Doerk (geboren 1942) machte nach dem Schulabschluss eine Ausbildung zur Gebrauchswerberin. 1960 nahm sie an der DDR-Talente-Show »Herzklopfen kostenlos« teil, wo man sie für ihre Darbietung von »Summertime« aus »Porgy and Bess« feierte. Sie wurde Mitglied im Erich-Weinert-Ensemble der NVA, wo sie mit ihrem späteren Ehemann und Gesangspartner Frank Schöbel auftrat. 1967 erhielt sie die Zulassung als Schlagersängerin. Chris Doerk prägte mit ihren Auftritten das Image der modernen, selbstbewussten und frechen jungen Frau. Frank Schöbel und sie galten als das Glamourpaar der DDR und zugleich als »das Symbol für die saubere junge Familie. Keine Gammler, keine Hippies, keine Langhaarigen. Das Wunschbild der Führung.« Gemeinsam moderierten sie die Fernsehsendung »Treff mit Chris und Frank«. Zu ihren bekanntesten Schlagern gehörten »Männer, die noch keine sind« und »Was erleben«, aber auch politische Songs wie »Rose von Chile«. Filme wie »Heißer Sommer« (1968) und »Nicht schummeln, Liebling!« (1972) waren sehr erfolgreich. Nach der Trennung von Frank Schöbel als Gesangs- und Lebenspartner 1974 arbeitete Chris Doerk als Solokünstlerin. 1982 erkrankte sie an den Stimmbändern, was für viele Monate Auftritte unmöglich machte. Nach dem Ende der DDR platzten die bestehenden Verträge: Neben Auftritten im Fernsehen widmete sie sich in den letzten Jahren vor allem dem Malen.

Zitiert nach: SuperIllu 38/1996, S. 19 und 40/1996, S. 18.

»Wir müssen schreien, damit man uns hört«

Repression, politische Verfolgung und Opposition

Bei der Beschreibung von Frauenleben in der DDR bleibt ein Kapitel oft im Dunkeln. Was war eigentlich mit jenen Frauen, die aus politischen Gründen verfolgt wurden? Schätzungen zufolge gab es unter den etwa 250 000 politischen Häftlingen in der DDR ungefähr 35 000 Frauen.[1] Dazu kamen jene Tausende Frauen, die nach Kriegsende aus der SBZ in die sowjetischen Lager nach Sibirien verschleppt wurden oder in den sowjetischen Speziallagern inhaftiert waren.

Die einzige Gulag-Gedenkstätte in Russland wurde ab den frühen 1990er Jahren von der Gruppe »Perm 36« aufgebaut und das zerstörte Lager im Ural rekonstruiert.

Menschliche Reparationen

Ein besonderes Kapitel bei der Verfolgung von Frauen war die Verschleppung von Mädchen und Frauen aus Ostpreußen in die sowjetischen Zwangsarbeitslager zum Ende des Zweiten Weltkriegs. Auf der Konferenz von Jalta vereinbarten die Alliierten der Anti-Hitler-Koalition im Februar 1945, welche Reparationen die Deutschen nach dem Ende des Krieges für die von ihnen angerichteten Zerstörungen zu leisten hatten. Dazu gehörten auch die »reparations in kind«. Diesen zufolge sollten alle arbeitsfähigen Männer von 17 bis 45 und alle arbeitsfähigen Frauen zwischen 18 und 32 Jahren zum Ableisten von Reparationen herangezogen werden. Wie bei vielen anderen alliierten Regelungen auch legten die sowjetischen Behörden diese Vereinbarung sehr weit aus. Verschleppt wurden weit jüngere Mädchen und viele ältere Frauen – oft nachdem sie vorher brutal vergewaltigt worden waren: »Von den Deutschen sind nur noch Greise und Kinder da, junge Frauen wenig, und auch die werden totgeschlagen. Überhaupt, was hier geschieht, das läßt sich weder sagen noch beschreiben ...«.[2]

Beim Vormarsch der Roten Armee zum Ende des Zweiten Weltkriegs wurden alle arbeitsfähigen Deutschen aus den besetzten ehemaligen Ostgebieten des Deutschen Reiches deportiert, um in der Sowjetunion beim Wiederaufbau des von der deutschen Wehrmacht zerstörten Landes mitzuarbeiten. Da die meisten Männer entweder noch an der Front kämpften oder in Kriegsgefangenschaft geraten waren, wurden vor allem Frauen und Mädchen im Alter zwischen 15 und 45 Jahren nach Osten gebracht. Sie stellten mit ca. 80 Prozent die mit Abstand größte Gruppe der etwa eine halbe Million Verschleppten dar. Schätzungen zufolge verstarb bereits ein Drittel der Menschen während der Transporte. Die Überlebenden wurden zumeist in Lager in Sibirien gebracht und leisteten dort unter unmenschlichen Bedingungen Schwerstarbeit in Bergwerken und Holzfällerlagern.[3]

Wassili Grossman über die Gleichberechtigung der Frau
»Die Gleichberechtigung der Frau ist nicht an den Lehrstühlen und nicht in den Werken der Soziologen verankert worden [...]. Ihre Gleichberechtigung hat sich nicht nur in der Fabrikarbeit, in den Weltraumflügen und im Feuer der Revolution bewiesen – sie ist in der Geschichte Russlands heute und in Ewigkeit verankert durch das Leid in Leibeigenschaft, Lagern, Transportzügen und Gefängnissen. Die Jahrhunderte der Leibeigenschaft, die Zwangsarbeit in Kolyma, Norilsk und Workuta, durch sie wurde die Frau gleichberechtigt mit dem Mann. Das Lager hat auch eine zweite Wahrheit bestätigt, die so einfach ist wie ein Gebot: Das Leben von Männern und Frauen ist untrennbar.«
Wassili Grossman: Alles fließt. Berlin 2010 (zuerst 1972), S. 106.

Diejenigen, die in den 1950er Jahren lebend nach Deutschland zurückkehrten, fanden für ihr Schicksal wenig Beachtung und Verständnis. Im Westen hatte das Wirtschaftswunder Einzug gehalten; viele Menschen wollten ihre Ruhe haben und nicht mehr an die zwölfjährige NS-Zeit und ihre Rolle darin erinnert werden. Im Osten, in der DDR, ließ die »unverbrüchliche Freundschaft mit der Sowjetunion« keine Erinnerungen an Unrecht und Verbrechen zu. Frauen, die als Kommunistinnen unter dem Großen Terror in den 1930er Jahren in die sowjetischen Lager verschleppt worden waren, wurden sogar gezwungen, in ihren Lebensläufen anzugeben, sie seien in einem NS-Konzentrationslager gefangen gewesen.[4] Nach dem Zusammenbruch der kommunistischen Diktaturen fielen die nach Sibirien verschleppten Frauen ein weiteres Mal durch alle Raster: Zwar fand ihr Schicksal nun größere öffentliche Aufmerksamkeit. Sie erhielten aber im Unterschied zu den in der späteren DDR Inhaftierten und Verfolgten keine Entschädigung, da das Gebiet, von dem sie deportiert worden waren, nach den Grenzziehungen 1945 zur Republik Polen gehörte.[5]

Unmittelbar nach dem Ende des Zweiten Weltkriegs verhaftete die sowjetische Geheimpolizei in ihrer Besatzungszone mehrere Tausend Mädchen und Frauen. Die jüngsten waren 14, die ältesten über 65 Jahre alt. Sie wurden ohne Gerichtsurteil als »Zivilinternierte« in die sowjetischen Lager gebracht und dort ohne weitere Prüfung der gegen sie erhobenen Vorwürfe über Jahre festgehalten. Die Anschuldigungen bzw. Vorwände, unter denen sie verhaftet wurden, spiegelten in ihrer Bandbreite die politischen Bedingungen der Nachkriegszeit. Diese reichten von der einfachen bis zur aktiven Mitgliedschaft in der NSDAP über Führungspositionen in NSDAP, BDM oder NS-Frauenschaft über die Mitarbeit in diversen Ministerien bis hin zur Tätigkeit als Gestapo-Spitzel. Verhaftet wurden auch Sekretärinnen und Telefonistinnen, die bei der Polizei oder der Gestapo gearbeitet hatten, sowie nicht näher bestimmte Mitarbeiterinnen als wichtig erachteter Ministerien (Propagandaministerium, »Ostministerium«). Auch die Sekretärinnen von Joachim von Ribbentrop, Alfred Rosenberg und Heinrich Himmler wurden festgenommen. Etwa 77 Prozent der unmittelbar nach Kriegsende verhafteten Frauen wiesen in den von den sowjetischen Behörden angegebenen Haftgründen einen NS-Bezug auf.[6] Unter ihnen befanden sich auch 99 ehemalige Aufseherinnen aus NS-Konzentrationslagern und Gefängnissen.

In 13 Prozent der Fälle wurde eine gegen die Besatzungsmacht gerichtete Tätigkeit als Haftgrund angegeben. Dies konnte sowohl eine Beziehung zu einem Angehörigen der Roten Armee als auch eine von den Sowjets unterstellte Mitgliedschaft beim »Werwolf« oder in anderen als »diversionistisch-terroristisch« bezeichneten Organisationen oder Gruppen sein. Was sich hinter diesem Begriff konkret verbarg, war weit gefasst: Dazu gehörten Jugendgruppen, die nichts mit der sozialistischen FDJ zu tun haben wollten, ebenso wie Freundeskreise, die durch Denunziation in die Gefängnisse, NKWD-Keller und Lager gekommen waren. Acht Prozent der inhaftierten Frauen wurden als angebliche Spione verhaftet. Ihnen wurde vorgeworfen, für die verschiedensten Geheimdienste – oftmals für mehrere gleichzeitig – gearbeitet zu haben. Bei zwei Prozent wurden Verstöße gegen die von der Besatzungsmacht aufgestellten Regeln angeführt. Dazu gehörten Waffenbesitz, Schwarzhandel oder Überschreiten der Demarkationslinie ebenso wie Prostitution. Zu den besonders absurd wirkenden Haftgründen zählte beispielsweise die Verhaftung einer Frau wegen des Besitzes von Postkarten aus dem Kaiserreich. Frauen wurden aber auch festgenommen, weil sie mit einem Nazi verheiratet waren, oder weil man eigentlich den Mann wollte, der aber nicht aufzufinden war.

Die meisten dieser unmittelbar nach dem Kriegsende 1945 verhafteten Frauen wurden nie einem Richter vorgeführt. Ab Ende 1945 ging die Besatzungsmacht dann dazu über, festgenommene Frauen vor ein Sowjetisches Militärtribunal zu stellen. Insbesondere 1946/47 kamen so etwa 1550 verurteilte Frauen in die Lager. Sie waren oft weit jünger als die unmittelbar nach Kriegsende Verhafteten. Die Mehrzahl der Frauen wurde wegen angeblicher Spionage bzw. »antisowjetischer Tätigkeit« verurteilt. Dazu gehörte auch, dass sie Mitglied einer anderen Partei als der SED waren. Insbesondere Frauen, die der CDU oder der SPD angehörten, wurden aus diesem Grund angeklagt. Verurteilt wurden die meisten nach dem berüchtigten Paragrafen 58 des Strafgesetzbuches der RSFSR wegen »antisowjetischer Hetze« und »Spionage«. Lediglich 22 Prozent wurden wegen einer Tätigkeit im Nationalsozialismus verurteilt.

Die Frauen wurden über die berüchtigten GPU-(NKWD-)Keller – oft nach Misshandlungen, Vergewaltigungen oder Folter – in die ehemaligen Konzentrationslager wie in Buchenwald, Jamlitz oder Sachsenhausen gebracht. Wer einmal in den Fängen der sowjetischen Geheimpolizei war, hatte wenig Aussicht, so schnell wieder entlassen zu werden, geschweige denn auf seine Schuld oder Unschuld überprüft zu werden. »Geständnisse« wurden oft unter Folter erpresst. Bei den Verhandlungen vor den Sowjetischen Militärtribunalen, die oft als Schnell- und sogar Fernverfahren geführt wurden, waren keine Verteidiger zugelassen. Eine Beweisaufnahme und -prüfung fand nicht statt. Was an den in sowjetischen Unterlagen angeführten Vorwürfen also tatsächlich dran war, lässt sich bis heute nur schwer rekonstruieren.

Als die sowjetischen Speziallager schließlich im Frühjahr 1950 aufgelöst wurden, übergab man 1100 der noch dort befindlichen Frauen an die DDR-Justiz. Viele hofften, dass sie nun durch deutsche Gerichte freigesprochen und aus der Haft entlassen würden. Das Gegenteil trat ein: Sie wurden in Schnellverfahren in den berüchtigten »Waldheimer Prozessen« nachverurteilt und ins Frauenzuchthaus nach Hoheneck gebracht. Unter ihnen befanden sich Frauen, denen NS-Verbrechen vorgeworfen wurden, ebenso wie Frauen, denen aus nichtigen Anlässen heraus unterstellt wurde, Spione zu sein. Die meisten wurden bis 1955 – oft gesundheitlich schwer geschädigt – aus der Haft entlassen.[7]

Mit der ganzen Härte des Gesetzes[8]

Als die DDR 1949 gegründet wurde, ging die Strafverfolgung auf die DDR-Justiz über. In der Verfassung vom 7. Oktober 1949 war in Artikel 10 (1) geregelt, dass »kein Bürger [...] einer auswärtigen Macht ausgeliefert werden darf«. Dennoch wurden zwischen 1950 und Stalins Tod 1953 927 DDR-Bürger an die Sowjetunion überstellt und zumeist in Moskau erschossen, darunter befanden sich auch 60 Frauen.[9]

Wer waren diese Frauen, die fünf Jahre nach dem Krieg von deutschen Polizisten verhaftet, an die sowjetische Geheimpolizei übergeben und in Moskau ermordet wurden? Für ein Todesurteil reichte aus, dass sie wie Charlotte Köhler (1907–1951) die Ehefrau eines Verdächtigen waren. Charlotte Köhler gehörte 1945 mit ihrem Mann, dem Diplomingenieur Erwin Köhler, zu den Gründungsmitgliedern der CDU in Potsdam. Während ihr Mann für die CDU in der Stadtverordnetenversammlung saß und stellvertretender Oberbürgermeister der Stadt wurde, kümmerte sie sich um die vier gemeinsamen Kinder. Köhler widersetzte sich ebenso wie viele andere CDU-Mitglieder den Versuchen von Besatzungsmacht und SED, die CDU der SED unterzuordnen. Als am 9. Februar 1949 auf der Kreisdelegiertenkonferenz der CDU die demokratiefeindliche Haltung der SED beanstandet wurde, setzte eine Verfolgungs- und Verhaftungswelle gegen kritische CDU-Mitglieder ein, gegen die Erwin Köhler wiederum protestierte. In der Folge wurde er auf Betreiben der Sowjetischen Militäradministration als Kreisvorsitzender der CDU abgesetzt. Im März 1950 wurden Erwin und Charlotte Köhler sowie ihre 17-jährige Tochter verhaftet. Während die Tochter wieder freigelassen wurde, wurde das Ehepaar von einem Sowjetischen Militärtribunal gemäß Paragraf 58 des Strafgesetzbuches der RSFSR zum Tode verurteilt. Die Geständnisse der beiden wurden unter Folter erpresst. Das Todesurteil wurde in Moskau vollstreckt. Die Kinder erfuhren erst 1959 vom gewaltsamen Tod der Eltern. Am 5. Februar 1992 wurde das Urteil aufgehoben.

Hildegard Bender (1927–1952) wurde aufgrund der gleichen Vorwürfe zum Tode verurteilt und hingerichtet, und 1998 rehabilitiert. Erika Syska wurde verhaftet, als sie sich nach dem Verbleib ihres 1950 verschwundenen Ehemannes Eberhard erkundigte. Während ihr Mann als angeblicher Spion zum Tode verurteilt wurde, wurde sie als Ehefrau und angebliche Mitwisserin zu 25 Jahren Lagerhaft verurteilt und 1954 aus Waldheim entlassen. Ihr Mann wurde 1996 rehabilitiert. Um zum Tode verurteilt zu werden, reichte es aus, Flugblätter zu schmuggeln, wie im Fall von Ingeborg Lenz (1927–1951). Irene Schild von Spangenberg (geb. 1927) wiederum wurde 1950 unter dem Vorwand, ihre Mutter sei krank, aus West-Berlin in den Osten gelockt und vom MfS verhaftet. Ihr wurde vorgeworfen, ebenso wie ihr Mann, Werner Schild von Spangenberg (1921–1950), und 15 weitere Angeklagte, Spionage und antisowjetische Propaganda betrieben und einer terroristischen Vereinigung, also einer antisowjetischen Widerstandsgruppe, angehört zu haben. Während ihr Mann mit den meisten der anderen Angeklagten zum Tode verurteilt und erschossen wurde, erhielt Irene Schild eine Haftstrafe von 25 Jahren. 1955 kehrte sie aus der sowjetischen Lagerhaft nach Deutschland zurück.

Die weitaus meisten politischen Urteile wurden jedoch von DDR-Behörden gefällt. Die Vorwürfe entsprachen denen der sowjetischen Behörden: Es ging um (Mitwisserschaft bei) Spionage, antisowjetische Tätigkeit oder staatsfeindliche Aktivitäten. Wer sich zum Beispiel der Zwangskollektivierung oder den seit Beginn der 1950er Jahre gegen den Mittelstand gerichteten Enteignungsaktionen widersetzte, kam in Haft. Dazu gehörte die »Aktion Rose«, in der Anfang 1953 alle privaten Hotels und Gaststätten an der Ostseeküste verstaatlicht wurden. Die Eigentümer, die »Strandbourgeoisie« – oft ganze Familien –, wurden, sofern ihnen nicht die Flucht in den Westen gelang, inhaftiert. Unter ihnen waren auch viele Frauen, wie zum Beispiel Ilse Fridrich, die als 33-Jährige in Kühlungsborn mit ihrer Mutter verhaftet wurde. Ihre Tischlerei wurde beschlagnahmt. Sie alle wurden wie die anderen über 400 Eigentümer in Bützow-Dreibergen inhaftiert und als »Wirtschaftsverbrecher« zu drei bis zehn Jahren Zuchthaus verurteilt.[10] Die Vorwürfe waren zum größten Teil erfunden. Benutzt wurden sie dennoch, um Enteignungen durchzuführen bzw. alle regimekritischen Aktivitäten oder Äußerungen zu unterbinden.

Befehl zur »Aktion Rose«

»Im gesamten Küstengebiet der DDR findet in der Zeit vom 10.2. bis 10.3.1953 eine Überprüfung sämtlicher Besitzer und Pächter von Hotels und Pensionen statt. Es liegen Hinweise vor, dass von diesen Besitzern seit Jahren ständig gegen die Gesetze der DDR verstoßen wird. Diese Verstöße finden ihren Ausdruck in dem Verkauf von illegal eingeführten Westwaren, Verkauf von bezugsbeschränkten Waren ohne Markenabgabe zu überhöhten Preisen, in Wirtschaftsverstößen schlechthin. Darüber hinaus besteht der begründete Verdacht, dass die Besitzer dieser Hotels und Pensionen mit den Agentenzentralen des amerikanischen Imperialismus in Westberlin und Westdeutschland in Verbindung stehen und für dieselben arbeiten.«

Joachim Dresdner: Klassenkampf an der Ostsee. Die »Aktion Rose«. In: Deutschlandfunk, 10. Februar 2003.

Das Regime duldete weder Widerspruch noch Widerstand. Als es am 17. Juni 1953 zum landesweiten Aufstand gegen die SED-Diktatur und die allgegenwärtigen Repressionen kam, bestimmten Männer das Bild. Aber auch Frauen wurden nach der Niederschlagung des Aufstands zu langen Haftstrafen verurteilt. 2015 entdeckte der Historiker Jens Schöne einen bisher unbekannten Bestand mit 846 Fotos von Verhafteten des 17. Juni, unter ihnen auch Frauen.[11] Von den 55 Todesopfern des Aufstands waren vier Frauen.[12] Margot Hirsch (1933–1953) starb, als sie sich am 18. Juni 1953 mit ihrem Mann an der Straßenbahnhaltestelle auf dem Markt in Halle (Saale) traf. Ein tragischer Unfall, sagten die Behörden; von gezielten Schüssen in die Menschenmenge auf dem Hallenser

Markt durch die deutsche Volkspolizei berichten Zeitzeugen. Zu den Toten des 17. Juni gehört auch eine Frau, die unter dem Namen Erna Dorn berühmt und berüchtigt wurde. Sowohl ihre Identität als auch ihr Geburtsdatum sind bis heute nicht geklärt. Nach eigenen Aussagen war sie ab 1940 Häftling in verschiedenen KZs, später erklärte sie, sie sei Aufseherin im KZ Ravensbrück gewesen, wofür sich keine Belege finden ließen. Auch für ihre nach eigenen Angaben von 1934 bis 1945 währende Mitgliedschaft in der NSDAP fanden sich keine Nachweise. 1945 verschlug es sie nach Halle (Saale), wo sie 1945 in die KPD und 1946 in die SED eintrat. 1949 wurde sie wegen krimineller Delikte aus der SED ausgeschlossen und zu elf Monaten Haft verurteilt. Nach ihrer Entlassung wurde sie erneut straffällig und im Januar 1951 wieder verhaftet. Im August wurde sie zu 18 Monaten Haft verurteilt. Nachdem sie vorzeitig entlassen worden war, wurde sie im November 1951 erneut verhaftet. Diesmal ging es um ihre angebliche Tätigkeit als Aufseherin im KZ Ravensbrück. Obwohl ihre Identität und ihre Selbstbeschuldigungen nicht geklärt werden konnten und ihre geistige Gesundheit in Zweifel gezogen wurde, wurde sie am 21. Mai 1953 zu 15 Jahren Zuchthaus verurteilt. Während des Aufstands vom 17. Juni 1953 wurde sie aus der U-Haftanstalt in Halle befreit und einen Tag später erneut festgenommen. Als angebliche Rädelsführerin des Aufstands vom 17. Juni wurde sie vom Bezirksgericht in Halle am 22. Juni 1953 zum Tode verurteilt und am 1. Oktober in Dresden mit dem Fallbeil hingerichtet. Sie war die einzige Frau, die im Kontext des 17. Juni hingerichtet wurde. 1994 wurde das Todesurteil für rechtwidrig erklärt und aufgehoben.[13]

Während Margot Hirsch für die Rücksichtslosigkeit eines Regimes steht, das bei der Niederschlagung des Aufstandes vom 17. Juni zivile Opfer billigend in Kauf nahm, ist Erna Dorn ein Symbol für die gnadenlose Instrumentalisierung der politischen Justiz – auch in Fällen, in denen weder die Identität der Betroffenen klar war noch die gegen sie im Zusammenhang mit dem 17. Juni erhobenen Vorwürfe belegt werden konnten.

Der dunkle Ort

Zum Symbol politischer Verfolgung von Frauen in der DDR wurde das Frauenzuchthaus Hoheneck in Stollberg/Erzgebirge. Die meisten Frauen, die aus politischen Gründen inhaftiert waren, wurden an diesen »dunklen Ort« gebracht.[14] Bereits ab 1864 wurde die Burg als Frauengefängnis genutzt. Während der NS-Zeit waren hier politische Gegner inhaftiert, darunter viele KPD-Funktionäre. Ab 1939 diente Hoheneck als Jugendgefängnis für Männer. Nach 1945 übernahm die sowjetische Besatzungsmacht das Gefängnis, 1950 wurde es an die deutschen Behörden übergeben. Obwohl die Haftanstalt nur für 600 Häftlinge ausgelegt war, waren hier zeitweise über 1600 Frauen unter unmenschlichen Bedingungen inhaftiert.

Ein besonders grausames Kapitel dieser Verfolgung erlebten die Frauen, die zu Beginn des Jahres 1950 aus den sowjetischen Speziallagern der SBZ/DDR nach Hoheneck gebracht wurden. Unter den 1112 Frauen befanden sich auch Mütter mit 30 Kleinkindern. Nach wenigen Wochen in Hoheneck wurden die Kinder den Müttern gewaltsam weggenommen und in DDR-Kinderheime gebracht. Etwa 50 weitere Kinder wurden in den Lagern und in der Haft geboren. Auch sie wurden von ihren Müttern

Das Frauengefängnis Hoheneck in Stollberg war ein Symbol für die politische Verfolgung von Frauen in der DDR. Ansicht des Gefängnisses Mitte der 1980er Jahre.

getrennt und in Kinderheime gegeben, um sie »im sozialistischen Geist« zu erziehen.[15] Viele Frauen kämpften oft noch Jahre nach der Haftentlassung darum, ihre Kinder wiedersehen zu dürfen.

Empfangen wurden die nach Hoheneck eingelieferten Frauen von Wärtern und Wärterinnen, die in ihnen »Nazi-Verbrecher« sahen. Zu den besonderen Schikanen gehörte, dass kriminelle und politische Gefangene zusammen auf die Schlafsäle gelegt wurden. Die kriminellen Häftlinge erhielten Macht über die politischen und misshandelten diese wiederholt.

Anita Goßler (geboren 1933) kam 1953 nach Hoheneck. Nach dem Abschluss der 10. Klasse arbeitete sie in einer Seifenfabrik und begann 1951 eine Ausbildung bei der Deutschen Reichsbahn als Fahrdienstleiterin. Ursprünglich hatte sie Abitur machen und Medizin studieren wollen. Dass sie konfirmiert war und der Kirche angehörte, führte mutmaßlich dazu, dass ihr in der Hochzeit des Kampfes gegen die Kirche in der DDR die Zulassung zur höheren Schulbildung versagt wurde. Bei ihrer Verhaftung im Januar 1953 wurde ihr vorgeworfen, ihren damaligen Verlobten nicht angezeigt zu haben, dem Waffenbesitz vorgeworfen wurde. Am 15. Mai 1953 wurde sie zu fünf Jahren Haft verurteilt. In der Urteilsbegründung ging es nicht mehr nur um die Mitwisserschaft, sondern auch um die »Verbreitung friedensgefährdender Gerüchte«. Da sie bei ihrer Verhaftung bereits schwanger war, kam ihre Tochter im Oktober 1953 im Haftkrankenhaus in Leipzig-Meusdorf zur Welt. Als sie ins Frauenzuchthaus nach Hoheneck verlegt wurde, wo sie bis zu ihrer Haftentlassung 1956 blieb, wurde ihr ihre Tochter weggenommen und in ein Kinderheim gegeben. Anita Goßler wurde wäh-

Anita Goßler 1957, ein Jahr nach ihrer Entlassung aus der Haft, in Delitzsch. Kurze Zeit später floh sie mit ihrem Mann in den Westen.

rend ihrer Haftzeit immer wieder misshandelt, um zu erreichen, dass sie der Freigabe ihrer Tochter zur Adoption zustimmt. Nach ihrer Haftentlassung lebte sie in Delitzsch und arbeitete in der dortigen Zetti-Schokoladenfabrik, bis sie 1957 gemeinsam mit ihrem Mann in den Westen floh. Sie begann, als ungelernte Kraft bei Butter-Lindner zu arbeiten, wo sie bis zu ihrer Verrentung 1993 als Bereichsleiterin arbeitete. Anita Goßler bekam vier weitere Kinder.

Eine andere Facette zeigt die Geschichte von Edeltraud Eckert (1930–1955). 1950 wurde sie in Potsdam verhaftet, weil sie Flugblätter mit dem Inhalt »Freiheit der Ostzone« bei sich trug. Sie hatte erfahren, dass auch nach der Gründung der DDR die sowjetischen Speziallager weiterbetrieben und dort Tausende Menschen ohne Urteil oder Prüfung der gegen sie erhobenen Vorwürfe gefangen gehalten wurden. Sie engagierte sich gegen die neue Diktatur unter Führung der SED und verteilte für die »Kampfgruppe gegen Unmenschlichkeit« Flugblätter. Nach ihrer Verhaftung am 10. Mai wurde sie misshandelt und schließlich an das Sowjetische Militärtribunal überstellt. Am 29. Juli 1950 fand ihr Prozess statt, in dem Edeltraud Eckert unter Ausschluss der Öffentlichkeit und ohne Verteidiger zu 25 Jahren Haft und Zwangsarbeit verurteilt wurde. Sie verbüßte ihre Strafe im Zuchthaus Waldheim, wohin sie am 1. Oktober 1950 verlegt worden war. Dort arbeitete sie unter anderem als Schneiderin. Pro Monat durfte sie einen Brief an ihre Familie schreiben. Im März 1954 wurde sie in das Frauengefängnis Hoheneck verlegt. Bei einem Arbeitsunfall im Januar 1955 verletzte sie sich so schwer, dass sie in das Haftkrankenhaus in Leipzig-Meusdorf transportiert und in den folgenden Monaten mehrfach operiert werden musste. Eine Reihe von Infektionen führte zum Wundstarrkrampf, an dem sie am 18. April 1955 starb. Ihre Urne wurde in einem geheim gehaltenen Massengrab beigesetzt.[16]

Nach dem Mauerbau 1961 änderten sich die Gründe, weshalb Frauen vornehmlich in politische Haft nach Hoheneck kamen. Von nun an wurden Tausende Frauen vor allem wegen versuchter Flucht aus der DDR verhaftet oder weil sie als »Mitwisserinnen« von Fluchtversuchen ihre Freunde und Männer nicht an die DDR-Behörden verraten hatten. Dazu kamen jene Frauen, die in Opposition zum SED-Regime standen und wie Uta Franke einer Leipziger Oppositionsgruppe angehörten, die Diskussionsabende organisierte. Sie wurde 1979 als junge Mutter verhaftet und wegen »staatsfeindlicher Hetze« verurteilt. 1981 kaufte die Bundesrepublik sie frei.[17]

Edda Schönherz (geboren 1944) absolvierte nach dem Schulabschluss eine Ausbildung zur Großhandelskauffrau für Bekleidungstextilien. 1966 begann sie ein Studium an der Fernsehakademie in Berlin-Adlershof, das eine Ausbildung zur Fernsehansagerin und Moderatorin umfasste. Im Oktober 1969 war sie zum ersten Mal im DDR-Fernsehen zu sehen. Sie stand den Verhältnissen in der DDR kritisch gegenüber und wandte sich bei einem Urlaubsaufenthalt in Budapest im August 1974 an die Botschaften der Bundesrepublik und der Vereinigten Staaten, um sich nach Möglichkeiten zu erkundigen, wie sie und ihre beiden Kinder die DDR verlassen könnten. Da die Botschaften beobachtet wurden, blieb ihr Vorhaben nicht verborgen, und sie wurde einige Tage später noch während ihres Urlaubs in Ungarn festgenommen. Im September 1974 wurde sie zur »Klärung eines Sachverhalts« in die Untersuchungshaftanstalt der Staatssicherheit in der Magdalenenstraße in Berlin-Lichtenberg und von dort nach Berlin-Hohenschönhausen gebracht. Ende 1974 wurde sie wegen »staatsfeindlicher Verbindungsaufnahme« und »Vorbereitung eines

Edda Schönherz nach ihrer Ausreise aus der DDR in den 1980er Jahren in München

ungesetzlichen Grenzübertritts in besonders schwerem Fall« zu drei Jahren Haft verurteilt, die sie im Frauengefängnis in Hoheneck verbüßte. Nach der Entlassung im September 1977 sollte sie als Hilfskraft in einer Großbäckerei arbeiten, bei einer Verweigerung wurde ihr angedroht, dass sie für weitere zweieinhalb Jahre in »Arbeitserziehungshaft« kommen würde. Dies blieb ihr durch eine Anstellung bei der Katholischen Kirche Berlin erspart. Edda Schönherz hielt ihren Ausreiseantrag für sich und ihre Kinder aufrecht und konnte Ende 1979 in die Bundesrepublik umsiedeln. Dort arbeitete sie beim Bayerischen Rundfunk in München wieder in ihrem erlernten Beruf als Ansagerin. Sie kehrte 2002 nach Berlin zurück und arbeitet seither als Besucherreferentin in der Gedenkstätte Berlin-Hohenschönhausen.

Die bereits 1950 in Hoheneck durch die DDR-Behörden geübte Praxis, Kinder verurteilter Frauen in Kinderheime zu geben, löste für viele Frauen eine existentielle Angst um ihre Kinder und Familien aus. Die Behörden bedienten sich dieser Ängste, um Frauen unter Druck zu setzen. Allein die Aussicht, dass der Staat sich vorbehielt, Eltern, die ihre Kinder nicht im »sozialistischen Sinne« erzogen, die Kinder wegzunehmen, schüchterte viele Menschen ein. Hinzu kamen die Willkür in der Rechtsanwendung und das Wissen, dass auch in der Verfassung der DDR festgeschriebene Grundrechte nicht das Papier wert waren, auf das sie gedruckt waren. Insbesondere Kinder von Oppositionellen, Kirchenangehörigen oder anderen als missliebig erklärten Gruppen wurden stellvertretend für die Positionen ihrer Eltern bestraft, indem ihnen eine höhere Schulbildung mit Abitur oder auch das Studium verwehrt wurden. Auch über diese Form der Sippenhaft wurde Druck auf die Eltern ausgeübt.

Barbara Große 1967 in Leipzig-Dölitz

Barbara Große (geboren 1947) besuchte in Leipzig die Polytechnische Oberschule bis zur 10. Klasse. Der Konfirmationsspruch, den sie 1961 erhielt, sollte ihr späteres Leben prägen: »Mit meinem Gott kann ich über Mauern springen.« (Ps 18, 30). Da sie nicht in der FDJ war, wurde sie trotz ihrer sehr guten Leistungen nicht auf die Erweiterte Oberschule delegiert. Nachdem sie später in die FDJ eingetreten war, konnte sie über den Umweg einer Ausbildung doch noch das Abitur ablegen und wurde Fernmeldemechanikerin. Später qualifizierte sie sich zur Studiotechnikerin beim Sender Leipzig. 1976 beschlossen sie und ihr Mann, mit den inzwischen geborenen Kindern die DDR zu verlassen, und stellten einen Ausreiseantrag: »Wir hatten viele Gründe, nicht mehr in dieser Diktatur leben zu wollen, aber der Hauptgrund war natürlich, dass wir unseren Sohn nicht zum Mörder machen lassen wollten«, sagte Barbara Große später. Da ihren mehr als 100 Ausreiseanträgen nicht stattgegeben wurde, wandte sie sich 1983 an die Botschaft der Bundesrepublik in Prag, woraufhin sie nach Paragraf 100 des Strafgesetzbuchs der DDR (»Wer sich mit einer fremden Macht in Verbindung setzt, macht sich der landesverräterischen Agententätigkeit schuldig«) zu 30 Monaten Zuchthaus in Hoheneck verurteilt wurde. Ihr Urteil war verschärft worden, weil sie einer Freundin ihre Schreibmaschine geliehen hatte, mit der diese ihren Ausreiseantrag geschrieben hatte. Da ihr Mann nicht mit in Prag gewesen war, wurde er nicht verhaftet, was den Kindern die Einweisung in ein Kinderheim ersparte. Am 7. März 1984 wurde Barbara Große von der Bundesrepublik freigekauft. Wenig später durften auch ihr Mann und die Kinder aus der DDR ausreisen. Im Juni 1984 begann sie beim SWF (heute SWR) im Funkhaus Mainz als Tontechnikerin zu arbeiten. Nach dem Mauerfall 1989 konnte sie 1993 ihre mehr als 3000 Seiten umfassende Stasi-Akte einsehen: »Womit ich nicht gerechnet hatte: Die Stasi hatte mich bis zum Mauerfall weiter unter Beobachtung.« Die Stasi gab ihr die Decknamen »Studio« und »Springer«. In den Akten hieß es: »Die Große will über intensive Rückverbindung zu ehemaligen Arbeitskollegen zielgerichtet sach- und personenbezogene Informationen zum Bereich Studiotechnik Sender Leipzig erlangen um sie im feindlichen Sinne gegen die DDR zu nutzen bzw. weiterzuleiten. Die Große versucht wieder in die DDR einzureisen, um selbst feindlich tätig zu werden und einen Kampf gegen die DDR zu führen.« Barbara Große lebt heute in Mainz und engagiert sich als Zeitzeugin für die Aufklärung über die DDR.

Frauen für den Frieden

»Eine gute Mutter läßt nicht zu, daß ihr Sohn Soldat wird«, hatte Elli Schmidt, die Vorsitzende des DFD, 1952 verkündet.[18] Nur wenige Jahre später galt eine solche Aussage oder die Verweigerung des Wehrdienstes als staatsfeindliche Hetze. Junge Männer, die den 1962 in der DDR eingeführten Wehrdienst verweigerten, wurden verhaftet und eingesperrt. Für zahlreiche Frauen war die zunehmende Militarisierung der DDR-Gesellschaft ein Anlass, um sich in Friedensgruppen zu engagieren. Als 1982 in der DDR ein neues Wehrdienstgesetz in Kraft trat, das die Einberufung von Frauen in die NVA ermöglichte, und der Wehrkundeunterricht zum Pflichtfach wurde, begehrten Frauen auf. Ein Protestbrief an Erich Honecker wurde 1982 von etwa 130 Frauen unterschrieben.

In diesem Zusammenhang entstand 1982 auch die erste nicht unter dem Dach der Kirche gegründete Gruppe »Frauen für den Frieden«, in

Heidi Bohley (geboren 1950) studierte nach dem Abitur in Görlitz an der Kunsthochschule Burg Giebichenstein in Halle (Saale) sechs Semester Industrieformgestaltung und schloss sich einem Freundeskreis an, der die Folgen des sowjetischen Einmarsches in die ČSSR 1968 diskutierte und von der Staatssicherheit im Operativen Vorgang (OV) »Parasit« kriminalisiert wurde. Um ihren Kindern die staatliche Krippenerziehung zu ersparen, richteten die jungen Eltern in einem leer stehenden Abrisshaus in Halle eine private Kinderstube ein. Heidi Bohley übernahm die Betreuung. Im Frühling 1973, drei Monate nach der Geburt ihrer Tochter, starb ihr tschechischer Lebensgefährte. Im Herbst desselben Jahres wurde der Gesprächskreis zerschlagen. Der 23-jährige Freund, in dessen Wohnung man sich immer getroffen und der auch die Kinderstube gegründet hatte, wurde verhaftet und wegen »staatsfeindlicher Gruppenbildung« zu fünf Jahren Gefängnis verurteilt. Da sie ihr Baby auch weiterhin selbst betreuen wollte, lehnte Heidi Bohley den ihr zugewiesenen Krippenplatz ab. Damit nahm sie in Kauf, dass ihr bis auf 20 Mark Kindergeld jegliche staatliche Unterstützung gestrichen wurde. Ohne Arbeitsstelle wurde aber auch eine Inhaftierung wegen »asozialer Lebensweise« möglich. Sie musste sich beim Rat der Stadt, Abteilung Inneres, Referat Wiedereingliederung, melden und ihre Ersparnisse offenlegen. Eine offizielle Unterstützung durch die tschechischen Großeltern wurde unterbunden. Um den Schikanen zu entgehen, nahm sie stundenweise eine Stelle als Reinigungskraft an, arbeitete in einer kirchlichen Tagesstätte für geistig behinderte Kinder und in der Uni-Bibliothek Halle. Die Tochter brachte sie in einen kirchlichen Kindergarten. Als 1982 in der DDR ein

Nach dem Tod ihres Lebensgefährten zog Heidi Bohley ihre Tochter allein groß, hier 1975 in ihrer Wohnung in Halle (Saale) (© Peter Oehlmann).

Wehrdienstgesetz verabschiedet wurde, das die Einbeziehung von Frauen vorsah, schrieb sie auf Anregung ihrer Schwägerin Bärbel Bohley eine persönliche »Eingabe«, die ohne Antwort blieb. Für die folgende Berliner Protesteingabe sammelte sie in Halle Unterschriften: 50 Frauen unterschrieben mit Namen und Adresse, was ein großes Risiko darstellte. Daraus ging die hallesche Gruppe »Frauen für den Frieden« hervor, die 1984 das erste DDR-weite Treffen von Frauengruppen organisierte. Von der Stasi wurde Heidi Bohley von 1982 bis 1989 im Operativen Vorgang »Binder« und im Zentralen Operativen Vorgang »Wespen« bespitzelt. Sie verlor ihre Arbeit in der Uni-Bibliothek und durfte ab 1987 nicht mehr in die ČSSR reisen. 1989 gehörte Heidi Bohley zu den Mitbegründern des Neuen Forums, engagierte sich für Aufarbeitung, gegen Vergessen und Verdrängen. 1995 gründete sie in Halle den Verein »Zeit-Geschichte(n)«, der sich den Folgen von Nationalsozialismus, Stalinismus und Sozialismus widmet.

---

der sich viele Frauen, die 1989 in der Friedlichen Revolution öffentlich bekannt wurden, engagierten. Zu den Mitbegründerinnen gehörten Bärbel Bohley, Katja Havemann, Ulrike Poppe, Irena Kukutz und Heidi Bohley. In den 1980er Jahren entstanden 40 weitere autonome Frauen-Friedensgruppen. Sie agierten unter dem schützenden Dach der Kirche und diskutierten Fragen wie die Bewahrung der Schöpfung in einer atomar hochgerüsteten Welt. Zugleich formulierten sie frauenspezifische Zugänge zu gesellschaftlichen und politischen Strukturen, entwickelten alternative Frauenbilder und stellten staatlicherseits vorgegebene Rollenbilder in Frage. Trotz aller Einschüchterungsversuche und erlebter Repressalien hatten Frauen immer wieder den Mut, aufzubegehren und sich nicht einzuschüchtern zu lassen.

Bärbel Bohley, Heidi Bohley, Vera Lengsfeld, Marianne Birthler oder Ulrike Poppe sind nur einige der namentlich bekannten Akteurinnen der politischen Opposition in der DDR. Aber wie in vielen anderen Bereichen des wirtschaftlichen und politischen Lebens waren sie auch dort eine kleine Gruppe in einem männerdominierten Umfeld. Sie setzten auch deswegen eigene Schwerpunkte und versuchten etwa als Künstlerinnen Rollenklischees zu durchbrechen und neue Räume zu besetzen, so wie es beispielsweise Gabriele Stötzer, Katrin Hattenhauer oder Cornelia Schleime taten.

Gabriele Stötzer (geboren 1953) machte eine Ausbildung zur medizinisch-technischen Assistentin und legte anschließend an der Abendschule das Abitur ab. Sie studierte Germanistik und Kunsterziehung an der Pädagogischen Hochschule in Erfurt und bekam Kontakt zur Jenaer Literatur- und Kunstszene um Jürgen Fuchs. 1976 wurde sie wegen ihrer Kritik an der Exmatrikulation eines Kommilitonen vom Studium ausgeschlossen und zur »Bewährung« in die »Produktion« geschickt. Im selben Jahr unterschrieb sie den Protestbrief gegen die Ausbürgerung von Wolf Biermann aus der DDR. Sie wurde verhaftet und wegen »Staatsverleumdung« zu einem Jahr Gefängnis verurteilt, das sie im Frauenzuchthaus in Hoheneck verbüßte. In der Haft beschloss sie, in der DDR zu bleiben und dort zu schreiben. 1980 gründete sie eine private Kunstgalerie in Erfurt, in der alternative Kunst aus der DDR ausgestellt wurde. Stötzer selbst wurde ständig überwacht und die Galerie 1981 durch die Stasi geschlossen. Danach ging sie in den künstlerischen Untergrund. Sie verfasste Texte, in denen sie versuchte, eine spezifisch weibliche Ausdrucksform zu finden. Als Künstlerin beschäftigte

Gabriele Stötzer 1979 auf dem Zionskirchplatz in Ost-Berlin (© Joachim Doese)

sie sich mit Fotografie, Film, Grafik und Weberei. 1984 gründete sie mit anderen die Künstlerinnengruppe »Erfurt«, die Modeobjektshows und Performances organisierte. Als Mitglied der Gruppe »Frauen für Veränderung« war sie am 4. Dezember 1989 in Erfurt maßgeblich an der DDR-weit ersten Besetzung einer Zentrale der Staatssicherheit beteiligt und wirkte anschließend im Bürgerrat und Bürgerkomitee mit. Nach 1990 arbeitete sie weiter als Künstlerin und veröffentlichte sieben Bücher. Sie lebt in Erfurt und Utrecht. 2013 erhielt sie das Verdienstkreuz am Bande des Verdienstordens der Bundesrepublik Deutschland. In der Begründung zur Preisverleihung hieß es: »Gabriele Stötzer macht als Schriftstellerin und Künstlerin mit ihrem Werk eindringlich erfahrbar, was staatliche Unterdrückung, Bespitzelung und Gewalt für den Einzelnen bedeuten.«

»Wir treten aus unseren Rollen heraus«

Obwohl Frauen in der DDR-Opposition eine Minderheit waren, spielten sie in der Friedlichen Revolution eine herausragende und wahrnehmbare Rolle. Es war Bärbel Bohley, die als Sprecherin des Neuen Forums der Revolution und Umgestaltung in der DDR ein weibliches Gesicht gab. Von den 30 Gründungsmitgliedern waren zehn Frauen. Die Gründungsversammlung der neuen Vereinigung, der die DDR-Behörden die Zulassung verwehrten, fand im Haus von Katja Havemann statt. Frauen bewiesen immer wieder Mut – auch wenn dies in der Öffentlichkeit oft hinter der Omnipräsenz von Männern verschwand. Es waren zwei Frauen, Katrin Hattenhauer und Gesine Oltmanns, die bei der ersten Montagsdemonstration in Leipzig am 4. September 1989 ein Plakat mit der Aufschrift »Für ein offenes Land mit freien Menschen« enthüllten.[19]

Freya Klier bei einem Konzert 1986 in der Berliner Zionskirche (© Klaus Mehner)

Freya Klier (geboren 1950) verbrachte wegen der Inhaftierung ihres Vaters als Kind ein Jahr in einem Kinderheim. Nach dem Abitur versuchte sie, aus der DDR zu fliehen. Hierfür wurde sie zu 16 Monaten Haft verurteilt, die sie nicht vollständig verbüßen musste. Nach der Haftentlassung arbeitete sie bei der Post und als Kellnerin. Von 1970 bis 1975 studierte Klier Schauspiel in Leipzig und arbeitete anschließend am Theater Senftenberg, von 1978 bis 1982 schloss sie ein Studium der Schauspielregie in Berlin an. Danach arbeitete sie als Regisseurin in Schwedt. 1984 erhielt sie den DDR-Regiepreis für die Uraufführung des Plenzdorf-Stücks »Legende vom Glück ohne Ende«, das auf dem Film »Die Legende von Paul und Paula« basierte. Seit Anfang der 1980er Jahre engagierte sie sich im Friedenskreis Pankow und in der DDR-Friedensbewegung, wofür sie 1985 mit einem Berufsverbot belegt wurde. Künstlerisch konnte sie fortan mit ihrem damaligen Mann Stephan Krawczyk nur noch in kirchlichen Einrichtungen auftreten. Ihre Kritik an den Zuständen in der DDR äußerte Klier zunehmend öffentlich, so zum Beispiel in einem offenen Brief an den »Chefideologen« der SED Kurt Hager. 1987 verübte die Staatssicherheit einen Anschlag auf sie und ihren Mann. Diese Aktion firmierte unter dem Decknamen »Störenfried«. Klier wurde im Januar 1988 im Umfeld der jährlichen Massenkundgebung zum Gedenken an Karl Liebknecht und Rosa Luxemburg verhaftet und in die Untersuchungshaftanstalt Hohenschönhausen gebracht. Täuschungsmanöver ihres Rechtsanwaltes Wolfgang Schnur, der für die Stasi arbeitete, brachten sie dazu, einen Ausreiseantrag zu stellen. Sie wurde aus der Haft nach Westdeutschland abgeschoben und ausgebürgert. Nach ihrer Ankunft im

Westen forderten Klier und Krawczyk auf einer Pressekonferenz ihre Wiedereinreise in die DDR. Freya Klier arbeitet bis heute als freischaffende Autorin und Filmregisseurin in Berlin. In ihren Filmen und Büchern befasst sie sich mit der Diktaturvergangenheit in Deutschland.

»Wir treten aus unseren Rollen heraus. Die Situation in unserem Land zwingt uns dazu. Ein Land, das seine Jugend nicht halten kann, gefährdet seine Zukunft. Eine Staatsführung, die mit ihrem Volk nicht spricht, ist unglaubwürdig. Eine Parteiführung, die ihre Prinzipien nicht mehr auf Brauchbarkeit untersucht, ist zum Untergang verurteilt. Ein Volk, das zur Sprachlosigkeit gezwungen wurde, fängt an, gewalttätig zu werden. Die Wahrheit muss an den Tag. Unsere Arbeit steckt in diesem Land. Wir lassen uns das Land nicht kaputtmachen. Wir nutzen unsere Tribüne, um zu fordern: Wir haben ein Recht auf Information. Wir haben ein Recht auf Dialog. Wir haben ein Recht auf selbständiges Denken und auf Kreativität. Wir haben ein Recht auf Pluralismus im Denken. Wir haben ein Recht auf Widerspruch. Wir haben ein Recht auf Reisefreiheit. Wir haben ein Recht, unsere staatliche Leitung zu überprüfen. Wir haben ein Recht, neu zu denken. Wir haben ein Recht, uns einzumischen.«[20] Diese Erklärung des Staatsschauspiels Dresden wurde am 14. Oktober 1989 vor dem voll besetzten Schauspielhaus in Leipzig von der jungen Claudia Wenzel verlesen.

Zur größten Demonstration des Herbstes 1989, die am 4. November auf dem Berliner Alexanderplatz stattfand, kamen etwa eine Million Menschen. Angemeldet worden war die Demonstration u.a. von der Schauspielerin Jutta Wachowiak. Offizielle Veranstalter waren die Berliner Theater, der Verband Bildender Künstler, der Verband der Film- und Fernsehschaffenden und das Komitee für Unterhaltungskunst. Unter den 20 Rednern waren auch fünf Frauen: Steffie Spira, Marianne Birthler, Johanna Schall, Annekathrin Bürger und Christa Wolf. Bärbel Bohley,

Claudia Wenzel (geboren 1959) studierte nach dem Abitur an der Theaterhochschule in Leipzig Schauspiel. Nach ihrem Studienabschluss erhielt sie sofort ein Engagement am Leipziger Schauspielhaus, einer der renommiertesten Bühnen in der DDR. Ihre erste, begeistert gefeierte Rolle war das Gretchen in Goethes »Faust«. Mit dieser Inszenierung konnte sie mit dem Ensemble des Theaters auf Gastspielreisen nach Westdeutschland fahren. Um ihre Rückkehr in die DDR zu sichern, erläuterte ihr vor der Ausreise die Staatssicherheit die Konsequenzen, die ihre Nicht-Rückkehr für ihre Familie haben würde: Verhaftung als Mitwisser angeblicher Fluchtpläne, Auftrittsverbot für ihren Bruder, den Liedermacher Hans-Eckardt Wenzel, und Versetzung der Eltern, die beide als Lehrer arbeiteten. Nach ihrer Rückkehr in die DDR spielte sie neben dem Theater auch in verschiedenen Fernsehproduktionen mit. Im Herbst 1989 engagierte sie sich bei den Montagsdemonstrationen in Leipzig. Nach der deutschen Einheit spielte Claudia Wenzel unter anderem am Maxim-Gorki-Theater in Berlin, in Hamburg, Heppenheim, Dresden und wiederum in Leipzig. Zudem war sie in zahlreichen Fernsehrollen zu sehen. Seit 2003 ist sie mit ihrem Kollegen Rüdiger Joswig verheiratet, mit dem sie das Bühnenprogramm »Zeitenwende – Lebenswende« entwickelte. Hier verarbeiteten beide anhand von Briefen, Eingaben, Stasi-Dokumenten und Tagebucheinträgen ihre Erfahrungen mit dem Leben in der DDR und in der vereinigten Bundesrepublik.

Claudia Wenzel Mitte der 1980er Jahre als Gretchen in Goethes »Faust« am Schauspiel Leipzig (© Helga Wallmüller)

Bärbel Bohley in ihrem Atelier in Ost-Berlin im September 1983 (© Harald Schmitt)

Bärbel Bohley (1945–2010) machte nach dem Abitur eine Lehre zur Industriekauffrau und arbeitete als Lehrausbilderin. 1969 bis 1974 studierte sie Malerei an der Kunsthochschule Berlin-Weißensee. 1970 heiratete sie den Maler Dietrich Bohley. Im selben Jahr wurde ihr Sohn geboren. Nach dem Diplom wurde sie Mitglied im Verband Bildender Künstler der DDR (VBK), was nicht nur eine Voraussetzung für den Lebensunterhalt in Form staatlicher Aufträge war, sondern freischaffenden Künstlern auch einen Schutz bot vor dem »Asozialenparagrafen«, den Künstler außerhalb des Verbandes nicht hatten. 1982 organisierte Bärbel Bohley Proteste gegen das neue Wehrdienstgesetz. Auf ihre Initiative entwickelte sich daraus die Bürgerbewegung »Frauen für den Frieden«. 1983 wurde sie mit Ulrike Poppe in die Stasi-Untersuchungshaftanstalt Berlin-Hohenschönhausen gebracht. Ihre Kontakte zu westlichen Friedensbewegungen wurden ihnen als »landesverräterische Nachrichtenübermittlung« ausgelegt. Nach sechs Wochen kamen die Frauen ohne Prozess frei. Aus der Sektionsleitung Malerei des VBK, deren Mitglied sie seit 1979 war, wurde sie ausgeschlossen, bekam keine Aufträge mehr und durfte ihre Bilder nicht mehr öffentlich ausstellen. In die sozialistischen »Bruderländer« erhielt sie Reiseverbot. Mitte der 1980er Jahre gründete sie mit anderen die außerkirchliche »Initiative Frieden und Menschenrechte«. SED und MfS zählten Bärbel Bohley zu den gefährlichsten Gegnern ihrer Herrschaft. Nach einer erneuten Verhaftung 1988 wurde sie gemeinsam mit ihrem Sohn in den Westen abgeschoben, setzte aber im August 1988 die von ihr bereits in der Haft als Bedingung ausgehandelte Rückkehr in die DDR durch. Sie glaubte, in der DDR mehr gebraucht zu werden und mehr bewirken zu können als im Westen. Im Sommer 1989 entwickelte sie mit wenigen Vertrauten die Idee zur Gründung des Neuen Forums. Bärbel Bohley wurde eines der bekanntesten Gesichter dieser Zeit. Im September 1990 gehörte sie zu den Bürgerrechtlern, die mit einem Hungerstreik maßgeblich dazu beitrugen, dass die Öffnung der Stasi-Akten in den Einigungsvertrag aufgenommen wurde. Nach der deutschen Einheit setzte sie sich für die Aufdeckung geschehenen Unrechts ein. Stellvertretend für viele fasste sie die Enttäuschung über die mangelhafte strafrechtliche Aufarbeitung in dem Satz »Wir wollten Gerechtigkeit und bekamen den Rechtsstaat« zusammen. 1996 kehrte sie Deutschland den Rücken und engagierte sich in Sarajevo beim Wiederaufbau und der Rückkehr von Flüchtlingen. 2008 erkrankte sie an Krebs und kehrte nach Deutschland zurück, wo sie 2010 verstarb. Bärbel Bohley wurde auf dem Dorotheenstädtischen Friedhof in Berlin-Mitte beigesetzt. 2016 beschloss der Berliner Senat, ihr ein »Ehrengrab« zu geben.

---

die mit auf dem Alexanderplatz war, erkannte hellsichtig: »Als ich sah, daß seine [Markus Wolfs] Hände zitterten, weil die Leute gepfiffen haben, da sagte ich zu Jens Reich: ›So, jetzt können wir gehen, jetzt ist alles gelaufen. Die Revolution ist unumkehrbar.‹«[21]

Als Ende 1989 unter anderem Ina Merkel und Walfriede Schmitt den Unabhängigen Frauenverband (UFV) als neue Frauenvertretung in der DDR gründeten, griffen die Frauen den auf den Demonstrationen des Herbstes ausgegebenen Slogan »Neue Männer braucht das Land« kritisch auf und ergänzten diesen zu »Neue Frauen und Männer braucht das Land«. Sie kritisierten, dass die Interessen von Frauen in den Um-

DDR-Friedensbewegung – Blick auf die Teilnehmer der ersten Berliner Friedenswerkstatt im Juni 1982 in der Erlöserkirche in Ost-Berlin (© Harald Schmitt)

bruchsprozessen nicht berücksichtigt würden und Frauen kaum an Macht- und Entscheidungsprozessen beteiligt seien.[22] »Den deutlichsten Erfolg errang die DDR-Frauenbewegung durch ihre Präsenz an den Runden Tischen der Parteien und Bewegungen. [...] Durch ihr Begreifen des Geschlechterwiderspruchs als Machtverhältnis, die jahrzehntelange Ausgrenzung bzw. Unterpräsentation von Frauen in Macht- und Entscheidungsbereichen sowie den stark politisierten Charakter der Frauenbewegung in der DDR schien es selbstverständlich, daß Frauen in Politik und Parlamente drängten.«[23]

Jedoch überdauerte dies die Umwälzung in der DDR nicht allzu lange. Der UFV, der sich zu den einzigen freien Wahlen in der DDR am 18. März 1990 gemeinsam mit den Grünen aufstellen ließ, musste nach der Wahl feststellen, dass alle Mandate an Kandidaten der Grünen vergeben worden und die Frauen leer ausgegangen waren. Zwar leitete mit Sabine Bergmann-Pohl eine Frau die einzige demokratisch legitimierte Volkskammer. Die Fraktionen wurden jedoch wie zuvor ausnahmslos von

Angela Merkel wurde 1954 in Hamburg als Tochter eines evangelischen Theologen und einer Lehrerin geboren. Die Eltern siedelten 1954 in die DDR über, wo der Vater zuerst in Quitzow und ab 1957 in Templin arbeitete. Nach dem Abitur studierte sie an der Universität in Leipzig Physik, »weil sich die DDR-Führung in Naturgesetze wenig einmischen konnte«, wie sie auf ihrer Homepage schreibt. 1986 promovierte sie am Zentralinstitut für Physikalische Chemie der Akademie der Wissenschaften der DDR. 1989 trat sie dem Demokratischen Aufbruch bei, der sich 1990 mit der CDU zusammenschloss. In der einzigen frei gewählten DDR-Regierung wurde sie 1990 stellvertretende Regierungssprecherin. 1991 wurde Angela Merkel im Kabinett von Helmut Kohl Bundesministerin für Frauen und Jugend sowie 1994 für Umwelt, Naturschutz und Reaktorsicherheit. 1998 wurde sie zur Generalsekretärin der CDU gewählt, 2000 zu deren Vorsitzenden. Von 2005 bis 2021 war sie die erste Bundeskanzlerin der Bundesrepublik Deutschland.

Angela Merkel 1991
(© Klaus Mehner)

Männern geführt, Frauen stellten nur 20 Prozent der Abgeordneten. In der letzten DDR-Regierung waren aber immerhin vier der 24 Ministerposten mit Frauen besetzt. Das war eine Steigerung um das Vierfache gegenüber der DDR – und ein toller Erfolg, auch verglichen mit der damaligen Bundesrepublik, wo in der Regierung unter Helmut Kohl nur drei Frauen waren.

Und die Schwestern im Westen?

Frauen in der Bundesrepublik

Wie erging es Frauen im Westen des geteilten Landes? Wie unterschied sich ihr Leben von dem ihrer »Schwestern« in der DDR? Über die Jahrzehnte hatten sich die Vorstellungen über das Leben im jeweils anderen deutschen Staat verfestigt. In der Bundesrepublik ging man davon aus, dass Frauen in der DDR auch mit Kindern selbstverständlich berufstätig, aber zugleich durch die Doppelbelastung und die Mangelwirtschaft gestresst waren. Zugleich bewertete man ihre finanzielle Selbständigkeit positiv. Das Bild, das in der DDR über westdeutsche Frauen verbreitet wurde, zeigte Frauen als gesellschaftlich und privat unterdrückt und von ihren Männern abhängig. Zwischen den geschmähten »Heimchen am Herd« und den männerverachtenden »Emanzen« gab es kaum Raum für differenzierte Betrachtungen. Tatsächlich schien – zumindest nachträglich – für viele Westfrauen (und auch -männer) mindestens seit den 1980er Jahren durchaus sinnvoll, was Frauen im Osten durch den Staat ermöglicht bzw. zur Verfügung gestellt wurde: flächendeckende Kinderbetreuung, damit Mütter arbeiten gehen konnten, *aber:* Sowenig, wie es *die* DDR-Frau gab, sowenig gab es *die* westdeutsche Frau. Auch in der damaligen Bundesrepublik unterschieden sich die Erfahrungen je nachdem, welcher Generation Frauen angehörten, welche Herkunft sie hatten und wie ihr späterer Berufs- und Lebensweg verlief.

Frauen, die in der Kaiserzeit, in der Weimarer Republik oder auch während des Nationalsozialismus geboren wurden, teilten in Ost und West ähnliche Erfahrungen. Sie hatten die Erfahrung gemacht, dass Männer das öffentliche Leben bestimmten und als Hauptverdiener und vom Gesetz her als Familienoberhaupt anerkannt das Sagen hatten.

Nach dem Ende des Ersten Weltkriegs begannen sich die Rollenbilder zu verändern. Immer mehr Frauen erlernten Berufe und gingen arbeiten. In den großen Städten prägten moderne Frauen das Straßenbild. Die ihnen zugedachten Berufe waren Verkäuferin, Sekretärin oder Telefonistin. Dem ihnen vermittelten Rollenbild zufolge sollten sie im Hintergrund bleiben und dem Mann den Rücken freihalten, damit dieser für den Lebensunterhalt der Familie sorgen konnte. Sobald sie verheiratet waren, sollten die Frauen für die Familie und die Erziehung der Kinder zuständig sein. Mit dem Machtantritt der Nationalsozialisten verfestigte sich dieses Rollenbild. Die Bestimmung der deutschen Frau lag in der Mutterschaft.

Während der Kriegs- und der Nachkriegszeit teilten Frauen in Ost und West ähnliche Erfahrungen: Sie erlebten Hunger und Entbehrungen, hatten Angst um ihre Männer und Söhne, die im Krieg oder in Gefangenschaft waren. Sie erlebten die Schrecken der Bombennächte und später die Unsicherheiten der Nachkriegszeit. Frauen, die aus vormaligen deutschen Gebieten vertrieben worden waren oder flüchten mussten, hatten das Trauma von Flucht und Vertreibung mit der Allgegenwärtigkeit von Sterben, Elend und Not zu verkraften. Hinzu kam für viele Frauen im Osten die Angst vor Vergewaltigungen.

Frauen in Ost und West trugen während der Kriegs- und Nachkriegsjahre die Verantwortung für den Zusammenhalt und das Überleben der Familien. Sie erlebten, dass sie ebenso leistungsfähig wie Männer waren und deren Arbeitsplätze einnehmen konnten. Viele übernahmen die Position des Familienoberhaupts. Die damit einhergehende große Verantwortung und die hohen täglichen Belastungen sahen die meisten als etwas Vorübergehendes an: Sie erwarteten die Rückkehr ihrer Männer und waren bereit, dann zurücktreten und dem Mann die Verantwortung zu überlassen. Das hieß jedoch nicht, dass Frauen die erlebten Freiheiten, die sie durch die Abwesenheit der Männer erfahren hatten, wieder komplett aufgeben wollten.

Frauen stellten ab dem Kriegsende mit mehr als 50 Prozent die Bevölkerungsmehrheit. War 1939 das Verhältnis von Männern und Frauen ausgeglichen, waren 1950 in Westdeutschland von 50,78 Millionen Einwohnern 27,7 Millionen Frauen.[1] Ende der 1950er Jahre hatte sich dies auch durch die Zuwanderung von mehrheitlich aus der DDR geflüchteten Männern sowie die einsetzende Arbeitsmigration aus Südeuropa und der Türkei etwas abgeschwächt: Von 53,2 Millionen Einwohnern waren 24,8 Millionen Männer, was einen Frauenanteil von 53,3 Prozent bedeutete.[2] Ende der 1980er Jahre kamen auf etwa 29 Millionen Männer 32 Millionen Frauen.[3] Der seit dem Kriegsende bestehende »Frauenüberschuss«[4] brachte sowohl auf kurze als auch auf lange Sicht Probleme mit sich: Zum einen konnten viele Frauen die ihnen vermittelte Vorstellung von einem erfüllten Leben nicht verwirklichen. Sie konnten weder heiraten noch eine Familie gründen, da es in ihrer Altersgruppe zu wenige Männer gab. Das hieß auch, dass diesen Frauen vor allem im Alter Einsamkeitserfahrungen bevorstanden, wie sie noch keine Generation zuvor machen musste. Zum anderen mussten für diese Frauen Arbeitsplätze zur Verfügung gestellt werden, da sie für ihren Lebensunterhalt selbst zu sorgen hatten. 1950 arbeiteten 82,4 Prozent der ledigen Frauen, wohingegen es nur 26 Prozent der verheirateten und 36 Prozent der verwitweten oder geschiedenen Frauen taten.[5] Wenn sie arbeiteten, betrachteten sich verheiratete Frauen oft als Zu- oder Zweitverdienerin. Ihnen wurde unterstellt, dass »viele von ihnen [...] nur arbeiten [dürften], um bei der Anschaffung der Wohnungseinrichtung mitzuhelfen«.[6] Ähnliche Aussagen gab es zur Berufstätigkeit von Frauen in den 1960er Jahren auch in der DDR. Westdeutsche »mithelfende Ehefrauen« hatten allerdings bis 1980 keinen Anspruch auf angemessene Vergütung ihrer Tätigkeit im Betrieb des Ehemannes.

In der Nachkriegszeit legten viele Eltern Wert darauf, dass auch die Töchter eine gute Ausbildung erhielten. Diese sollten nicht mehr nur den Volksschul-, sondern den Mittelschulabschluss oder das Abitur erreichen. 1950 kamen auf 100 Jungen an höheren Schulen 68 Mädchen.[7] Für die meisten Mädchen schloss sich jedoch kein Studium, sondern eine Ausbildung im sozialen Bereich, an einer Haushalts- oder Handelsschule an. So machten 1958 bereits 355 484 Mädchen eine Ausbildung bei einer Industrie- oder Handelskammer.[8] Frauen wurden Krankenschwestern, Männer Ärzte. Frauen wurden Sekretärinnen, Telefonistinnen, Verkäuferinnen oder Buchhalterinnen, Männer Richter, Rechtsanwälte und vor allem: Männer waren die Chefs. Dem entsprach auch die Werbung, die in den 1950er Jahren »Hauswirtschaftsschulen« zeigte, in denen Mädchen lernen sollten, wie man einen Haushalt führt und Kinder erzieht. Das Studium blieb in den 1950er und auch in 1960er Jahren eine Jungendomäne. Während 1950 von den etwa 110 000 Studenten ca. 18 800 Frauen waren, was 17,2 Prozent ausmachte,[9] erhöhte sich der Frauenanteil bis Anfang der 1960er Jahre auf 25 Prozent und entsprach in etwa dem in der DDR. Dass Frauen, zumal wenn sie verheiratet waren und Kinder hatten, im häuslichen Bereich tätig und in erster Linie »gute Ehefrauen und Mütter« sein sollten, entsprach in den 1950er und auch in den 1960er Jahren den Vorstellungen vieler Frauen und Männer. Frauen wurde suggeriert, dass kluge Frauen für Männer nicht attraktiv seien und Männer sich nicht Frauen unterlegen fühlten wollten.

In der Werbung der 1950er Jahre wurde das Bild von Frauen gezeichnet, deren drei große Lebensfragen sich darum drehten, was sie anziehen und kochen sollten und wie sie möglichst attraktiv für ihren Mann bleiben. Das wiederum sollten sie durch Eigenschaften erreichen, die Männer angeblich am meisten schätzten: ein verträgliches Wesen, ein adrettes Aussehen und ihre Fähigkeiten als Köchin. Die *Freundin* titelte 1960: »Lebensfrage Nr. 1: Heiraten – aber wen?«[10] Und noch Ende der 1960er Jahre gaben junge Frauen an, dass sie wenig Sinn in einer langwierigen und teuren Ausbildung sehen, da sie später ja vor allem für die Familie sorgen würden. Es war auch eine Frage des sozialen Prestiges, dass eine verheiratete Frau nicht arbeiten gehen musste, weil der Mann in der Lage war, mit seinem Gehalt eine Familie zu ernähren. Noch Ende der 1960er Jahre appellierte die Werbung an Frauen, ihren Töchtern die »richtige Puppe« zu schenken, damit diese später gute Mütter werden.

Dr.-Oetker-Werbung aus den 1950er Jahren

Berufstätigkeit von Frauen in Ost und West

Jahr	West	Ost
1950	31,4 %	51,3 %
1960	47,2 %	56,4 %
1970	45,9 %	81,8 %
1980	48,2 %	89,1 %
1989	50,5 %	92,4 %
2018	67,5 %	69,1 %

Quellen: www.bpb.de/system/files/pdf./erwerbstätigkeit von Frauen; Statistisches Jahrbuch für die Bundesrepublik Deutschland. Band 1989, S. 100; https://userpage.fu-berlin.de/melab/wordpress/?p=10219 (letzter Zugriff 25.11.2019).

Da es den gesellschaftlichen Normen entsprach, dass Mütter, solange die Kinder klein waren, diese zu Hause betreuten, gab es kaum Kindergartenplätze. Kinder, deren Mütter aus welchen Gründen auch immer arbeiten gehen wollten oder mussten, galten als bedauernswert und wurden oft schief angesehen. Eine Berufstätigkeit nahmen viele Frauen erst wieder auf, wenn die Kinder so selbständig waren, dass sie nachmittags eine Zeit lang allein bleiben konnten. In der Regel arbeiteten verheiratete Frauen, wenn ihre Kinder in die Schule kamen, nur halbtags, da es an Betreuungsmöglichkeiten fehlte. Während im Osten 75 Prozent der berufstätigen Frauen in Vollzeit und 25 Prozent in Teilzeit arbeiteten, war es im Westen umgekehrt. Selbst dort, wo es Kindertagesstätten gab, schlossen diese in der Regel um die Mittagszeit.

Ein 1968 erhobenes Meinungsbild unter Frauen im Südwesten der Bundesrepublik ergab, dass für 19 Prozent der alleinstehenden Frauen neben der Notwendigkeit zu arbeiten der Wunsch, finanziell unabhängig zu sein, ausschlaggebend für ihre Berufstätigkeit war. 17 Prozent erklärten, Freude am Beruf zu haben. Je älter die Frauen waren, umso mehr wurde die Selbständigkeit geschätzt.[11] Verheiratete Frauen gaben als Motivation zu arbeiten an, dass sie sowohl zum Unterhalt der Familie beitragen wollten als auch gern arbeiten würden. Mit 36,5 Prozent war der Anteil der verheirateten Frauen bis 35 Jahre sogar doppelt so hoch wie bei unverheirateten Frauen. 60 Prozent der über 45-jährigen Verheirateten gaben zudem an: »nur Hausarbeit füllt mich nicht aus« und »ich brauche Kontakt mit anderen«.[12] Nur 11 Prozent sagten, Frauen gehörten ins Haus.

Gleichberechtigung, Gleichstellung, Emanzipation, Feminismus – oder was ist hier die Frage?

Obwohl Frauen und Männer seit 1949 laut Grundgesetz gleichberechtigt waren, unterliefen zahlreiche Regelungen im Bürgerlichen Gesetzbuch (BGB) diesen Grundsatz. Zahlreiche Befugnisse blieben Männern vorbehalten, Frauen wurden gleichsam entmündigt. Noch in der Reform des Familienrechts 1957, das als »Gleichberechtigungsgesetz« bekannt wurde, war die Arbeitsteilung in der Ehe festgeschrieben: Die Frau war für den Haushalt zuständig, der Mann sorgte für den Familienunterhalt. Ihm wurde die Entscheidung darüber eingeräumt, ob und wo seine Frau arbeiten ging. Er durfte ohne Wissen der Frau ihren Arbeitsvertrag kündigen, wenn er der Meinung war, dass sich ihre Berufstätigkeit negativ auf das Ehe- und Familienleben auswirkte. Dieses Recht blieb – wenn auch in abgeschwächter Form – bis 1978 erhalten. Immerhin musste er seine Frau ab 1958 informieren, wenn er vorhatte, ihren Arbeitsvertrag zu kündigen.

Bürgerliches Gesetzbuch von 1957, Teil IV
§ 1356: »Die Frau führt den Haushalt in eigener Verantwortung. Sie ist berechtigt, erwerbstätig zu sein, soweit dies mit ihren Pflichten in Ehe und Familie vereinbar ist.«
§ 1360: »Die Ehegatten sind einander verpflichtet, durch ihre Arbeit und mit ihrem Vermögen die Familie angemessen zu unterhalten. Die Frau

erfüllt ihre Verpflichtung, durch Arbeit zum Unterhalt der Familie beizutragen, in der Regel durch die Führung des Haushalts; zu einer Erwerbstätigkeit ist sie nur verpflichtet, soweit die Arbeitskraft des Mannes und die Einkünfte der Ehegatten zum Unterhalt der Familie nicht ausreichen und es den Verhältnissen der Ehegatten auch nicht entspricht, daß sie den Stamm ihrer Vermögen verwerten.«

Frauen durften ab 1957 zusätzlich zum Namen ihres Ehemannes ihren Geburtsnamen als zweiten Namen behalten, wobei der Familienname des Mannes der gemeinsame Ehename und der Name der gemeinsamen Kinder sein sollte. Bis 1958 benötigten Frauen für einen Führerschein-Lehrgang die Zustimmung des Mannes. Doch in Bezug auf Vorbehalte und Vorurteile gegenüber Frauen am Steuer entwickelten sich Ost und West bis in die 1970er Jahre hinein nicht weit auseinander. Das Vertrauen in außerhäusliche Fähigkeiten von Frauen war in Ost wie West nicht sehr ausgeprägt.

Bis 1957 ging mit der Heirat das Vermögen der Frau in die Verfügungsgewalt des Mannes über. Bis 1962 benötigten Frauen die Zu-

Vorwerk-Werbung (»Freundin« 4/1968)

stimmung des Ehemanns, um ein eigenes Konto zu eröffnen. Selbst in Bereichen, für die laut Gesetz eigentlich die Frauen zuständig waren, etwa bei der Kindererziehung, blieb dem Mann das Letztentscheidungsrecht vorbehalten. Er musste lediglich auf die »Auffassung der Mutter« Rücksicht nehmen.[13] Unverheiratete Mütter hatten zwar das »Recht und die Pflicht«, für das Kind zu sorgen, die »elterliche Gewalt« über ihr Kind hatten sie jedoch bis 1969 nicht.[14] Hierfür wurde bis Ende der 1960er Jahre ein Vormund bestellt.[15] Verheiratete Frauen waren bis 1969 nicht geschäftsfähig. Verträge wurden in der Regel vom Mann als Haushaltsvorstand abgeschlossen und unterschrieben. In der Werbung sieht man immer wieder, wie »Vati« den Vertrag über den Erwerb von Haushaltsgeräten unterschreibt, während ihm Frau und Kinder andächtig über die Schulter schauen.

Das bisschen Haushalt ...

In Ost wie West beklagten Frauen, die mit dem Haushalt verbundene Arbeit werde nicht wertgeschätzt und sie erfahren zu wenig Anerkennung. In der DDR wurde dies durch die von der SED betriebene Missachtung und Herabsetzung von Hausfrauen befördert, die immer wieder als »Faulenzerinnen«, »Schmarotzerinnen« bezeichnet wurden, und Hausarbeit wurde als »Nicht-Arbeit« klassifiziert. Auch Männer im Westen übten mehrheitlich Geringschätzung für das, was ihre Frauen zu Hause leisteten. Wenn jedoch im Westen über Hausarbeit und mögliche Erleichterungen berichtet wurde, ging es in erster Linie darum, neue moderne Haushaltsgeräte anzupreisen und den Verkauf zu fördern. Während in der DDR Frauen immer wieder Erleichterungen der Hausarbeit versprochen wurden, standen diese in der Bundesrepublik zur Verfügung. In einem Teil Deutschlands war es eine Frage der Verfügbarkeit, im anderen eine Frage des Geldes. Moderne Haushaltsgeräte und Dienstleistungen gehörten im Westen in den 1960er Jahren längst zum Alltag, während Frauen in der DDR auf viele Entlastungen bis zum Ende der DDR vergeblich warteten.

Wie im Osten wandte sich die Werbung für Haushaltsgeräte Ende der 1960er Jahre auch den Männern zu. Diese sollen jedoch, anders als in der DDR, vor allem für den Kauf eines neuen Gerätes interessiert werden. So wird in einer Anzeige ein Mann in einer Badewanne mit einem riesigen Berg Geschirr gezeigt. Der Text dazu besagt, dass der Mann, wenn er vermeiden möchte abzuwaschen, am besten eine Geschirrspülmaschine kauft. In einer anderen Werbung sieht man einen Mann Wäsche aufhängen – und ihm wird als Alternative zu dieser ungeliebten Tätigkeit der Kauf eines Wäschetrockners empfohlen.

Frauen im öffentlichen Leben und in der Politik

Obwohl Frauen in allen Bereichen des öffentlichen Lebens und vor allem dort, wo es um Einfluss und Macht ging, unterrepräsentiert waren, gab es in der Bundesrepublik bis in die Spitzen des Staates Frauen, die ein modernes Rollenverständnis lebten und versuchten, in männliche Dominanzbereiche vorzudringen. Sie engagierten sich als Politikerinnen, wie Elisabeth Selbert, die Frauen aufforderte, in die Parlamente zu gehen, um ihre Rechte durchzusetzen. Ende der 1960er Jahre stellten Frauen im Bundestag nur 6,9 Prozent der Abgeordneten, bis Ende der 1980er Jahre stieg ihr Anteil auf 15,4 Prozent. Erinnert sei an die »Mütter des Grundgesetzes«: Elisabeth Selbert (SPD), Helene Weber (SPD), Frieda Nadig (CDU) und Helene Wessel (Zentrumspartei). Ihr Verdienst ist es, im Artikel 3 des Grundgesetzes verankert zu haben, dass »Männer und Frauen [...] gleichberechtigt [sind]«. Frauen stießen in männerdominierte Berufe vor, und 1961 bekleidete Elisabeth Schwarzhaupt als erste Frau in der Bundesrepublik ein Ministeramt (Gesundheitswesen),[16] und Annemarie Renger wurde 1972 zur ersten Präsidentin des Deutschen Bundestages gewählt. Auch die Ehefrauen der Bundespräsidenten sahen sich nicht als Anhängsel ihrer Männer und setzten sich dafür ein, dass die Gleichberechtigung von Frauen vorankam.[17]

Elly Knapp wurde am 25. Januar 1881 in Straßburg geboren. Nach dem Examen arbeitete sie als Lehrerin und heiratete 1908 Theodor Heuss. 1910 veröffentlichte sie ihr erstes Buch »Bürgerkunde und Volkswirtschaftslehre für Frauen« [...] Während des ersten Weltkriegs gründete sie eine Arbeitsbeschaffungsstelle für Frauen, deren Männer im Krieg waren. Außerdem engagierte sich Elly Heuss-Knapp ihr Leben lang ehrenamtlich im sozialen Bereich, was ihr später bei der Ausgestaltung ihrer Rolle als Frau des Bundespräsidenten zugutekam.
Ihre politische Tätigkeit in der Deutschen Demokratischen Partei wurde ab 1933 von den Nationalsozialisten unterbunden. Elly Heuss-Knapp wurde Werbefachfrau und ernährte mit ihrem Beruf die Familie. Sie erfand das akustische Logo, stellte Werbefilme her [u. a. für Nivea] und führte die Rundfunk- und Fernsehwerbung ein. Wie ihr Mann wurde sie nach Kriegsende Mitglied des württembergisch-badischen Landtags.
1949 wurde sie die erste First Lady Deutschlands. Sie starb 1952. [...] Ihr bekanntestes Vermächtnis ist das Müttergenesungswerk, das sie 1950 gründete und das bis heute unter der Schirmherrschaft der Frau des Bundespräsidenten steht.

Zitiert nach: Website des Bundespräsidenten, http://www.bundespraesident.de/DE/Die-Bundespraesidenten/Theodor-Heuss/Elly-Heuss-Knapp/elly-heuss-knapp-node.html

Elly Knapp

»Der Mief von 1000 Jahren …«

In Ost wie West zeichneten sich ab Mitte der 1960er Jahre tiefgreifende Veränderungen der Gesellschaften auf beiden Seiten des Eisernen Vorhangs ab. Inzwischen war die erste Nachkriegsgeneration erwachsen geworden und hatte den »Gang durch die Institutionen« angetreten. Im Westen wurde »der Mief von 1000 Jahren« nicht nur an den Universitäten ausgetrieben, sondern die Gesellschaft gezwungen, sich ihrer Verantwortung im Nationalsozialismus und für Holocaust und Vernichtungskrieg zu stellen. Dies ging einher mit einer Modernisierung aller Lebensbereiche und betraf auch die Stellung der Frau: Mädchen, die während der Schulzeit schwanger wurden, durften nicht mehr von der Schule verwiesen werden. Zum Frauentag am 8. März 1968 gingen Frauen aller Altersklassen auf die Straße, um erstmals in der Öffentlichkeit das Recht auf Schwangerschaftsabbruch einzufordern. Neben gesetzlichen Neuerungen, die die Rechte von Frauen stärkten, war die allgemeine Liberalisierung auch an Äußerlichkeiten abzulesen. Die Kleidungsvorschriften für Frauen und Männer wurden lockerer: Während die Haare der jungen Männer immer länger wurden, wurden die Röcke junger Frauen immer kürzer. Das, was früher als unschicklich galt, bestimmte nun die Mode. Im Berliner *Tagesspiegel* wurde 1968 dafür geworben, dass Frauen auch im Winter einen Minirock tragen sollten, denn die im Scheinwerferlicht der Autos hell leuchtenden Frauenbeine würden für eine bessere Sichtbarkeit im Dunkeln sorgen und somit die Verkehrssicherheit erhöhen. Ab Mitte der 1960er wurde für Frauen das Hosentragen auch bei offiziellen Anlässen normal: Der *Tagesspiegel* berichtete, dass man junge Frauen und Männer kaum noch voneinander unterscheiden könne, denn »beide tragen lange Haare und lange Hosen«.[18] Bis die Gleichberechtigung in Bezug auf die Kleidung das deutsche Parlament erreichte, dauerte es jedoch Jahre. Noch im Herbst 1970 wurde die SPD-Abgeordnete Lenelotte von Bothmer im Bundestag gerügt, weil sie im Hosenanzug an das Rednerpult trat.[19]

Das moderne Frauenbild sah in beiden deutschen Staaten ähnlich aus: Sie sollte jung, frisch, fröhlich, mutig, gepflegt, sportlich, aktiv sowie schlank, schön und gesund sein. Auch bewegten die Frauen in Ost wie West über die Jahrzehnte ähnliche Fragen. Sie fühlten sich in ihren Rollen unsicher und zweifelten an sich. Sie fragten sich, ob sie ihren Männern und den Kindern gerecht werden. Auf beiden Seiten der Mauer diskutierten Frauen darüber, wie sie für ihre Männer attraktiv bleiben. Frauen in der DDR und in der Bundesrepublik beschäftigten sich mit Fragen der Schwangerschaftsverhütung und wie viele Kinder sie haben wollten. Doch das Thema sexuelle Befreiung, das oft als bestimmendes Thema für das Ende der 1960er Jahre im Westen angegeben wird, war nur für eine kleine Minderheit wichtig.

Zu den neuen Vorstellungen von einem modernen Ehe- und Familienleben gehörte in den 1960er Jahren zunehmend auch im Westen die Berufstätigkeit der Frau. Frauen und Mädchen wurden ermutigt, eine Berufsausbildung zu machen. Die Frauenzeitschrift *Freundin* bestärkte ihre Leserinnen darin, eine Ausbildung nicht nur als Überbrückung bis zur Eheschließung anzusehen, sondern diese unbedingt zu beenden, um finanziell unabhängig zu sein und etwa im Falle eines Scheiterns der Ehe, die nach wie vor als Ideal galt, ohne Angst vor Verarmung selbstbewusst und selbstbestimmt entscheiden zu können, wie sie leben wollten. Um weibliches Selbstbewusstsein zu stärken, wurden in Frauenzeitschriften Politikerinnen und Managerinnern als Vorbilder präsentiert und den Frauen versichert, dass sie eigentlich das »stärkere Geschlecht« und genauso leistungsfähig und klug wie Männer seien.[20]

Gesellschaftliche Veränderungen brauchen jedoch Zeit. Auch Ende der 1960er Jahre waren Frauen trotz aller Fortschritte bei Bildung und Ausbildung sowohl an Universitäten – etwa 28 Prozent der Studierenden waren Frauen – als auch in Leitungspositionen unterrepräsentiert. Viele Studienzweige wie Medizin, Rechtswissenschaft oder Wirtschaft, aber auch naturwissenschaftliche und technische Fächer waren fest in männlichen Händen. So waren nur etwa 15 Prozent der Ärzte weiblich, und 15 Prozent der westdeutschen Unternehmen wurden von Frauen geführt. Noch Ende der 1970er Jahre waren nur ein Drittel der Medizinstudenten Frauen; bei den Rechtswissenschaften besetzten Frauen immerhin 42 Prozent der Studienplätze.[21] Hingegen stellten Frauen etwa zwei Drittel der Studierenden an pädagogischen Hochschulen. Bis Ende der 1980er Jahre erhöhte sich der Frauenanteil unter den Studierenden auf 38 Prozent.

Zu den Veränderungen in den 1960er Jahren gehörte, dass gesellschaftliche Tabus fielen. Liberalere Einstellungen in Fragen des Familien- und Ehelebens verbreiteten sich: Frauen wurden ermutigt, unerträgliche Ehen nicht aus Angst vor dem Getuschel der Nachbarn aufrechtzuerhalten. Das neue gesellschaftliche Ideal war jedoch keineswegs, dass sich die Eheleute scheiden lassen sollten, sondern eine Ehe, in der sich Mann und Frau als Partner verstehen und Männer ihre Frauen als Partnerinnen anerkennen. Die Frage, was eine moderne Ehe als »wirkliche Partnerschaft« ausmacht, nahm in den Medien ab Ende der 1960er Jahre mehr Raum ein. Immer mehr junge Frauen verstanden sich als Partnerinnen der Männer, dennoch lebten die »Klischees [...] und Anschauungen von der elterlichen oder großelterlichen Ehe« weiter.[22] Als eine der Ursachen dafür, dass junge Frauen zunehmend zu Gefährtinnen der Männer wurden, galt die bessere Bildung, die sie zunehmend den Jungen gleichstellte. Eine wichtige Wegmarke in der Frauenemanzipation stellte die zunehmende Anwendung der Antibabypille dar, konnten Frauen doch so den Zeitpunkt einer Schwangerschaft weitgehend selbst bestimmen. Der Journalist und Autor Mark Kuntz fasst die Entwicklung so zusammen: »Denn ganz gleich welche Themen Frauen in den letzten 70 Jahren bewegt haben: Ob sie in den 50ern in den kleinen, feinen Küchen des Wirtschaftswunders der Familie wieder Normalität, Geborgenheit und Lust am Leben geben sollten – kurz nachdem sie die Trümmer eines Zusammenbruchs aufgeräumt hatten. Ob sie in den 60er-Jahren entdeckten, dass dieser Lebensentwurf nicht das Maß aller sein konnte, dass es in der Liebe, im Beruf und auf der ganzen Welt so viel Neues zu erkunden gibt. Oder ob sich dann die große weite Welt dieser Möglichkeiten als große Unsicherheit entpuppte und später so pragmatische Themen wie Vereinbarkeit von Job und Kindern [...] und Fragen wie ›Warum muss ich eigentlich ständig perfekt funktionieren?‹ wichtig wurden.«[23]

Männer wurden ermuntert, ihre Frauen nicht als billige Putzhilfe

Eine Seite aus »Freundin« 9/1981

und Köchin zu betrachten. Bei der Wahl zum »Besten Ehemann« gewannen Männer, die sich »nicht zu schade sind«, im Haushalt zu helfen. Auch die »Beste Ehefrau« zeugte von einem neuen Rollenmodell: Sie war kein »Heimchen am Herd«, sondern vertrat moderne Ansichten in Bezug auf Berufstätigkeit und Eheleben und trat ihrem Mann gegenüber selbstbewusst auf. Frauen wurden ermutigt, ihre Kinder stundenweise außer Haus betreuen zu lassen. 1968 entstanden die ersten Kinderläden, in denen Kinder nicht mehr autoritär erzogen werden sollten. Karrierefrauen wurde in der *Freundin* bescheinigt, die »besseren Mütter« zu sein.

Ende der 1960er und in den 1970er Jahren entstanden mehrere Gruppen, die sich für die Belange von Frauen einsetzten, für Emanzipation im umfassenden Sinne eintraten und dafür kämpften, als Frauen Männern gleichgestellt zu werden. Hierzu gehörten sowohl Frauen, die in den etablierten Parteien ihren Weg gingen und sich aus Positionen im Machtgefüge der Institutionen für die Verbesserung der Situation von Frauen einsetzten, wie auch Frauen, die als Feministinnen für Frauenrechte eintraten. Zur bekanntesten Vertreterin der neuen Generation selbstbewusster Frauen wurde Alice Schwarzer. Wichtige Themen waren nicht nur »abstrakte« Fragen von Gleichberechtigung wie Quoten oder Beteiligung, sondern auch frauenspezifische Belange wie Körperlichkeit und Sexualität. Dazu gehörte die Forderung, den Abtreibungsparagrafen 218 aus dem Strafgesetzbuch zu streichen und Frauen unter dem Slogan »Mein Bauch gehört mir« die Wahl zu überlassen, wann sie ein Kind bekommen wollen. Im Juni 1971 erklärten 374 Frauen, darunter bekannte Schauspielerinnen und Journalistinnen, in einem aufsehenerregenden Titel der Zeitschrift *Stern:* »Wir haben abgetrieben«. Alice Schwarzer war die Initiatorin dieser Aktion. Frauen forderten öffentlich das Selbstbestimmungsrecht über ihren Körper und ihre Lebensgestaltung ein. In Schwarzers Buch »Der kleine Unterschied und seine großen Folgen« erkannten sich viele Frauen mit ihrem »Elend, [ihrer] Abhängigkeit, Ängste[n] und auch eigene[n] Widersprüche[n]« wieder.[24] Zugleich löste das Buch Ablehnung und Befürchtungen aus. Die teils radikalen Forderungen stellten bestehende Geschlechterverhältnisse grundsätzlich in Frage. Mit der »Lüge von der lebenserfüllenden Mutterschaft und Ehe«[25] wurden aber auch viele Frauen verprellt, die ihr Leben nicht als »Elend« und »Lüge« und Männer nicht als Feinde betrachteten.

Erst Ende der 1970er Jahre wurden noch aus den 1950er Jahren bestehende Regelungen liberalisiert. So durften die Eheleute ab 1976 selbst bestimmen, welchen Namen sie künftig führen wollten. Ab 1978 war es nach einer Reform des Bürgerlichen Gesetzbuches (BGB) den Eheleuten überlassen, wie sie Berufstätigkeit und Familienleben regelten. Und die BGB-Reform von 1978 schaffte die unentgeltliche Mitarbeit von Partnern in Familienbetrieben – was vor allem Frauen betraf – ab. Zu den Erfolgen der Frauenbewegung gehört, dass Frauen ab 1980 bei Einstellungsgesprächen nicht mehr gefragt werden durften, ob sie schwanger sind.[26] Im selben Jahr wurde Frauen auch das Recht zuerkannt, für gleiche Arbeit gleich bezahlt zu werden. Viele Veränderungen, um die Frauen in den 1960er Jahren noch kämpfen mussten, waren in den 1980er Jahren fast selbstverständlich: »Beliebige Frauen wie Du und ich. Frauen, die ihr Leben im Griff haben, zu Hause und im Beruf. Frauen, die sich Wege öffnen, von denen ihre Mütter und Großmütter noch kaum zu träumen wagten.«[27]

Trotz vieler Ähnlichkeiten in den Entwicklungen blieben wesentliche Unterschiede bis zum Ende der 1980er Jahre bestehen und wurden zu Herausforderungen im Prozess der deutschen Einheit. Gleichberechtigung und Emanzipation wurden im Westen nicht ausschließlich über die Frage der Berufstätigkeit möglichst vieler Frauen definiert, wie es in der DDR der Fall war. Trotz aller Fortschritte durch die westdeutsche Frauenbewegung war vieles 1990 offen. In der westdeutschen Frauenbewegung wurden Befürchtungen laut, dass es mit der deutschen Einheit zu deutlichen Rückschritten bezüglich bereits erkämpfter gesellschaftlicher Errungenschaften kommen würde. Das bezog sich weniger auf gesetzliche Regelungen als auf Fragen des Rollenverständnisses und der Emanzipation. Eine Reduzierung des Themas Gleichberechtigung auf die Berufstätigkeit von Frauen wurde ebenso kritisch gesehen wie die von der SED immer wieder gepriesene »Befreiung der Frau«, wie sie in der DDR praktiziert worden war. Frauenrechtlerinnen im Westen schauten weniger in die DDR als zu ihren »Schwestern« in Westeuropa, die sich ihre Rechte und ihre Emanzipation in einer unabhängigen Frauenbewegung erkämpft und diese nicht wie in der DDR »verordnet« bekommen hatten.

Emanzipation ade?
Ostdeutsche Frauen nach 1989

»

Kritik des Unabhängigen Frauenverbands der DDR 1989

»Die sozialpolitischen Maßnahmen wie das Babyjahr oder die 40-Stunden-Woche waren einzig auf die Erhöhung der Geburtenraten gerichtet. Unter der Hand haben sie sich gegen die Frauen ausgewirkt. Sie haben Männer darin bestärkt, sich der Familienarbeit zu entziehen, sie haben die Leistungsfähigkeit von Frauen in den Augen von LeiterInnen in Mißkredit gebracht, denn was Mutter-Sein in diesem Land mit seiner Mangelwirtschaft, mit seinem schlecht funktionierenden Gesundheitswesen, mit der katastrophalen Wohnungswirtschaft und Infrastruktur, was Kind-Sein in überfüllten Krippen, bei zunehmender Umweltbelastung wirklich bedeutet, wurde darin nicht mitbedacht. Frauen sind von den sozio-kulturellen Folgen unmittelbar betroffen. Das spiegelt sich u. a. in dem Gefühl wider, isoliert und letztlich auf sich selbst angewiesen zu sein. Im Babyjahr wissen Frauen oft nicht, wohin mit sich und dem Kind, denn vom kulturellen und politischen Leben sind sie ausgeschlossen.«

Ina Merkel/Eva Schäfer: Ohne Frauen ist kein Staat zu machen. Hamburg 1990, S. 6.

Mythos »DDR-Frau«

»Das liest sich wie ein Märchenbuch«, titelten die Autoren einer westdeutschen Veröffentlichung 1986 über »Frauen in der DDR«.[1] Das Buch enthielt wie viele andere Veröffentlichungen, die in linken Verlagen im Westen erschienen, vor allem die regierungsamtlichen Verlautbarungen. Die Autoren kamen zu der Schlussfolgerung, dass die Frauen in der DDR denen im Westen »im beruflichen und gesellschaftlichen Leben mehr als eine Nasenlänge voraus« seien. Begründet wurde dies mit der in der Tat beachtlichen Beteiligung von Frauen am Berufsleben, an den Universitäten oder in der Einheitsgewerkschaft FDGB. Sogar die Frage, inwieweit diese Belastung mit den Aufgaben als Mutter und Ehefrau vereinbar sei, wurde aufgeworfen. Sie wurde jedoch mit der Begründung, dass »das vorliegende Material [...] wenig ergiebig, [...] veraltet« und zudem subjektiv sei, nicht beantwortet. Vermutlich passte das Bild der überlasteten Frau, deren Leben keineswegs so rosig war, wie es die politischen Rahmenbedingungen vermittelten, nicht in das ideologische Konzept der Autoren. Auf den Einwand, dass die Gleichberechtigung in der DDR eben vor allem zu einer Doppelbelastung der Frauen führe, erwiderten die Autoren: »Das stimmt so nicht, denn die DDR hat sehr umfangreiche gesetzliche Maßnahmen zur Entlastung der berufstätigen Frauen und Mütter [...] geschaffen.«[2] Auch jenseits der – wie nicht anders zu erwartenden positiven – Parteiverlautbarungen genoss die DDR-Frau im Westen einen fast legendären Ruf: »Zieht man Vergleiche, so scheinen uns die Frauen Mitteldeutschlands in ihrer Gesamtheit viel aktiver, selbständiger, selbstbewusster, politisch interessierter, geistig aufgeschlossener zu sein.«[3] Frauen im Osten galten als qualifizierter, ihre selbstverständliche Berufstätigkeit wurde bewundert.

Die Verwerfungen und Probleme in der DDR nahm man im Westen kaum wahr. Besonders unter westdeutschen Männern gab es viele – positive – Vorurteile über ostdeutsche Frauen: Diese seien sexuell aufgeschlossen, weniger zickig und anspruchsvoll als westdeutsche Frauen und würden weniger finanzielle Erwartungen an die Versorgung durch den Mann stellen, da sie selbst berufstätig und eigenständig seien. Für solche Frauen brauchte man auch in einer Partnerschaft weniger Verantwortung zu übernehmen. Trotz aller Gleichberechtigung und Berufstätigkeit seien Ostfrauen aber weiblich geblieben: Den Haushalt meisterten sie quasi nebenher, sie würden Männer nicht als ihre Feinde ansehen und seien umgänglich. Das gelungene Bild für eine schmerzlose Emanzipation also. Bis heute wirken diese Annahmen über das jeweils andere Geschlecht aus Ost und West nach: »Westmänner empfinden Ostfrauen als unkompliziert, weiblich, hingebungsvoll und anspruchslos (was materielle Dinge angeht). Ostfrauen empfinden Westmänner als großzügig und spendabel, erfahren und weltgewandt«, schrieb etwa der Psychologe Olaf Georg Klein noch 2014.[4]

Anders sah dies bei vielen westdeutschen Frauen aus. Gerade jene, die sich als Feministinnen und Frauenrechtlerinnen verstanden, betrachteten ostdeutsche Frauen kritisch. Nicht nur dass diese für ihre Berufsbezeichnung die männliche Form wählten und ganz selbstverständlich davon sprachen, dass sie »Arzt«, »Lehrer« oder »Ingenieur« seien. Sie galten vielen westdeutschen Frauen als autoritätshörig, gestresst, entscheidungsschwach, unsicher und unselbständig. Zudem erschienen sie als ungelenk, ihr Modegeschmack altbacken. Häufig waren sie Zielscheibe von Spott, wie *Emma* im Dezember 1990 beschrieb: »Noch Anfang November konnte die FAZ süffisant über ›typische Heiratsannoncen‹ in der DDR berichten, in denen 30jährige, meist schon einmal geschiedene Frauen einen ›lieben Partner, bei dem ich mich anlehnen kann‹ suchen. ›Selbständig und anpassungsbereit‹, laute die mausgraue Devise, so spottete die Berichterstatterin aus dem goldenen Westen.«[5]

Frauen aus der DDR fanden sich also nach 1989 zwischen verschiedenen ideologischen Fronten wieder, die ihnen in dieser Form und Heftigkeit nicht bekannt waren. »Gegenseitige Vorurteile, Arroganz, unterschiedliche Lebensweisen, Stellung von Mann und Frau in der Gesellschaft, Erfahrungen, Bildung, Wertvorstellungen, ja, schon die sehr unterschiedlich ausgeprägte Kultur des Zuhörens und Eingehens auf den Gesprächspartner verhindern oftmals das gegenseitige Verständnis«, konstatierte Sonja Ryll im Rückblick auf das erste Aufeinandertreffen von Frauen aus Ost und West. »Die hinterwäldlerische Ostfrau schämt sich ihrer Kleidung, weiß nicht, wie man Austern verzehrt, ziert sich vor den Offenbarungen der Beate Uhse, wirkt noch drall und gesund ohne Verjüngungs- und Schlankheitskuren. [...] Nicht diese Frauen, die es gewiß vereinzelt gab, gehören in mein Bild. Zu meinem Mosaik gehört die Masse der Frauen, die schnell und deutlich erkannt hat, daß sie mit der DDR ihren Arbeitsplatz, die gesellschaftliche Kindererziehung, die bezahlbare Wohnung, das sichere Umfeld, ihre Stellung in Familie und Gesellschaft verliert.«[6] Hatten Frauen in der DDR in vielen Bereichen von ihrer veränderten Rolle und Stellung in der Gesellschaft profitiert, sahen sie sich nun Vorwürfen zu ihrem Selbstbild und ihrem Rollenverständnis ausgesetzt, die mit ihren Erfahrungen und den Herausforderungen der Umbruchszeit nach 1989 nur wenig gemein hatten. Einerseits wurden sie wegen der hohen Quote berufstätiger Mütter in der DDR, die ihre Kinder in Kindertagesstätten betreuen ließen, beschuldigt, »Rabenmütter« zu sein. Zugleich warfen ihnen westdeutsche Feministinnen vor, zu wenig politisch engagiert zu sein oder Fragen von »Weiblichkeit« oder Emanzipationstheorien zu wenig Aufmerksamkeit zu schenken. Hier wurde schnell offenbar, dass für Frauen in Ost und West hinter gleich klingenden Begriffen völlig unterschiedliche Lebenswelten und Erfahrungen standen.

»Nichts interessiert Frauen in der DDR so wenig wie Erörterungen über ihre Gleichberechtigung.«[7] Diese Einschätzung von Irene Böhme aus dem Jahr 1983 schien sich nach dem Untergang der DDR eindrucksvoll zu bestätigen. 1990 erklärten nur zwei Prozent der befragten Ostdeutschen die Gleichberechtigung der Frau zu einer erhaltenswerten Errungenschaft der DDR. Neben dem Erhalt von Kinderbetreuungseinrichtungen, dem Recht auf Schwangerschaftsabbruch, dem Arbeitsplatz und der Anerkennung von Abschlüssen schien Gleichberechtigung eher nachrangig und rangierte noch hinter dem Erhalt der niedrigen Preise, den garantierten Lehrstellen für Schüler, der Förderung von Kultur und Sport und der Alten- und Behindertenversorgung, dem Haushaltstag und der menschlichen Solidarität.[8]

»Ein allgemeines Bedürfnis nach Berufstätigkeit«

Wie kann es sein, dass nach jahrzehntelangen Erfahrungen mit der Gleichberechtigung von Mann und Frau diese Frage so wenig Aufmerksamkeit fand? Hatte das in der DDR realisierte Modell Männer und Frauen eher abgeschreckt, sodass kaum jemand bereit war, sich dafür einzusetzen? Oder hielt man die erreichten Standards für unantastbar und kümmerte sich deshalb so wenig darum? Denn gleichzeitig zeigten etwa Umfragen aus den nunmehr »neuen Bundesländern«, dass Frauen dort mehrheitlich weiterhin großen Wert darauf legten, erwerbstätig zu sein. 1990 kam der erstmals in der DDR erstellte »Frauenreport« zu dem Schluss, dass »die Motive der Frauen zur Berufstätigkeit [...] sich seit den 50er Jahren z.T. grundlegend verändert [haben]. Verstanden sich z.B. verheiratete Frauen anfangs vor allem als ›Zweitverdiener‹ der Familie, so hat Berufstätigkeit zunehmend einen eigenständigen Wert erhalten. Nicht zuletzt auch aufgrund des gestiegenen Qualifizierungsniveaus hat sich bei Frauen fast aller Altersgruppen ein allgemeines Bedürfnis nach Berufstätigkeit entwickelt.«[9]

Ostdeutsche Frauen erwarteten zudem von Männern, dass diese sich am Haushalt beteiligten, und konnten mit dem Bild der Frau, die zu Hause bleibt und dem Mann den Rücken freihält, wenig anfangen. Obwohl viele Frauen die Belastung durch Familie, Haushalt und volle Berufstätigkeit unter den Bedingungen der DDR als schwer erträglich erfahren hatten, entsprach die Aussicht, »zurück an den Herd« zu müssen, nicht ihren Vorstellungen von einem selbstbestimmten Leben. Schätzungen zufolge konnten sich lediglich ein bis vier Prozent der Frauen einen völligen Rückzug aus dem Arbeitsleben vorstellen.[10] Die damalige Umfrage belegt also nicht, dass Ostdeutsche wenig von Gleichberechtigung hielten. Vielmehr zeigt sie, dass der Begriff »Gleichberechtigung« zu abstrakt war und das dahinterstehende Konzept sich nicht erschloss. Denn die einzelnen Bestandteile, die schließlich dazu führen, dass Frauen und Männer gleichberechtigt leben können, wurden sehr wohl hoch geschätzt.

Viele der Aspekte, die die Menschen und insbesondere Frauen 1990 als wichtige Errungenschaften der DDR gern auch im vereinten Deutschland beibehalten wollten, gingen in den Verhandlungen zum Einigungsvertrag unter, obwohl die letzte DDR-Regierung unter Lothar de Maizière sogar noch ein eigenes Familien- und Frauenministerium schuf.[11] Obwohl sich die Ministerin Christa Schmidt große Ziele gesetzt hatte, gelang es kaum, diese im Einigungsvertrag umzusetzen. Weder die liberale Regelung zum Schwangerschaftsabbruch noch der Anspruch auf einen Krippen- oder Kindergartenplatz konnten bewahrt werden. Die Verhandlungen wurden von Männern dominiert, sogenannte »Frauenthemen« spielten kaum eine Rolle. So kam es, dass Frauen aus der DDR sich damit arrangieren mussten, bisher als selbstverständlich erachtete Positionen aufzugeben. Das konservativere Scheidungsrecht der Bundesrepublik hingegen brachte Frauen aus der DDR auch Vorteile. Da sie häufiger als Männer von Arbeitslosigkeit betroffen waren, trat nach bundesdeutschem Recht für sie wieder ein Versorgungsanspruch ein. Die damalige Frauenministerin Angela Merkel erklärte, es sei damit zu rechnen, dass die Erwerbstätigkeit von Frauen in den neuen Bundesländern zurückgehen werde und dies »natürlich« sei, »weil es [früher] die Möglichkeit, Hausfrau zu sein, eigentlich nicht gab«. Damit war die Erwartung verbunden, dass sich die »Erwerbsneigung« ostdeutscher Frauen dem westdeutschen Niveau angleichen und der Arbeitsmarkt entlastet würde.[12]

Für alle Menschen in der DDR bedeutete 1989/90 – unabhängig davon, wie sie vorher zum Staat oder in ihm gestanden hatten –, sich neu zu orientieren, oftmals neu anzufangen. Es kommt nicht von ungefähr, dass Frauen vor dem Hintergrund ihrer individuellen Umbruchserfahrungen unmittelbar nach 1990 an der DDR vor allem die Möglichkeiten der Teilhabe und Gleichberechtigung in ökonomischen Fragen als besonders positiv erinnerten.[13] Längerfristig meisterten Frauen die mit der Umgestaltung einhergehenden Herausforderungen offenbar besser, als ihnen vom Gros der Männer zugetraut wurde. Umfragen zufolge gaben 1996 77 Prozent der Befragten an, dass sich die Situation mit der Vereinigung insbesondere für Frauen in der DDR verschlechtert habe. Frauen selbst sahen ihre Position weit positiver: 81 Prozent empfanden ihre Situation als besser als zu DDR-Zeiten.[14]

Nach fast 30 Jahren Leben im vereinten Deutschland haben sich die Entwicklungen in Ost und West angeglichen. Frauen in Ost und West bekommen ihr erstes Kind im Durchschnitt mit 30,7 Jahren, während 1991 noch ein deutlicher Unterschied auszumachen war, als Frauen im Osten ihr erstes Kind mit 24,9 Jahren und Frauen im Westen mit 27,1 Jahren bekamen. Inzwischen heiraten Ostfrauen geringfügig später als Westfrauen, nämlich mit 31,6 bzw. 30,2 Jahren. Auch das sah 1989 deutlich anders aus, als Frauen in der DDR mit 23,2 Jahren zum ersten Mal heirateten und Frauen in der Bundesrepublik mit 25,7 Jahren.[15] Hingegen liegt die Scheidungsrate im Osten seit 1999 unter der im Westen. Berufstätigkeit für Frauen gilt – inzwischen befördert durch den Wunsch vieler Frauen, selbständig zu sein und eigenes Geld zu verdienen, aber auch wegen des Arbeitskräftemangels – als selbstverständlich. Doch Frauen aus der DDR sind noch immer öfter berufstätig als Westfrauen. Mehr als 90 Prozent der Männer und Frauen bezeichnen eine intakte Familie und Partnerschaft als größtes Glück,[16] allerdings sind nur acht Prozent für eine Arbeitsteilung, der zufolge der Mann der Ernährer der Familie ist und die Frau sich um Haushalt und Kinder kümmert.[17] Familien in Ost und West haben einen rechtlich garantierten Anspruch auf die Betreuung ihrer Kinder, was für die Berufstätigkeit nicht nur von Frauen förderlich ist. Frauen im Osten geben ihre Kinder immer noch häufiger und in jüngerem Alter in eine Kindereinrichtung, als es Frauen im Westen tun, obwohl der Betreuungsschlüssel im Westen weit besser ist als im Osten.

Auch wenn mittlerweile eine neue Generation junger Frauen und Männer herangewachsen ist, die eigene Wege für ein erfülltes Leben suchen, sind die grundlegenden Probleme ähnlich geblieben: Es geht um das Gefühl, überfordert zu sein und den Erwartungen nicht zu entsprechen. Und es geht immer noch um die Deutungsmacht, wer eine gute Mutter ist. Mussten sich DDR-Mütter, die ihre Kinder in Krippen und Kindergärten brachten, nach 1990 mehrheitlich anhören, sie seien »Rabenmütter«, scheinen sich heute Mütter verteidigen zu müssen, die sich entschieden haben, zu Hause zu bleiben. Mütter, die sich entschließen, länger als die vom Elterngeld abgedeckten Monate im Beruf auszusetzen, werden als rückständig bezeichnet und unter Druck gesetzt.[18] Das schärfste Argument scheint der Hinweis auf die verbaute Karriere zu sein. Frauen, die mit ihren Kindern lange zu Hause zu bleiben, wird vorgehalten, sie würden sich von ihrem Mann aushalten lassen – eine Debatte, die in dieser Konstellation vor dem Jahr 2000 undenkbar schien, als Bundeskanzler Gerhard Schröder das Thema Frauen und

Gleichberechtigung als »Gedöns« abtat. Um die Lasten der Familienarbeit gerechter zu verteilen, ist seit Jahren ein »Familiengeld« im Gespräch, mit dem Eltern in die Lage versetzt werden sollen, ihre Arbeitszeit zu reduzieren, wenn die Kinder klein sind, um mehr »Familienzeit« zu haben.[19] Der Freistaat Bayern ist hier Vorreiter und hat dies zum 1. September 2018 eingeführt.

Obwohl Frauen nach wie vor die Bevölkerungsmehrheit stellen – 2018 kamen auf 42 Millionen Frauen 40 Millionen Männer –, sind sie in Politik und Wirtschaft immer noch unterrepräsentiert. Zwar wird über Frauenquoten für Leitungspositionen diskutiert, aber Veränderungen greifen nur langsam. Im Bundestag ist der Frauenanteil in den Fraktionen zwischen der letzten, der 18., und der aktuellen, der 19. Wahlperiode von 230 auf 218 Abgeordnete gesunken. Immerhin sind in fast allen im Bundestag vertretenen Parteien Frauen Mitglieder der Partei- und Fraktionsführung.

Frauen sind nach wie vor überwiegend in den unteren Gehaltsgruppen zu finden. Unter den Spitzenverdienern mit 5000 Euro und mehr Monatsgehalt stellen Frauen nur 16,6 Prozent.[20]

2019 gingen die Diskussionen darüber, wie Emanzipation und Gleichberechtigung im 21. Jahrhundert aussehen sollen, weiter. Die erste deutsche Astronautin bereitete sich auf ihren Flug ins All vor, und ihr Mann wurde unter Schirmherrschaft der Familienministerin zum »Spitzenvater des Jahres« gekürt, weil er das tut, was Frauen seit Jahrhunderten ohne nennenswerte Anerkennung quasi nebenbei leisten: Er kümmert sich um Kinder und Haushalt.[21]

Letztlich ging es und geht es darum, wie Frauen und Männer ihr Leben gestalten wollen und welche persönlichen und gesellschaftlichen Rahmenbedingungen sie brauchen, um dies leben zu können: die Vereinbarkeit von Familie und Beruf für beide Elternteile. Es geht aber auch darum, zu akzeptieren, dass weder Männer noch Frauen alles gleichzeitig und ohne Einschränkungen und Abstriche haben können. Berufstätigkeit, Kinder, Haushalt, Freizeit und Familienleben – wer behauptet, man oder frau könne all dies ohne zusätzliche Belastungen und auch Einschränkungen unter einen Hut bringen, sollte sich die Geschichte der Gleichberechtigung in der DDR genau anschauen. Es geht darum auszuloten, für welche Bereiche tatsächlich eine staatliche Regulierung erforderlich ist – nicht nur für Frauen, sondern für alle Menschen, die in einem Staat leben. Die Frauenpolitik der DDR bietet hierzu reichlich Anschauungsmaterial.

Anhang

Anmerkungen

Selbstbewusst und lebensfroh?
Frauen in der DDR

1 Schubert, Helga: DDR-Frauen. 1989. In: dies.: Die Andersdenkende. München 1994, S. 152.
2 Siehe die jeweiligen Verfassungen beispielsweise unter http://www.verfassungen.de/de/sah/sachsenanhalt47-index.htm; http://www.verfassungen.de/de/sac/sachsen47.htm (alle Internet-Links wurden zum letzten Mal am 19.7.2016 abgerufen.) Die Gleichberechtigung von Mann und Frau wurde 1949 auch in das Grundgesetz der Bundesrepublik Deutschland aufgenommen.
3 Die Frau – der Frieden und der Sozialismus. Kommuniqué des Politbüros des ZK der SED. Berlin 1961. Abgedruckt in: Neues Deutschland, 23.12.1961, S. 1.
4 Honecker, Erich: Aus meinem Leben. Berlin 1980, S. 328.
5 Reimann, Brigitte: Franziska Linkerhand. 11. Auflage, Berlin 2008, S. 182. (Im Folgenden: Reimann, Linkerhand.)
6 Wander, Maxie: Guten Morgen, du Schöne. Stuttgart/München 1979, S. 7. (Im Folgenden: Wander, Du Schöne.)
7 Zitat aus dem Film »Zonenmädchen« (2013) von Sabine Michel.
8 Frauenreport '90. Hg. von Gunnar Winkler im Auftrag der Beauftragten des Ministerrates für die Gleichstellung von Frauen und Männern, Dr. Marina Beyer. Berlin 1990, S. 62. (Im Folgenden: Frauenreport 1990.)
9 Zitiert nach: Merkel, Ina: ... und Du, Frau an der Werkbank. Die DDR in den 50er Jahren. Berlin 1990, S. 27.
10 Vgl. Erwerbstätige 1950–1989 (= Sonderreihe mit Beiträgen für das Gebiet der ehemaligen DDR. Heft 14). Hg. vom Statistischen Bundesamt. Wiesbaden 1994, S. 19. (Im Folgenden: Erwerbstätige 1950–1989). Siehe auch Frauenreport 1990, S. 62.
11 Brüning, Elfriede: Regine Haberkorn. Berlin 1956. (Im Folgenden: Brüning, Haberkorn.)
12 Plakat für den X. Parteitag der SED vom 11. bis 16. April 1981.
13 Vgl. Engels, Friedrich: Der Ursprung der Familie, des Privateigenthums und des Staats. In: Marx-Engels-Werke, Band 21, Berlin 1977 (zuerst 1884; im Folgenden: Engels, Ursprung der Familie); Bebel, August: Die Frau und der Sozialismus. Berlin 1964 (zuerst 1879); Zetkin, Clara: Für die Befreiung der Frau! Rede auf dem Internationalen Arbei-

terkongress am 19. Juli 1889, Paris. In: Protokoll des Internationalen Arbeiter-Congresses zu Paris. Abgehalten vom 14. bis 20. Juli 1889, Nürnberg 1890, S. 80–85, http://www.lsa.k-p-d.org/resources/F$C3$BCr+die+Befreiung+der+Frau.pdf

14 Gesetzbuch der Arbeit der DDR. Berlin 1961, S. 27.

15 Natürliches Maß. In: Der Spiegel 34/1969, S. 40f.

16 Engels, Ursprung der Familie, S. 181.

17 Vgl. u. a. Hochschule im Sozialismus. Studien zur Geschichte der Friedrich-Schiller-Universität 1945–1990. Hg. von Uwe Hoßfeld/Tobias Kaiser/Heinz Mestrup. Köln/Weimar 2007.

18 Vgl. Frauenreport 1990, S. 27.

19 Stecker, Heidi: Künstlerinnen in der DDR. Eine Suche nach dem Anderen. In: Nagelschmidt, Ilse (Hg.): Frauenleben – Frauenliteratur – Frauenkultur in der DDR. Leipzig 1997, S. 11–24, hier S. 13. (Im Folgenden: Nagelschmidt, Frauenleben.)

20 Vgl. Schlegel, Uta: Gleichberechtigung der Geschlechter in der DDR. Mythos und Realität. In: Elm, Ludwig/Keller, Dieter/Mocek, Reinhard (Hg.): Ansichten zur Geschichte der DDR. Bonn/Berlin 1997, S. 201–236, S. 212. (Im Folgenden: Schlegel, Gleichberechtigung.)

21 Schlegel, Uta: Ostdeutsche Frauen und Politik – eine tragische Distanz. 12 spitze Bemerkungen. In: Nagelschmidt, Frauenleben, S. 65–70, hier S. 65.

22 Ross, Annika: Wuchs zusammen, was zusammengehört? In: Emma 6/2009. Zitiert nach: http://www.emma.de/artikel/von-maennerfeindinnen-und-genossinnen-317999.

23 Burmester, Silke: Helden der Gegenwart. Verehrte Brüder Kohl. In: Spiegel Online, 3.3.2013. Zitiert nach: http://www.spiegel.de/forum/kultur/spon-helden-der-gegenwart-verehrte-brueder-kohl-thread-84304-5.html

24 Vgl. Erwerbstätige 1950–1989, S. 19.

25 Arbeitsmarkt auf einen Blick, Deutschland und Europa. Hg. vom Statistischen Bundesamt. Januar 2016. Zitiert nach: https://www.destatis.de/DE/Publikationen/Thematisch/Arbeitsmarkt/Erwerbstaetige/BroeschuereArbeitsmarktBlick0010022169004.pdf?__blob=publicationFile

Arbeite mit – plane mit – regiere mit!
Frauen in Politik und Öffentlichkeit

1 Geschichte des Demokratischen Frauenbunds Deutschlands. Hg. vom Demokratischen Frauenbund Deutschlands. Leipzig 1989, S. 9. (Im Folgenden: Geschichte DFD.)

2 Geschichte DFD, S. 10.

3 Aufruf der KPD vom 11. Juni 1945. Zitiert nach: Deutsche Volkszeitung, 12.6.1945, S. 1.

4 Vgl. Aufruf des Zentralausschusses der SPD vom 15. Juni 1945: »Arbeiter, Bauern, Bürger! Männer und Frauen! Deutsche Jugend!«. Zitiert nach: http://germanhistorydocs.ghi-dc.org/sub_document.cfm?document_id=3013&language=german

5 1. Frauenfunktionärskonferenz der KPD vom 10.8.1945. In: Zur Rolle der Frau in der Geschichte der DDR (1945 bis 1981). Eine Chronik. Hg. von Siegfried Scholze/Hans-Jürgen Arendt. Leipzig 1987, S. 15. (Im Folgenden: Zur Rolle der Frau.)

6 Verfassung des Deutschen Reichs vom 11. August 1919. Zitiert nach: http://www.jura.uni-wuerzburg.de/fileadmin/02160100/Elektronische_Texte/Verfassungstexte/Die_Weimarer_Reichsverfassung.pdf

7 Muschter, Gabriele/Thomas, Rüdiger: Frauen in Deutschland. Eine Geschichte in Bildern, Quellen und Kommentaren. Hg. von der Bundezentrale für politische Bildung. Bonn 2015. (Im Folgenden: Muschter/Thomas, Frauen in Deutschland.)

8 Pfannstiel, Margot: Sibylles Modelexikon. Leipzig 1968, S. 40. (Im Folgenden: Pfannstiel, Sibylles Modelexikon.)

9 Diese Regelung blieb bis 1950 in der DDR in Kraft. In der Bundesrepublik wurde das »Letztentscheidungsrecht« des Mannes erst 1977 gestrichen, als das Leitbild der »Hausfrauenehe« mit der Reform des Ehe- und Familienrechts aufgegeben wurde.

10 Zitiert nach: Bendel, Carolin: Die deutsche Frau und ihre Rolle im Nationalsozialismus, 2007. http://www.zukunft-braucht-erinnerung.de/die-deutsche-frau-und-ihre-rolle-im-nationalsozialismus/

11 Rede des Reichsministers für Volksaufklärung und Propaganda, Joseph Goebbels, zur Eröffnung der Ausstellung »Die Frau« in Berlin am 19. März 1933. Zitiert nach: Schneider, Wolfgang: Frauen unterm Hakenkreuz. Hamburg 2003, S. 15.

12 12 Kernsprüche. Deutscher Mensch – deutsche Familie – deutsches Volk. Zitiert nach: Hausbuch für die deutsche Familie, o. O. 1938, S. 30.

13 Vgl. Reichsgesetzblatt 1933, Teil I, S. 323; Sturm, Reinhard: Zwischen Festigung und Gefährdung 1924–1929. In: Weimarer Republik (= Reihe Informationen zur politischen Bildung; Heft 261). Hg. von der Bundeszentrale für politische Bildung. Bonn 1998, S. 35.

14 Vgl. Reichsgesetzblatt 1933, Teil I, § 1, Abs. 1b, Nr. 60.

15 Adolf Hitler in einer Rede vom 8. September 1934 in Nürnberg. Zitiert nach: http://www.dhm.de/archiv/ausstellungen/grundrechte/katalog/69-71.pdf

16 Hausbuch für die deutsche Familie. Hg. vom Reichsbund der Standesbeamten Deutschlands. Berlin 1938, S. 34.

17 Siehe Bendel, Die deutsche Frau (wie Anm. 10).

18 Vgl. Muschter/Thomas, Frauen in Deutschland, S. 40.

19 Vgl. Sander, Helke/Spohr, Julia: BeFreier und Befreite. Krieg, Vergewaltigungen, Kinder. Frankfurt am Main 1995, S. 15–17.

20 Vgl. Muschter/Thomas, Frauen in Deutschland, S. 99.

21 Vgl. Folgen des Krieges. Nachkriegsverhältnisse. Zusammengestellt aus Archivmaterial des evangelischen Öffentlichkeitsdienstes. Archiv der Gertraudenkirche Frankfurt/Oder AS 10/11.

22 Beide Zitate aus: Entschließung zur politischen Lage, angenommen auf dem II. Parteitag der SED vom 20.–24.9.1947. Zitiert nach: Dokumente zur Geschichte der SED, Band 2: 1945–1971. Berlin 1986, S. 68.

23 Vgl. Kaminsky, Annette: Heimkehr. Geschichte und Geschichten deutscher Kriegsgefangener. München 1998, S. 85. (Im Folgenden: Kaminsky, Heimkehr.)

24 Protokolle der Sitzungen des Kriegsgefangenenausschusses. Bundesarchiv Koblenz Z/2/87. Zitiert nach: ebenda, S. 71.

25 Siehe Kramer, Nicole: Volksgenossinnen an der Heimatfront. Mobilisierung, Verhalten, Erinnerung. Göttingen 2011.

26 Wettig, Gerhard (Hg.): Der Tjulpanov-Bericht. Sowjetische Besatzungspolitik in Deutschland nach dem Zweiten Weltkrieg (= Schriftenreihe des Hannah-Arendt-Instituts; Nr. 63). Göttingen 2012, S. 271–283, insb. S. 271. (Im Folgenden: Wettig, Tjulpanov.)

27 Befehl Nr. 080 des Obersten Chefs der SMAD vom 30.10.1945. Zitiert nach: Zur Rolle der Frau, S. 17.

28 Vgl. Obertreis, Gesine: Familienpolitik in der DDR 1949–1980. Wiesbaden 1985, S. 34.

29 Wettig, Tjulpanov, S. 272.

30 Bekanntmachung vom 3. November 1945. Zitiert nach: Befehle des Obersten Chefs der Sowjetischen Militärverwaltung in Deutschland. Aus dem Stab der Sowjetischen Militärverwaltung in Deutschland. 1945. Berlin 1946, S. 47 f.

31 Wettig, Tjulpanov, S. 272.

32 Titel des gleichnamigen Buches von Elli Schmidt, das 1952 erschien und die ersten Jahre nach dem Krieg bilanzierte. Siehe Schmidt, Elli: Gute Mütter unserer Kinder. Berlin 1952. (Im Folgenden: Schmidt, Gute Mütter.) Hervorhebung im Text durch die Autorin.

33 Deutsche Volkszeitung, 9. 11. 1945.

34 Vgl. Geschichte DFD, S. 50; Wettig, Tjulpanov, S. 272 f.

35 Wettig, Tjulpanov, S. 274.

36 Geschichte DFD, S. 51.

37 Vgl. Wettig, Tjulpanov, S. 271–283, insb. S. 274.

38 Zur Rolle der Frau, S. 29.

39 Wettig, Tjulpanov, S. 276.

40 Zur Rolle der Frau, S. 22.

41 Ebenda, S. 43.

42 Ebenda, S. 155.

43 Ebenda, S. 170.

44 Ebenda, S. 171.

45 Ebenda, S. 173.

46 Ebenda, S. 274.

47 Ebenda, S. 363.

48 Ebenda, S. 362.

49 Geschichte DFD, S. 62.

50 Wettig, Tjulpanov, S. 282.

51 Zur Rolle der Frau, S. 29.

52 Ebenda, S. 30.

53 Ebenda, S. 30.

54 Angaben nach Wettig, Tjulpanov, S. 280.

55 Ebenda, S. 281.

56 Aus dem Glückwunsch des ZK zum Internationalen Frauentag 1961. Zitiert nach: Dokumente der Geschichte der SED, Band VIII: 1960–1961. Berlin 1962, S. 411.

57 Vgl. Zur Rolle der Frau, S. 30.

58 Befehl Nr. 254 vom 11. 11. 1947. Ebenda, S. 34.

59 Wettig, Tjulpanov, S. 278.

60 Zitiert nach: ebenda, S. 283.

61 Zur Rolle der Frau, S. 184.

62 Schmidt, Gute Mütter, S. 8.

63 Ebenda, S. 9.

64 Zur Rolle der Frau, S. 47.

65 Zitiert nach: ebenda, S. 22.

66 Die Frau von heute 13/1962, S. 11.

67 Zur Rolle der Frau, S. 164.

68 Ebenda, S. 220.

69 Ebenda, S. 191.

70 Ebenda, S. 190.

71 Ebenda, S. 226.

72 Ebenda, S. 227.

73 Zitat vom VII. Parteitag der SED 1967. Zitiert nach: ebenda, S. 204.

74 Beschluß des Bundesvorstands des DFD zur Auswertung der Beschlüsse des VIII. Parteitags der SED und die weiteren Aufgaben des DFD. 20.2.1973. Zitiert nach: ebenda, S. 258.

75 Zitat vom IX. Parteitag der SED 1976. Zitiert nach: ebenda, S. 308.

76 Zahlenangaben bei Hürtgen, Renate: Zwischen Disziplinierung und Partizipation. Vertrauensleute des FDGB im DDR-Betrieb. Köln 2005 (im Folgenden: Hürtgen, FDGB); Knaack, Kirsten: Die Emanzipation der Frau im Sozialismus. Theorie und Praxis. Universität Hamburg 1997, http://www.emanzipation-im-sozialismus.de/seite-8.html

77 Bericht der Arbeitsgruppe Sozialpolitik beim ZK der SED, Büro Walter Ulbricht, 1967, S. 16, Bundesarchiv Berlin (im Folgenden: BArch) DY 30/3337, Bl. 226.

78 Vgl. Hürtgen, FDGB.

79 Zahlenangaben nach ebenda, 178.

80 Sekretäre des Bundesvorstandes des FDGB nach Aufgabenbereichen, https://www.bundesarchiv.de/sed-fdgb-netzwerk/html/gremien.html?mode=FDGB&cat=25

81 Vgl. Plat, Wolfgang: Die Familie in der DDR. Frankfurt am Main 1972, S. 25. (Im Folgenden: Plat, Familie)

82 Bei den anderen beiden Blockparteien LDPD und NDPD schwankte der Frauenanteil zwischen 11 und 25 Prozent. Alle Angaben aus Pawlowski, Rita: »Unsere Frauen stehen ihren Mann«. Frauen in der Volkskammer der DDR 1950–1989. Berlin 2008, S. 7 f.

83 Anfrage von Jugendlichen an MP Willi Stoph vom 2.11.1976. Zitiert nach: Suckut, Siegfried: Volkes Stimmen. »Ehrlich, aber deutlich«. Privatbriefe an die DDR-Regierung. München 2016, S. 207 (Im Folgenden: Suckut, Volkes Stimmen).

Gleichberechtigte Teilnahme an der Erwerbsarbeit
Der Arbeitsalltag

1 Geschichte DFD, S. 73.

2 Vgl. Erwerbstätige 1950–1989, S. 19.

3 Vgl. Steiner, André/Bundesministerium für Arbeit und Sozialordnung: Statistische Übersichten zur Sozialpolitik seit 1945 in Deutschland. SBZ/DDR. Bonn 2006, S. 144.

4 Vgl. Plat, Familie, S. 19.

5 Befehl Nr. 153 vom 29.11.1945 über Maßnahmen zur Sicherstellung von Arbeitskräften in den wichtigsten Wirtschaftszweigen. Abgedruckt in: S.M.A.-Befehle 1945, Bibliothek Bundesstiftung Aufarbeitung, CA10644/1945, o. S.

6 Kontrollratsgesetz Nr. 32 vom 10.7.1946, http://www.verfassungen.de/de/de45-49/verf45-l1.htm

7 SMAD-Befehl Nr. 10 vom 8.1.1947 über die Befreiung von Frauen vom Arbeitseinsatz, abgedruckt in S.M.A.-Befehle 1947, Bibliothek Bundesstiftung Aufarbeitung, CA11010644/1947, o. S.

8 Die Möglichkeit, Frauen auch weiterhin für Schwerstarbeiten einzusetzen, blieb aber bestehen und wurde erst 1948 mit dem SMAD-Befehl Nr. 39 eingeschränkt.

9 Vgl. Forderungen der Frauenfunktionärskonferenz der KPD von Groß-Berlin vom 10.8.1945. In: Zur Rolle der Frau, S. 15.

10 Befehl Nr. 253 vom 16.8.1946 des Obersten Chefs der Sowjetischen Militäradministration, Oberbefehlshaber der Gruppe der Sowjetischen Besatzungstruppen in Deutschland, über gleiche Entlohnung der Frauen, der jugendlichen Arbeiter und der erwachsenen Männer für gleiche Arbeit. Zitiert nach: S.M.A.-Befehle, Bibliothek Bundesstiftung Aufarbeitung, CA 110/10644/1946, o.S.

11 Frauenförderung, BGL, Frauenausschüsse. Beiträge aus dem ersten Erfahrungsaustausch des Präsidiums des Bundesvorstandes des FDGB mit den Frauenausschüssen. Hg. vom FDGB. Berlin 1966, S. 23. (Im Folgenden: Frauenförderung 1966.)

12 Siehe die Tabelle »Erwerbstätigkeit von Frauen 1946–1989« auf S. 97.

13 Schmidt, Gute Mütter, S. 92, 94.

14 Geschichte DFD, S.152.

15 Vgl. Zur Rolle der Frau, S. 76.

16 Zitiert nach: Weber, Gerda: Frauen als letzte Reserve. In: SBZ-Archiv, Mai, S. 57; siehe auch Lernen und Handeln 1/1962, S. 15.

17 Vgl. Geschichte DFD, S. 154.

18 Vgl. Zur Rolle der Frau, S. 160.

19 Wettig, Tjulpanov, S. 272.

20 Vgl. Gries, Rainer/Satjukow, Silke: Sozialistische Helden. Berlin 2002, S. 56; Natürliches Maß. In: Der Spiegel 34/1969, S. 40f.

21 Zitiert nach: Conradt, Sylvia: Der erste Frauenkongress in der DDR. Eine Konferenz zur Rolle der Frau im Sozialismus. Kalenderblatt vom 25.6.2014, http://www.deutschlandradiokultur.de/vor-50-jahren-der-erste-frauenkongress-in-der-ddr.932.de.html?dram:article_id=290029

22 Frauenförderung 1966, S. 60.

23 Pfannstiel, Sibylles Modelexikon, S. 27.

24 Vgl. Frauenreport 1990, S. 50.

25 Hieblinger, Inge: Frauen in unserem Staat. Perspektive – technische Revolution – Qualifizierung – Beruf. Berlin 1967, S. 95. (Im Folgenden: Hieblinger, Frauen.)

26 Ulbricht, Walter: Die Frau – aktive Mitgestalterin unseres sozialistischen Lebens. In: Die Frauen – der Frieden und der Sozialismus. Berlin 1963, S. 42. Zitiert nach: ebenda, S. 94.

27 Frauenförderung 1966, S. 9.

28 Vgl. Schlegel, Uta: Geschlechter- und Frauenforschung in der DDR. In: Friedrich, Walter/Förster, Peter/Starke, Kurt (Hg.): Das Zentralinstitut für Jugendforschung Leipzig 1966–1990. Geschichte, Methoden, Erkenntnisse. Berlin 1999, S. 380. (Im Folgenden: Schlegel, Frauen; Friedrich, Zentralinstitut für Jugendforschung.)

29 Vgl. ebenda, S. 380.

30 Vgl. Frauenreport 1990, S. 9 und 52.

31 Vgl. ebenda, S. 51f.

32 Vgl. ebenda, S. 44.

33 Schmidt, Gute Mütter, S. 96.

34 Vgl. Budde, Gunnilla-Friederike: Frauen der Intelligenz. Akademikerinnen in der DDR 1945 bis 1975. Göttingen 2003, S. 94. (Im Folgenden: Budde, Akademikerinnen.)

35 Meier, Uta: Die Allzuständigkeit der Frau für die Familienarbeit in Ost und West. In: Rohnstock, Katrin: Stiefschwestern. Was Ost-Frauen und West-Frauen voneinander denken. Frankfurt am Main 1994, S. 100; vgl. Frauenreport 1990, S. 88.
36 Vgl. Frauenreport, S. 88.
37 VII. Parteitag der SED 1967. Zitiert nach: Zur Rolle der Frau, S. 204.
38 Frauenförderung 1966, S. 16.
39 Frauenreport 1990, S. 94.
40 Vgl. ebenda.
41 Vgl. Schlegel, Gleichberechtigung, S. 212.
42 Frauenförderung 1966, S. 27.
43 Zitiert nach: Der Spiegel 49/1969, S. 40; Für Dich 8/1969, S. 20; 10/1969, S. 2–8; 12/1969, S. 3–8; 14/1969, 12–15; 16/1969, S. 14–23.
44 Vgl. Schlegel, Frauen, S. 381.
45 Ebenda.
46 Vgl. Budde, Akademikerinnen, S. 199–228, insb. S. 205, 219–221.
47 Zitiert nach: Nienhaus, Ursula: »Für strenge Dienstzucht ungeeignete Objekte«. In: Fürmetz, Gerhard/Reinke, Herbert/Weinhauer, Klaus (Hg.): Nachkriegspolizei. Sicherheit und Ordnung in Ost- und Westdeutschland 1945–1969. Hamburg 2001, S. 129–153, hier S. 129.
48 Ebenda, S. 143.
49 Ebenda.
50 Ich danke Dr. Torsten Diedrich vom Zentrum für Militärgeschichte und Sozialwissenschaften der Bundeswehr für diese Angaben.
51 Batz, Julia: Emanzipierte Gleichberechtigung oder politisches Kalkül? Ein kritischer Blick auf Frauenbild und -politik in der DDR. In: Gerbergasse 68/2013, S. 8.
52 Vgl. Metzker, Karoline: Frauen als IM des MfS der DDR im Bereich Abwehr. Zulassungsarbeit Universität Bayreuth 2012, S. 31f. (Im Folgenden Metzker, Frauen als IM.)
53 Vgl. ebenda, S. 30.
54 Gieseke, Jens u. a.: Die hauptamtlichen Mitarbeiter des MfS (= Anatomie der Staatssicherheit. MfS-Handbuch, Teil 4,1). Hg. von der Behörde des Bundesbeauftragten für die Stasi-Unterlagen. 2. Auflage, Berlin 1996, S. 169. (Im Folgenden: Gieseke, Staatssicherheit.)
55 Vgl. Metzker, Frauen als IM, S. 32.
56 Leipzig. Sex and the City. Reportage von Kerstin Mauersberger und Rene Frölke, Arte 2007. Zitiert nach: https://de.wikipedia.org/wiki/Prostitution_in_der_Deutschen_Demokratischen_Republik. Siehe auch Falck, Uta: VEB Bordell. Geschichte der Prostitution in der DDR. Berlin 1998.
57 Siehe zur Entwicklung der Landwirtschaft in SBZ und DDR: Schöne, Jens: Frühling auf dem Lande? Die Kollektivierung der DDR-Landwirtschaft. Berlin 2005; ders.: Das sozialistische Dorf. Bodenreform und Kollektivierung. Leipzig 2008; sowie Frauenreport 1990, S. 55 und S. 66.
58 Zur Rolle der Frau, S. 156.
59 Ebenda, S. 201.
60 Vgl. Panzig, Christel: Hin zum eigenen Beruf. Frauen in den Landwirtschaftlichen Produktionsgenossenschaften der DDR. In: Budde, Gunilla-Friederike (Hg.): Frauen arbeiten. Weibliche Erwerbstätigkeit in Ost- und Westdeutschland nach 1945. Göttingen 1997, S. 180.

61 Vgl. ebenda, S. 171 und 180.

62 Zitiert nach: Helwig, Gisela: Frauen im SED-Staat. In: Materialien der Enquete-Kommission »Aufarbeitung von Ursachen, Geschichte und Folgen der SED-Diktatur in Deutschland«. Band 3/2: Ideologie, Integration und Disziplinierung. Hg. vom Deutschen Bundestag. Baden-Baden 1995, S. 1229.

63 Zitiert nach: Helwig, Gisela/Nickel, Hildegard Maria: Frauen in Deutschland 1945–1992. Bonn 1993, S. 11.

64 Schmidt, Gute Mütter, S. 36 f.

65 Zitiert nach: Weber, Gerda: Die Frauen und die neue Verfassung. In: Deutschland Archiv 4/1968, S. 427 f.; siehe auch Für Dich 10/1968, S. 27.

66 Strafgesetzbuch der DDR vom 28.6.1979, § 249 Abs. 1 und 5.

67 Frauenreport 1990, S. 79.

68 Natürliches Maß. In: Der Spiegel 34/1969, S. 40 f.

69 Vgl. Böttcher, Karin: Scheidung in Ost- und Westdeutschland. Der Einfluss der Frauenerwerbstätigkeit auf die Ehestabilität (MPIDR Working Paper). June 2006; Trappe, Heike: Emanzipation oder Zwang? Frauen in der DDR zwischen Beruf, Familie und Sozialpolitik, Berlin 1995, S. 143–156, insb. S. 145, 150; Frauenreport 1990, S. 83.

70 Bericht der Arbeitsgruppe Sozialpolitik beim ZK der SED, Büro Walter Ulbricht. Vorschläge für die Entwicklung wesentlicher Faktoren des Lebensunterhalts. 5. Bericht über die Ergebnisse der Untersuchung des Fragenkomplexes »Wie beurteilen die Arbeiter die Entwicklung ihres Lebensstandards, die Entwicklung der Arbeits- und Lebensbedingungen im Betrieb und worin sehen sie schwerpunktmäßig zu lösende Probleme?« 1967, BArch DY 30/3337, Bl. 11.

Die zweite Schicht

Mehrfachbelastung von Frauen durch Beruf, Haushalt und Familie

1 Brüning, Haberkorn.

2 Vgl. Verordnung über die durchgängige 5-Tage-Arbeitswoche und die Verkürzung der wöchentlichen Arbeitszeit bei gleichzeitiger Neuregelung der Arbeitszeit in einigen Wochen mit Feiertagen. Vom 3.5.1967 in der Fassung vom 25.9.1968. In: Staatliche Dokumente zur Förderung der Frau in der DDR. Berlin 1973, S. 192.

3 Verfassung der DDR 1949, Art. 18., Abs. 5.

4 Zur Rolle der Frau, S. 178.

5 Albrecht, Anneliese/Schmutzler, Olaf: Erste Forschungsergebnisse auf dem Gebiet der Hausarbeit. In: Mitteilungen des Instituts für Bedarfsforschung 1/1965, S. 5–12, hier S. 5.

6 Zur Rolle der Frau, S. 188.

7 Im Vergleich dazu gab es in der Bundesrepublik zum Zeitpunkt der deutschen Vereinigung nur für zwei Prozent der Kinder unter drei Jahren einen Krippenplatz. Immerhin konnten 78 Prozent der Kinder einen Kindergarten besuchen.

8 Interview mit Prof. Dr. Rudhard Stollberg. Zitiert nach: Plat, Familie, S. 114.

9 Vgl. Bericht Heidi Bohley auf der Veranstaltung »Wir müssen schreien, damit man uns hört« der Bundesstiftung zur Aufarbeitung der SED-Diktatur am 6.3.2013.

10 Siehe z. B. Manz, Gerhard: Was darf es sein? Was du vom Handel wissen solltest! Berlin 1959, S. 81. (Im Folgenden: Manz, Was darf es sein?)

11 Pank, Ursula: Untersuchungen über die Arbeit der Landfrauen. Diss. A, Universität Rostock 1957, S. 90.
12 Manz, Was darf es sein?, S. 80.
13 FDGB-Bundesvorstand, Kommission für Privatbetriebe: Bericht und Vorschläge entsprechend des Beschlusses des Präsidiums des Bundesvorstandes des FDGB Z 157/59 Arbeitsgruppe Dienstleistungen und Reparaturen (Privatindustrie und Handwerk) vom 9.10.1959, S. 19. SAPMO-BArch DY 34/20084.
14 Bericht der Arbeitsgruppe Sozialpolitik beim ZK der SED, Büro Walter Ulbricht, 1967, S. 13, BArch DY 30/3337, Bl. 223.
15 Zur Rolle der Frau, S. 259.
16 Zutzewitz, Anneliese: Haushalt – Unbekannte Größe. In: Guter Rat 1/1976, S. 2f., hier S. 2.
17 Vgl. ebenda.
18 Die Angst vor dem Kometen, Mosaik 58/1961.
19 Vgl. Koch, Herbert/Nieke, Waltraud/Wieland, Eberhard: Die Erleichterung der Hausarbeit 1964, S. 56, BArch, Außenstelle Coswig, IfM L 102/93; Schmutzler, Olaf/Bischoff, Werner: Zum Einkaufsverhalten der Haushalte der DDR bei Lebensmitteln, in: Mitteilungen des Instituts für Bedarfsforschung 4/1968, S. 11–16, hier S. 11.
20 Eingaben 1962–1965, BArch DY 31/1048 5, Bl. 8.
21 Vgl. Engels, Ursprung der Familie, S. 181.
22 FDGB 1959, S. 19 (wie Anm. 13).
23 Vgl. ebenda.
24 Abschlußbericht der Abteilung Sozialpolitik des FDGB-Bundesvorstandes über die Kontrolle zur Versorgung der Bevölkerung mit hauswirtschaftlichen Dienstleistungen und Reparaturen, insbesondere Wäschereileistungen sowie Reparaturen an elektrischen Haushaltgeräten (einschließlich Waschmaschinen, Trockenschleudern und Kühlschränken) vom 21.10.1970, BArch DY 34/14294, S. 5.
25 Abteilung Frau und Staat des DFD: Entwurf einer Argumentation vom 22.6.1973 zur Unterstützung der Herausbildung neuer Einstellungen zur Verlagerung der großen Wäsche in industrielle Wäschereien (kann dort zur Diskussionsgrundlage verwendet werden, wo die Möglichkeit besteht, weitere Frauen für die Inanspruchnahme dieser Waschleistungen zu gewinnen), SAPMO-BArch DY 31/1058, Bl. 101–104.
26 Für alle Zahlenangaben siehe die Tabelle im folgenden Abschnitt.
27 Vgl. Albrecht, Anneliese: 15 Milliarden Stunden Hausarbeit in der DDR. In: Mitteilungen des Instituts für Marktforschung 17/1972, S. 7–12, hier S. 7; Frauenreport 1990, S. 131ff.
28 Zutzewitz, Haushalt, S. 2 (wie Anm. 16).
29 Ebenda, S. 3.
30 Ebenda, S. 2.
31 Ebenda, S. 3.
32 Konsument-Katalog Sommer 1971, S. 37.
33 Vgl. Stöckmann, Peter: Mehr Freizeit für berufstätige Mütter. In: Mitteilungen des Instituts für Marktforschung 1/1973, S. 13–16, hier S. 14.
34 Auszug aus dem Diskussionsbeitrag der Abg. Ch. Münch, Bezirksvorsitzende des DFD, Bezirkstagssitzung vom 31.10.1973, SAPMO-BArch DY 31/1058, Bl. 111–114.
35 Friedrich, Zentralinstitut für Jugendforschung, S. 388.
36 Merker, Joachim: Die langfristige Entwicklung des Bevölkerungsbedarfs nach Konsumgütern, die der Freizeitgestaltung dienen, und die Problematik ihrer quantitativen

Bestimmung mittels rationeller Verbrauchsnormen. In: Mitteilungen des Instituts für Bedarfsforschung 3/1964, S. 1–16, hier S. 4.
37 Ebenda, S. 4 f.
38 Ebenda, S. 5.
39 Ebenda, S. 6.
40 Vgl. Scholz, Horst: Zum Umfang und zur Struktur der Freizeit in der DDR. In Mitteilungen des Instituts für Bedarfsforschung 4/1966, S. 5–11, hier S. 9.
41 Vgl. ebenda.
42 Vgl. Stöckmann, Berufstätige Mütter, S. 14 f. (wie Anm. 33).
43 Frauenreport 1990, S. 132.
44 Ebenda.
45 Seidel, Christine: Mütter ohne Wert. Scheidung in der DDR – Frauen berichten. Halle (Saale) 2014, S. 27.
46 Centrum-Katalog, Herbst/Winter 1962/63, S. 5.
47 Zitiert nach: Sperber, Katharina: Heldin der Arbeit. In: Klußmann, Uwe (Hg.): Die DDR. Leben im sozialistischen Deutschland (= Spiegel Geschichte 3/2015), S. 24.
48 Ebenda.
49 Rede Margot Hecker – GO I/1 auf der Kreisdelegiertenkonferenz der SED im MfS 1967. BStU, MfS, ZA, KL SED 933, unerschlossenes Material. Zitiert nach: Gieseke, Staatssicherheit, S. 56.
50 Sibylle 4/1969. Umschlagseite innen.
51 Zitiert nach: Zur Rolle der Frau, S. 238.
52 Holland-Moritz, Graffunda, S. 134.
53 Ebenda, S. 131.
54 Filmzitat aus »Der Mann, der nach der Oma kam« (DEFA 1971).
55 Centrum-Katalog, Herbst/Winter 1972/73, S. 26.
56 Centrum-Katalog 1971, S. 108 f.; vgl. Helbig, Dagmar: Wieviel Zeit und Kraft benötigt die Hausarbeit? In: Mitteilungen des Instituts für Bedarfsforschung 1/1982, S. 22–26, S. 22.
57 Natürliches Maß. In: Der Spiegel 34/1969, S. 40 f.
58 Pinther, Arnold: Familien- und Eheforschungen. Jugendliche in ihren Herkunftsfamilien. In: Friedrich, Zentralinstitut für Jugendforschung, S. 427. (Im Folgenden: Pinther, Familie.)
59 Angaben aus: Schlegel, Haushalt, S. 384.
60 Vgl. ebenda, S. 385.
61 Frauenreport 1990, S. 81.

Jung gefreit hat nie gereut

Partnerschaft und Familienplanung

1 Pfannstiel, Sibylles Modelexikon, S. 22.
2 Reichsgesetzblatt 1938, Teil I, 8. 7. 1938, S. 807.
3 Reichsgesetzblatt 1935, Teil I, 15. 9. 1935, S. 1146.
4 Vgl. www.verfassungen.de/de/de45-49/kr-gesetz16.htm
5 Verordnung des Ministerrats vom 24. 11. 1955. Gesetzblatt der Deutschen Demokratischen Republik 1955, Teil I, S. 849.

6 Familiengesetzbuch der DDR, Gesetzblatt der Deutschen Demokratischen Republik 1966, Teil I, S. 1.
7 Präambel Familiengesetzbuch der DDR, ebenda.
8 Familiengesetzbuch der DDR. Zitiert nach: Staatliche Dokumente zur Förderung der Frau in der DDR. Berlin 1973, S. 30–33.
9 Alle Zahlen nach: Statistisches Jahrbuch 1992 für die Bundesrepublik Deutschland. Wiesbaden 1992, S. 75.
10 Vgl. Pinther, Familie, S. 424.
11 Vgl. Schleinitz, Conrad: Ehe-Start mit Rückenwind. In: Guter Rat 17/1987, s. S. 145.
12 Ebenda.
13 Vgl. Hoffmann, Hans-Joachim/Klemm, Peter G.: Ein offenes Wort. Ein Buch über die Liebe. Berlin 1967.
14 Ebenda, S. 196.
15 Ebenda, S. 197.
16 Schnabl, Siegfried: Mann und Frau intim. Rudolstadt 1972 (zuerst 1969), S. 105. (Im Folgenden: Schnabl, Mann und Frau.)
17 »Barfuß ins Bett« DFF 1989, Episode 8.
18 Suche nach Glück und Partnerschaft. In: Berliner Zeitung, 1. 7. 1981, S. 8.
19 Kleine Anzeigen bringen Erfolg. In: Berliner Zeitung, 12. 2. 1953, S. 6.
20 Zu unserer Diskussion: Alleinstehend für immer? In: Berliner Zeitung, 23. 9. 1973, S. 11.
21 Suche nach Glück und Partnerschaft. In: Berliner Zeitung, 1. 7. 1981, S. 8.
22 Heiratsanzeigen. In: Neue Zeit, 6. 3. 1948, S. 4.
23 Vgl. Fischer, Martin: Dienst an der Liebe. Die katholische Ehe-, Familien- und Lebensberatung in der DDR. Würzburg 2014, S. 134. (Im Folgenden: Fischer, Dienst an der Liebe.)
24 Vgl. Bericht von Hn. Vogt, BArch 75213/92, o. S. Zitiert nach: Kaminsky, Heimkehr, S. 89.
25 Reimann, Linkerhand, S. 182 f.
26 Zitiert nach: Natürliches Maß. In: Der Spiegel 34/1969, S. 40 f.
27 Fiedler, Marianne/Irro, Dr. med: Leidet die Liebe unter der Berufstätigkeit der Frau? In: Berliner Zeitung, 19. 8. 1973, S. 11.
28 Ebenda.
29 Familiengesetzbuch der DDR, § 4, Abs. 2, Gesetzblatt der Deutschen Demokratischen Republik 1965, Teil I, S. 1.
30 Ehescheidung nach dreijähriger Trennung. In: Die Frau von heute 8/1954, S. 22.
31 Unterhaltszahlungen an die getrennt lebende Ehefrau: In: Die Frau von heute 8/1955, S. 22.
32 Ebenda.
33 Ebenda.
34 Ebenda.
35 Schnabl, Mann und Frau, S. 105.
36 Vgl. Gröschner, Annett: Frauen in der DDR. Die systematische Diskriminierung im Osten. In: Die Zeit, 19. 10. 2015, http://www.zeit.de/kultur/2015-10/ddr-frauen-renten-altersarmut-uno-10nach8
37 Vgl. Staatliche Dokumente zur Förderung der Frau in der DDR. Berlin 1973, S. 35 ff.
38 Vgl. ebenda.
39 Vgl. Frauenreport 1990, S. 27.

40 Vgl. Menge, Marlies: Sex in der DDR. Das uneheliche Kind gehört zum guten Ton. In: Die Zeit, 4.8.1972, http://www.zeit.de/1972/31/das-uneheliche-kind-gehoert-zum-guten-ton/komplettansicht

41 Vgl. Statistisches Jahrbuch 1992 für die Bundesrepublik Deutschland, S. 80; Bevölkerungsstatistische Übersichten 1946 bis 1989. Teil IV: Eheschließungen und Ehescheidungen. (= Sonderreihe mit Beiträgen für das Gebiet der ehemaligen DDR, Heft 31). Hg. vom Statistischen Bundesamt. Wiesbaden 1998, S. 95.

42 Vgl. Pinther, Familie, S. 42.

43 Schlegel, Haushalt, S. 383.

44 Vgl. Fischer, Dienst an der Liebe, S. 139.

45 Schwangerschaftsabbrüche waren in der DDR bis 1972 grundsätzlich nur aus medizinischen Gründen erlaubt.

46 Zitiert nach: Menge, Sex (wie Anm. 40).

47 Vgl. Böhmer, Wolfgang: »Abtreibung gehörte in der DDR zur Familienplanung«. In: Die Welt, 27.2.2008, http://www.welt.de/politik/article1732743/Abtreibung-gehoerte-in-DDR-zur-Familienplanung.html

48 Nicht Zufall sondern Wunsch: In: Guter Rat 2/1976, S. 3.

49 Uslar, Elli und Hans: Kinder machen glücklicher. In: Von Jahr zu Jahr. Das Jahrbuch für die Frau 1973. Leipzig 1973, S. 4.

50 Zitiert nach: Weber, Gerda: Moderne Frau – moderne Ehe. In: SBZ-Archiv, 21/1964, S. 324.

51 Zu Beginn der 1990er Jahre fiel die Geburtenrate angesichts der nach der Vereinigung erfahrenen Umbrüche auf 0,76 Kinder pro Frau 1992.

52 Anonymer Brief an Erich Honecker vom Mai 1980. Zitiert nach: Suckut, Volkes Stimmen, S. 277.

53 Brief vom 21.8.1980. Zitiert nach: ebenda, S. 288 f.

54 Anonymer Brief an Erich Honecker vom Mai 1980. Zitiert nach: ebenda, S. 276.

55 Brief vom 21.8.1980. Zitiert nach: ebenda, S. 289.

56 Anonymer Brief an Erich Honecker vom Mai 1980. Zitiert nach: ebenda, S. 276 f.

Die neue Frau

Zwischen »Zierde des Mannes« und »sozialistischer Persönlichkeit«

1 Titel einer Broschüre von Elli Schmidt 1952.

2 Schmidt, Gute Mütter, S. 5.

3 Zutzewitz, Anneliese: Haushalt – Unbekannte Größe. In: Guter Rat 1/1976, S. 2 f., hier S. 3.

4 Vgl. Weber, Gerda: Moderne Frau – moderne Ehe. In: SBZ-Archiv 21/1964, S. 323.

5 Pfannstiel, Sibylles Modelexikon, S. 7.

6 Natürliches Maß. In: Der Spiegel 34/1969, S. 40 f.; Siehe auch Für Dich 21/1969, S. 14 f.

7 Budde, Gunilla-Friederike: Zwischen den Stühlen. Die »Frau von heute« und »Für Dich« in den fünfziger und sechziger Jahren, in: Barck, Simone/Langermann, Martina/Lokatis, Siegfried (Hg.): Zwischen »Mosaik« und »Einheit«. Zeitschriften in der DDR, Berlin 1999, S. 129–137.

8 Einheit werden wir erringen. In: Die Frau von heute 49/1953, S. 17.

9 Inges Wunsch, In: Neues Leben 3/1956, S. 45.

10 Wie aus dem Ei gepellt. In: Neues Leben 4/1961, S. 42.
11 Inges Wunsch. In: Neues Leben 3/1956, S. 44.
12 Vgl. z. B. Neues Leben 9/1956 und 6/1959.
13 Pfannstiel, Sibylles Modelexikon, S. 11.
14 Frauenförderung 1966, S. 11.
15 Kleine Enzyklopädie: Die Frau. Hg. von Irene Uhlmann. Leipzig 1961, S. 500.
16 Es ist wichtig, wie man im Büro aussieht. In: Die Frau von heute 2/1954, S. 11.
17 Einheit werden wir erringen. In: Die Frau von heute 49/1953, S. 3.
18 Ebenda.
19 Neue deutsche Bauernzeitung, 1.5.1956.
20 Versandhaus Leipzig, Jersey-Katalog 1957.
21 Versandhaus Leipzig, Sommer/Herbst 1956, S. 25.
22 Titel des Buches von Elli Schmidt (1952).
23 Schubert, Karl-Ernst/Wittek, Georg: Zur Aufgabenstellung des Modeschaffens in der Deutschen Demokratischen Republik. In: Mitteilungen des Instituts für Marktforschung 2/1963, S. 53–70, hier S. 58.
24 Vgl. ebenda, S. 53.
25 Pfannstiel, Sibylles Modelexikon, S. 27.
26 Konsument-Katalog, Herbst/Winter 1963/64, S. 6 f.
27 Pfannstiel, Sibylles Modelexikon, S. 100.
28 Wie aus dem Ei gepellt. In: Neues Leben 4/1961, S. 42.
29 Konsument-Katalog, Frühjahr/Sommer 1966, S. 30.
30 Konsument-Katalog, Frühjahr/Sommer 1971, S. 67.
31 Ebenda, S. 13.
32 Beschluß des Ministerrats vom 2. 8. 1962 über die Abschaffung der Schlußverkäufe.
33 Pfannstiel, Sibylles Modelexikon, S. 106 f.
34 »Die Frauen – der Frieden und der Sozialismus«. Zusammenfassung vom 26. 2. 1962 im MfS. Zitiert nach: Metzker, Frauen als IM, S. 13.
35 Zur Aufhebung der Rationierung, Stellungnahme des DFD vom 27. 5. 1958. BArch DY 31/146, Bl. 14. Hervorhebung durch die Autorin.
36 Vgl. Weichsel, Ruth: Die sportlich-legere und kombinierfähige Bekleidung erwirbt die Gunst der Konsumenten. In: Mitteilungen des Instituts für Bedarfsforschung 3/1971, S. 22–24, hier S. 24.
37 Eulenspiegel 15/1968, S. 9.
38 Vgl. Hoffmann, Dierk: Die DDR vor dem Mauerbau. Dokumente zur Geschichte des anderen deutschen Staates, 1949–1961, München 1993, S. 345–348.
39 Mode 1946 – Nachkriegsmode, http://www.mode-frueher.de/mode-1946/
40 Vgl. Weichsel, Bekleidung, S. 22 (wie Anm. 36).
41 Vgl. ebenda.
42 Bericht über die Schwerpunkte und die Arbeit mit den im II. Quartal 1987 an das MHV gerichteten Eingaben vom 20. Juli 1987 an Werner Jarowinsky, Anlage 2 Auszüge aus Bürgereingaben, die dem MHV im II. Quartal 1987 zugingen, SAPMO-BArch DY 30/37988.
43 Weichsel, Ruth: Ist die individuell geschneiderte Oberbekleidung Luxus, Hobby oder Notlösung? In: Mitteilungen des Instituts für Marktforschung 1/1976, S. 13–16, hier S. 13.
44 Aktuelle Informationen zur Mode und Saison, unveröffentlichtes Manuskript 1980, BArch, Außenstelle Coswig, DL 102/1572, Bl. 7.

45 Ebenda, Bl. 5.
46 Spielregeln der Mode. In: Neues Leben 5/1957, S. 43.
47 Pfannstiel, Sibylles Modelexikon, S. 107.
48 In Anlehnung an das Buch von Ursula Sillge: Un-Sichtbare Frauen. Lesben und ihre Emanzipation in der DDR. Berlin 1991. (Im Folgenden: Sillge, Un-Sichtbare Frauen.)
49 Siehe Frauenreport, S. 197.
50 Zitiert nach: Sillge, Un-Sichtbare Frauen, S. 82.
51 Schnabl, Mann und Frau, S. 320.
52 Ebenda, S. 321f.
53 Ebenda, S. 327.

»Guten Morgen, du Schöne«
Frauen in Literatur, Film und Sport

1 Brüning, Haberkorn.
2 Stecker, Heidi: Künstlerinnen in der DDR. Eine Suche nach dem Anderen. In: Nagelschmidt, Frauenleben, S. 12.
3 Nagelschmidt, Ilse: Über Erfahrungen im Aufspüren von Differenzen. Schreibende Frauen in der DDR. In: dies., Frauenleben, S. 39–55, hier S. 41.
4 Erich Honecker: Bericht des Politbüros an die 11. Tagung des Zentralkomitees der SED, 15.–18.12.1965, Auszug. In: Kahlschlag. Das 11. Plenum des ZK der SED 1965. Studien und Dokumente. Hg. von Günter Agde. Berlin 2000, S. 241.
5 Morgner, Irmtraud: Leben und Abenteuer der Trobadora Beatriz nach Zeugnissen ihrer Spielfrau Laura. Roman in dreizehn Büchern und sieben Intermezzos. Berlin/Weimar 1974, S. 401.
6 Ebenda, S. 171f.
7 http://www.mdr.de/kultur/defa-jubilaeum-102_zc-9a60c313_zs-451b2ff6.html
8 Vorwort von Christa Wolf. In: Wander, du Schöne, S. 16.
9 Die Frauen – der Frieden und der Sozialismus. Kommuniqué des Politbüros des ZK der SED. Berlin 1961. Abgedruckt in: Neues Deutschland, 23.12.1961, S. 1f.
10 Hirdina, Karin: Erkundungen in der DDR-Literatur. In: Sonntag 45/1981, Vorabdruck; Spannungsfeld der Frau – allein die Liebe? In: Für Dich 21/1969, S. 14.
11 Reimann, Linkerhand, S. 97.
12 Schubert, Helga: Resi. In: dies: Schöne Reise. Geschichten. Berlin und Weimar 1988, S. 51.
13 Dies.: Meine alleinstehenden Freundinnen. In: ebenda, S. 69.
14 Ebenda, S. 70.
15 In Sonne und Schnee. In: Die Frau von heute 49/1953, Cover und S. 12f.
16 Die Frau von heute 25/1954, Titel und S. 23.
17 Zitat aus: Die Frau von heute 25/1954, hintere Umschlagseite.
18 Zur Rolle der Frau, S. 85.
19 Vgl. ebenda, S. 339.
20 Die Frau von heute 17/1955, S. 23.
21 Vgl. Zur Rolle der Frau, S. 339.
22 Vgl. Geipel, Ines: Verlorene Spiele. Journal eines Doping-Prozesses. Berlin 2001.
23 Vgl. zum Thema Frauenfußball Herzog, Markwart: Frauenfußball in Deutschland. An-

fänge – Verbote – Widerstände – Durchbruch. Stuttgart 2013; Linne, Carina Sophia: Frei gespielt. Frauenfußball im geteilten Deutschland. Berlin 2011; Ratzeburg, Hannelore/ Biese, Horst: Frauen, Fußball, Meisterschaften. Kassel 1995.

»Wir müssen schreien, damit man uns hört«
Repression, politische Verfolgung und Opposition

1 Siehe Borbe, Ansgar: Die Zahl der Opfer des SED-Regimes. Erfurt 2010.
2 Brief von Nina Demidowa aus Ostpreußen vom 1.2.1945. Zitiert nach: Kalinowski, Burga: Rezension von Freya Klier: Verschleppt bis ans Ende der Welt. Schicksale deutscher Frauen in sowjetischen Arbeitslagern, Berlin 1996 (im Folgenden: Klier, Arbeitslager), http://www.luise-berlin.de/lesezei/blz97_11/text72.htm. Siehe auch das Gulag-Zeitzeugenarchiv der Bundesstiftung zur Aufarbeitung der SED-Diktatur. http://www.zeitzeugenbuero.de/index.php?id=523&tx_ttnews[tt_news]=222&cHash=18e2980d-93b3b766b6ae632d0ba43560
3 Vgl. Klier, Arbeitslager; Stark, Meinhard: Frauen im Gulag. Alltag und Überleben. 1935–1956. München/Wien 2003.
4 Vgl. Im Schatten des GULAG. Als Deutsche unter Stalin geboren. Dokumentarfilm von Loretta Walz in Koproduktion mit rbb und MDR 2011.
5 Damit waren sie auch von den Entschädigungen ausgeschlossen, die die Häftlinge der sowjetischen Speziallager in der SBZ nach 1990 erhielten.
6 Vgl. Kaminsky, Anna: Der Einfluß der Haftgründe auf die Entlassung aus sowjetischen Speziallagern. Die Entlassungen weiblicher Häftlinge aus dem Speziallager Sachsenhausen 1948 und 1950. Vortrag gehalten auf der Jahrestagung der Gedenkstätte Sachsenhausen am 21.8.1998. Der Vortrag basiert auf der Auswertung der Akten der sowjetischen Lagerverwaltung.
7 Vgl. Latotzky, Alexander: Kindheit hinter Stacheldraht. 2014. http://kindheit-hinter-stacheldraht.de/wer-wir-sind.html
8 Titel der gleichnamigen SWR/MDR/rbb-Dokumentation zur Todesstrafe in der DDR. 2001.
9 Diese sowie die folgenden Angaben zu den Biografien entstammen dem Buch Erschossen in Moskau. Die deutschen Opfer des Stalinismus auf dem Donskoje-Friedhof in Moskau. Hg. von Arsenij Roginskij/Frank Drauschke/Jörg Rudolph/Anna Kaminsky. 3. Auflage, Berlin 2008.
10 Vgl. Werkentin, Falco: Politische Strafjustiz in der Ära Ulbricht. Vom verdeckten Terror zur verdeckten Repression. Berlin 1997; sowie Dresdner, Joachim: Klassenkampf an der Ostsee. Die »Aktion Rose«. In: Deutschlandfunk, 10.2.2003, http://www.deutschlandfunk.de/klassenkampf-an-der-ostsee-die-aktion-rose.724.de.html?dram:article_id=97590; Buchmann, Nicole: Zuchthaus für Kaffee aus dem Westen. In: NDR, 10.2.2013, http://www.ndr.de/kultur/geschichte/chronologie/aktionrose101.html; »Aktion Rose« und der Tod der Lieselotte Jess. In: NDR, http://www.ndr.de/kultur/geschichte/chronologie/aktionrose100.html
11 Vgl. Kittan, Thomas: 17. Juni 1953. Dieser Tag kostete ihn drei Jahre seines Lebens, In: BZ, 14.6.2015, http://www.bz-berlin.de/berlin/17-juni-1953-dieser-tag-kostete-ihn-drei-jahre-seines-lebens

12 Vgl. Ahrberg, Edda u. a. (Hg.): Die Toten des Volksaufstands vom 17. Juni 1953, Münster 2004, S. 5.
13 Vgl. ebenda, S. 92–94.
14 Titel des Buchs über Hoheneck von Maggie Riepl und Dietmar von Nayhauß: Der dunkle Ort. 25 Schicksale aus dem DDR-Frauengefängnis Hoheneck. Berlin 2012.
15 Vgl. Latotzky, Kindheit hinter Stacheldraht (wie Anm. 7).
16 Vgl. Geipel, Ines: Nachwort. In: Eckert, Edeltraud: Jahr ohne Frühling. Gedichte und Briefe Frankfurt am Main 2005, S. 95–109.
17 Vgl. Franke, Uta: Sand im Getriebe. Die Geschichte der Leipziger Oppositionsgruppe um Heinrich Saar 1977–1983. Leipzig 2008; sowie dies., http://www.zeitzeugenbuero.de/index.php?id=detail&zzp=168
18 Schmidt, Gute Mütter, S. 107.
19 Noffke, Oliver: Der Tag, an dem ein Riss durch die DDR ging. In: Stern Online, 4.9.2014, http://www.stern.de/politik/geschichte/4--september-1989---die-erste-montagsdemonstration-der-tag--an-dem-ein-riss-durch-die-ddr-ging-3625922.html
20 Resolution von Kollegen des Staatsschauspiels Dresden, 6.10.1989, verlesen am 14.10.1989 am Leipziger Schauspiel von Claudia Wenzel.
21 Zitiert nach: Steingart, Gabor/Schwarz, Ulrich: »Wir waren abgedriftet.« Spiegel-Gespräch mit Lothar Bisky, Bärbel Bohley, Manfred Gerlach, Jens Reich, Steffie Spira und Markus Wolf. In: Der Spiegel 45/1994, S. 40. Siehe dazu auch Timmer, Karsten: Vom Aufbruch zum Umbruch. Die Bürgerbewegung in der DDR 1989. Göttingen 2000, S. 278 f.
22 Vgl. Cordula Kahlau (Hg.): Aufbruch. Frauenbewegung in der DDR. Dokumentation. München 1990, insb. S. 8.
23 Schwarz, Gislinde: Aufbruch der Hexen. Die Revolution der Frauen in der DDR. In: ebenda, S. 8–24, hier S. 22.

Und die Schwestern im Westen?
Frauen in der Bundesrepublik

1 Vgl. Die Frau im wirtschaftlichen und sozialen Leben der Bundesrepublik. Statistischer Bericht des Statistischen Bundesamts Wiesbaden vom 12. November 1952. Wiesbaden 1952, S. 3. (Im Folgenden: Die Frau 1952.)
2 Vgl. Statistisches Jahrbuch 1959 für die Bundesrepublik Deutschland. Stuttgart / Mainz 1960, S. 38.
3 Statistisches Jahrbuch für die Bundesrepublik Deutschland. Band 1989. Stuttgart 1990, S. 51.
4 Die Frau 1952.
5 Ebenda, S. 8.
6 Ebenda.
7 Ebenda, S. 6.
8 Statistisches Jahrbuch 1959 für die Bundesrepublik Deutschland, S. 151.
9 Die Frau 1952, S. 7.
10 Freundin 13/1960.
11 Frankfurter Allgemeine Zeitung, 2.11.1968, S. 18.
12 Ebenda.

13 BGB 1957, § 1628.
14 Ebenda, § 1705.
15 BGB 1969, § 1705.
16 Bis 1989 gab es in der Bundesrepublik insgesamt elf Frauen in Ministerämtern.
17 Vgl. Specht, Heike: Ihre Seite der Geschichte. Deutschland und seine First Ladies von 1949 bis heute. München 2019.
18 Der Tagesspiegel, 4.8.1968, S. 35.
19 Cosmopolitan 10 / 2019, S. 163.
20 Vgl. Frauen sind das stärkere Geschlecht. In: Freundin 16 / 1968, S. 40.
21 Statistisches Jahrbuch 1979 für die Bundesrepublik Deutschland. Stuttgart / Mainz 1979, S. 344.
22 Der Tagesspiegel, 4.8.1968, S. 35.
23 Kuntz, Mark: Ganz nah dran. In: Petticoat, Dauerwelle, Schulterpolster. Mit Freundin auf Zeitreise. München / London / New York 2018, S. 201.
24 Schwarzer, Alice: Der kleine Unterschied und seine großen Folgen. Frauen über sich – Beginn einer Befreiung. Frankfurt am Main 1975, S. 7.
25 Ebenda.
26 Berghahn, Sabine / Fritzsche, Andrea: Frauenrecht in Ost und West-Deutschland. Bilanz – Ausblick. Berlin 1991, S. 57.
27 Petticoat, Dauerwelle, Schulterpolster, S. 217.

Emanzipation ade?
Ostdeutsche Frauen nach 1989

1 Hübner, Irene/Schäfer, Heinz: Frauen in der DDR. Frankfurt am Main 1986.
2 Ebenda, S. 8 f.
3 Zitiert nach: ebenda, S. 13.
4 Zitiert nach: Decker, Markus: Zweite Heimat. Westdeutsche im Osten. Berlin 2014, S. 76 f.
5 Frauen in der (Ex-)DDR: Neue Frauen hat die DDR. In: Emma, 11.12.1990, http://www.emma.de/artikel/frauen-der-exddr-neue-frauen-hat-die-ddr-264505
6 Ryll, Sonja: Frauenbilder gestern und heute, 9.2.2002, http://www.likedeeler-online.de/Like/vor2004/ausgabe4/like_aus4_frauen.htm
7 Böhme, Irene: Die da drüben. 7 Kapitel DDR. Berlin 1983, S. 82.
8 Vgl. Gabriel, Oscar W./Holtmann, Everhard u. a.: Deutschland 25. Gesellschaftliche Trends und politische Einstellungen. Hg. von der Bundeszentrale für politische Bildung. Bonn 2015, S. 68.
9 Frauenreport 1990, S. 79.
10 Vgl. Schröter, Ursula: Ostdeutsche Frauen im Transformationsprozeß. Eine soziologische Analyse zur sozialen Situation ostdeutscher Frauen (1990 – 1994). In: APuZ 20/1995, S. 35. (Im Folgenden: Schröter, Frauen.)
11 Siehe die Webressource der Bundesstiftung zur Aufarbeitung der SED-Diktatur zur letzten DDR-Regierung unter http://www.deutsche-einheit-1990.de/ministerien/mfff/
12 Schröter, Frauen, S. 35.
13 Vgl. Schlegel, Gleichberechtigung, S. 206.
14 Vgl. Allensbacher Jahrbuch für Demoskopie. Band 10: 1993 – 1997. Hg. vom Institut für Demoskopie Allensbach. München 1997, S. 602.

15 Schaubild »Frau Ost und Frau West werden im selben Alter Mütter«. Schaubild »Heute heiratet Frau Ost später als Frau West«. »Ostehen stabiler als früher«. In: Generation Einheit. Statista-Ergänzungstafel zur Ausstellung »Umbruch Ost. Lebenswelten im Wandel« 2020.

16 Statista: Studie Frauen in Deutschland, 2019. In: Generation Einheit. Begleitmaterial zur Ausstellung »Umbruch Ost. Lebenswelten im Wandel«, S. 22.

17 Ebenda, S. 26.

18 Vgl. Altenbokum, Anne: »So eine bist du?«. In: Zeit online, 26. 8. 2019, https://www.zeit.de/gesellschaft/familie/2019-08/kinderbetreuung-kita-kindergarten-einrichtung-erziehung-kleinkinder

19 Familiengeld spaltet die Union. In: Der Tagesspiegel, 20. 7. 2016, S. 5.

20 Statista: Studie Frauen in Deutschland, 2019, S. 14.

21 Vgl. Tobias Miller: »Spitzenvater des Jahres«. Für Väter ein Preis, für Mütter eine Selbstverständlichkeit. In: Berliner Zeitung, 11. 3. 2019, https://archiv.berliner-zeitung.de/politik/meinung/-spitzenvater-des-jahres--fuer-vaeter-ein-preis--fuer-muetter-eine-selbstverstaendlichkeit-32201046.

Literaturverzeichnis

Die Biografien sind auf Grundlage des im Ch. Links Verlag erschienenen Lexikons »Wer war wer in der DDR?«, der Angaben in den Zeitzeugenportalen der Bundesstiftung zur Aufarbeitung der SED-Diktatur und der Gedenkstätte Berlin-Hohenschönhausen sowie nach Auskunft der Personen selbst erstellt worden. Alle weiteren Quellen sind im Literaturverzeichnis aufgeführt.

Ahrberg, Edda u. a. (Hg.): Die Toten des Volksaufstands vom 17. Juni 1953. Münster 2004.

Allensbacher Jahrbuch für Demoskopie. Band 10: 1993–1997. Hg. vom Institut für Demoskopie Allensbach. München 1997.

Alles für den Frieden. Bericht über den Friedenskampf der Frauen vieler Länder. Zusammengestellt von Elli Schmidt. Berlin 1951.

Arbeitsmarkt auf einen Blick, Deutschland und Europa. Hg. vom Statistischen Bundesamt. Wiesbaden 2016.

Batz, Julia: Emanzipierte Gleichberechtigung oder politisches Kalkül? Ein kritischer Blick auf Frauenbild und -politik in der DDR. In: Gerbergasse 68/2013, S. 3–8.

Baumgartner, Gabriele: Biographisches Handbuch der SBZ/DDR 1945–1990. Band 1. Hg. von ders./Dieter Hebig. München 1996.

Bebel, August: Die Frau und der Sozialismus. Berlin 1964 (zuerst 1879).

Berger, Maria Minola: Die Diskussion um den Schwangerschaftsabbruch im Deutschen Ärzteblatt von 1949 bis 1976. Dissertation, Ruhr-Universität Bochum 2010.

Berghahn, Sabine/Fritzsche, Andrea: Frauenrecht in Ost und West-Deutschland. Bilanz – Ausblick. Berlin 1991.

Böhme, Irene: Die da drüben. 7 Kapitel DDR. Berlin 1983.

Borbe, Ansgar: Die Zahl der Opfer des SED-Regimes. Erfurt 2010.

Böttcher, Karin: Scheidung in Ost- und Westdeutschland. Der Einfluss der Frauenerwerbstätigkeit auf die Ehestabilität (MPIDR Working Paper). Juni 2006.

Brüning, Elfriede: Regine Haberkorn. Berlin 1956.

Dies.: Lästige Opfer? Tonbandgespräche mit Opfern der Stalinzeit. Halle / Leipzig 1991.
Dies.: Und außerdem war es mein Leben. Bekenntnisse einer Zeitzeugin. München 1998.
Dies.: Jeder lebt für sich allein. Nachwende-Notizen. Berlin 1999.
Budde, Gunilla-Friederike (Hg.): Frauen arbeiten. Weibliche Erwerbstätigkeit in Ost- und Westdeutschland nach 1945. Göttingen 1997.
Dies.: Frauen der Intelligenz. Akademikerinnen in der DDR 1945 bis 1975. Göttingen 2003.
Bütow, Birgit/Stecker, Heidi (Hg.): EigenArtige Ostfrauen. Frauenemanzipation in der DDR und in den neuen Bundesländern. Bielefeld 1994.
Datenreport. Hg. vom Statistischen Bundesamt, Bonn 1992.
Decker, Markus: Zweite Heimat. Westdeutsche im Osten. Berlin 2014.
Diemer, Susanne: Patriarchalismus in der DDR. Opladen 1994.
Dokumente der Sozialistischen Einheitspartei Deutschlands. Beschlüsse und Erklärungen des Zentralkomitees sowie seines Politbüros und seines Sekretariats, Band 8: 1960 – 1961. Hg. vom Zentralkomitee der Sozialistischen Einheitspartei Deutschlands. Berlin 1962.
Droit, Emmanuel: Vorwärts zum neuen Menschen? Die sozialistische Erziehung in der DDR (1949 – 1989). Köln/Weimar/Wien 2014.
Engels, Friedrich: Der Ursprung der Familie, des Privateigentums und des Staates. In: Marx-Engels-Werke, Band 21, Berlin 1977 (zuerst 1884).
Erwerbstätige 1950 – 1989 (= Sonderreihe mit Beiträgen für das Gebiet der ehemaligen DDR, Heft 14). Hg. vom Statistischen Bundesamt. Wiesbaden 1994.
Falck, Uta: VEB Bordell. Geschichte der Prostitution in der DDR. Berlin 1998.
Fischer, Martin: Dienst an der Liebe. Die katholische Ehe, Familien- und Lebensberatung in der DDR. Würzburg 2014.
Franke, Uta: Sand im Getriebe. Die Geschichte der Leipziger Oppositionsgruppe um Heinrich Saar 1977 – 1983. Leipzig 2008.
Die Frau im wirtschaftlichen und sozialen Leben der Bundesrepublik. Statistischer Bericht des Statistischen Bundesamts Wiesbaden vom 12. November 1952. Wiesbaden 1952.
Frauen in die Offensive. Texte und Arbeitspapiere der Gruppe »Lila Offensive«. Berlin 1990.
Frauenbewegung und revolutionäre Arbeiterbewegung. Texte zur Frauenemanzipation in Deutschland und in der BRD von 1848 bis 1980. Hg. und eingeleitet von Florence Hervé. Frankfurt am Main 1981.
Frauenförderung, BGL, Frauenausschüsse. Beiträge aus dem ersten Erfahrungsaustausch des Präsidiums des Bundesvorstandes des FDGB mit den Frauenausschüssen. Hg. vom Freien Deutschen Gewerkschaftsbund. Berlin 1966.
Frauenreport '90. Hg. von Gunnar Winkler im Auftrag der Beauftragten des Ministerrates für die Gleichstellung von Frauen und Männern, Dr. Marina Beyer. Berlin 1990.
Friedrich, Walter/Förster, Peter/Starke, Kurt (Hg.): Das Zentralinstitut für Jugendforschung Leipzig 1966 – 1990. Geschichte, Methoden, Erkenntnisse. Berlin 1999.
Fürmetz, Gerhard/Reinke, Herbert/Weinhauer, Klaus (Hg.): Nachkriegspolizei. Sicherheit und Ordnung in Ost- und Westdeutschland 1945 – 1969. Hamburg 2001.
Gabriel, Oscar W./Holtmann, Everhard u. a.: Deutschland 25. Gesellschaftliche Trends und politische Einstellungen. Hg. von der Bundeszentrale für politische Bildung. Bonn 2015.
Geipel, Ines: Verlorene Spiele. Journal eines Doping-Prozesses. Berlin 2001.

Dies.: Nachwort. In: Eckert, Edeltraud: Jahr ohne Frühling. Gedichte und Briefe. Frankfurt am Main 2005, S. 95–109.

Dies.: Zensiert, verschwiegen, vergessen. Autorinnen in Ostdeutschland 1945–1989. Düsseldorf 2009.

Genth, Renate u. a.: Frauenpolitik und politisches Wirken von Frauen im Berlin der Nachkriegszeit 1945–1949. Berlin 1996.

Geschichte des Demokratischen Frauenbunds Deutschlands. Hg. vom Demokratischen Frauenbund Deutschlands. Leipzig 1989.

Gesichter der Friedlichen Revolution. Fotografien von Dirk Vogel. Hg. von der Robert-Havemann-Gesellschaft Berlin. Berlin 2011.

Gieseke, Jens u. a.: Die hauptamtlichen Mitarbeiter des MfS (= Anatomie der Staatssicherheit. MfS-Handbuch, Teil 4,1). Hg. von der Behörde des Bundesbeauftragten für die Stasi-Unterlagen. 2. Auflage, Berlin 1996.

Gries, Rainer/Satjukow, Silke: Sozialistische Helden. Figuren der Propaganda und Personen des Vertrauens. Berlin 2002.

Grossmann, Wassili: Alles fließt. Berlin 2010 (zuerst 1972).

Hausbuch für die deutsche Familie. Hg. vom Reichsbund der Standesbeamten Deutschlands. Berlin 1938.

Häuser, Iris: Gegenidentitäten zur Vorbereitung des politischen Umbruchs in der DDR. Lebensstile und politische Soziokultur in der DDR-Gesellschaft der achtziger Jahre. Münster 1996.

Helwig, Gisela: Frau und Familie. Bundesrepublik Deutschland und DDR. Köln 1987.

Dies./Nickel, Hildegard Maria (Hg.): Frauen in Deutschland 1945–1992. Bonn 1993.

Herzog, Markwart: Frauenfußball in Deutschland. Anfänge – Verbote – Widerstände – Durchbruch. Stuttgart 2013.

Hieblinger, Inge: Frauen in unserem Staat. Perspektive – technische Revolution – Qualifizierung – Beruf. Berlin 1967.

Hoffmann, Dierk: Die DDR vor dem Mauerbau. Dokumente zur Geschichte des anderen deutschen Staates, 1949–1961. München 1993.

Hoffmann, Hans-Joachim/Klemm, Peter G.: Ein offenes Wort. Ein Buch über die Liebe. Berlin 1967.

Holland-Moritz, Renate: Graffunda räumt auf. Berlin 1994 (zuerst 1969).

Honecker, Erich: Aus meinem Leben. Berlin 1980.

Hoßfeld, Uwe/Kaiser, Tobias/Mestrup, Heinz (Hg.): Hochschule im Sozialismus. Studien zur Geschichte der Friedrich-Schiller-Universität Jena 1945–1990, Band 1. Köln/Weimar/Wien 2007.

Hübner, Irene/Schäfer, Heinz: Frauen in der DDR. Frankfurt 1986.

Hürtgen, Renate: Zwischen Disziplinierung und Partizipation. Vertrauensleute des FDGB im DDR-Betrieb. Köln 2005.

Ilsen, Almut/Leiserowitz, Ruth (Hg.): Seid doch laut! Die Frauen für den Frieden in Ost-Berlin. Berlin 2019.

Israel, Agathe/Kerz-Rühling, Ingrid (Hg.): Krippenkinder in der DDR. Frankfurt am Main 2008.

Kaelble, Hartmut/Kocka, Jürgen/Zwahr, Hartmut (Hg.): Sozialgeschichte der DDR. Stuttgart 1994.

Kahlau, Cordula (Hg.): Aufbruch. Frauenbewegung in der DDR. Dokumentation. München 1990.

Kahlschlag. Das 11. Plenum des ZK der SED 1965. Studien und Dokumente. Hg. von Günter Agde. Berlin 2000.
Kaminsky, Annette (Hg.): Heimkehr 1948. Geschichte und Schicksale deutscher Kriegsgefangener. München 1998.
Kaminsky, Annette: Kaufrausch. Die Geschichte der ostdeutschen Versandhäuser. Berlin 1998.
Kaminsky, Annette: Wohlstand, Schönheit, Glück. Kleine Konsumgeschichte der DDR. München 2001.
Kaminsky, Annette: Konsumpolitik in der DDR. Von den Versorgungsutopien der fünfziger Jahre zu den Versorgungskrisen der achtziger Jahre. In: Mertens, Lothar (Hg.): Machtokkupation und Systemimplosion. Anfang und Ende der DDR, zehn Jahre danach. Berlin 2001.
Kaminsky, Anna: Frauen in der DDR. Hg. von der Landeszentrale für politische Bildung Thüringen. Erfurt 2014.
Kleine Enzyklopädie: Die Frau. Hg. von Irene Uhlmann. Leipzig 1961.
Klier, Freya: Verschleppt bis ans Ende der Welt. Schicksale deutscher Frauen in sowjetischen Arbeitslagern. Berlin 1996.
Knaack, Kirsten: Die Emanzipation der Frau im Sozialismus. Theorie und Praxis. Universität Hamburg 1997.
Köppe, Barbara: Das (de)konstruierte Glück. Fotografien DDR 1964 – 1990. Hg. von Ursula Röper. Berlin 2015.
Kowalczuk, Ilko-Sascha / Sello, Tom (Hg.): Für ein freies Land mit freien Menschen. Opposition und Widerstand in Biographien und Fotos. Berlin 2006.
Kramer, Nicole: Volksgenossinnen an der Heimatfront. Mobilisierung, Verhalten, Erinnerung. Göttingen 2011.
Leo, Annette / König, Christian: Die »Wunschkindpille«. Weibliche Erfahrung und staatliche Geburtenpolitik in der DDR. Göttingen 2015.
Linne, Carina Sophia: Frei gespielt. Frauenfußball im geteilten Deutschland. Berlin 2011.
Ludz, Peter Christian (Hg.): Studien und Materialien zur Soziologie der DDR. Opladen 1971.
Manz, Gerhard: Was darf es sein? Was Du vom Handel wissen solltest! Berlin 1959.
Materialien der Enquete-Kommission »Aufarbeitung von Ursachen, Geschichte und Folgen der SED-Diktatur in Deutschland«. Band 3/2: Ideologie, Integration und Disziplinierung. Hg. vom Deutschen Bundestag. Baden-Baden 1995.
Mayer, Karl Ulrich / Schulze, Eva: Die Wendegeneration. Lebensverläufe des Jahrgangs 1971. Frankfurt am Main / New York 2009.
Meier, Uta: Die Allzuständigkeit der Frau für die Familienarbeit in Ost und West. In: Rohnstock, Katrin (Hg.): Stiefschwestern. Was Ost-Frauen und West-Frauen voneinander denken. Frankfurt am Main 1994.
Merkel, Ina: … und Du, Frau an der Werkbank. Die DDR in den 50er Jahren. Berlin 1990.
Merkel, Ina / Schäfer, Eva: Ohne Frauen ist kein Staat zu machen. Hamburg 1990.
Metzker, Karoline: Frauen als IM des MfS der DDR im Bereich Abwehr. Zulassungsarbeit Universität Bayreuth 2012.
Miethe, Ingrid: Frauen in der DDR-Opposition. Lebens- und kollektivgeschichtliche Verläufe in einer Frauenfriedensgruppe. Opladen 1999.
Morgner, Irmtraud: Leben und Abenteuer der Trobadora Beatriz nach Zeugnissen ihrer Spielfrau Laura. Roman in dreizehn Büchern und sieben Intermezzos. Berlin / Weimar 1974.

Müller-Rieger, Monika (Hg.): »Wenn Mutti früh zur Arbeit geht ...«. Zur Geschichte des Kindergartens in der DDR. Berlin 1997.

Müller-Rückert, Gabriele: Frauenleben und Geschlechterverhältnis in der ehemaligen DDR. Weibliche Lebenswelten im Spiegel literarischer »Frauengeschichten« und sozialwissenschaftlicher Auswertung. Bielefeld 1993.

Muschter, Gabriele/Thomas, Rüdiger: Frauen in Deutschland. Eine Geschichte in Bildern, Quellen und Kommentaren. Hg. von der Bundeszentrale für politische Bildung. Bonn 2015.

Nagelschmidt, Ilse (Hg): Frauenleben – Frauenliteratur – Frauenkultur in der DDR. Leipzig 1997.

Neubert, Ehrhart: Geschichte der Opposition in der DDR 1949–1989. 2. Auflage, Berlin 1998.

Nienhaus, Ursula: »Für strenge Dienstzucht ungeeignete Objekte«. Weibliche Polizei in Berlin 1945–1952. In: Fürmetz, Gerhard/Reinke, Herbert/Weinhauer, Klaus (Hg.): Nachkriegspolizei. Sicherheit und Ordnung in Ost- und Westdeutschland 1945–1969. Hamburg 2001, S. 129–153.

Obertreis, Gesine: Familienpolitik in der DDR 1949–1980. Wiesbaden 1985.

Pank, Ursula: Untersuchungen über die Arbeit der Landfrauen. Universität Rostock 1957.

Panzig, Christel: Hin zum eigenen Beruf. Frauen in den Landwirtschaftlichen Produktionsgenossenschaften der DDR. In: Budde, Gunilla-Friederike (Hg.): Frauen arbeiten. Weibliche Erwerbstätigkeit in Ost- und Westdeutschland nach 1945. Göttingen 1997, S. 171–182.

Pawlowski, Rita: »Unsere Frauen stehen ihren Mann«. Frauen in der Volkskammer der DDR 1950–1989. Ein biographisches Handbuch. Berlin 2008.

Petticoat, Dauerwelle, Schulterpolster. Mit Freundin auf Zeitreise. München / London / New York 2018.

Pfannstiel, Margot (Hg.): Sibylles Modelexikon. ABC der Mode. Leipzig 1968.

Pinther, Arnold: Familien- und Eheforschungen. Jugendliche in ihren Herkunftsfamilien. In: Friedrich, Walter/Förster, Peter/Starke, Kurt (Hg.): Das Zentralinstitut für Jugendforschung Leipzig 1966–1990. Geschichte, Methoden, Erkenntnisse. Berlin 1999.

Plat, Wolfgang: Die Familie in der DDR. Frankfurt am Main 1972.

Protokoll des Vereinigungsparteitages der SPD und KPD. Berlin 1946.

Ratzeburg, Hannelore/Biese, Horst: Frauen, Fußball, Meisterschaften. Kassel 1995.

Reimann, Brigitte: Franziska Linkerhand. 11. Auflage, Berlin 2008 (zuerst 1974).

Riepl, Maggie/von Nayhauß, Dietmar: Der dunkle Ort. 25 Schicksale aus dem DDR-Frauengefängnis Hoheneck. Berlin 2012.

Roginskij, Arsenij/Drauschke, Frank/Kaminsky, Anna (Hg.): Erschossen in Moskau. Die deutschen Opfer des Stalinismus auf dem Donskoje-Friedhof in Moskau. 3. Auflage, Berlin 2008.

Rohnstock, Katrin (Hg.): Stiefschwestern. Was Ost-Frauen und West-Frauen voneinander denken. Frankfurt am Main 1994.

Sander, Helke/Spohr, Julia: BeFreier und Befreite. Krieg, Vergewaltigungen, Kinder. Frankfurt am Main 1995.

Schlegel, Uta: Gleichberechtigung der Geschlechter in der DDR. Mythos und Realität. In: Elm, Ludwig/Keller, Dieter/Mocek, Reinhard (Hg.): Ansichten zur Geschichte der DDR. Bonn/Berlin 1997, S. 201–236.

Dies.: Ostdeutsche Frauen und Politik – eine tragische Distanz. 12 spitze Bemerkungen. Leipzig 1997.
Dies.: Geschlechter- und Frauenforschung in der DDR. In: Friedrich, Walter/Förster, Peter/Starke, Kurt (Hg.): Das Zentralinstitut für Jugendforschung Leipzig 1966–1990. Geschichte, Methoden, Erkenntnisse. Berlin 1999.
Schmidt, Elli: Gute Mütter unserer Kinder. Berlin 1952.
Schnabl, Siegfried: Mann und Frau intim. Rudolstadt 1972 (zuerst 1969).
Schöne, Jens: Frühling auf dem Lande? Die Kollektivierung der DDR-Landwirtschaft. Berlin 2005.
Ders.: Das sozialistische Dorf. Bodenreform und Kollektivierung. Leipzig 2008.
Schröter, Ursula: Ostdeutsche Frauen im Transformationsprozeß. Eine soziologische Analyse zur sozialen Situation ostdeutscher Frauen (1990–1994). In: APuZ Nr. 20/1995, S. 31–42.
Schubert, Friedel: Die Frau in der DDR. Ideologie und konzeptionelle Ausgestaltung ihrer Stellung in Beruf und Familie. Opladen 1980.
Schubert, Helga: Schöne Reise. Geschichten. Berlin 1988.
Dies.: Die Andersdenkende. München 1994.
Schultz, Helga/Wagener, Hans-Jürgen (Hg.): Die DDR im Rückblick. Politik, Wirtschaft, Gesellschaft, Kultur. Berlin 2007.
Schwarzer, Alice: Der kleine Unterschied und seine großen Folgen. Frauen über sich – Beginn einer Befreiung. Frankfurt am Main 1975.
Seidel, Christine: Mütter ohne Wert. Scheidung in der DDR – Frauen berichten. Halle (Saale) 2014.
Sillge, Ursula: Un-Sichtbare Frauen. Lesben und ihre Emanzipation in der DDR. Berlin 1991.
Simon, Jana: Sei dennoch unverzagt. Gespräche mit meinen Großeltern Christa und Gerhard Wolf. Berlin 2013.
Smolka, Sigrid (Hg.): Die Frau neben uns. Leipzig 1969.
Specht, Heike: Ihre Seite der Geschichte. Deutschland und seine First Ladies von 1949 bis heute. München 2019.
Sperber, Katharina: Heldin der Arbeit. In: Klußmann, Uwe (Hg.): Die DDR. Leben im sozialistischen Deutschland (= Spiegel Geschichte 3/2015).
Staatliche Dokumente zur Förderung der Frau in der DDR. Gesetzesdokumentation zusammengestellt von Ursula Adomeit. Berlin 1973.
Stark, Meinhard: Frauen im Gulag. Alltag und Überleben. 1935–1956. München/Wien 2003.
Statistisches Jahrbuch 1959 für die Bundesrepublik Deutschland. Stuttgart/Mainz 1960.
Statistisches Jahrbuch 1979 für die Bundesrepublik Deutschland. Stuttgart/Mainz 1979.
Statistisches Jahrbuch 1992 für die Bundesrepublik Deutschland. Wiesbaden 1992.
Statistisches Jahrbuch für die Bundesrepublik Deutschland. Band 1989. Stuttgart 1990.
Statistisches Jahrbuch der DDR. Band 1990. Hg. vom Statistischen Amt der DDR. Berlin 1991.
Stecker, Heidi: Künstlerinnen in der DDR. Eine Suche nach dem Anderen. In: Nagelschmidt, Ilse (Hg.): Frauenleben – Frauenliteratur – Frauenkultur in der DDR. Leipzig 1997.
Steiner, André/Bundesministerium für Arbeit und Sozialordnung: Statistische Übersichten zur Sozialpolitik seit 1945 in Deutschland. SBZ/DDR. Bonn 2006.

Sturm, Reinhard: Zwischen Festigung und Gefährdung 1924–1929. In: Weimarer Republik (= Reihe Informationen zur politischen Bildung, Heft 261). Hg. Bundeszentrale für politische Bildung. Bonn 1998.
Suckut, Siegfried (Hg.): Volkes Stimmen. »Ehrlich, aber deutlich«. Privatbriefe an die DDR-Regierung. München 2016.
Thurnwald, Hilde: Gegenwartsprobleme Berliner Familien. Eine soziologische Untersuchung an 498 Familien. Berlin 1948.
Timmer, Karsten: Vom Aufbruch zum Umbruch. Die Bürgerbewegung in der DDR 1989. Göttingen 2000.
Trappe, Heike: Emanzipation oder Zwang? Frauen in der DDR zwischen Beruf, Familie und Sozialpolitik. Berlin 1995.
Ulbricht, Walter: Die Frau – aktive Mitgestalterin unseres sozialistischen Lebens. In: Die Frau – der Frieden und der Sozialismus. Berlin 1963.
Um ein antifaschistisch-demokratisches Deutschland. Dokumente aus den Jahren 1945–1949. Hg. vom Ministerium für Auswärtige Angelegenheiten. Berlin 1968.
Vollnhals, Clemens/Weber, Jürgen: Der Schein der Normalität. Alltag und Herrschaft in der SED-Diktatur. München 2002.
Von Jahr zu Jahr. Das Jahrbuch für die Frau 1973. Leipzig 1973.
Wander, Maxie: Guten Morgen, du Schöne. Stuttgart / München 1979 (zuerst Berlin 1977).
Waterkamp, Rainer: Frauenbilder in den DDR-Medien. Hg. von der Bundeszentrale für politische Bildung. Bonn 1997.
Weise, Anna-Maria: Feminismus im Sozialismus. Weibliche Lebenskonzepte in der Frauenliteratur der DDR untersucht an ausgewählten Prosawerken. Frankfurt am Main 2003.
Werkentin, Falco: Politische Strafjustiz in der Ära Ulbricht. Vom verdeckten Terror zur verdeckten Repression. Berlin 1997.
Wettig, Gerhard (Hg.): Der Tjulpanov-Bericht. Sowjetische Besatzungspolitik in Deutschland nach dem Zweiten Weltkrieg (= Schriftenreihe des Hannah-Arendt-Instituts, Nr. 63). Göttingen 2012.
Wolf, Christa: Nachdenken über Christa T. Halle (Saale) 1974 (zuerst 1968).
Zetkin, Clara: Für die Befreiung der Frau! Rede auf dem Internationalen Arbeiterkongress am 19. Juli 1889, Paris. In: Protokoll des Internationalen Arbeiter-Congresses zu Paris. Abgehalten vom 14. bis 20. Juli 1889. Nürnberg 1890.
Zur Rolle der Frau in der Geschichte der DDR (1945–1981). Eine Chronik. Hg. von Siegfried Scholze/Hans-Jürgen Arendt. Leipzig 1987.

Beschlüsse, Verordnungen und Gesetze zur Förderung der Frau (1945–1989)

Quelle: Zur Rolle der Frau in der Geschichte der DDR. Berlin 1986.

10. August 1945	Frauenfunktionärskonferenz der KPD fordert gleichen Lohn für gleiche Arbeit
30. Oktober 1945	Befehl Nr. 080 der SMAD zur Bildung antifaschistischer Frauenausschüsse und Verbot der Gründung von Frauenorganisationen bei anderen Parteien
29. November 1945	SMAD-Befehl Nr. 153 über den Arbeitseinsatz von Frauen
Februar 1946	Erste Ausgabe von *Die Frau von heute* erscheint
1. März 1946	Kontrollratsgesetz Nr. 16 über Ehe und Familie hebt die im Nationalsozialismus geltenden Rasse- und Ehegesetze auf
8. März 1946	Einführung des Internationalen Frauentags in der SBZ
10. Juli 1946	Kontrollratsdirektive Nr. 32 zur Heranziehung von Frauen auch für schwere Arbeiten
17. August 1946	SMAD-Befehl Nr. 253 über gleiche Bezahlung
August 1946	Erste Ausgabe der Zeitschrift *Für Dich* erscheint
8. Januar 1947	SMAD-Befehl Nr. 10 schränkt den Kreis der Frauen ein, die zum Arbeitseinsatz herangezogen werden können
19. Februar 1947	SMAD-Befehl Nr. 39 schränkt Heranziehung von Frauen zu schweren Arbeiten ein
7.–9. März 1947	Gründungkongress des DFD mit Bekenntnis der Frauen zum Völkerfrieden, zum Wiederaufbau des Landes und der Gleichberechtigung der Frau auf allen Gebieten

28. Oktober 1947	Gesetz Nr. 247 über gleichen Lohn für gleiche Arbeit
8. März 1949	Beschluss des Parteivorstands der SED zur Verbesserung der Massenarbeit unter den Frauen
Juni 1948	Zeitschrift *Die Frau von heute* wird offizielles Presseorgan des DFD
7. Oktober 1949	DDR-Verfassung 1949 erklärt die Gleichberechtigung von Mann und Frau
Anfang 1950	*Für Dich* wird in *Die Frau von heute* integriert
27. September 1950	Gesetz über den Mütter- und Kinderschutz und die Rechte der Frau: Verlängerung des Wochenurlaubs auf fünf Wochen vor und sechs Wochen nach der Geburt; das Kindergeld wird auf 20 Mark erhöht
1. Januar 1951	Erster Fünfjahrplan beginnt; Gewinnung von 800 000 Arbeitskräften unter bisher nicht berufstätigen Frauen
November 1951	Gründung der ersten »Hausfrauenbrigade«
15. Dezember 1951	Verfügung, dass auch unverheiratete Frauen berechtigt sind, sich »Frau« zu nennen
8. Januar 1952	Beschluss über die Gründung von Frauenausschüssen in den Betrieben
2. Mai 1952	Anordnung zur Erstellung staatlicher Frauenförderpläne in allen Betrieben insbesondere im Hinblick auf Aus- und Fortbildung von Frauen
2.–9. Juli 1952	Beschluss der 2. Parteikonferenz der SED über den forcierten Aufbau der Schwerindustrie und die Schaffung der Grundlagen des Sozialismus
1952	Einführung eines fakultativen monatlichen »Waschtages« für voll berufstätige, verheiratete Frauen mit Kindern
17. Juni 1953	Volksaufstand in der DDR
29. September 1953	Initiative der Aktivistin Frida Hockauf »So wie wir heute arbeiten, werden wir morgen leben«

24. November 1955	Verordnung des Ministerrates der DDR über Eheschließung und Eheauflösung
19. Januar 1956	Anordnung über die materielle Unterstützung von alleinstehenden Müttern bei Krankheit ihrer Kinder bis zu vier Wochen pro Jahr
1. August 1956	Erste Ausgabe der Frauenzeitschrift *Sibylle* erscheint
1956–1960	Programm für den zweiten Fünfjahrplan »Modernisierung, Mechanisierung, Automatisierung«
1. Oktober 1956	Eröffnung des ersten kommunalen Dienstleistungsbetriebs der DDR zur Unterstützung werktätiger Frauen in Plauen
28. März 1957	Programm des Ministeriums für Handel und Versorgung zur Entlastung von berufstätigen Frauen mit Schaffung von Selbstbedienungsläden, Betriebsverkaufsstellen und verbesserten Haushaltsgeräten
23. Mai 1958	Offizielle Institutionalisierung von »Hausfrauenbrigaden«
16. April 1959	Gründung der ersten Betriebsakademie in Bitterfeld
30. Juni 1959	Beschluss des Ministerrats über die Einrichtung von Betriebsakademien und die bezahlte Freistellung insbesondere von Frauen für Aus- und Weiterbildung und Qualifizierung in naturwissenschaftlichen und technischen Berufen
1. Oktober 1959	Die erste Ausgabe von *Die Arbeiterin – Zeitschrift für die Interessen der werktätigen Frau* erscheint.
28. März 1960	Einrichtung einer Frauenkommission beim Sekretariat des ZK der SED, aus der 1961 die Frauenkommission im Politbüro des ZK der SED wird

12. April 1961	Gesetzbuch der Arbeit der DDR von der Volkskammer beschlossen. Kapitel 11 behandelt die Förderung der werktätigen Frau insbesondere mit Regelungen zur Förderung schwangerer Frauen und stillender Mütter sowie zur Teilzeitarbeit; Mütter können bei Krankheit der Kinder bis zu vier Wochen unbezahlt freinehmen; Frauen können Qualifizierungsmaßnahmen während der Arbeitszeit wahrnehmen; schwere und gesundheitsschädigende Arbeiten für Frauen werden verboten
13. August 1961	Abriegelung der Grenze zwischen Ost- und West-Berlin und Beginn des Baus der Berliner Mauer, innenpolitisch begleitet von einer neuen Werbekampagne, um Frauen in die Erwerbstätigkeit zu bringen, um den Arbeitsausfall auszugleichen, der durch die zu den »Kampfgruppen« eingezogenen Männer entstanden ist
16. Dezember 1961	Kommuniqué des Politbüros des ZK der SED »Die Frauen – der Frieden und der Sozialismus«
1. Januar 1962	Zahlung von Lohnersatzleistungen in Höhe des Verdienstes für vier Wochen, wenn alleinstehende Werktätige für die Pflege erkrankter Kinder zu Hause bleiben müssen; Erhöhung des Schwangerschaftsurlaubs auf sechs Wochen vor der Entbindung und acht Wochen nach der Entbindung
Februar 1962	*Die Frau von heute* erscheint als *Für Dich*
19. April 1962	Beschluss über die Aufgaben der Staatsorgane zur Förderung der Frauen und Mädchen in Durchführung des Kommuniqués des Politbüros des ZK der SED vom 16. Dezember 1961 mit Erhöhung des Anteils von Frauen in mitt-

	leren und leitenden Staatsfunktionen (Schaffung einer Kaderreserve), Qualifizierung für naturwissenschaftliche und technische Berufe; Einrichtung von Dauerheimen für Kinder berufstätiger Mütter sowie Einkaufserleichterungen
6. Juli 1962	Richtlinie zur Einrichtung von Kinderkrippen und Dauerheimen für Kinder unter drei Jahren
5. September 1963	Verlängerung des Schwangeren- und Wochenurlaubs auf insgesamt 14 Wochen
12. Mai 1964	Beschluss des Ministerrats der DDR zur Gründung des wissenschaftlichen Beirats und einer gleichnamigen Forschungsgruppe »Die Frau in der sozialistischen Gesellschaft« bei der Deutschen Akademie der Wissenschaften zu Berlin (ab 1981 Wissenschaftlicher Rat)
25.–27. Juni 1964	1. Frauenkongress der DDR: »Unsere Republik braucht alle Frauen – alle Frauen brauchen unsere Republik«
1965	Einführung der Fünf-Tage-Arbeitswoche mit 43 ¾ Arbeitsstunden, die ab 28. August 1967 für alle Berufstätigen gilt
März 1965	Interne Rundverfügung des Ministeriums für Gesundheitswesen zur Erweiterung der Anwendung des Paragrafen 11 zum Schwangerschaftsabbruch um eine ethische und eine soziale Indikation
1966	Erster zentraler Erfahrungsaustausch des FDGB über die Integration von Frauen in die Arbeitswelt
1. April 1966	Familiengesetzbuch der DDR tritt in Kraft
7. Juli 1966	Anordnung über die Aus- und Weiterbildung von Frauen für technische Berufe und ihre Vorbereitung für den Einsatz in leitenden Tätig-

	keiten mit der Festlegung, dass Frauen dafür von der Arbeit freigestellt werden müssen
3. Mai 1967	Verordnung über die Gewährung eines Haushaltstages für vollbeschäftigte werktätige Frauen mit Kindern unter 18 Jahren oder pflegebedürftigen Angehörigen
5. März 1968	Beschluss des DFD über die »Einflußnahme auf die Entwicklung und das Angebot solcher Konsumgüter, mit denen die Arbeit im Haushalt erleichtert wird«
6. April 1968	Volksentscheid über die Verabschiedung der neuen Verfassung der DDR; das Recht auf Arbeit wird um die Pflicht zur Arbeit ergänzt.
1. Juni 1968	Neues Strafgesetzbuch der DDR tritt in Kraft; Paragraf 249 nimmt Verstoß gegen Pflicht zur Arbeit (»asoziales Verhalten«) als Straftatbestand auf
11.–13. Juni 1969	2. Frauenkongress der DDR: »Der Frauen Wissen, Herz und Tat für unseren sozialistischen Friedensstaat«
27. August 1969	Verordnung des Ministerrates der DDR über die weitere Erhöhung des Kindergelds zum 1. Oktober; Familien mit drei und mehr Kindern erhalten für das 3. Kind pro Monat 50 Mark (bis dahin 20 Mark)
10. Mai 1970	Verordnung über die Einführung der 40-Stunden-Arbeitswoche und die Erhöhung des Mindesturlaubs für vollbeschäftigte werktätige Mütter mit mehreren Kindern
1970	Einführung des monatlichen Haushaltstages auch für voll berufstätige verheiratete Frauen ohne Kinder
17. Juni 1970	Richtlinie zur Gestaltung der Frauenförderungspläne 1971 bis 1975 mit »Sicherung der gesell-

	schaftspolitischen Weiterbildung, Ausbildung der Frauen zu Facharbeitern, besonders für technische Berufe und Unterstützung der lernenden Frauen, Verbesserung der Arbeits- und Lebensbedingungen«
16. September 1970	Beschluss der Volkskammer über Aus- und Weiterbildung insbesondere von Frauen und Müttern
1972	Einführung des »Ehekredits« in Höhe von 5000 Mark für junge Ehen
9. März 1972	Gesetz über die Unterbrechung der Schwangerschaft
10. Mai 1972	Beschluss über Fördermaßnahmen für Studentinnen mit Kind
19. Juni 1972	Erlass über die Förderung von Müttern, die sich in einer Lehrausbildung befinden
1. Juli 1972	Einführung der 40-Stunden-Arbeitswoche und Erhöhung des Mindesturlaubs für vollbeschäftigte werktätige Mütter mit drei und mehr Kindern unter 16 Jahren auf 21 Tage, für Mütter mit zwei Kindern auf 18 Tage; Verlängerung des Wochenurlaubs nach Schwangerschaft und Entbindung auf 18 Wochen. Alleinstehende werktätige Mütter erhalten nach dem Wochenurlaub eine monatliche Unterstützung von 250 Mark, wenn sie keinen Krippenplatz erhalten; Frauen erhalten 1000 Mark bei der Geburt jedes Kindes
12. Dezember 1972	Erlass über die Förderung von vollbeschäftigten werktätigen Frauen für die Ausbildung zu Produktionsfacharbeiterinnen; Regelungen zum Abschluss von Qualifizierungsverträgen, Freistellung von der Arbeit und Fortzahlung des Lohns während der Qualifizierung

22. März 1973	Beschluss des Ministerrats der DDR über die Einweisung und Aufnahme von Säuglingen und Kleinkindern in Kinderkrippen und Dauerheime insbesondere für Kinder vollbeschäftigter Frauen bzw. von Müttern, die sich in Ausbildung oder Studium befinden
7. August 1973	Erlass über die Anerkennung von über 40-jähriger Tätigkeit von Frauen in einem Beruf als Facharbeiterqualifikation
2. Oktober 1973	Beschluss über das Wohnungsbauprogramm und die Errichtung von Krippen und Kindergärten, Schulen, Einkaufsstätten und Dienstleistungseinrichtungen in den neuen Wohngebieten
1975	Internationales Jahr der Frau
1. Januar 1975	Erhöhung des Mindesturlaubs auf 18 Tage
4. Dezember 1975	Verordnung über die Erhöhung des staatlichen Kindergelds für Familien mit drei und mehr Kindern
18.–22. Mai 1976	IX. Parteitag der SED: »Auch künftig wird die Förderung der Frauen ein wichtiges Anliegen unserer Partei sein.«
29. Juli 1976	Einführung der 40-Stunden-Woche für Frauen mit zwei Kindern
1. Januar 1977	Vollbeschäftigte alleinstehende Frauen erhalten ab dem 40. Lebensjahr einen Hausarbeitstag; Verlängerung des Wochenurlaubs auf insgesamt 26 Wochen vor und nach der Entbindung; Frauen (und Männer) dürfen darüber hinaus mit Lohnfortzahlung bis zu einem Jahr nach der Entbindung zur Kinderbetreuung zu Hause bleiben, wenn sie keinen Krippenplatz bekommen
1. Januar 1978	Arbeitsgesetzbuch tritt in Kraft; Paragraf 12 regelt die Rechte berufstätiger Mütter und die

	Gleichstellung alleinerziehender Väter mit den Müttern
28. September 1978	Erhöhung des Grundurlaubs auf mindestens 20 Tage für voll erwerbstätige Mütter im Schichtdienst mit zwei Kindern und auf 21 Tage für Frauen mit drei Kindern
1986	Einführung des »Babyjahrs« für alle Mütter ab dem ersten Kind bei 80-prozentiger Gehaltsfortzahlung

Aus den Grußadressen der SED-Führung zum Internationalen Frauentag am 8. März

Quellen: Zur Rolle der Frau in der Geschichte der DDR. Berlin 1986, ab 1982 nach dem Abdruck der Grußadressen in »Neues Deutschland«.

1946	SPD und KPD begehen zum ersten Mal seit 1933 wieder den Frauentag. Wilhelm Pieck, Vorsitzender der KPD, fordert in seiner Ansprache die »Befreiung der Frau von der Lohnsklaverei« und ihre »völlige Gleichberechtigung« sowie ihren »Schutz vor übermäßiger Ausbeutung«. Frauen sollen sich in die Kampffront der Proletarier einreihen.
1947	Gründungkongress des DFD mit Bekenntnis der Frauen zum Völkerfrieden, zum Wiederaufbau des Landes, der Gleichberechtigung der Frau auf allen Gebieten (7.–9. März)
1948	»Wir Frauen, als die berufenen Hüterinnen des Lebens, haben mehr als je in diesem Jahr am Internationalen Frauentag Anlaß, den gesamten Einfluß der Frauen für die Sicherung des Friedens aufzubieten.« (Käthe Kern)
1949	»Das Recht auf die politische, wirtschaftliche und kulturelle Gleichberechtigung erwerben sich unsere Frauen

durch ihren unermüdlichen Einsatz im täglichen Leben bei der Erfüllung des Zweijahrplans.«
Aufruf des DFD und des FDGB »An die deutschen Frauen und Mütter« zum Kampf für den Frieden, die Erfüllung des Zweijahrplans, die Verbesserung des beruflichen Wissens und Beteiligung an der Aktivistenbewegung

1950 »Zum erstenmal begehen die Frauen und Mädchen am 8. März den Internationalen Frauentag als Bürgerinnen der Deutschen Demokratischen Republik [...]. Im Besitz der verfassungsmäßigen Rechte und in Verbindung mit den Maßnahmen, die die Regierung der DDR zur Förderung der Frauen vorbereitet, liegt es nunmehr an den Frauen selbst, Möglichkeiten ihres Aufstiegs durch die volle Entfaltung ihrer Fähigkeiten auszunutzen.«

1951 »Internationaler Kampftag der Frauen für Frieden, Fortschritt und Unabhängigkeit«

1952 »Es genügt nicht mehr, über die Gleichberechtigung der Frauen allgemein zu reden, es gilt, diese im Leben zu verwirklichen. [Es ist] an der Zeit, daß die Frauen energischer und kühner an dem gesellschaftlichen Leben teilnehmen, daß sie ihr eigenes Wissen erweitern, damit sie imstande sind, ihre Kinder gut zu erziehen und an unserem großen Aufbauwerk mitzuarbeiten.«

1953 Gewidmet dem »Kampf der Frauen für Frieden, Einheit, Demokratie und Sozialismus und für die Verwirklichung der Beschlüsse der 2. Parteikonferenz der SED«

1954 »Die Sklavinnen von gestern, die Kämpferinnen von heute werden die Siegerinnen von morgen sein.«

1955 »Sinn und Ziel des Lebens besteht bei uns darin, den Interessen des Volkes zu dienen, erfüllt zu sein von dem Willen zur gegenseitigen Hilfe, mit Mut und Lebensfreude an die Erfüllung der großen Aufgaben [...] heranzugehen und jederzeit bereit zu sein, die großen fortschrittlichen Errungenschaften des werktätigen Volkes gegen die Angriffe der reaktionären und militaristischen Kräfte zu schützen.«

1956 »Frauen und Mädchen wirken in Stadt und Land durch ihre gleichberechtigte, aktive Mitarbeit auf allen Gebieten unseres gesellschaftlichen Lebens entscheidend mit, den ersten Staat der Arbeiter und Bauern in Deutschland, die Bastion des Friedens, der Demokratie und des Sozialismus, aufzubauen und zu festigen.«

1957 »Alle Seiten des gesellschaftlichen Lebens [müssen] von der Aktivität der werktätigen Frauen durchdrungen sein [...]. In noch größerer Zahl müssen die werktätigen Frauen in den Räten der Gemeinden und Städte vertreten sein. In allen Organen und Einrichtungen unserer sozialistischen Demokratie müssen die Frauen, insbesondere die Arbeiterinnen, mit ihrem politischen Bewußtsein, ihren Arbeits- und Lebenserfahrungen auftreten und täglich in die notwendige Kleinarbeit eingreifen, die eine stärkere Verbundenheit mit den Volksmassen und unseren Staatsorganen garantiert. So kann die Sorge unserer Partei und des Staates um das Wohlergehen unserer Jugend, um eine politisch-moralisch im sozialistischen Sinne gefestigte junge Generation durch die aktive Mitarbeit unserer Frauen, denen wir unsere prachtvolle Jugend verdanken, eine mächtige Unterstützung erfahren. Darum sollen mehr Arbeiterinnen, mehr politisch bewußte Kämpferinnen in den Elternbeiräten und Pädagogischen Räten der Schulen mitarbeiten. Die Arbeit der Kindergärten und besonders der Schulhorte muß noch unterstützt werden [...]. Ihr, die Mütter von Millionen Mädchen, pflanzt in die junge Generation den revolutionären und schöpferischen Sinn der Gleichberechtigung der Frau, die Euch in der DDR garantiert ist.«

1958 »Eure Arbeit im sozialistischen Wettbewerb, aber auch Eure Beteiligung an Produktionsberatungen, an ökonomischen Konferenzen sind die Voraussetzung, um eine höhere Arbeitsproduktivität und damit eine steigende Produktion zu erreichen. Das ist auch gleichzeitig der richtige Weg, der zum besseren Leben führt. [...] Die Partei der Arbeiterklasse schätzt und würdigt besonders die großen Leistungen der werktätigen Mütter, die neben der Berufsarbeit ihre Kinder erziehen und den Haushalt führen. Wir stellen uns das Ziel, diesen Frauen zu helfen, sie soweit wie möglich von der Doppelbelastung zu befreien.«

1959 »Die Entwicklung in der DDR legt täglich Zeugnis davon ab, daß dort, wo für den Frieden gearbeitet und die sozialistische Gesellschaftsordnung gestaltet wird, die Rechte der Frau gesichert sind und den Müttern als Trägerinnen und Hüterinnen des neuen Lebens von der Gesellschaft die ihnen gebührende Achtung entgegengebracht wird.«

1960 »Unser Arbeiter-und-Bauern-Staat gab den Frauen die Gleichberechtigung; gleichen Lohn für gleiche Arbeit; ökonomische Unabhängigkeit; freie Aufstiegsmöglichkeiten in den Berufen; freies Studium ohne soziale Lasten; großzügigen kostenlosen Gesundheitsschutz für Mutter und Kind; allseitige Bildungs- und Studienmöglichkeiten für alle Kinder; Recht auf Urlaub und Erholung und vieles mehr, was für uns heute schon eine Selbstverständlichkeit geworden ist.«

1961 Der Internationale Frauentag ist »Kampftag der Frauen gegen Militarismus, Imperialismus und Krieg – für Frieden, Demokratie und Gleichberechtigung in unserer Zeit, in der das sozialistische Weltsystem immer mehr zum bestimmenden Faktor der Entwicklung der menschlichen Gesellschaft wird [...]. Heute lösen auch die Frauen und Mädchen trotz vieler Hemmnisse und Schwierigkeiten, die ihnen noch durch Unverständnis und Herzlosigkeit bereitet werden [...] große und komplizierte Aufgaben.«

1962 »Die Forderung der Frauen nach Frieden und sozialer Sicherheit und Gleichberechtigung, wofür die Arbeiterklasse mehr als ein Jahrhundert kämpfte [...], wurde in unserer Deutschen Demokratischen Republik Wirklichkeit. [...] Jetzt gilt es, die schöpferischen Kräfte, alle Fähigkeiten und Talente der Frauen im Beruf, als Erzieherinnen und Mütter immer stärker zu entwickeln und zu fördern.«

1963 »Der Internationale Frauentag steht in diesem Jahr in unserer Republik im Zeichen des Kampfes um die Verwirklichung der Beschlüsse des VI. Parteitages. Mit dem Programm des Sozialismus, dem Programm des Volkes, wurde auch den Frauen und Mädchen der Weg in eine helle Zukunft gewiesen. [...] Überall dort, wo die Leitungen der Partei und der Gewerkschaft, die Wirtschafts- und Staatsfunktionäre, die Vorstände der LPG das Streben der Frauen nach höheren Kenntnissen, nach der Entfaltung ihrer Fähigkeiten und Talente mit Herz und Verstand unterstützen, ihnen die Arbeits- und Lebensbedingungen erleichtern, geht es gut voran.«

1964 »Dabei gibt es dort die besten Ergebnisse, wo durch die gesellschaftlichen und staatlichen Leitungen das Streben der Frauen nach schöpferischer Arbeit und allseitiger Bildung aktiv gefördert wird, wo das Leben der berufstätigen Frauen weiter erleichtert wird. Aber es bleibt noch vieles zu tun. Die Mehrfachbelastung, die sich für die berufstätige Frau aus der Erziehung der Kinder und aus der Arbeit im Haushalt ergibt, erfordert von ihr einen größeren Kraftaufwand als bei ihren männlichen Kollegen. Deshalb werden alle gesellschaftlichen Kräfte aufgerufen, ihre Anstrengungen zu erhöhen, um die schöpferische Teilnahme der Frauen am umfassenden Aufbau des Sozialismus noch stärker zur Entfaltung zu bringen.«

1965 »Das Neue besteht vor allem darin, daß sich immer mehr Frauen und Mädchen fachlich und gesellschaftlich qualifizieren. Sie erkennen, daß der Perspektivplan und die technische Revolution einen hohen Bildungsstand und verantwortungsvolle Mitarbeit erfordern.«

1966 »Die Frauen und Mädchen unseres Landes wissen, daß sie vor allem durch die weitere allseitige Stärkung unseres Friedensstaates die Verpflichtung des deutschen Volkes, nie wieder einen Krieg von deutschem Boden aus zuzulassen, erfüllen helfen.«

1967 »In diesem Jahr begehen wir den Internationalen Frauentag im Zeichen der Vorbereitung des VII. Parteitages unserer Partei. Wir schätzen sehr Eure aktive Teilnahme am sozialistischen Wettbewerb und die vielen vorwärtsweisenden Gedanken, mit denen Ihr Euch an der Diskussion zur Vorbereitung des Parteitages beteiligt. Das ist der echte Beweis Eurer Überzeugung, daß nur die sozialistische Gesellschaftsordnung Euch und Euren Familien eine gesicherte Existenz, ein glückliches Leben in Frieden und die schöpferische Entfaltung Eurer Fähigkeiten ermöglicht.«

1968 »Das ZK der SED ist sich gewiß, daß Ihr durch gute Arbeit und die Aneignung höherer Kenntnisse auch weiterhin mithelfen werdet, unseren Arbeiter-und-Bauern-Staat, in dem Eure Gleichberechtigung verwirklicht wurde, zu stärken und die neue, sozialistische Verfassung, das grundlegende Gesetz für eine deutsche Politik des Friedens, der Demokratie, des Sozialismus und der Völkerfreundschaft mit Leben zu erfüllen.«

1969 Das ZK der SED erklärt im Hinblick auf den 2. Frauenkongress, »daß die große Initiative und die vielseitigen Leistungen, mit denen die Frauen und Mädchen an der Vorbereitung dieses Ereignisses teilnehmen, davon zeugen, wie fest sie mit ihrem sozialistischen Staat verbunden sind«.

1970 »Überzeugend hat sich bestätigt, daß nur die sozialistische Gesellschaftsordnung imstande ist, die Frau aus doppelter Ausbeutung und Unterdrückung zu befreien, ihre Gleichberechtigung und die uneingeschränkte Entwicklung ihrer Persönlichkeit praktisch zu verwirklichen. [...] Viele Frauen und Mädchen stehen in der vordersten Reihe jener Werktätigen, die als Revolutionäre unserer Zeit handeln: Sie setzen alle Kraft daran, die Arbeitsproduktivität zu steigern, durch Pionier- und Spitzenleistungen das Weltniveau mitzubestimmen und die Probleme der wissenschaftlich-technischen Revolution zu meistern.«

1971 »Unsere Partei ging stets von der Erkenntnis aus, daß die Stellung der Frau in der Gesellschaft ein wichtiger Maßstab für den Charakter des Staates ist. In den 25 Jahren ihres Bestehens hat die Sozialistische Einheitspartei Deutschlands, gemeinsam mit allen gesellschaftlichen Kräften und den Frauen selbst, unermüdlich dafür gesorgt, daß sich große, fortschrittliche Veränderungen im Interesse der Frauen vollzogen. Heute nehmen Millionen Frauen mit Mut und Selbstvertrauen ihre Gleichberechtigung wahr.«

1972 »Es erfüllt uns mit aufrichtiger Freude, daß immer mehr Frauen und Mädchen die auf das Wohl des Volkes, auf die Festigung des Friedens, auf das gemeinsame Gedeihen der Völker der sozialistischen Staatengemeinschaft gerichtete Politik unseres Arbeiter-und-Bauern-Staates zu ihrer eigenen Sache machen und mit Verstand und

Herz, mit wachsender politischer Überzeugungskraft und Energie vertreten.«

1973 »Eure täglich aufs Neue bewiesene Bereitschaft und Energie, mit der Ihr an der Verwirklichung der vom VIII. Parteitag beschlossenen Hauptaufgaben teilnehmt, sind für den Kampf um den Frieden und die Gestaltung der entwickelten sozialistischen Gesellschaft von unschätzbarem Wert. Nicht zuletzt deshalb war, ist und wird das Bestreben unserer Partei immer darauf gerichtet sein, die Bedingungen weiter zu vervollkommnen, die es Euch ermöglichen, noch wirkungsvoller von Eurer Gleichberechtigung Gebrauch zu machen.«

1974 »Es ist unser aller Stolz, daß die Befreiung der Frau, ihre gleichberechtigte Stellung und Mitarbeit in der Gesellschaft, die allseitige Entfaltung ihrer Persönlichkeit zu den historischen Errungenschaften unseres sozialistischen Staates zählen. [...] Wie alle Bürger unseres Landes verstehen die Frauen und Mädchen sehr gut, daß der Sinn des Sozialismus darin besteht, alles für das Wohl des werktätigen Volkes zu tun. Ihr spürt in Eurer eigenen Familie, an den Erleichterungen und Verbesserungen, die das sozialpolitische Programm [des VIII. Parteitags der SED; A. K.] gebracht hat, daß sich fleißige Arbeit immer mehr lohnt.«

1975 »Was Frauen und Mädchen über Jahrhunderte erstrebten, wofür Frauen wie Clara Zetkin ihr ganzes bewußtes Leben kämpften, was Rosa Luxemburg und die Heldinnen des antifaschistischen Widerstandes mit ihrem Leben bezahlten – der Sozialismus läßt es Wirklichkeit werden, und Sie sind aktive Mitgestalter dieser neuen Zeit.«

1976 »Sozialismus und Gleichberechtigung gehören zusammen. Unsere Partei betrachtet es als wichtige Aufgabe, besonders den berufstätigen Müttern jene Unterstützung zu geben, die es ihnen ermöglicht, die Gleichberechtigung voll auszuschöpfen.«

1977 »Bewußtheit, Schöpferkraft und Einsatzbereitschaft zeichnen heute Millionen Frauen und Mädchen unseres Landes aus. Tatkräftig reihen sie sich ein in die große Massenbewegung unseres Volkes zur Verwirklichung des vom IX. Parteitag der SED beschlossenen Programms. […] Der Kampf für Frieden und Entspannung, für Sicherheit und Abrüstung ist eine der ureigensten Angelegenheiten der Frauen.«

1978 »Durch den konsequenten, vom IX. Parteitag beschlossenen Kurs der Hauptaufgabe in seiner untrennbaren Einheit von Wirtschafts- und Sozialpolitik haben sich die Arbeits- und Lebensbedingungen der Frauen spürbar verbessert. Vervollkommnet wurden die Voraussetzungen, die es ihnen ermöglichten, von ihrer gleichberechtigten Stellung in unserer sozialistischen Gesellschaft umfassend Gebrauch zu machen, die berufliche und gesellschaftliche Tätigkeit noch erfolgreicher mit ihren Aufgaben als Mütter und in der Familie zu vereinbaren. Das findet seine Bestätigung auch in der Zunahme der Berufstätigkeit der Frauen. In ihrer hohen fachlichen und politischen Bildung, in der Ausübung verantwortlicher Funktionen in Staat und Wirtschaft, in der aktiven Wahrnehmung ihrer staatsbürgerlichen Rechte. Nicht zuletzt gehört dazu ihr Wirken für das Wohl der Familie und die Erziehung der Kinder zur Liebe zu unserem sozialistischen Staat.«

1979 »In den 30 Jahren der Deutschen Demokratischen Republik hat der Sozialismus die gesellschaftliche Stellung und damit das Leben der Frauen in unserem Lande grundlegend verändert. Der Sozialismus hat die Frauen befreit! Gleichberechtigt, gebildet und selbstbewußt wirken sie ideenreich, sachkundig und einsatzbereit an der weiteren Gestaltung der entwickelten sozialistischen Gesellschaft mit. [...] Die werktätigen Frauen und Mädchen haben gut verstanden, daß unsere weitere stabile und dynamische Entwicklung davon abhängt, wie gut es gelingt, die Produktion tiefgreifender zu intensivieren sowie die Qualität und Effektivität der Arbeit zu erhöhen.«

1980 Erich Honecker unter Bezug auf den Sieg der Oktoberrevolution 1917 und den Sieg der Roten Armee über Hitlerdeutschland 1945: »Ohne sie gäbe es nicht Millionen gleichberechtigter Frauen mit einem hohen Bildungsniveau in unserem Land und ohne die gleichberechtigten Frauen gäbe es keine Deutsche Demokratische Republik. Das verliert unsere Partei nie aus den Augen. Entsprechend den Beschlüssen des IX. Parteitages wollen wir Schritt für Schritt die Arbeits- und Lebensbedingungen der Frauen verbessern, daß sie ihren Verpflichtungen im Beruf und als Mütter immer mehr gerecht werden können. Die weitere Gestaltung der entwickelten sozialistischen Gesellschaft wird es den Frauen ermöglichen, ihre gleichen Rechte und Pflichten in unserem Arbeiter-und-Bauern-Staat ständig besser wahrzunehmen [...] Es zeigt sich, daß die Einstellung der Gesellschaft zur Rolle der Frau deutlich ihre Früchte trägt. Denken wir nur an die Fürsorge für Mutter und Kind, die Realisierung unseres Wohnungsbauprogramms oder die Verbesserung der Dienstleistungen. Die Fortschritte auf diesem Gebiet sind beachtlich, wenn sie auch noch nicht ausreichen. Sie beweisen jedoch, daß bei uns die Richtung stimmt, und darauf kommt es an.«

1981 »Mit Optimismus und tiefem Vertrauen in die Richtigkeit der Politik unserer Partei stellen sie sich den Anforderungen der 80er Jahre und setzen ihre ganze Kraft ein, um den Sozialismus stärker und den Frieden sicherer zu machen. [...] Der bevorstehende X. Parteitag der SED und seine Beschlüsse werden dazu beitragen, alle Potenzen, die die Gleichberechtigung der Frau erschlossen hat, noch wirksamer zur Geltung zu bringen.« Erich Honecker: »Die Frauen und Mädchen geben ihr Bestes, um die Arbeitsproduktivität zu erhöhen, den wissenschaftlich-technischen Fortschritt zu meistern und Qualitätserzeugnisse zu produzieren. [...] In der Tat ist das ein überzeugender Ausdruck für das hohe sozialistische Bewußtsein unserer Frauen und Mädchen, ihre tiefe Verbundenheit und Liebe zu unserem sozialistischen Vaterland. Aktiv wirken sie daran mit, die Hauptaufgabe in ihrer Einheit von Wirtschafts- und Sozialpolitik zu verwirklichen und die Positionen des Sozialismus zu stärken. Von nicht geringem Einfluß darauf sind die Erfahrungen, welche die werktätigen Frauen mit der Verbesserung ihrer Arbeits- und Lebensbedingungen seit dem IX. Parteitag gemacht haben. Wie in noch keinem Fünfjahrplanzeitraum zuvor wurden Voraussetzungen für das gleichberechtigte Wirken der Frau in Familie und Gesellschaft geschaffen. Mehr und mehr bilden Berufsarbeit und Mutterschaft eine feste Einheit, bewahrheiten sich die Worte von Karl Marx, daß die Berufstätigkeit der Frau ›die neue ökonomische Grundlage für eine höhere Form der Familie und des Verhältnisses beider Geschlechter schafft‹.«

1982 »In der Deutschen Demokratischen Republik steht der Internationale Frauentag 1982 ganz im Zeichen der aktiven Teilnahme der Frauen und. Mädchen an der konsequenten Verwirklichung der auf das Wohl des Volkes und die Sicherung des Friedens gerichteten Beschlüsse des X. Parteitages der Sozialistischen

Einheitspartei Deutschlands. Der eben erst beendete XI. Bundeskongreß des Demokratischen Frauenbundes Deutschlands, der im 35. Jahr seiner Gründung stattfand, bewies eindrucksvoll, wie Frauen aus allen Bevölkerungskreisen ihre ganze Kraft für die wettere Festigung unserer Arbeiter-und-Bauern-Macht einsetzen und aktiv die auf die Sicherung des Friedens gerichtete Politik der Sozialistischen Einheitspartei Deutschlands und der Regierung der DDR unterstützen. Wir sind fest davon überzeugt, daß die große mobilisierende Wirkung dieses Kongresses der Arbeit der sozialistischen Frauenorganisation neue, starke Impulse verleihen. wird.« (ND vom 8. 3. 1982, S. 1)

1983 »Große Leistungen bei der Stärkung des Sozialismus gewürdigt. Die Frauen der Deutschen Demokratischen Republik begehen den Internationalen Frauentag Im Karl-Marx-Jahr 1983 gemeinsam mit allen Werktätigen unseres Landes ganz im Zeichen der weiteren allseitigen Stärkung des Sozialismus und der Sicherung des Friedens. Für die Lösung dieser bedeutenden Aufgaben zur Verwirklichung der Beschlüsse des X. Parteitages setzen sie ihre ganze Kraft ein. Dank der sozialistischen Revolution und der damit verwirklichten Gleichberechtigung nehmen die Frauen in allen Bereichen des gesellschaftlichen Lebens ihren festen Platz ein, entfalten sie ihre Fähigkeiten und Talente. Als Arbeiterin, Genossenschaftsbäuerin, als Angestellte oder Angehörige der Intelligenz, als Leiter von Kollektiven, Abgeordnete und in vielen weiteren gesellschaftlichen Funktionen tragen sie Verantwortung für das Ganze, nehmen sie erfolgreich an der Gestaltung der entwickelten sozialistischen Gesellschaft teil. Seite an Seite mit ihren männlichen Kollegen geben die Frauen und Mädchen in Industrie und Landwirtschaft im sozialistischen Wettbewerb ihr

Bestes, richten sie ihre Anstrengungen darauf, ein kräftiges ökonomisches Wachstum zu erzielen, erfüllen sie ihre verantwortungsvollen Aufgaben als Mütter und in der Familie.« (ND vom 8.3.1983, S. 1)

1984 »Der 8. März 1984 ist ein gesellschaftlicher Höhepunkt in der Vorbereitung auf den 35. Jahrestag unserer Deutschen Demokratischen Republik. Großes haben wir in dieser Zeit geschaffen. Erstmals auf deutschem Boden wurden in unserem sozialistischen Staat die grundlegenden Menschenrechte verwirklicht, zu denen unabdingbar die Gleichberechtigung der Frau gehört. Stets hat sich unsere Partei dafür eingesetzt, daß die Frauen das politische, ökonomische und geistig-kulturelle. Leben mitbestimmen, daß sie die in unserem Land gegebenen Möglichkeiten für ihre allseitige Entwicklung nutzen und neue, größere Aufgaben übernehmen. So haben die Frauen selbst den Beweis ihrer Fähigkeiten und Schöpferkraft erbracht. Nicht zuletzt hat dazu das große sozialpolitische Programm das zu spürbaren Verbesserungen der Arbeits- und Lebensbedingungen der werktätigen Mütter und ihrer Familien führte. [...] Liebe Frauen und Mädchen! Unsere Partei wird auch künftig ihre Aufmerksamkeit darauf richten, daß das Wissen, die Talente und Fähigkeiten der Frauen im Interesse ihrer persönlichen und der gesellschaftlichen Entwicklung noch stärker genutzt werden, damit sie als Staatsbürgerinnen, Werktätige und Mütter das weitere Voranschreiten unserer sozialistischen Gesellschaft noch erfolgreicher mitgestalten können.« (ND vom 8.3.1984, S. 1)

1985 »Wir danken Ihnen an diesem Tag für Ihr tatkräftiges und vielfältiges Wirken bei der Gestaltung der entwickelten sozialistischen Gesellschaft in unserer Deutschen Demokratischen Republik. Durchdrungen von dem

Wissen, daß alles, was wir tun, der Erhaltung des Friedens, dem Wohle unseres Volkes, einem glücklichen Leben der Familien und Kinder dient, vollbringen Sie im sozialistischen Wettbewerb hervorragende Leistungen, setzen Sie Ihr Können in der Neuererbewegung, in Wissenschaft und Forschung, Bildung und Kultur sowie im Bereich des Gesundheitswesens und der Dienstleistungen ein. Wir danken Ihnen für Ihr großes gesellschaftliches Engagement in den Gewerkschaften, im Demokratischen Frauenbund Deutschlands, in den demokratischen Parteien und vielen anderen Massenorganisationen. Sie beweisen damit Ihren bewußten Einsatz für die Sache des Sozialismus und des Friedens.« (ND vom 8.3.1985, S. 1)

1986 »Mit Freude stellen wir fest, daß die Frauen und Mädchen unseres Landes mit hohen Arbeitstaten und vielen gesellschaftlichen Aktivitäten an der Vorbereitung des XI. Parteitages der Sozialistischen Einheitspartei Deutschlands teilnehmen. Aktiv haben sie sich in die große Volksaussprache eingereiht und anspruchsvolle Verpflichtungen übernommen. Überall stellen sie sich den hohen Anforderungen unserer Zeit, setzen ihr Wissen und Können für weitere Fortschritte zur Stärkung unseres Arbeiter-und-Bauern-Staates ein. Das Wissen um den Sinn des Sozialismus, seine Menschlichkeit und Lebensfreude vervielfachen ihre Kräfte zur erfolgreichen Verwirklichung der Hauptaufgabe in ihrer Einheit von Wirtschafts- und Sozialpolitik. Auf diesem Wege ist die Arbeit für uns alle nutzbringender, das Leben der Frauen und Familien angenehmer und reicher geworden. Mit Stolz können wir feststellen, daß der Sozialismus zu grundlegenden Veränderungen im Leben der Frauen führte, zu sozialer Sicherheit und Geborgenheit.« (ND vom 8.3.1986, S. 1)

1987 »Liebe Frauen und Mädchen, mit großer Freude sehen wir, wie Sie sich aktiv am sozialistischen Wettbewerb zur Erfüllung des Volkswirtschaftsplanes beteiligen. Mit Einsatzbereitschaft und Lerneifer sind viele von Ihnen dabei. sich den Herausforderungen der wissenschaftlich-technischen Revolution zu stellen. Junge Mädchen und berufserfahrene Frauen stehen heute gemeinsam an Arbeitsplätzen mit hochmodernen Technologien und erobern sich Neuland. Im festen Bewußtsein, der Stärkung unseres Arbeiter-und-Bauern-Staates und der Erhaltung des Friedens zu dienen, stellen Millionen Frauen ihr Wissen und Können tagtäglich unter Beweis.« (ND vom 7.3.1987, S. 1)

1988 »Dieser Tag, traditionell ein gesellschaftliches Ereignis in unserem sozialistischen Vaterland, ist uns auch in diesem Jahr Anlaß, Ihnen allen für Ihre große schöpferische und verantwortungsvolle Arbeit, die Sie als Bürgerinnen und als Mütter für das Wohl des Volkes und das Glück der Familien leisten, Dank und Anerkennung auszusprechen. 1988, ein Jahr von entscheidender Bedeutung für die Weiterführung des Kurses der Einheit von Wirtschafts- und Sozialpolitik, steht der Internationale Frauentag ganz im Zeichen guter und erfolgreicher Arbeit für die konsequente Erfüllung der Beschlüsse des XI. Parteitages der Sozialistischen Einheitspartei Deutschlands. Es ist mit Ihr Verdienst, wenn wir bei der Lösung aller damit verbundenen Aufgaben so beachtliche Ergebnisse erreichen konnten. In Industrie und Landwirtschaft sind die Frauen und Mädchen maßgeblich am sozialistischen Wettbewerb unter der Losung: ›Mein Arbeitsplatz – mein Kampfplatz für den Frieden‹ beteiligt. Sie sind aufgeschlossen und bereit, neue Wege zur Anwendung und Beherrschung moderner Technologien zu beschreiten und sich die dafür erforderlichen

Kenntnisse und Fertigkeiten anzueignen. Große Leistungen vollbringen sie bei der immer engeren Verbindung von Wissenschaft und Produktion. [...] Mit ihrem Wirken im Beruf, in der gesellschaftlichen Arbeit, bei der Erziehung unserer Jugend zu sozialistischen Persönlichkeiten und in der Familie verkörpern die Frauen eine zuverlässige und starke Kraft, die der Gestaltung der entwickelten sozialistischen Gesellschaft dient und durch sie weiter gedeihen wird.« (ND vom 8.3.1988, S. 1)

1989 »Liebe Frauen und Mädchen! Zum 8. März, dem Kampf- und Feiertag der Frauen der ganzen Welt, übermittelt Ihnen das Zentralkomitee der Sozialistischen Einheitspartei Deutschlands die herzlichsten Grüße und Glückwünsche. Den diesjährigen Internationalen Frauentag begehen wir inmitten einer breiten demokratischen Volksbewegung zur Vorbereitung der Kommunalwahlen und des 40. Jahrestages der Gründung unserer Deutschen Demokratischen Republik. Die großen Initiativen und vielseitigen Leistungen, mit denen Sie sich in allen Bereichen des gesellschaftlichen Lebens an diesen bedeutenden Ereignissen beteiligen, zeugen davon, wie fest Sie mit unserem Arbeiter-und-Bauern-Staat verbunden sind und mit welch hohem Verantwortungsbewußtsein Sie an seiner allseitigen Stärkung mitwirken. [...] Unsere besondere Anerkennung und Achtung gilt am heutigen Tag den Müttern unseres Landes, die beruflich und gesellschaftlich engagiert, mit viel Liebe und Fürsorge ihre Kinder zu gebildeten und bewußten Bürgern unseres sozialistischen Vaterlandes erziehen, jene Generation, die unser historisches Werk mit der weiteren Gestaltung der entwickelten sozialistischen Gesellschaft fortsetzen wird. Die Frauen unseres Landes haben einen bedeutenden Anteil daran, daß wir, dank einer hohen wirtschaftlichen Dynamik, unseren bewährten Kurs der Einheit von Wirtschafts- und Sozialpolitik zum Wohle des Volkes auch künftig erfolgreich fortsetzen können. [...] Bereits mehrere Frauengenerationen erbrachten den überzeugenden Beweis, daß ein so großes Werk wie der Aufbau der sozialistischen Gesellschaft ohne sie undenkbar wäre, wie umgekehrt die grundlegenden Veränderungen, die sich in unserer 40jährigen Entwicklung im Leben der Frauen vollzogen haben, nur durch den Sozialismus realisiert werden konnten. Die Gleichberechtigung von Mann und Frau gehört deshalb genauso zu den Vorzügen und Werten des Sozialismus wie ein Leben in Frieden, sozialer Sicherheit und Geborgenheit. Um die Teilnahme der Frauen und Mädchen an allen gesellschaftlichen Prozessen weiter zu fördern, Berufstätigkeit und Mutterschaft noch besser miteinander zu vereinbaren, dafür wurden Voraussetzungen geschaffen, mit denen es sich gut leben läßt und die heute niemand mehr missen möchte.« (ND vom 8.3.1989, S. 1)

Abkürzungen

ABF	Arbeiter-und-Bauern-Fakultät
ABI	Arbeiter-und-Bauern-Inspektion
BDM	Bund Deutscher Mädel
BGB	Bürgerliches Gesetzbuch
BRD	Bundesrepublik Deutschland
CDU	Christlich-Demokratische Union
DBD	Demokratische Bauernpartei Deutschlands
DDR	Deutsche Demokratische Republik
DEFA	Deutsche Film AG
DFD	Demokratischer Frauenbund Deutschlands
DGB-KV	Deutscher Gewerkschaftsbund Kreisverband
DTSB	Deutscher Turn- und Sportbund
EAW	VEB Elektro-Apparate-Werke
EOS	Erweiterte Oberschule
FAZ	Frankfurter Allgemeine Zeitung
FDGB	Freier Deutscher Gewerkschaftsbund
FDJ	Freie Deutsche Jugend
Gestapo	Geheime Staatspolizei
GPU	Bezeichnung der sowjetischen Geheimpolizei von 1922 bis 1934, Vorläuferin des NKWD (auch OGPU Objedinjonnoje gossudarstwennoje politischeskoje uprawlenije: Allgemeine staatliche Verwaltung)
GST	Gesellschaft für Sport und Technik
HO	Staatliche Handelsorganisation in der DDR als Gegenpart zu den Konsumgenossenschaften und privaten Geschäften
IM	inoffizieller Mitarbeiter der Staatssicherheit
KOB	Kinderoberbekleidung
KPD	Kommunistische Partei Deutschlands
KZ	Konzentrationslager
LDPD	Liberaldemokratische Partei Deutschlands
LPG	Landwirtschaftliche Produktionsgenossenschaft
MfS	Ministerium für Staatssicherheit
MIM	Mitteilungen des Instituts für Marktforschung (später Bedarfsforschung)
MP	Ministerpräsident
NKWD	Bezeichnung der sowjetischen Geheimpolizei 1934–1946 (Narodny kommissariat wnutrennich del: Nationales Kommissariat für Innere Angelegenheiten, Nachfolgerin der GPU)
NSDAP	Nationalsozialistische Deutsche Arbeiterpartei
NVA	Nationale Volksarmee
OV	Operativer Vorgang
PB	Politbüro (des ZK der SED)

PDS	Partei des Demokratischen Sozialismus
POS	Polytechnische Oberschule
RFT	Rundfunk- und Fernmeldetechnik
RSFSR	Russische Sozialistische Föderative Sowjetrepublik
SBZ	Sowjetische Besatzungszone/ sowjetisch besetzte Zone
SED	Sozialistische Einheitspartei Deutschlands
SMAD	Sowjetische Militäradministration (in Deutschland), auch S.M.A.
SPD	Sozialdemokratische Partei Deutschlands
Stasi	gebräuchliche Kurzform für die DDR-Staatssicherheit
Tbc	Tuberkulose
UNO	United Nations Organisation (Vereinte Nationen)
VBK	Verband Bildender Künstler der DDR
VdgB	Vereinigung der gegenseitigen Bauernhilfe
VVB	Vereinigung Volkseigener Betriebe
VEB	Volkseigener Betrieb
VP	auch VoPo, Volkspolizei der DDR
ZK	Zentralkomitee
ZOV	Zentraler operativer Vorgang

Abbildungs- und Tabellenverzeichnis

Abbildungen

Bundesarchiv: S. 17 (Plak 102-001-021, Grafiker: Günter Hiller); S. 29 (Bild 146-1973-010-31); S. 34 (Bild 146-1976-137-06A); S. 35 (Plak 004-012-007); S. 38 (Plak 100-012-016, Grafiker: H. Naumann); S. 41 (Plak 004-008-001); S. 43 (Plak 004-011-045); S. 44 (Plak 100-015-090); S. 46 (Plak 100-038-007); S. 62 (Bild 183-C0627-0010-005, Fotograf: Friedrich Gahlbeck); S. 64 (Bild 183-M0801-734, Fotograf: Joachim Spremberg); S. 72 (Plak 100-024-012); S. 216 (Bild 183-E1209-0026-001, Fotograf: Klaus Franke); S. 221 (Bild 183-1984-0219-101, Fotograf: Wolfgang Thieme)

Bundesstiftung zur Aufarbeitung der SED-Diktatur: S. 11 (Harald Schmitt, Schmitt_261 2); S. 87 o. (Uwe Gerig, Bild 1505); S. 87 u. (Harald Schmitt, DDR_C 082); S. 93 (Harald Schmitt, Schmitt_126); S. 111 (Uwe Gerig, Bild 2181); S. 113 (Harald Schmitt, Bild 780351-01); S. 122 (Harald Schmitt, Schmitt_15); S. 128 o. (Uwe Gerig, Bild 831); S. 152 (Harald Schmitt, Bild 771043-01); S. 169 (Harald Schmitt, Schmitt_33); S. 171 o. (Harald Schmitt, 02_DDR_005); S. 177 (Harald Schmitt, Schmitt_308); S. 201 (Klaus Mehner, 89-0216); S. 215 (Harald Schmitt, Schmitt_271); S. 222 (Harald Schmitt, Bild 81 0725 001FV); S. 225 (Bestand IGOf, Russland Perm 36); S. 234 (Fotobestand Hoheneck, Fotografen: Andrea Seppi/Steffen Junghans, Bild 537-Film 16); S. 245 (Klaus Mehner, 86_1113); S. 248 (Harald Schmitt, Bild 83_0901 001 HFV); S. 250 (Harald Schmitt, Bild 82_0632 001FV); S. 251 (Klaus Mehner, Bild 91_1115_POL_CDU-Ost_01)

Doese, Joachim: S. 243

Köppe, Barbara: S. 82 (BKÖ-A-145); S. 85 (BKÖ-1920-382); S. 105 (BKÖ-A-514); S. 128 u. (BKÖ-1520); S. 171 u. (BKÖ-A-420); S. 204 (BKÖ-87); S. 217. Die Fotos von Barbara

Köppe auf den Seiten 82, 105 und 171 stammen aus der Serie »Frauen – Schönheit – Schicht. Frauen im VEB Kosmetik-Kombinat« von 1988/89.
Melis, Roger (Nachlass / Mathias Bertram): S. 199
Oehlmann, Peter: S. 241
Privatarchiv Goßler, Anita: S. 235
Privatarchiv Große, Barbara: S. 239
Privatarchiv Poppe, Ulrike: S. 110
Privatarchiv Schönherz, Edda: S. 237
SLUB Dresden/Deutsche Fotothek/Richard Peter senior: S. 20
Wallmüller, Helga: S. 247

Alle anderen Abbildungen stammen aus Katalogen der Versandhäuser Centrum, Konsum, Konsument und Leipzig sowie aus den Zeitschriften *Für Dich, Guter Rat, Neues Leben, Sibylle* und *Die Frau von heute* sowie *Freundin.*

Autorin und Verlag haben sich bemüht, alle Rechteinhaber ausfindig zu machen. In Fällen, wo dies nicht gelungen ist, bitten wir um Nachricht.

Tabellen

Personenregister

Kursiv gesetzte Seitenzahlen verweisen auf Bildunterschriften, fett gesetzte auf biografische Porträts.

Dank

Das Thema dieses Buches beschäftigt mich seit langem. Wie war das eigentlich mit den Frauen in der DDR? Konnten die Frauenpolitik der SED-Diktatur und der Frauenalltag tatsächlich auf der Habenseite der DDR verbucht werden, wie dies nach 1990 immer wieder zum Ausdruck gebracht wurde? Welche Auswirkungen hatte die spezifische DDR-Frauenemanzipation, die ja vor allem an der Berufstätigkeit festgemacht wurde, für das Leben der Frauen? Wie sind Frauen in der DDR mit den an sie gestellten Erwartungen und Anforderungen umgegangen? Wie haben sie ihren Alltag gemeistert? Aufgewachsen in einem intellektuell-künstlerischen Milieu in der DDR habe ich in meiner Familie und im Freundes- und Bekanntenkreis meiner Mutter sehr unterschiedliche Facetten von Frauenleben und Selbstbehauptung kennengelernt. Ich konnte miterleben, wie Frauen ihren Alltag meisterten und wie sie – oft mit grandiosem Humor – die großen und kleinen Zumutungen des SED-Regimes bewältigten und sich vielfältige Nischen schufen. Manchmal ging dies nur, weil sie über die Grenzen hinausgingen und den Alltag im wahrsten Sinne des Wortes ertragen haben. Bei all dem waren wir als Kinder und Jugendliche stets im Zentrum ihres Universums, ihrer Zärtlichkeit und Zuwendung. Dies prägte mich. Und ich bin sehr dankbar für all das, was diese wunderbaren Frauen mir für mein Leben mitgegeben haben.

Der Anstoß zu diesem Buch kam von der Landeszentrale für politische Bildung Thüringen. Dr. Antonio Peter fragte mich 2013, ob ich für die gemeinsam mit der Bundesstiftung zur Aufarbeitung der SED-Diktatur herausgegebene Publikationsreihe eine Broschüre über Frauen in der DDR schreiben wolle. Dr. Robert Grünbaum danke ich für seine hilfreiche Begleitung dabei. Diese Broschüre erschien 2014, und bald darauf regte der Verleger Christoph Links an, aus der Broschüre ein richtiges Buch zu machen. Und so gilt mein Dank zunächst einmal dem Verleger, in dessen Verlag ich mich als Autorin gut aufgehoben fühle. Dort stand mir mit Sara Weydner eine geduldige, stets freundliche und vor allem professionelle Lektorin zur Seite. Ihrem Engagement ist es zu verdanken, dass aus dem Manuskript schließlich ein Buch werden konnte. Bei der Suche nach den vielen Illustrationen, Literatur und so mancher Quelle halfen im Bundesarchiv Petra Rauschenbach und in der Bundesstiftung Aufarbeitung Sylvia Griwan, Matthias Buchholz und Günter Nepp. Ihnen allen möchte ich an dieser Stelle ebenfalls herzlich danken. Harald Schmitt gebührt ein ganz besonderer Dank dafür, dass ich seine Fotos so unproblematisch und kostenfrei nutzen konnte.

Dieser Dank schließt meine Familie und meine Freundinnen ein: Insbesondere und an erster Stelle Ruth für ihre große Anteilnahme und ihr Interesse am Fortgang des Buches und dafür, dass sie wirklich jede Fassung des Manuskripts las und nicht müde wurde, ihre Anregungen und Anmerkungen einzubringen. Eva, Doro, Sabine, Petra und Gerda Weber waren ebenso geduldige wie anregende Gesprächspartnerinnen und interessierte Zuhörerinnen. Sie alle haben nicht nur ihre Erinnerungen und Erfahrungen mit mir geteilt. In den vergangenen zwei Jahren haben wir auch so manche Diskussion über meine Themen und Thesen geführt, die für die Arbeit am Manuskript wichtig waren. Jetzt, da die Arbeit am Buch abgeschlossen ist, wird auch wieder mehr Zeit für Shenanigans sein – versprochen! Anteil an der Arbeit hatten natürlich auch »meine Männer«: Mein Bruder Jan, mein Sohn Max und vor allem mein Mann. Sie alle haben sich nicht nur meine Klaglieder ohne zu murren angehört, wenn das Manuskript mal wieder ins Stocken geraten war. Darüber hinaus haben sie auch ihre Perspektiven in die vielen Diskussionen über Frauen in der DDR eingebracht. Mein erster Leser war dabei stets Uli, dessen kritische Anmerkungen ich ebenso fürchtete wie ich sie nicht missen wollte. Ihm und meinem Sohn danke ich ganz besonders für ihren Humor, ihre liebevolle Nachsicht und vor allem stetige Ermutigung bei der Arbeit an diesem Buch.

Zur Autorin

Dr. Anna Kaminsky

Geboren in Gera, aufgewachsen in Dessau und Halle (Saale), Studium an der Sektion Theoretische und Angewandte Sprachwissenschaft der Universität Leipzig, Abschluss als Diplom-Sprachmittlerin, 1987 freiberufliche Tätigkeit als Übersetzerin, 1993 Promotion, Mitarbeit in verschiedenen Forschungs- und Ausstellungsprojekten u. a. an der Universität Münster, der Gedenkstätte Sachsenhausen und dem Deutschen Historischen Museum Berlin, seit 1998 Mitarbeiterin und seit 2001 Geschäftsführerin der Bundesstiftung zur Aufarbeitung der SED-Diktatur.

Im Ch. Links Verlag erschienen von ihr »Kaufrausch. Die Geschichte der ostdeutschen Versandhäuser« (1998) und »Orte des Erinnerns. Gedenkzeichen, Gedenkstätten und Museen zur Diktatur in SBZ und DDR« (Herausgeberin; 3. Auflage 2016).